T0073426

CHAÎNE DE BLOCS DE SOUVERAINETÉ

DE SOUVERAINETÉ

www.royalcollins.com

Projet de recherche prioritaire du Laboratoire clé de la
stratégie des mégadonnées

Projet de recherche prioritaire du laboratoire clé de
Pékin pour la recherche scientifique urbaine basée
sur les mégadonnées

Projet financé par le Fonds éditorial des laboratoires d'idées
de la Fondation de Beijing pour les échanges
culturels internationaux entre les villes

Rédigé par le Laboratoire clé de la stratégie des mégadonnées
Rédacteur en chef   LIAN YUMING

CHAÎNE DE BLOCS DE SOUVERAINETÉ

1.0

Internet de l'ordre et Communauté
de destin pour l'humanité

RC

Books Beyond Boundaries

ROYAL COLLINS

CHAÎNE DE BLOCS DE SOUVERAINETÉ 1.0 :
Internet de l'ordre et Communauté de destin pour l'humanité

Rédigé par le Laboratoire clé de la stratégie des mégadonnées
Rédacteur en chef : LIAN YUMING

Première édition française 2022
Par le groupe Royal Collins Publishing Group Inc.
BKM Royalcollins Publishers Private Limited
www.royalcollins.com

Siège social : 550-555 boul. René-Lévesque O Montréal (Québec) H2Z1B1 Canada
Bureau indien : 805 Hemkunt House, 8th Floor, Rajendra Place, New Delhi 110 008

ISBN : 978-1-4878-1010-8

Soutiens spéciaux
École internationale de commerce de l'Université du Zhejiang
Académie de la Fintech de l'Université du Zhejiang

Soutien académique
Base de recherche du Laboratoire clé de la stratégie des
mégadonnées à l'Université du Zhejiang

À PROPOS DE L'INSTITUT DE RECHERCHE

Le Laboratoire clé de la stratégie des mégadonnées, créé en avril 2015, est une plate-forme de recherche interdisciplinaire, professionnelle, internationale et ouverte mise en place conjointement par le gouvernement populaire municipal de Guiyang et la Commission scientifique et technique de Beijing. Il est également le nouveau think-tank de haut niveau pour le développement des mégadonnées en Chine.

Sous l'égide de l'Institut international de développement urbain de Beijing et de l'Institut d'étude des stratégies de développement axées sur l'innovation de Guiyang, le Laboratoire clé de la stratégie des mégadonnées a créé ses centres de recherche à Beijing et à Guiyang, ainsi que des bases de recherche au Comité national chinois pour les termes en sciences et technologies, à l'Université du Zhejiang, à l'Université de science politique et de droit de Chine, à l'Académie scientifique et technologique de Shanghai et au GTCOM (Global Tone Communication Technology), et a approuvé la création de plates-formes de recherche respectivement sur l'innovation de la théorie de blocs de données et de son application, sur l'innovation de l'application des mégadonnées dans la prise de décisions en matière d'espace urbain, et sur l'innovation des mégadonnées relatives à la culture de la province du Guizhou. Tout cela constitue un nouveau système de recherche dit « deux centres, cinq bases et trois plates-formes » incarnant une nouvelle structure favorisant l'innovation synergique régionale.

Au cours de ces dernières années, le Laboratoire clé de la stratégie des mégadonnées s'est engagé dans l'étude théorique du nouvel ordre de la civilisation numérique et a publié une « trilogie de la civilisation numérique », à savoir les *Données en bloc*, le *Droit des données* et la *Chaîne de blocs de souveraineté*. La *Terminologie des mégadonnées* et le *Dictionnaire encyclopédique des mégadonnées*, compilés et publiée par le Laboratoire, constituent les premiers ouvrages de référence professionnels multilingues qui étudient de manière complète et systématique la terminologie des mégadonnées.

À PROPOS DU RÉDACTEUR EN CHEF

Lian Yuming, expert en urbanisme et stratégie de mégadonnées, professeur, est président de l'Institut international du développement urbain de Beijing.

Il est né à Xiangyuan, province du Shanxi, en 1964. Il est diplômé de licence de droit de l'Université du Shanxi, et docteur en génie de l'Université des géosciences de Chine (Beijing).

En 2001, il fonde l'Institut international du développement urbain de Beijing et propose la théorie de chaîne de valeur urbaine, qui est reconnue comme l'une des trois grandes théories de la concurrence. Il a été planificateur en chef pour le développement de la zone fonctionnelle des Jeux Olympiques de Beijing de 2008, planificateur principal pour la construction environnementale de la zone olympique centrale de Beijing et conseiller en sécurité santé pour les Jeux Olympiques et les Jeux Paralympiques de Beijing. Ses principaux ouvrages sont la « Trilogie du nouvel urbanisme » : l'*Éveil des villes*, la *Stratégie des villes* et l'*Intelligence des villes*.

En 2014, il fonde l'Institut d'étude des stratégies de développement axées sur l'innovation de Guiyang et devient conseiller stratégique en chef du gouvernement municipal de Guiyang, directeur du Laboratoire clé de la stratégie en mégadonnées et directeur du Centre d'études du droit des données de l'Université de science politique et de droit de Chine. Il dirige une « trilogie de la civilisation numérique », à savoir les *Données en bloc*, le *Droit des données* et la *Chaîne de blocs de souveraineté*. La *Terminologie des mégadonnées* et le *Dictionnaire encyclopédique des mégadonnées* édités par Lian Yuming, constituent les premiers ouvrages de référence professionnels multilingues qui étudient de manière complète et systématique la terminologie des mégadonnées.

Il est membre du 13ᵉ Comité national de la CCPPC (Conférence consultative politique du Peuple chinois), membre de la Commission des motions, membre du 11ᵉ et du 12ᵉ comités de Beijing de la CCPPC, vice-président du 11ᵉ, du 12ᵉ, du 13ᵉ et du 14ᵉ comités du district de Chaoyang (Beijing) de la CCPPC. Il a remporté les prestigieux titres de « Travailleur modèle de Beijing », « Médaille du travail de la capitale » et « Talent scientifique, technique et de gestion émérite de Beijing ».

COMITÉ DE RÉDACTION

PRÉFACE DU RÉDACTEUR EN CHEF

L'humanité venant de franchir le seuil de la troisième décennie du nouveau millénaire, le monde semble être entré dans un état « sans ancrage » et est confronté à un désordre sans précédent, et la seule chose dont on peut être sûr est « l'incertitude du monde ». Nassim Nicholas Taleb (auteur de *The Black Swan: The Impact of the Highly Improbable*) estime que l'histoire et la société ne progressent pas lentement, mais sautent d'une faille à l'autre. Le processus de la civilisation humaine est souvent modifié par quelques événements dits « cygnes noirs ». Aujourd'hui, la science et la technologie ont radicalement changé le monde. Nous devrions en étudier les résultats avant que ceux-ci arrivent. Comme Taleb l'a souligné dans son *Antifragile: Things that Gain from Disorder*, nous devrions construire notre propre mécanisme « anti vulnérabilité » pour mieux vivre en cette ère d'incertitude. Ce mécanisme « Antifragile » consiste en le pouvoir de surmonter la volatilité et l'incertitude, et son cœur est de promouvoir pour construire une communauté de destin pour l'humanité. Selon nos recherches, nous pensons que l'Internet de l'ordre et la chaîne de blocs de souveraineté sont les nouvelles clés pour accéder à la communauté de destin pour l'humanité.

La communauté de destin pour l'humanité est un super grand livre basé sur les valeurs et les intérêts communs de l'humanité. L'instabilité et l'incertitude auxquelles le monde est confronté sont évidentes, ce qui montre les caractéristiques de la « société du risque » (Ulrich Beck, sociologue allemand). « Avec le renforcement des capacités technologiques humaines, les conséquences du développement technologique deviennent imprévisibles, ce qui entraîne des risques techniques et institutionnels à l'échelle mondiale ». Le déficit mondial est devenu un grave défi pour l'humanité tout entière. Certaines menaces mondiales, telles que la guerre nucléaire, la cyberguerre, la guerre financière, la guerre biologique et les forces non souveraines, existent toujours. Cependant, le réchauffement climatique, les conflits de civilisation et autres « rhinocéros gris » sont irrésistibles, et les catastrophes communes, telles que la prise de contrôle globale des êtres humains par l'intelligence artificielle, persistent. Dans *Homo Deus : une brève histoire de l'avenir*, Yuval Harari dit que les êtres humains sont depuis longtemps troublés par trois problèmes : la famine, la peste et la guerre, mais ces problèmes ont été progressivement résolus au cours du nouveau siècle. Il semble maintenant que la conclusion reste à discuter, car les trois catastrophes continuent de déranger constamment les êtres humains. Face aux problèmes mondiaux qui rendent leur existence et leur développement perplexes, les êtres humains ont des intérêts communs et forment une communauté de destin. Dans le processus de résolution des problèmes mondiaux auxquels l'humanité est confrontée et de réalisation du développement durable, les gouvernements et les organisations internationales parviendront à un certain consensus pour former une valeur commune : participer activement à la gouvernance mondiale et promouvoir la construction d'une communauté de destin humaine. La chaîne de blocs fondée sur un arrangement institutionnel et un système de gouvernance est un super grand livre, qui reflète les intérêts et les valeurs communes des êtres humains. Elle est appelée la chaîne de blocs de souveraineté. Elle a un grand impact sur la société humaine, faisant des pays divisés par la terre et la nationalité une nouvelle organisation ou un nouveau groupe basé sur le consensus. Le « monde numérique » ainsi formé brouille progressivement la frontière entre le virtuel et la réalité. Dans le contexte de la révolution mondiale de l'information et de la multiplication des problèmes mondiaux, le concept de gouvernance mondiale a été mis en avant. Il souligne qu'un processus politique irréversible est en cours, que l'autorité est de plus en plus décomposée, et qu'il en résulte un système de gouvernance mondiale composé de centres d'autorité de plus en plus nombreux. Le système de gouvernance mondiale établi sur le principe de l'affaiblissement de la souveraineté nationale et de l'effacement des frontières fait du transfert de souveraineté une sorte d'existence dans la pratique de la gouvernance mondiale.

L'essentiel de l'Internet de l'ordre est de construire une nouvelle relation de confiance sociale. L'ordre est un besoin de la vie commune de l'homme. L'existence et la réalisation de l'ordre est une mesure de valeur importante pour évaluer le niveau de développement de la civilisation sociale. La civilisation humaine est un réseau de coopération basé sur la confiance et le consensus. La confiance est un ordre qui doit être obéi et observé, et l'obéissance et l'observation sont soutenues par la confiance à un niveau plus profond. À l'ère numérique, la numérisation (les algorithmes) est le plus grand diviseur commun de la civilisation mondiale et la base de la compréhension la plus commune des êtres humains à l'échelle mondiale. Confrontés à une série de problèmes de gouvernance mondiale causés par le « déficit de confiance », les êtres humains ont besoin de toute urgence de construire une nouvelle relation de confiance sociale. La chaîne de blocs de souveraineté favorisera le transfert de l'Internet de l'information et de la valeur à l'Internet de l'ordre. Du point de vue de la communauté de destin pour l'humanité, il s'agit d'une communauté de confiance mondiale. Le monde d'aujourd'hui est en train de traverser des changements majeurs inédits depuis un siècle. Dans cette situation de grand changement, qu'est-ce qui change ? Vers quelle direction et quel résultat ? Ces problèmes sont encore incertains, voire imprévisibles. Mais il est certain que deux forces sont en train de changer nos vies et le monde. L'une est la monnaie numérique, qui entraînera un changement global dans tout le domaine économique ; l'autre est l'identité numérique, qui reconstruira le mode de gouvernance du domaine social. Grâce à la monnaie et à l'identité numériques, avec l'aide du super grand livre, des contrats intelligents et de la technologie des chaînes croisées, il est possible d'établir un ensemble de mécanismes de consensus et de cogestion crédibles et immuables. Ce mécanisme construit un système de confiance numérique par la programmation et le code. Lorsque la monnaie et l'identité numériques rencontrent la chaîne de blocs et y correspondent parfaitement, cela signifie que nous entrons dans un nouveau monde où le réseau est notre ordinateur. Avec l'aide du réseau et du terminal numériques, la chaîne de blocs reconstruit le modèle de co-gouvernance de l'État, du gouvernement, du marché et du citoyen, et une nouvelle ère de civilisation numérique basée sur la confiance et l'ordre numériques est sur le point d'émerger.

De l'esprit de contrat à la gouvernance par la conscience. La véritable signification de la chaîne de blocs est de transformer la dépendance des individus vis-à-vis des autres individus et des objets en une dépendance des individus vis-à-vis de la numérisation. Les données sont devenues le point de départ logique de la chaîne de blocs et le cœur de la technologie de gouvernance. Sans la modernisation de la gouvernance des données, il n'y aura pas de modernisation de la gouvernance nationale. La technologie de gouvernance marquée par la numérisation, la mise en réseau et l'intellectualisation est devenue un facteur clé de la modernisation de la gouvernance nationale. Au cours du dernier demi-siècle, l'esprit d'entreprise des entreprises scientifiques et technologiques a été le principal moteur du progrès de la civilisation humaine. À l'avenir, l'esprit de bonne gouvernance de la science et de la technologie deviendra une garantie importante pour la transition de la civilisation humaine. La technologie au service du bien social est le signe de la route vers une société numérique universelle, inclusive et pratique, qui façonne la première caractéristique de la société numérique consistant à bénéficier aux autres. La conscience est la connotation de la technologie au service du bien social. La théorie de l'esprit de Wang Yangming s'est répandue et popularisée dans le monde entier, et est devenue l'une des sources culturelles de la construction d'une communauté de destin pour l'humanité. « Le système théorique construit par Wang Yangming est un système éthique, un système moral, un système philosophique, et il devrait devenir le pouvoir de gestion, de gouvernance, de prise de décision et de promotion. Il devrait être la gestion et la gouvernance ». Comme le dit Cheng Zhongying, professeur émérite du département de philosophie de l'Université d'Hawaï, l'idéalisme moral de Wang Yangming centré sur la conscience morale, est sans aucun doute un bon remède aux inconvénients non humains du déclin moral, de la recherche du profit et du désir matériel. Le pillage et la destruction gratuite de la nature par les êtres humains ont détruit l'équilibre entre l'homme et la nature, entre l'homme et lui-même, et entre l'homme et le monde. Ce problème pourrait s'aggraver au 21e siècle. Il doit être réexaminé et reflété par la « conscience ». En « donnant sa conscience » pour restreindre les désirs personnels, nous devrions revenir à notre cœur originel, nous accommoder de l'incertitude et nous entendre avec le monde turbulent par « l'intégration du ciel et de la terre ». C'est l'essence même de la théorie de l'esprit de Wang Yangming. « Le 21e siècle est le siècle de Wang Yangming » (par Du Weiming) veut dire en effet que « le 21e siècle est le siècle de l'appel à la conscience ».

Le « coup de sifflet d'alarme » a été donné partout dans le monde. Liu Cixin, écrivain de science-fiction, a décrit l'événement dans son roman *Terre errante*. « Au début, personne ne se souciait de cette catastrophe. C'était juste un feu de montagne, une sécheresse, l'extinction d'une espèce et la disparition d'une ville, jusqu'à ce que cette catastrophe concerne tout le monde ». Un tel phénomène se passe réellement sur la terre. L'humanité traverse une période d'incertitude qui pourrait être longue et dangereuse. Une telle crise n'est pas la première et ne sera pas la dernière dans l'Histoire. Comme l'a dit Klaus Schwab, fondateur du forum de Davos, ce qu'il faut maintenant, c'est une coopération plus globale et prospective. Ce n'est qu'en construisant la communauté de destin pour l'humanité que nous pourrons résoudre les défis communs que sont le déséquilibre du développement, le dilemme de la gouvernance, la fracture numérique, la biosécurité et les conflits de civilisation, et construire ensemble un nouveau cadre mondial, ouvrir un nouveau domaine de gouvernance et créer un nouvel avenir meilleur avec la vision et la prévoyance du destin commun de toute l'humanité.

LIAN YUMING

Directeur du Laboratoire clé de la stratégie des mégadonnées

1er mars 2020

TABLE DES MATIÈRES

AVANT-PROPOS

I

La maladie à coronavirus (Covid-19) a pris de l'ampleur au début du printemps 2020 et est devenue l'événement « cygne noir » le plus préoccupant au monde. La virulence de la Covid-19 ne réside pas dans le taux de mortalité, mais dans le taux de transmission et celui de destruction. Il s'attaque à l'ordre médical, met à l'épreuve le système et le mécanisme de prévention et de contrôle des épidémies et la capacité de gestion des urgences de santé publique des pays, et constitue un cours important du système et de la capacité de gouvernance nationale. L'explosion mondiale de la Covid-19 a une fois de plus suscité notre réflexion sur le sort de l'humanité. Il n'y a qu'une seule terre pour l'humanité, et tous les pays partagent un seul monde. La communauté internationale est devenue de plus en plus une « communauté de destin partagée » pour nous. Face aux défis mondiaux croissants et à la malhonnêteté, au désordre et à la perte de contrôle de l'ordre international, aucun pays ou organisation ne peut y faire face seul. La communauté internationale a plus que jamais besoin d'un ordre mondial équilibré et préservé.

Lors de la cérémonie d'ouverture de la session annuelle 2017 du Forum économique mondial de Davos, le président Xi Jinping a souligné : « Aujourd'hui, nous vivons dans un monde contradictoire. D'une part, les richesses matérielles continuent de s'accumuler, la science et la technologie progressent chaque jour et la civilisation humaine atteint le plus haut niveau dans l'histoire. D'autre part, les conflits régionaux sont fréquents, les défis mondiaux tels que le terrorisme et les flux de réfugiés apparaissent les uns après les autres, la pauvreté, le chômage et les écarts de revenus se creusent, et le monde est confronté à une incertitude croissante. » Le lendemain, le président Xi Jinping a posé deux questions historiques à l'Office des Nations unies à Genève : « Qu'est-ce qui ne va pas dans le monde ? Qu'allons-nous faire ? ». Plus de deux ans plus tard, lors de la cérémonie de clôture du Forum sur la gouvernance mondiale, il a de nouveau souligné : « Le monde d'aujourd'hui est en train de traverser des changements majeurs inédits depuis un siècle. La paix et le développement restent le thème de l'heure. Dans le même temps, l'instabilité et l'incertitude sont plus importantes, et l'humanité est confrontée à de nombreux défis communs ». En particulier, ces dernières années, des événements mondiaux de type « rhinocéros gris » et « cygne noir » tels que la guerre nucléaire, la cyberguerre, la guerre financière, la guerre biologique et les forces non souveraines ne cessent de surgir. Les nouvelles menaces telles que les armes atomiques, biologiques, chimiques et numériques sont devenues de plus en plus importantes. Il est urgent de résoudre les « crises déficitaires » telles que le déficit de gouvernance, le déficit de confiance, le déficit de paix et le déficit de développement, etc. Elles menacent les droits naturels, la sécurité de la vie et le développement futur des êtres humains.

Les bons souhaits communs de l'humanité sont de construire un monde de paix durable, de sécurité universelle, de prospérité commune, d'ouverture, d'intégration, de propreté et de beauté. À l'heure actuelle, le meilleur choix pour faire face aux problèmes et aux défis mondiaux est de construire ensemble une communauté de destin pour l'humanité et de bâtir un ordre mondial dynamique, inclusif, juste et harmonieux avec « consensus, co-construction, co-gouvernance et partage ». C'est aussi le meilleur moyen de sortir du dilemme de la malhonnêteté, du désordre et de la perte de contrôle de l'ordre international. La construction d'une communauté de destin pour l'humanité ne peut pas être séparée de la conception du système et du soutien de la science et de la technologie. La chaîne de blocs de souveraineté est une technologie de gouvernance qui va de la gouvernance de la technologie à la gouvernance des institutions. Il s'agit d'un système institutionnel intelligent basé sur le consensus, la co-construction, la co-gouvernance et le partage de l'ordre de l'Internet. C'est un outil important de la gouvernance sous la « double superposition » de l'innovation technologique et de l'innovation institutionnelle.

L'essence de la communauté de destin pour l'humanité basée sur la chaîne de blocs de souveraineté est la communauté de gouvernance. Sa construction est d'une grande importance pour promouvoir la coopération multilatérale, améliorer le système de gouvernance mondiale et construire un ordre mondial équilibré.

II

Le secrétaire général Xi Jinping a souligné : « L'innovation scientifique et technologique et l'innovation institutionnelle devront jouer un rôle de synergie. Les deux roues devront tourner ensemble »[1]. L'innovation scientifique et technologique et l'innovation institutionnelle sont les deux formes fondamentales de l'innovation sociale humaine. La combinaison des deux jouera un rôle et un impact sans précédent. Connue comme « la plus grande innovation scientifique et technologique de l'humanité au début du 21e siècle », la chaîne de blocs est une application intégrée de nombreuses technologies, telles que le réseau point à point, la cryptographie, le mécanisme de consensus, le contrat intelligent, etc. La chaîne de blocs reconstruit le mode de gouvernance de l'ensemble du domaine social, fournit un canal de confiance pour le transfert et l'échange d'informations et de valeurs dans l'Internet irrégulier, peu sûr et instable, et crée un nouveau paradigme informatique et un mode de coopération pour établir la confiance à faible coût dans un environnement concurrentiel peu fiable, peu sûr et incontrôlable. Grâce à son mécanisme unique d'instauration de la confiance, il réalise la surveillance pénétrante et la transmission de la confiance étape par étape.

La chaîne de blocs est une technologie de base de données distribuée basée sur la cryptographie. Il est possible de réaliser un énorme calcul distribué grâce à cette technologie afin de soutenir l'extraction de données importantes et d'analyser ce type de calcul intensif de données. La chaîne de blocs de souveraineté est une forme avancée de développement de la chaîne de blocs, le cœur de la prochaine génération de chaînes de blocs et l'innovation institutionnelle basée sur l'innovation scientifique et technologique. Bref, la chaîne de blocs de souveraineté est une sorte de gouvernance technologique qui permettra de réaliser un ensemble

---

1. Xi Jinping, *Lutter pour faire de la Chine un leader mondial dans le domaine de la science et de la technologie*, Presse populaire, 2016, p. 14.

d'architectures technologiques hybrides innovantes. Sur cette base, la chaîne de blocs de souveraineté met l'accent sur la réglementation juridique, qui est une série de mesures cohérentes de réglementation et de gouvernance formées par des règles techniques et des règles juridiques. Elle prend en compte la faisabilité des règles techniques et l'autorité des règles juridiques, et constitue la règle de la technologie dans le cadre de la réglementation juridique. La chaîne de blocs de souveraineté doit résoudre le problème de la propriété des données des pays, des organisations et des individus, ce qui implique la création d'un système de gouvernance qui évoluera d'une structure de consensus à une structure de cogouvernance et qui formera ensuite une structure partagée. Contrairement à la chaîne de blocs basée sur les données, la chaîne de blocs de souveraineté met l'accent sur la subjectivité des êtres humains et constitue un puissant stimulant de la technologie de gouvernance permettant la modernisation de la gouvernance.

Le passage de la chaîne de blocs à la chaîne de blocs de souveraineté n'est pas seulement un complément à la chaîne de blocs, mais apporte également de nouveaux concepts, de nouvelles idées et de nouvelles réglementations à la gouvernance du cyberespace. L'Internet est l'interaction complexe et la connexion ouverte de mégadonnées dans l'espace virtuel, qui est sans limite, inestimable et désordonné. De la transmission des informations, à l'échange des valeurs puis au partage de l'ordre entre les individus, l'Internet connaît également le processus d'évolution de l'Internet de l'information à l'Internet de la valeur, puis à l'Internet de l'ordre. Cette évolution de bas niveau à haut niveau, de la simplicité à la complexité, est exactement une forme de données qui ne peut pas être copiée, ce qui est essentiellement l'état de performance du flux de données centré sur l'homme dans l'espace virtuel. La nature illimitée et extensible de cet état d'expression rend le flux de données irréfutable, non tarifaire, non négociable, non traçable et non réglementé. En un sens, l'Internet nous plonge dans le désordre et le chaos. La naissance de la chaîne de blocs a apporté une nouvelle opportunité à l'Internet. L'application de la technologie de la chaîne de blocs permet de rompre le désordre, le chaos et l'insécurité de l'Internet et d'essayer de construire un nouveau monde plus ordonné, plus sûr et plus stable. En particulier, l'invention de la chaîne de blocs de souveraineté met l'application de la technologie de la chaîne de blocs sous contrôle juridique, faisant passer la chaîne de blocs de la règle de la technologie à la règle du système, contrôlant le flux de données non copiées dans l'état de l'Internet dans le cadre de la supervision et du partage, afin d'accélérer la construction du système de chaîne de blocs et du système de gouvernance.

III

Le point de départ théorique de la chaîne de blocs de souveraineté comprend la théorie de la souveraineté numérique, la théorie de la confiance sociale et la théorie du contrat intelligent. Le passage des données aux droits des données est le résultat inévitable de l'évolution de la société humaine vers la civilisation numérique. Les droits des données, tout comme les droits de l'homme et les droits réels, sont les droits de chacun à partager des données pour en maximiser la valeur, et sont la force institutionnelle contraignante de la chaîne de blocs de souveraineté. La confiance est la base importante d'un cycle social vertueux. C'est la logique de gouvernance « confiance en soi + confiance aux autres + confiance des autres » construite dans la société des connaissances, la société des étrangers et la société en réseau basée sur un mécanisme de consensus, et c'est la force de liaison culturelle de la chaîne de blocs de souveraineté. Le contrat intelligent est la règle de la technologie apportée par le codage des contrats. Il s'agit d'un cadre réglementaire pour la construction d'une économie numérique crédible, d'une société programmable et d'un gouvernement traçable. C'est aussi la force contraignante technique de la chaîne de blocs de souveraineté.

Théorie de souveraineté numérique. Les données, qui sont devenues les ressources stratégiques de base d'un pays, ont un impact de plus en plus important sur le développement économique, la gouvernance sociale, la gestion nationale et la vie des gens. Par conséquent, toute intervention illégale d'une unité dans les données peut constituer une atteinte aux intérêts fondamentaux d'un pays. La souveraineté numérique est née des besoins de la sécurité nationale, de la vie privée des citoyens, de l'application de la loi par le gouvernement et du développement industriel, et est devenue le centre d'attention des individus, des entreprises et de l'État. Le cœur de la souveraineté numérique est la détermination de la propriété. La souveraineté numérique peut être divisée par la propriété des données en souveraineté numérique personnelles, souveraineté numérique d'entreprise et souveraineté numérique. Dans la pratique, le jeu intense de la souveraineté numérique entre les entités conduit au désordre du dilemme de la sécurité des données. Dans le même temps, la souveraineté numérique est devenue un domaine où les intérêts se chevauchent. Il existe de nombreux problèmes, tels que le manque de clarté sur la souveraineté numérique, la confusion sur la circulation et l'utilisation des données, etc. Afin de protéger la sécurité des données et de sauvegarder la souveraineté numérique, chaque entité devrait construire la souveraineté numérique dans le cadre du concept global de sécurité nationale, traiter la relation entre la souveraineté numérique et les droits de l'homme, promouvoir le développement coordonné de la souveraineté numérique et des droits de l'homme numérique, et promouvoir le bien-être des êtres humains en matière de données.

Théorie de confiance sociale. La confiance n'est pas seulement la barrière fondamentale de la sécurité individuelle, mais aussi le fondement interne des relations interpersonnelles et du fonctionnement du système social. Avec la génération et le changement historique de l'homme, la construction de l'ordre implique le changement du type de confiance. La chaîne de blocs établit un système de confiance décentralisé, ouvert et transparent avec une garantie technologique. Le sujet de la confiance et l'objet de la confiance n'ont besoin de faire confiance qu'au réseau distribué piloté par l'algorithme pour établir une confiance mutuelle. Il n'est pas nécessaire de connaître le degré de crédit de l'autre partie, et encore moins l'aval du tiers, pour établir un système sans accumulation de confiance, promouvoir la formation d'une société d'auto-crédit et réaliser « les données en tant que crédit ». La chaîne « monnaie numérique – vie numérique – économie numérique – société numérique » est une ligne principale de développement futur, et la communauté de confiance numérique en est la pierre angulaire. Dans la future société numérique idéale, la richesse matérielle sera abondante, les problèmes de confiance et d'ordre seront résolus progressivement, l'homme atteindra l'état d'existence libre et consciente, et la société entière sera une fédération de citoyens numériques.

Théorie de contrat intelligent. De l'identité au contrat, de la civilisation agricole à la civilisation industrielle, puis à la civilisation numérique actuelle, les êtres humains passent de « l'ère des droits de l'homme » et de « l'ère des droits des biens » à « l'ère des droits des actifs de données », et le droit au sens juridique connaîtra lui aussi une grande mutation, c'est-à-dire qu'il passera du « droit de l'homme » au « droit des biens », puis au « droit numérique ». Le contrat intelligent est un ensemble de protocoles qui permet d'exécuter automatiquement certaines tâches auparavant effectuées manuellement. Il peut être intégré dans le système juridique actuel et offre une solution efficace pour que le droit s'adapte au plus vite à l'évolution rapide des nouvelles technologies. Les caractéristiques de la chaîne de blocs sont la décentralisation, la transparence, la confiance et l'infalsifiabilité, permettant la création d'un environnement d'exécution crédible pour les contrats intelligents et garantissant l'exécution juste et équitable des contrats intelligents. Avec l'intégration et le développement approfondis des technologies de l'information de nouvelle génération telles que les mégadonnées, l'intelligence artificielle et la chaîne de blocs, un monde virtuel jumeau numérique basé sur le monde physique sera généré. L'information et l'intelligence peuvent être transmises entre les individus, entre les individus et les objets, et entre les objets dans monde physique par le biais du monde numérique. Les êtres humains entreront dans une ère d'une alliance intelligente de toutes choses et accéderont à une société intelligente. La relation sociale établie par le biais de la chaîne de blocs, notamment par le contrat intelligent, sera une toute nouvelle relation sociale intelligente et deviendra une pierre angulaire importante pour la construction d'un nouvel ordre de civilisation numérique.

IV

La gouvernance mondiale est un moyen de traiter les problèmes mondiaux, et la communauté de destin pour l'humanité est un « plan chinois » mis en avant par la Chine en vue de l'avenir du monde, du développement humain et de la gouvernance mondiale. En tant que mécanisme de gouvernance mondiale, la communauté de destin pour l'humanité met l'accent sur l'égalité et la valeur commune des êtres humains. Elle consiste à la recherche d'un terrain d'entente tout en réservant les différences et en s'entendant pacifiquement. Si tous les pays suivent les règles communes et se font confiance, le coût de gouvernance de la société humaine sera considérablement réduit, et l'être humain consommera moins de ressources et créera le plus de valeur possible. La communauté de destin pour l'humanité est devenue un « mot chaud » dans le domaine des relations internationales et de la gouvernance mondiale. Elle a non seulement été mentionnée et expliquée à maintes reprises par les dirigeants chinois dans divers discours, tant en Chine qu'à l'étranger, mais aussi inscrite dans un certain nombre de résolutions des organismes des Nations unies concernés, devenant ainsi un consensus international dans une large mesure. En mars 2018, la première session du 13e Assemblée nationale populaire a voté l'adoption de l'amendement de la Constitution de la République populaire de Chine, en incluant « la promotion de la construction d'une communauté de destin pour l'humanité » dans le préambule de la Constitution, faisant ainsi monter le concept de « communauté de destin pour l'humanité » au niveau constitutionnel et juridique chinois. Cela montre que la communauté de destin pour l'humanité est devenue une partie importante de la gouvernance chinoise.

La proposition de la communauté de destin pour l'humanité est basée sur la réalité et orientée vers l'avenir. La raison pour laquelle il est difficile de réaliser l'objectif de construire une communauté de destin pour l'humanité est que toutes les régions, tous les pays et tous les groupes ethniques maintiennent encore dans une certaine mesure le particularisme et le protectionnisme, et qu'il manque encore une base de consensus et un mécanisme de confiance suffisants. Dans le dilemme du prisonnier, les êtres humains choisiront naturellement l'optimum local plutôt que l'optimum global. Jusqu'à présent, la société humaine a toujours fonctionné dans un état d'optimum partiel, et la communauté de destin pour l'humanité préconisée par la Chine est le mode de fonctionnement optimal global de l'ensemble de la société humaine, qui combine la vision du monde de la Chine consistant à « harmoniser toutes les nations et à faire des efforts concertés », et le concept de gouvernance consistant à « harmoniser sans uniformiser, à respecter mutuellement et à partager ». Par conséquent, la mise en place d'un mécanisme de confiance et d'un modèle de gouvernance fondés sur le consensus, à faible coût, très fiable et extrêmement sûr est la base de la réalisation de la communauté de destin pour l'humanité.

L'histoire nous apprend qu'il est difficile de résoudre le problème de la confiance uniquement par la conception du système, et la base de l'établissement de la confiance nécessite également une technologie fiable de garantie de la confiance. Sur ce point, la chaîne de blocs résout le problème du mécanisme de confiance dans la société humaine. Cependant, elle ne peut pas remplacer les organisations sociales pour remplir des fonctions institutionnelles, ni refléter les attributs d'un système social, la volonté souveraine d'un pays, ou les valeurs, les préférences éthiques et les caractéristiques culturelles d'une société. En d'autres termes, la chaîne de blocs est confrontée à de grands défis liés aux fonctions institutionnelles de la société humaine, à moins qu'elle ne puisse transférer les fonctions institutionnelles sociales assumées par les organisations sociales vers des moyens technologiques. La chaîne de blocs de souveraineté est justement ce type de technologie. Sous la prémisse de l'adhésion au principe de la souveraineté nationale, la chaîne de blocs de souveraineté consiste à renforcer la supervision juridique, à construire différents niveaux de système institutionnel intelligent basé sur un grand livre distribué, des règles et un consensus comme noyau, en fonction des différentes propriétés des données, du positionnement fonctionnel, des scénarios d'application et des autorisations ouvertes. L'orientation des valeurs de la communauté de destin pour l'humanité basée sur la chaîne de blocs de souveraineté consiste à construire une communauté de gouvernance mondiale partagée par tous où chacun sa responsabilité, formant ainsi un code de conduite commun et des normes de valeurs de la société humaine, et favorisant l'arrivée réelle de l'ère de l'Internet de l'ordre mondial.

Chapitre I

INTERNET DE L'ORDRE

Nous nous trouvons au seuil du meilleur des mondes. C'est un endroit passionnant, bien que précaire.

—HAWKING, célèbre physicien britannique

L'Internet est la première chose que les êtres humains ne comprennent pas après l'avoir créé. C'est la plus grande expérience d'anarchie que nous n'ayons jamais menée.

—ERIC SCHMIDT, ancien président et directeur général de Google

Nous n'avons pas besoin d'en savoir beaucoup sur la technologie des chaînes de blocs, tout comme nous n'en savions pas beaucoup sur les technologies web.

—MA YUN, fondateur du groupe Alibaba

Section I
Évolution de l'Internet

L'émergence de l'Internet[1] et son itération technologique ont donné naissance à un nouveau langage humain, un nouveau concept de pensée et une nouvelle civilisation humaine. Les êtres humains sont entrés dans une nouvelle ère. La transformation de l'Internet de l'information à l'Internet de l'ordre, en passant par l'Internet de la valeur, représente la loi de base de l'évolution de l'Internet de bas en haut niveaux. L'Internet de l'information résout le problème de l'asymétrie de l'information et permet aux gens de bénéficier des avantages d'une communication pratique et d'un faible coût de l'information. Avec le développement du commerce électronique, se fait voir la fonction de l'Internet permettant de transférer de la valeur sur l'Internet de manière aussi pratique, rapide et peu coûteuse, tout comme la transmission d'informations. En particulier, avec le développement des chaînes de blocs, les gens voient progressivement le potentiel de la valeur ajoutée des actifs de données et de la reconstruction des systèmes de valeur. L'Internet de l'ordre permet aux gens de voir la perspective d'un mode d'organisation, d'un système de gouvernance et de règles de fonctionnement innovants de la chaîne de blocs de souveraineté. Les trois étapes du développement de l'Internet sont essentiellement le processus qui va de l'Internet traditionnel à l'Internet intelligent et des technologies de l'information aux technologies numériques. À l'avenir, l'intégration de la chaîne de blocs et de l'Internet permettra de reconstruire une nouvelle génération de cyberespace, ce qui aura un impact incommensurable sur les êtres humains.

---

1. Le *Livre de la Voie et de la Vertu* écrit par Lao-tseu, ancien sage chinois, explique en profondeur la loi du développement de toutes choses, comme l'interaction et la connexion, la génération mutuelle et la retenue mutuelle, ainsi que la symbiose et la co-prospérité. Nous pouvons utiliser le cadre idéologique « le Dao (« la voie ») est le principe sous-jacent à la création de la myriade de choses » pour interpréter l'Internet. Le Dao de l'Internet est la liberté. La poursuite de la liberté donne naissance au désir de connexion libre entre soi et les autres, qui sont la « première étape » de l'Internet. La structure décentralisée de l'Internet garantit l'indépendance de la connexion de chacun. À cause de la décentralisation, tout le monde devient le centre, tout le monde étant pour moi ; en même temps, tout le monde prend les autres comme centre afin de devenir moi pour tous. Cette unité des opposés « tout le monde pour moi, et moi pour tout le monde » constitue la « deuxième étape » de la structure de *Taiji* de l'Internet. Cette double interaction donne ensuite naissance aux « trois » éléments de l'Internet : personnes, information et transaction. La combinaison dynamique de ces trois éléments donne naissance à divers miracles de l'Internet. (Tang Bin, « Internet est la romance d'un groupe de personnes », *Business China*, n° 5, 2015, p. 122-123).

I. Internet de l'information

Chaque révolution de l'information, que ce soit celle de la langue à l'écriture, ou celle de l'invention de l'imprimerie à la prospérité de l'Internet, a apporté une influence révolutionnaire à la société humaine. En 1969, il y a deux éléments qui sont inscrites dans l'histoire humaine : le premier atterrissage humain sur la lune et la naissance de l'Internet. L'atterrissage sur la lune signifie que les êtres humains ont fait le premier pas dans l'exploration interstellaire, et l'Internet a réalisé la connexion entre différents ordinateurs. Tous deux signifient l'expansion du réseau, de l'existence d'un seul point à l'existence de plusieurs points, et ils étendent également les êtres humains eux-mêmes de manière significative[2]. En 1993, l'émergence du World Wide Web a progressivement démocratisé l'Internet. En 1995, la publication de *Being digital* a annoncé le début d'une migration numérique dans la société humaine. Si la dernière grande découverte géographique a élargi l'espace physique des êtres humains, celle de l'Internet a élargi l'espace numérique des êtres humains. Du point de vue de l'évolution, l'Internet est encore très jeune à l'âge de 50 ans, mais « l'Internet est devenu une configuration fixe dans notre esprit. Il est encore plus facile pour nous d'imaginer la fin de la vie que la vie après l'ère Internet »[3]. Kevin Kelly pense même que s'il existait des vies extraterrestres, elles inventeraient aussi l'électricité, la lumière électrique, les voitures, et finalement l'Internet. Comme l'a dit Eric Schmidt, « l'Internet est la première chose que les êtres humains ne comprennent pas après l'avoir créé. C'est la plus grande expérience d'anarchie que nous n'ayons jamais menée ». Il met les êtres humains dans une situation sans limites, sans frontières et incroyable. Il pénètre dans tous les aspects de la civilisation moderne avec les caractéristiques de la liberté, du transfrontalier, de l'ouverture, de la démocratie, de l'effet de longue traîne et des valeurs multiples. Le monde d'Internet qui en résulte crée plus de surprises et d'accidents que ceux apportés à l'humanité par l'invention des chemins de fer et des télégrammes.

La transition de l'information. Avec l'extension des médias et la progression du mode de transmission, la vitesse, l'ampleur et la dimension de la transmission de l'information connaissent des changements sans précédent. Selon la loi Metcalfe, la valeur et l'importance du réseau continueront à croître géométriquement avec

---

2. Yu Chen, *Voir l'avenir – des gens qui changent le monde de l'Internet*, Presse universitaire du Zhejiang, 2015, p. 22.

3. Jennifer Winter [États-Unis] et Ryota Ono [Japon], *Internet du futur*, traduit par Zheng Changqing, Presse de l'industrie électronique, 2018, p. 74.

l'ajout d'appareils et d'utilisateurs[4]. L'invention du téléphone étant le premier nœud, la communication 1 à 1 est plus pratique ; l'invention de la radio et de la télévision étant le second nœud, la communication 1 à N peut être réalisée ; l'invention de l'Internet est un nœud important pour l'efficacité de la transmission d'informations à N^2. L'interconnexion des informations sur l'Internet est réalisée par le protocole TCP/IP, et une ère d'explosion de l'information est ouverte. Les utilisateurs de l'Internet dans le monde entier peuvent réaliser la transmission et la réception d'informations par l'Internet sans aucune différence, et l'information s'étend de « l'efficacité de la transmission 1 à N » à « l'efficacité de la transmission à N^2 ». Chacun dispose d'un « micro » et d'un « cercle d'amis » sur l'Internet et peut indépendamment mettre en place des sujets et diffuser des discours, afin de former ainsi une capacité d'autonomisation et une orientation d'autonomie qui ne peuvent être dotées par le système réel et l'espace physique[5]. L'Internet a brisé la limitation du temps et de l'espace. Les frontières entre le virtuel et le réel, ainsi qu'entre le numérique et le matériel, disparaissent et les êtres humains se dirigent progressivement vers une société sans frontières. L'Internet fournit une structure spatiale sociale informelle et virtuelle à la société humaine. Tout gouvernement, toute organisation et tout individu peut y participer et nous transformer en une nouvelle espèce, à savoir l'*homo numericus*, tout comme l'*homo economicus* dans l'économie classique. Comme le décrit le documentaire *Internet Age*, « que ce soit dans le monde ou en Chine, la grande migration de la vie humaine a commencé. Il s'agit d'une migration complète de la société traditionnelle vers l'ère numérique de l'Internet. C'est un sujet d'ère et un destin humain irrésistible. Que vous soyez un internaute ou non, que vous soyez éloigné de l'Internet ou immergé dans ce dernier, votre figure apparaîtra dans ce grand flot de migration. » L'Internet a réalisé l'interconnexion de l'information, et l'Internet mobile l'interconnexion de tout le monde. Après l'émergence de la technologie de communication mobile de cinquième génération (5G), l'Internet des objets prendra la « voie rapide » des 5G pour réaliser le passage de l'interconnexion de toutes choses à la connexion intelligente de toutes choses. Les barrières de la transmission de

---

4. Il faut être très nombreux pour former un réseau : le premier téléphone est inutile ; le second est un peu utile, mais seulement pour communiquer avec le premier téléphone ; après la connexion des milliers de téléphones, il est logique d'acheter un téléphone soi-même ; après celle des millions de téléphones, un téléphone devient un véritable outil essentiel.

5. Ma Changshan, « Déconstruction et reconstruction de l'ordre juridique de 'Internet + ère' », *Exploration et contestation*, n° 10, 2016, p. 40.

l'information sont éliminées par l'Internet, et nous entrons dans l'ère de l'Internet des informations, avec la transmission gratuite des informations. L'Internet de l'information désigne l'Internet qui enregistre et transmet principalement des informations. Ces informations peuvent être copiées et le coût en est très faible. L'importance révolutionnaire de l'Internet de l'information réside dans le fait qu'il n'a pas seulement un impact sur la logique et les règles du jeu traditionnel, mais qu'il crée également le fondement de valeur et l'espace pour l'extension infinie.

Problème de confiance mutuelle de l'information sur Internet. Tout en profitant de tous les avantages de l'explosion de l'information, les êtres humains souffrent également de la douleur apportée par l'Internet, endurent le chaos et le désordre du monde des réseaux, et ressentent même les risques et les craintes apportés par le réseau. Comme « il n'y a pas de rythme unifié et prédéterminé sur l'Internet, et que chacun est simple selon sa propre volonté »[6], l'Internet est devenu un outil de violence nouvelle, un composant de nouvelles armes et un fondement de nouveau pouvoir[7]. Nous profitons de la commodité et de la rapidité de l'empire commercial de l'information sur l'Internet créé par BAT[8]. Nous comptons sur ces énormes organisations centrales pour transmettre nos informations de chat, d'achats et de transactions. Dans le même temps, nous ne pouvons pas nous empêcher d'accepter les inconvénients apportés par cette épée à double tranchant, notamment le manque de confiance, la divulgation de la vie privée, le fléau de l'information, le monopole commercial, la polarisation du réseau, la fraude sur le réseau Internet, le piratage, etc. Le degré de désordre et d'incertitude que présente l'Internet s'accroît. Le fait que la gouvernance de l'Internet est considérée comme un thème d'époque reflète le « désordre » de l'Internet. Selon la théorie du chaos, « l'état originel de toutes choses est un amas de fragments sans rapport évident entre eux, mais une fois cet état chaotique terminé, ces fragments inorganiques seront intégrés organiquement dans un tout ». L'Internet élargit l'opposition entre information et chaos. L'état chaotique de l'information sur l'Internet entraîne

---

6. Duan Yongchao et Jiang Qiping, *Origine des nouvelles espèces : pierre angulaire idéologique de l'Internet*, Presse commerciale, 2012, p. 128.

7. Nous pouvons trouver de nombreux termes ou cas connexes par recherche aléatoire, comme la coercition numérique (digital coercion), la violence numérique (digital violence), la cyberintimidation (cyber-bullying), la cyberviolence (cyber-violence), la participation numérique forcée (coerced digital participation), etc. Le cambriolage numérique (digital burglary), la fraude numérique (digital fraud), l'extorsion numérique (digital extortion) et le vol numérique (digital robbery) sont plus graves que le vol, la fraude, l'extorsion et le vol traditionnels.

8. L'acronyme du nom des trois grandes sociétés Internet chinoises (Baidu, Alibaba et Tencent).

une série de problèmes, tels que des informations non valables, l'inondation d'informations et la distorsion de l'information. L'inefficacité de l'information se manifeste principalement par le manque d'acquisition d'informations autour de problèmes spécifiques ou de problèmes multipartites, ce qui conduit à un comportement inconscient de la communauté, avec pour conséquence une prise de décision qui dépend du résultat après coup. L'inondation d'informations est le problème le plus important à l'ère de l'Internet de l'information. Si l'on dit que l'insuffisance d'informations peut entraîner des risques de contrôle et de prise de décision, l'excès d'informations augmentera le coût de sélection de l'information réglementaire et décisionnelle. Avec l'augmentation rapide de la quantité des informations, l'incertitude de leur analyse s'accroît également. Plus l'incertitude est grande, plus le désordre social sera grave. La distorsion de l'information signifie que l'Internet manque de mécanisme efficace de contrôle de la qualité de l'information, ce qui est différent des médias traditionnels. Par conséquent, les informations réelles sur l'Internet peuvent facilement devenir hors du contrôle de l'auteur et du propriétaire, et être déformées dans le processus de communication. L'Internet a réalisé la « décentralisation » de la diffusion de l'information, mais il y a deux problèmes fatals : cohérence et exactitude. C'est le « problème des généraux byzantins », c'est- à-dire le problème de la « synchronisation » et de la « confiance mutuelle » dans la diffusion décentralisée de l'information. « L'ordre orienté vers la liberté n'est pas nécessairement la maison de la liberté, et peut devenir les entraves de la liberté ».[9] Dans une certaine mesure, l'Internet de l'information est dans un état de chaos et de désordre, et il y a un risque d'incertitude et de désordre dans l'espace Internet.

Internet de l'information : sans limite, sans prix et désordonné. Lorsque l'Internet apporte les bonnes expériences, telles que la copie pratique et le transfert d'informations libre, nous devons faire face aux problèmes qu'apporte l'Internet illimité, sans prix et désordonné. Il s'agit là des caractéristiques essentielles de l'Internet de l'information. La première caractéristique est l'illimité : l'Internet n'a pas de frontières et est illimité. La deuxième est d'être sans prix. L'Internet a de la valeur, mais il n'a pas de prix. Comme l'air, il a une valeur d'usage mais n'a pas de valeur. Il ne peut donc pas être exprimé par un prix. La troisième est le désordre. L'Internet n'a pas d'ordre et est chaotique. « Comme l'a dit Steve Jobs, qui a été profondément influencé par l'esprit hippie, 'l'ordinateur est l'outil

---

9. Bai Shuying, « De l'ordre virtuel », *Apprentissage et Recherche*, n° 4, 2009, p. 28.

le plus extraordinaire créé par l'homme, qui est comme le vélo de notre esprit'. Le vélo est un outil errant et rebelle, qui permet aux gens d'atteindre librement leur destination sans voie. L'Internet qui grandit dans l'embryon de l'ordinateur est un monde chaotique qui porte partout la bannière de la liberté. »[10] Le désordre de l'Internet est inhérent. L'illimité et le fait d'être sans prix de l'Internet y sont directement liés. C'est le plus grand trouble que l'Internet nous apporte. L'Internet est comme un cheval sauvage qui court vite dans un champ sans limites. S'il n'est pas maîtrisé, les conséquences seront inimaginables. Si nous voulons faire de ce « cheval sauvage » un « bon cheval », nous devrions accorder plus d'attention à l'ordre et mettre l'accent sur l'utilisation de règles pour résoudre les problèmes de connexion, de fonctionnement et de transformation de l'Internet. Les êtres humains peuvent rapidement générer et transmettre des informations aux quatre coins du monde par l'Internet, mais cela ne peut pas résoudre le problème du transfert de valeurs[11] et du transfert de crédits. En bref, l'Internet résout le problème de l'asymétrie de l'information, mais il ne résout pas le problème de l'asymétrie des valeurs. Il ne peut donc pas résoudre le problème du stockage des crédits. La voie de l'évolution du réseau est celle de « croissance – rupture – équilibre » : tout d'abord, le réseau connaîtra une croissance exponentielle ; ensuite, il atteindra le point de rupture au moment où sa croissance dépasse la charge et que sa capacité doit être réduite (légèrement ou significativement) ; enfin, il atteindra l'équilibre et se développera intellectuellement en qualité plutôt qu'en quantité.[12] La théorie de la hiérarchie des besoins de Maslow divise les besoins des gens en cinq niveaux. En l'appliquant sur l'Internet, Nous construisons un modèle hiérarchique de la demande Internet (Figure 1.1).[13] À l'heure actuelle, la demande

---

10. Wu Xiaobo, *Biographie de Tencent (1998-2016) : Évolution des entreprises Internet chinoises*, Presse universitaire du Zhejiang, 2017, p. 16.

11. Le transfert de valeurs signifie que, si nous voulons transférer une partie de la valeur de A à B, alors il faut que A perde explicitement cette partie de valeur, et que B obtienne clairement cette partie de valeur. Cette opération doit être approuvée par A et B. Par conséquent, elle ne peut être contrôlée par aucune des parties A et B. Le protocole Internet actuel ne peut pas supporter cette pratique. Par conséquent, le transfert de valeur doit être approuvé par un tiers. Par exemple, si l'argent de A est transféré à B par Internet, il nécessite souvent un endossement de crédit de la part d'un établissement tiers.

12. Jeff Stibel [États-Unis], *Breakpoint*, traduit par Shi Rong, Presse universitaire Renmin, 2015, p. 20.

13. Du point de vue de la satisfaction des besoins de l'homme, l'Internet de l'information répond aux besoins sociaux de l'homme qui veut élargir continuellement son champ d'interaction sociale. L'Internet de la valeur répond aux besoins de respect de l'homme qui veut obtenir la reconnaissance de la valeur. L'Internet de l'ordre répond à la plus haute exigence de réalisation de soi de l'homme.

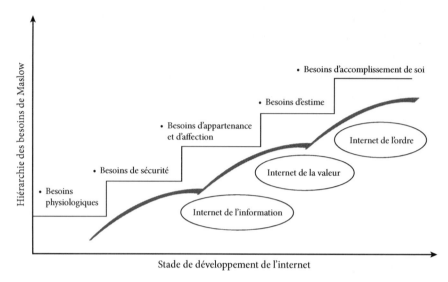

Figure 1.1   Schéma de l'hiérarchie des besoins de Maslow appliquée sur l'Internet

de la société humaine est en expansion et la demande d'ordre impliquée dans la nature humaine est de plus en plus urgente. D'une part, les frontières de l'Internet de l'information et de l'Internet de la valeur continueront à s'étendre avec les changements technologiques, d'autre part, nos besoins de niveau supérieur, tels que la confiance et l'ordre, augmentent de jour en jour.

II. Internet de la valeur
Avec le progrès continu de la technologie, le développement de l'Internet est entré dans la phase de grande découverte, de grande création et de grande innovation de valeur. La chaîne de blocs est la pierre angulaire de la construction de l'Internet de la valeur, qui a la capacité à transférer la confiance et la valeur, et à reconstruire les règles et l'ordre. Selon le livre blanc « Libérer le potentiel de la chaîne de blocs » publié par le forum économique mondial, la chaîne de blocs est sur le point de créer une ère Internet plus subversive et transformatrice qui peut générer de nouvelles opportunités, promouvoir la création et la transaction de valeur sociale et transformer l'Internet de l'information en Internet de la valeur. L'émergence et la popularité de l'Internet font qu'il est très facile pour les gens d'établir des connexions point à point sur le réseau. Par rapport à l'Internet qui facilite la transmission de l'information, la chaîne de blocs apparaît sous la forme d'une chaîne d'informations en blocs de données complètement ouverte, réalisant le

transfert de valeur et l'échange entre points, devenant ainsi un nouveau moteur de l'Internet et ouvrant l'ère de l'Internet de valeur.

Interconnexion des valeurs. L'Internet de l'information a réalisé la transformation de la transmission de l'information depuis l'état fermé, arriéré et encombrant en état rapide, gratuit et pratique, mais l'échange d'informations peut difficilement satisfaire les besoins de valeur croissants des gens. La naissance de la chaîne de blocs apporte une nouvelle route à l'évolution de l'Internet de l'information. L'Internet de la valeur basé sur le protocole de la chaîne de blocs peut réaliser la transmission et l'échange de la valeur. L'Internet dit de valeur signifie que les gens peuvent transférer de la valeur, en particulier des biens, tout comme l'on transfère des informations sur l'Internet, sans intermédiaire ou média tiers. L'Internet de la valeur est la véritable incarnation et le transfert transparent de la valeur de l'Internet, qui forme la chaîne de valeur de l'Internet et réalise la valeur de l'Internet sur la base du protocole de la chaîne de blocs. Sa caractéristique principale est la réalisation de l'interconnexion du capital, du contrat, des données et de l'identité de confiance. Bien que le transfert de fonds et de contrats puisse être réalisé sur l'Internet, il doit compter sur les institutions centralisées pour transférer les informations aux institutions centralisées correspondantes, ce qui entraîne des coûts de transaction élevés, une asymétrie de l'information, une acceptation passive et des problèmes de sécurité en matière de vie privée. La raison pour laquelle la chaîne de blocs sera à la tête de l'Internet de la valeur réside dans le fait que la chaîne de blocs peut résoudre les problèmes d'échange, de transaction et de transfert mentionnés ci-dessus, de sorte que les gens puissent transférer de la valeur sur Internet de manière aussi pratique, sûre et fiable que la transmission d'informations. Dans le monde de la chaîne de blocs, les gens peuvent transférer des fonds et des données à toutes les régions du monde aussi facilement que l'on publie un contenu sur Wechat et Weibo. La relation entre l'Internet de la valeur et l'Internet de l'information n'est pas une relation de substitution. Les deux visent à différents scénarios d'application pour résoudre différents problèmes. L'Internet de la valeur superpose des attributs de valeur sur la base de l'Internet de l'information, formant progressivement un nouvel Internet pour réaliser la transmission d'informations et celle de valeurs.

Chaîne de blocs, pierre angulaire importante de l'Internet de la valeur. L'émergence de la chaîne de blocs a ouvert un nouvel espace de développement pour l'Internet et a déclenché une nouvelle étape de développement. La chaîne de blocs est un processus de transition du réseau d'information au réseau de valeurs, qui favorisera la transmission de valeur basée sur un mécanisme de confiance mutuelle, subvertira le modèle commercial, brisera la disposition industrielle et changera le système de distribution. La chaîne de blocs présente de nombreuses caractéristiques, telles que la décentralisation, l'infalsifiabilité, le fait de laisser des traces dans l'ensemble du processus, la traçabilité, la maintenance collective, l'ouverture et la transparence. L'Internet est dans un état de désordre, de monopole, de chaos et d'insécurité. Dans l'Internet de valeur, la chaîne de blocs permet à tous les membres du réseau de se faire naturellement confiance, éliminant ainsi le monopole centralisé de l'Internet traditionnel ; les caractéristiques en matière de lutte contre la contrefaçon et les altérations de la chaîne de blocs permettent à chacun d'établir ses propres nœuds de crédit dans le réseau. Sous la double surveillance du système et de la technologie, une fois que quelqu'un aurait fait le mal, il sera punis par le système juridique et le contrat intelligent, et les gens considéreront imperceptiblement le maintien du crédit comme une habitude. Il faut souligner que, qu'il s'agisse de la transmission d'informations ou celle de valeurs, en dernière analyse, il s'agit de la transmission de données. La crédibilité des données est la base de l'Internet de la valeur, et la confirmation de la souveraineté numérique est la base de la crédibilité des données. Ce n'est que lorsque les données sont fiables qu'elles peuvent être calculées et analysées, et que la valeur des services intelligents peut alors être fournie, de manière à réaliser le contrat commercial, les données contractuelles et la confiance dans les données. L'infrastructure de confiance de l'Internet de la valeur est la plus importante pour assurer l'échange de valeur, soutenir l'application de valeur et créer une écologie industrielle. La chaîne de blocs est la technologie de base de la confirmation de la souveraineté numérique, de l'échange de valeurs et de l'encaissement des intérêts, qui jette les bases de la formation de l'Internet de la valeur. Tout d'abord, il consiste à confirmer la souveraineté réelle et unique, et le principe de la valeur consiste à déterminer la propriété des actifs. La propriété exclusive des actifs est garantie par la cryptographie et le mécanisme de la clé publique et de la clé privée. Le mécanisme de consensus garantit la séquence temporelle de la déclaration de propriété, et la première personne à déclarer la propriété est le véritable propriétaire unique de l'actif. La propriété historique est garantie pour longtemps. Il ne peut être modifiée et est réalisée par le biais d'un grand livre distribué. Deuxièmement, l'échange est sûr et fiable. La valeur se reflète dans l'offre et la demande. Sans échange, il n'y a pas de valeur. Le propriétaire peut libérer ses actifs et les transférer à une autre personne en fournissant une vérification de signature basée sur la cryptologie. Le mécanisme de consensus détermine l'ordre des transactions, résout le « problème de double frais »[14] des actifs et enregistre les transactions confirmées. Ce n'est que lorsque les conditions sont remplies que la transaction de garantie contractuelle intelligente peut réellement avoir lieu et être exécutée automatiquement.[15]

Gouvernance, le plus grand défi de la chaîne de blocs. L'Internet n'est pas seulement un nouvel objet de gouvernance nationale, mais aussi une nouvelle méthode, un nouvel outil et une nouvelle plateforme de gouvernance. La quatrième session plénière du 19ᵉ Comité central du PCC a souligné que « nous devrions renforcer et innover la gouvernance sociale et améliorer le système de gouvernance sociale sous la direction du Comité du Parti, la responsabilité du gouvernement, la consultation démocratique, la coordination sociale, la participation du public, la garantie juridique et le soutien scientifique et technologique ». Le « soutien scientifique et technologique » a été ajouté pour la première fois avant le « système de gouvernance sociale », afin de mettre l'accent sur les facteurs techniques de la gouvernance et refléter pleinement la haute conscience et la confiance pleine dans le développement, l'application et la gestion de la technologie Internet. Lorsque l'Internet de la valeur, comme l'Internet de l'information, sera devenu une infrastructure mondiale, le contrat intelligent, en tant que protocole de réseau décentralisé automatique, ouvert et transparent, garantira que les règles de l'Internet de la valeur sont mises en œuvre de manière fiable, et apportera une nouvelle ère de contrat. La gouvernance de l'Internet de la valeur est beaucoup plus complexe que la gouvernance de l'Internet de l'information, car le réseau de l'Internet de l'information est basé sur une plate-forme mondiale unifiée, tandis que la chaîne de blocs est un compte général composé de différents comptes et parfois même de comptes opposés. Le dilemme réside dans le « paradoxe

---

14. Don Tapscott, père de l'économie numérique, a mentionné dans son discours qu' « au cours des dernières décennies, nous avons inauguré l'ère de l'information sur Internet. Quand je vous envoie un courriel, un PPT ou autre fichier, ce n'est pas l'original que j'envoie. C'est une copie. Cependant, si des actifs sont concernés, comme des actifs financiers tels que de l'argent, des actions et des droits de créanciers, des points d'adhésion, de droits réels intellectuelle, de la musique, l'art, des votes, des crédits carbone et d'autres actifs, il n'est pas bon d'envoyer des copies. Si je vous donne 100 dollars, ce qui importe pour moi, c'est que je n'aie plus l'argent et que je ne puisse pas vous l'envoyer à nouveau. C'est ce que les cryptographes appellent le problème de la « double consommation », c'est-à-dire le « problème de double frais ». En créant le Bitcoin, Satoshi Nakamoto résout le problème de la double consommation du jeton numérique. En outre, l'Internet de la valeur doit résoudre le problème de la double consommation de tous les actifs numériques sur l'Internet.

15. Yi Huanhuan, « Internet de la valeur et chaîne de blocs : nouveau réseau 4 en 1 », www.sohu.com, 2018. https://www.sohu.com/a/249565405_100112552.

ternaire », c'est-à-dire que l'évolutivité, la distribution et la sécurité ne peuvent être réalisées en même temps. La chaîne de blocs réalise l'échange de valeurs entre les parties prenantes en utilisant les ressources du réseau mondial de pair à pair, ce qui nécessite un ensemble de cadres de gouvernance raisonnables et ordonnés pour garantir le jeu efficace de son potentiel technique. Le forum économique mondial a souligné dans le livre blanc « Libérer le potentiel de la chaîne de blocs », que les défis rencontrés par la gouvernance écologique de la chaîne de blocs sont les suivants : l'absence de structure de gouvernance juridique raisonnable, l'immaturité de la législation ou des normes pouvant entraver le développement de la chaîne de blocs, la vitesse d'application de la chaîne de blocs dépassant celle de la maturité technologique, le manque d'idées diversifiées et le risque que les autorités contrôlent l'ensemble du réseau. En outre, il existe encore quelques défis inconnus, tels que le gaspillage des ressources, les multiples complications causées par l'intégration des innovations, le renforcement éventuel de la supervision, les incidents terroristes, les attaques de l'informatique quantique et les défaillances techniques. Par exemple, bien que l'objectif de la technologie des chaînes de blocs soit de promouvoir l'amélioration de la capacité commerciale, une fois qu'elle est rendue publique sur Internet sous la forme d'une source ouverte, les terroristes peuvent utiliser ces excellentes technologies pour créer de plus en plus de chaos. Par ailleurs, l'informatique quantique, en tant qu'algorithme cryptographique qui va au-delà de l'informatique électronique, risque de porter un coup fatal aux avantages technologiques de la chaîne de blocs. De plus, si la technologie des chaînes de blocs s'avère pleine de failles, elle pourrait entraîner l'effondrement de l'ensemble de l'Internet de la valeur.[16]

III. Internet de l'ordre

Dans le processus de développement de l'Internet, de nombreuses tendances et approches de développement ont été remises en question, mais ce qui ne l'a jamais été, c'est son idée centrale, à savoir la nécessité de l'Internet. Le meilleur avenir de l'Internet n'est pas immortel ou immuable, mais il faut se demander si l'Internet dont les gens disposent actuellement est le meilleur que nous puissions concevoir, et réfléchir au choix alternatif de la vie des gens après la fin de l'ère

---

16. Forum économique mondial, « Libérer le potentiel de la chaîne de blocs », *in* CCID-Trans, n° 47, 2017, p. 1-19.

de l'Internet[17]. À l'heure actuelle, il est plus nécessaire et urgent que jamais de procéder à une réforme large et profonde de l'Internet. Les caractéristiques de la chaîne de blocs peuvent justement répondre à cette demande, maintenir l'ordre écologique du monde en réseau, puis établir une structure de gouvernance plus bénigne, donner effectivement du pouvoir au système de gouvernance national et réaliser la modernisation de la capacité de gouvernance. L'Internet est devenu un lieu de jeu pour toutes sortes de forces, et l'appel à l'ordre dans ce lieu, ainsi que le manque d'ordre et de responsabilité dans le monde réel reflété à partir de ce lieu sont devenus de plus en plus notables. L'ordre est la vie du développement de l'Internet. L'Internet sera détruit dans le désordre sans règle et sans ordre. La gouvernance de l'Internet forme un certain ordre, mais dans le processus de formation de cet ordre, il est inévitable qu'il y ait un jeu entre le gouvernement, les entreprises, la société et les individus sur l'Internet sans frontières. Face au choc de l'ordre de la déconstruction et de la reconstruction, la transformation du pouvoir entre la force et la faiblesse est dynamique dans le processus du jeu. La théorie de la souveraineté numérique, la théorie de confiance sociale et la théorie de contrat intelligent constituent les éléments fondamentaux et la logique de gouvernance de l'ordre de l'Internet. Le célèbre architecte américain Louis Kahn a déclaré que « le monde n'aura jamais besoin de la cinquième symphonie de Beethoven avant que Beethoven ne la crée. Maintenant, on ne peut plus s'en passer. » À l'ère de l'Internet de l'ordre, nous sommes confrontés aux objets inconnus. Mais si une seule chose est connue, c'est que nous allons créer plus de choses dont les gens ne peuvent plus se passer.

Trois inférences basées sur l'avenir. Première inférence fondamentale : la société humaine passe d'un système mondial dualiste à un système mondial ternaire. Dans le passé, les êtres humains vivaient dans un monde composé d'un espace physique (P) et d'un espace social humain (H). L'ordre des activités humaines était formé par l'interaction et l'influence mutuelle entre les êtres humains, ainsi qu'entre ceux-ci et les objets. Les êtres humains étaient les créateurs et les leaders de l'ordre de la société humaine. Les technologies de réseau, numériques et intelligentes ont dépassé les limites de l'espace-temps physique et ont numériquement reconstruit celui-ci. L'espace de l'information (C) est devenu un nouveau pôle de l'espace

---

17. Jennifer Winter [États-Unis] et Ryota Ono [Japon], *Internet du futur*, traduit par Zheng Changqing, Presse de l'industrie électronique, 2018, p. 39.

mondial[18]. Dans ce nouvel espace, les données sont le terreau de toutes choses. Le monde passe du monde dualiste traditionnel (P, H) au monde ternaire (C, P, H), et l'ordre des activités humaines sera inévitablement reconstruit. La loi de la production et de la vie, la forme d'organisation sociale, le système de gouvernance sociale, le système juridique, etc., qui se forment et fonctionnent sur la base du monde dualiste originel, seront inévitablement confrontés aux défis et aux remaniements apportés par la logique de développement du monde ternaire, ce qui nécessite de toute urgence la réponse en matière de théorie et de pratique. La deuxième inférence fondamentale est que le développement de l'époque est passé d'une logique pétrolière à une logique de données. Après que le développement économique et social a atteint un stade plus élevé, la voie du développement dictée par les facteurs et les investissements est devenue non durable. Viktor Mayer-Schonberger, père des mégadonnées, estime que « parfois, le changement du monde peut être motivé par des données réelles plutôt que par des idées. Les nouvelles idées basées sur des données sont au cœur de la destruction créative, tandis que les données sont le moteur de l'innovation ». Le développement est entrainé par l'innovation et l'innovation par les données. Les données sont l'oxygène, la ressource clé pour changer le monde et l'élément central de la construction de l'ordre, apportant un nouvel équilibre aux êtres humains. Troisième inférence fondamentale : l'Internet de l'ordre est l'avenir de l'Internet. L'Internet de l'ordre sera le centre de toutes les activités humaines. Les règles techniques et juridiques sont combinées pour réaliser un partage du crédit et de l'ordre par l'Internet de l'ordre qui est une forme avancée de développement de l'Internet. L'Internet est la technologie la plus révolutionnaire du 20e siècle. L'Internet de l'ordre pourrait être la principale force de développement axée sur l'innovation à l'avenir. Il est d'une grande importance d'améliorer le système de gouvernance mondiale de l'Internet et de promouvoir la construction d'une communauté de destin dans le cyberespace.

Trois forces qui changent l'avenir. Il y a trois forces qui influencent le monde de manière inédite : 1. Droits des données. « L'information est le centre du pouvoir ».[19] Le pouvoir social dans le cadre de l'Internet de l'ordre est devenu une force systématique. Le futuriste Alvin Toffler croit que le pouvoir, dans le sens du pouvoir de dominer les autres, a été obtenu par la violence, la richesse

---

18. Pan Yunhe, « Monde ternaire et nouvelle génération d'intelligence artificielle », *Ville moderne*, n° 1, 2018, p. 1.

19. Andreas Weigend [États-Unis], *Data for the people – How to make our post-privacy economy work for you*, traduit par Hu Xiaorui et Li Kaiping, Presse de Citic, 2016, p. 12.

et la connaissance depuis les temps anciens. L'autonomisation des données fait passer le pouvoir social de la violence, de la richesse et de la connaissance aux droits des données. Les droits des données sont le produit et la tendance inévitable de la marche des êtres humains vers la civilisation numérique, et c'est une force importante pour promouvoir la reconstruction de l'ordre. Ce pouvoir marque le déclin du pouvoir traditionnel, l'expansion d'un nouveau pouvoir et le transfert de la souveraineté individuelle. 2. Altruisme. « Les êtres humains passent de l'ère de la technologie Internet (IT) à l'ère de la technologie des données (DT) ». La structure des relations de l'ère DT détermine que son mécanisme interne est la décentralisation, l'aplatissement et l'illimitation, et son esprit de base est l'ouverture, le partage, la coopération et le bénéfice mutuel. Ces caractéristiques déterminent le contexte humaniste « à finalité humaine » dans cette société et la valeur fondamentale de l'altruisme à cette époque. L'altruisme et le partage sont les forces clés d'un nouveau cycle de révolution scientifique et technologique et de transformation industrielle. Basée sur l'altruisme et le partage, la civilisation humaine va certainement passer à un stade supérieur et entrer dans un ordre construit par les droits de partage. 3. Remixage. Le remixage est le réarrangement et la réutilisation de ce qui existe, avec l'intégration des ressources internes et externes et la création de nouvelles valeurs. La croissance provient du remixage, y compris les croissances de la civilisation, de l'économie et des données. Le remixage est un moyen subversif crucial et une force de changement inévitable. Les éléments fondamentaux de l'Internet de l'ordre sont la proposition de valeur des droits des données, l'orientation de la valeur de l'altruisme et l'innovation de la valeur du remixage. C'est l'interaction entre ces trois forces qui façonne le monde.

Trois jugements pour l'avenir. Premier jugement de base : l'essor de la Chine est une tendance générale. Aucune force ne peut arrêter le progrès du peuple et de la nation chinois. La force motrice fondamentale de l'essor de la Chine réside dans deux « Globaux », à savoir l'approfondissement global des réformes et l'élargissement global de l'ouverture. Les pays émergents ont connu une étape historique particulière au cours de laquelle les risques et les défis sont de plus en plus grands. Les avantages uniques du système chinois sont notre plus grande force pour faire face aux risques et aux défis. S'inscrivant sur un axe temporel plus long, la montée d'une grande puissance passera inévitablement par des obstacles. La clé est de maintenir une détermination et une endurance stratégiques, et de se concentrer sur la bonne marche de nos propres affaires. « Le vent éteindra la bougie, mais il rendra le feu de plus en plus prospère. » Le deuxième jugement de base : le véritable symbole de l'essor de la Chine est la modernisation de la gouvernance nationale et l'établissement d'un pouvoir de discours international dans le système de gouvernance mondiale. La Chine se trouve à l'intersection historique des « deux centenaires ». Un nouveau cycle de révolution scientifique et celui de technologique et de transformation industrielle sont devenu les principales forces affectant la situation changeante du monde et la montée et la chute des grandes puissances. Le remaniement du système de gouvernance économique mondiale a créé les conditions permettant à la Chine d'aspirer à une position internationale plus favorable. L'instabilité du modèle politique international s'est accrue, en particulier l'endiguement stratégique de la Chine par les États-Unis, qui deviendra le facteur le plus incertain de l'environnement extérieur. Ce à quoi la Chine sera confrontée à l'avenir, ce n'est pas seulement la concurrence des puissances brutes, comme l'économie, la science et la technologie et la force militaire, mais aussi la concurrence globale des puissances immatérielles que sont le système national de gouvernance et la capacité de gouvernance, comme une signification plus importante et symbolique. L'essor de la Chine entraînera de grands changements dans le modèle et la manière de la gouvernance mondiale. Le troisième jugement de base : la science et la technologie de gouvernance sont la force centrale de la modernisation de la gouvernance nationale. L'impact des technologies de gouvernance marquées par l'intelligence artificielle, l'information quantique, la communication mobile, l'Internet des objets et la chaîne de blocs sur le modèle international peut être résumé comme suit : 1. Accroître sensiblement la richesse mondiale ; 2. Intensifier les changements économiques et militaires, voire affecter et modifier directement l'équilibre des pouvoirs entre les pays ; 3. La croissance rapide du pouvoir des acteurs non étatiques, en entraînant de nouveaux défis en matière d'idéologie, de sécurité et de stabilité stratégique mondiale. L'Internet de l'ordre deviendra un facteur clé de la modernisation de la gouvernance nationale. Saisir cette période d'opportunité stratégique critique et promouvoir la construction d'une infrastructure, d'un système juridique et d'un système de normes basés sur l'Internet de l'ordre aideront la Chine à saisir le pouvoir du discours institutionnel dans la gouvernance mondiale.

L'avenir sera plus confus mais plus attendu. « L'évolution de l'Internet est désordonnée au niveau micro, mais au niveau macro, elle montre une direction surprenante. Comme la main invisible dans l'économie, les activités commerciales sont désordonnées au niveau micro, mais il y a une force d'équilibre au niveau macro. L'évolution de l'Internet est plus magique que celle de l'économie, car il ne s'agit pas d'un contrôle équilibré, mais d'une évolution monotone et progressive. »[20] L'Internet étant une autoroute du futur, les données importantes sont les véhicules qui circulent sur cette autoroute, et la chaîne de blocs est le système et la règle permettant aux véhicules de circuler légalement et de manière ordonnée sur cette autoroute. L'Internet est un monde irrégulier, instable et peu sûr. La chaîne de blocs rend ce monde plus ordonné, plus sûr et plus stable. Si l'Internet de l'information résout le problème « sans limite » et l'Internet de la valeur le problème « sans prix », alors l'Internet de l'ordre résout le problème du désordre de l'Internet. En nous basant sur l'Internet de l'ordre, nous inaugurerons une nouvelle planète numérique, sur laquelle, que ce soit des individus, des entreprises ou des pays, il faut se réveiller de l'ancienne expérience pour suivre les changements de l'époque afin de réussir à « émigrer » vers la nouvelle planète.

Section II
Force des données et relation entre les données

Avec l'évolution continue de l'Internet, les données présentent une croissance explosive. La chaîne de blocs repose sur ses caractéristiques, à savoir la fiabilité, la sécurité et l'infalsifiabilité, lui permettant de libérer et de faire réellement circuler davantage de données. Tout peut être représenté par des données. « Dans le monde des données, toutes les relations sociales peuvent être exprimées par des données, et les personnes sont la somme des données pertinentes. »[21] La productivité et la relation de production sont les concepts les plus importants dans la société humaine. Il ne fait aucun doute qu'il y a aussi le problème de la force des données et de la relation entre les données à l'ère des mégadonnées. D'une manière générale, la force des données est la force fondamentale pour promouvoir le développement de l'ère des mégadonnées, ce qui fait que la relation de production porte la marque de la relation des données. Par conséquent, la relation entre l'homme et la technologie, celle entre l'homme et l'économie, et celle entre l'homme et la société sont confrontées à une déconstruction et une reconstruction sans précédent. La société humaine se trouve à un tournant historique critique : l'équilibre ancien

---

20. Liu Feng, *Théorie de l'évolution de l'Internet*, Presse universitaire de Tsinghua, 2012, p. 196.
21. Viktor Mayer-Schonberger [UK] et Kenneth Cukier [UK], *BIG DATA – A revolution that will transform how we live, work and think*, traduit par Sheng Yangyan et Zhou Tao, Presse du peuple du Zhejiang, 2013, p. 1.

et l'ordre original sont progressivement désintégrés, et un nouveau système et un nouvel ordre sont prêts à émerger. Dans le monde ternaire, l'intégration du « jeu trilatéral » à la « trinité » exige une nouvelle compréhension de la nouvelle relation entre l'homme et la technologie, celle entre l'homme et l'économie, et celle entre l'homme et la société, afin de reconstruire la relation entre l'homme et le monde. Les êtres humains sont tenus d'inaugurer une révolution. « Bien que nous ne puissions pas nommer cette révolution à l'heure actuelle, tant que son but est de faire du monde un état de stabilité et d'équilibre final, elle doit être une révolution afin de réaliser la coexistence harmonieuse de l'homme et de la nature, de la société et de la société, de l'homme et de l'homme, et de créer un système social, des valeurs et un mode de survie humain »[22]. À l'ère de l'Internet de l'ordre, la philosophie des données basée sur la théorie de l'évolution des données, la théorie du capital de données et la théorie des jeux de données indique la croissance de la civilisation et la reconstruction de l'ordre.

I. Théorie de l'évolution des données

L'évolutionnisme est une théorie biologique et une preuve scientifique de l'origine et du développement des espèces, tandis que la « théorie de l'évolution des données » prend les données comme élément central, examine et étudie la relation entre l'homme et la technologie et sa loi essentielle dans la perspective du matérialisme historique et du matérialisme dialectique. La technologie est le facteur le plus décisif dans la tendance future. La signification centrale de la « numérisation » réside dans le fait que « c'est une technologie complètement différente de la technologie industrielle, qui peut créer une valeur illimitée sans consommer beaucoup de ressources limitées. C'est un domaine technologique qui peut maintenir un bonheur infini et créer sans cesse de nouvelles émotions »[23]. En ce sens, la datalisation est un domaine technologique qui peut rendre possible la société en tant que « système stable et équilibré » de niveau supérieur dans les conditions existantes. On peut également dire que l'existence humaine est une sorte d'existence technologique dans un certain sens. Par conséquent, une nouvelle ère d'êtres humains avec une nouvelle structure technologique soutenant une nouvelle structure sociale est apparue, et la société humaine évolue progressivement vers une

---

22. Mita Munesuke [Japon], « Avenir de l'homme et de la société », traduit par Zhu Weijue, *Social Sciences*, n° 12, 2007, p. 64.

23. *Ibid.*, p. 68.

« société technologique ». L'universitaire américain Vibe E. Bijake a souligné que « la technologie et le génie côtier permettent à environ 10 millions de Néerlandais de survivre sur la terre ferme en dessous du niveau de la mer, derrière des barrages. Sans cette technologie, il n'y aurait pas de Néerlandais »[24]. D'un niveau plus élevé, on peut dire que sans la technologie, il n'y aurait pas d'humain aujourd'hui. Les êtres humains produisent, se forment, survivent et évoluent dans des activités technologiques. Si les êtres humains sont la somme de données pertinentes, alors la relation entre les êtres humains et la technologie est l'essence même de la technologie.

La société humaine est dans une nouvelle révolution technologique marquée par la révolution « intégrée ». L'essence de cette révolution technologique est le « remixage », et le cœur de cette révolution est de créer une « Super machine » sans précédent par « l'intégration » de diverses technologies de données. « L'histoire nous a montré que les grands changements technologiques entraînent des changements de paradigmes sociaux et économiques »[25]. Le best-seller de Kevin Kelly, *What Technology Wants*, n'a qu'une idée centrale : la technologie est indépendante des gens, et la tendance du développement technologique détermine la tendance générale du monde. La deuxième moitié de la phrase est vraie dans une certaine mesure : tout comme l'émergence de l'agriculture, le développement de l'industrie et du capitalisme, l'humanité est sur le point de faire face à la dernière mise à niveau – la technicisation poussée. Ces dernières années, une série de technologies, telles que le 5G, l'édition génétique, la chaîne de blocs, l'informatique de pointe et l'information quantique, ont amené la spéculation et l'imagination à bouleverser l'époque et même la civilisation. « La technologie, en tant qu'activité sociale, est une forme d'expression de l'homme, portant le but et la valeur de celui-ci. Le développement humanisé de la technologie devrait adhérer au principe de l'orientation vers l'homme et toujours se concentrer sur la survie et le libre développement de l'homme »[26]. La technologie a apporté beaucoup d'éléments positifs aux êtres humains. Les êtres humains n'ont pas pu échapper à la puissance

---

24. Vibe E. Bijake [États-Unis], *Technology's Social and Historical Study* ; Sheila Jasanoff [États-Unis], *Handbook of Science and Technology Study*, traduit par Sheng Xiaoming, *et al.*, Presse de l'Institut de technologie de Pékin, 2004, p. 175.

25. George Zarkadakis [UK], *In Our Own Image – Savior or Destroyer ? The History and Future of Artificial Intelligence*, traduit par Chen Chao, Presse de Citic, 2017, p. 296.

26. Wu Ning et Zhant Shujun, « Internet et communisme », *Journal de l'Université de science et de technologie de Changsha* (Éditions sciences sociales), n° 2, 2018, p. 37.

du « ge-stell » de la technologie, mais ils ont également vu la situation précaire de leur propre espèce dans l'ère technologique. « Dilemme technologique » et « nihilisme des valeurs » sont le destin inévitable des êtres humains[27]. Même Heidegger dit, avec tact, à la fois « oui » et « non » à la technologie. Cependant, il cite un poème de Holderlin pour exprimer sa conviction que « Là où il y a le danger, là aussi grandit le salut ». La force motrice la plus fondamentale de la civilisation humaine est la capacité de stockage, de transmission et de calcul des informations. Dans le même temps, la civilisation humaine est confrontée à un fossé insurmontable, qui est le canal limitant l'amélioration rapide de la capacité de stockage, de transmission et de calcul des informations, c'est-à-dire la technologie de communication mobile, filaire puis sans fil, et les infrastructures d'information clés, parmi lesquelles la technologie 5G est la plus fondamentale. La technologie 5G apportera un changement révolutionnaire qui affectera l'avenir de la société humaine et qui comporte au moins les aspects suivants : la grande vitesse, le réseau omniprésent, la faible consommation d'énergie, le faible délai, l'interconnexion de toutes choses et la reconfiguration du système de sécurité. Son essence est d'améliorer considérablement la capacité de stockage, de transmission et de calcul des informations pour les êtres humains, et de promouvoir le passage de la civilisation industrielle à la civilisation numérique. La 4G change la vie ; la 5G change la société, et la 6G innove le monde. Selon le rythme de développement de l'industrie des communications mobiles, qui consiste à « l'utilisation, la construction, puis le développement, étape par étape », la 6G est prévue par l'industrie d'être commercialisée vers 2030. À l'heure actuelle, le gouvernement finlandais a pris l'initiative de lancer un programme de recherche à grande échelle sur la 6G dans le monde. La Commission fédérale des communications des États-Unis a ouvert le spectre térahertz pour la recherche sur la 6G. La Chine a également commencé à étudier la 6G en 2018. La 6G créera en outre une nouvelle écologie technologique grâce à une nouvelle architecture et de nouvelles capacités, combinées aux nouveaux besoins et aux nouveaux scénarios de développement social, afin de promouvoir la société humaine vers un monde numérique jumelé combinant virtuel et réalité[28].

---

27. Rédaction de *For the public good*, « Ce que veut la technologie ? », *For the public good*, n° 26, 2019, p. 43.

28. Institut de recherche mobile de Chine, « Rapport sur la vision et la demande pour 2030 », Site officiel de l'Institut de recherche mobile de Chine, 2019, http://cmri.chinamobile.com/news/5985.html.

Examen dans les multiples dimensions sur la relation entre l'homme et la technologie. L'évolution de l'homme est étroitement liée au développement de la technologie. La technologie est la force motrice du développement humain, qui augmente les possibilités des êtres humains. McLuhan a affirmé un jour que « toute technologie tend à créer un nouvel environnement humain »[29]. La domination et l'expansibilité de la vague numérique caractérisée par la mise en réseau, la numérisation et l'intellectualisation ont pénétré dans tous les coins de la société humaine. Negroponte a un dicton célèbre dans *Being Digital* : « l'informatique n'est plus seulement une question d'informatique. Elle détermine notre survie »[30]. La technologie constitue la situation de base des êtres humains et établit un nouveau cadre pour la survie de l'humanité. La relation entre l'homme et la technologie évolue également. Au stade de la technologie manuelle, l'homme est associé à la technologie, et la technologie dépend de l'homme. En tant que technologie primitive, les compétences manuelles appartiennent au corps humain comme une capacité interne. Elles sont intégrées aux êtres humains et ne peuvent exister indépendamment sans le corps humain. Au stade de la technologie mécanique, l'homme et la technologie sont séparés. La machine modifie fondamentalement la relation entre l'homme et la technologie, et la valeur de l'homme est remplacée par la valeur de la machine. La technologie s'est développée de la technologie humaine à la technologie instrumentale, de la technologie physiologique à la technologie mécanique, et de la technologie inséparable à la technologie séparée.[31] Cela favorise le développement des êtres humains de la survie naturelle vers la survie artificielle, c'est-à-dire qu'il améliore le degré de technicité humaine et conduit à la dislocation de la relation entre la technologie et les êtres humains et également à l'état d'aliénation de la technicité humanisée, ce qui fait que la technologie commence à s'écarter de la nature humaine, voire à la remettre en question. Au stade de la technologie intelligente, les gens jouent avec la technologie. La technologie intelligente n'est pas la continuation de la technologie moderne, mais une nouvelle étape du développement technologique, qui fait apparaître la technologie comme une nouvelle essence. Si nous disons que la technologie mécanique est une

---

29. Richard A Spinello [États-Unis], *Cyberethics : Morality and Law in Cyberspace*, traduit par Liu Gang, Presse de Compilation centrale, 1999, p. 1.

30. Negroponte [États-Unis], *Being Digital*, traduit par Hu Yong et Fan Haiyan, Presse de Hainan, 1996, p. 15.

31. Lin Dehong, *Quinze conférences sur la philosophie des sciences et des technologies*, Presse universitaire de Pékin, 2004, p. 236.

technologie qui supprime la nature humaine, alors la technologie intelligente est une technologie qui fait appel à la nature humaine.[32] La civilisation intelligente à venir est caractérisée par la contre-attaque et le contrôle des êtres humains par les choses inventées par eux-mêmes, ce qui indique que le cerveau humain peut être dépassé et conquis par le cerveau de « nuage » et le super-cerveau. Kevin Kelly appelle la technologie la septième existence de la vie. Il croit fermement que l'homme et la technologie peuvent coexister, et que la direction de l'évolution de la technologie est également bénéfique pour les êtres humains. L'homme et la technologie, la vie et les choses fabriquées par l'homme coexistent constamment dans un « jeu infini », plutôt que de gagner ou de perdre dans un « jeu à somme nulle ».

Personne physique, robot et homme génétiquement modifié. Le développement humain est arrivé à la veille de grands changements. Yuval Harari a souligné dans son *Sapiens : A Brief History of Mankind* que le développement de la science et de la technologie représenté par les mégadonnées et l'intelligence artificielle devenait de plus en plus mature, et que l'humanité serait confrontée au plus grand changement depuis l'évolution vers l'*Homo sapiens*[33]. La datalisation est non seulement un système technique et la quantification de bit de toutes choses, mais aussi la réorganisation de la production humaine et du mode de vie, une sorte de système social mis à jour ; plus important encore, ce type de renouvellement pourrait reconstruire la vie sociale humaine.[34] Les données font une partie de plus en plus importante de notre vie et même de notre existence, ce qui modifie profondément l'image, la connotation et l'extension de l' « humain ». Avec l'avancée de la révolution technologique, la fonction globale de « personne physique » se dégrade progressivement. Il faut dire que la fonction physique de la personne physique a presque dégénéré et que la fonction intellectuelle est délivrée au robot. La personne physique dégénérera autant de fonctions qu'elle en délivre. Dans ce processus, il n'est pas impossible que les robots remplacent

32. Lin Dehong, « Évolution des relations entre l'homme et la technologie », *Science, technologie et dialectique*, nº 6, 2003, p. 36.

33. Depuis la naissance de la vie sur terre il y a quatre milliards d'années, l'évolution de la vie a suivi les lois les plus fondamentales de l'évolution naturelle, et toutes les formes de vie ont changé dans le domaine organique. Mais aujourd'hui, pour la première fois, il est possible pour les humains de changer ce mode de vie.

34. Qiu Zeqi, « Vers une société numérique », *L'avenir est arrivé : reconstruction et innovation d'Internet+*, édité par IS50, Presse de Yuandong de Shanghai, 2016, p. 184.

les personnes physiques et deviennent les protagonistes de la société humaine.[35] Si l'on dit que les robots ne font qu' « intégrer » des fonctions humaines et surpassent les êtres humains, alors le génome humain peut être manipulé avec précision sur des embryons viables par la technologie d'édition de gènes, afin que l'homme génétiquement modifié conçu par l'homme puisse être créés. Il n'y a pas de « déficience congénitale » chez l'homme génétiquement modifié, dont la force physique et le fondement de l'intelligence sont bien meilleurs que ceux d'une personne physique. Avec le développement de la biotechnologie, il est facile pour les êtres humains d' « intégrer » les informations de l'histoire, de la morale, de la culture, etc. Grâce à la puissante capacité « innée », l'homme génétiquement modifié est sans aucun doute meilleur que la personne physique dans tous les aspects. Dans *Le gène égoïste*, Richard Dawkins décrit que « nous sommes tous des machines de survie – des robots comme des véhicules, dont les programmes sont aveuglément programmés pour préserver à jamais l'égoïsme du soi-disant gène. » C'est-à-dire que le corps humain en tant que machine peut être beaucoup amélioré. Un progrès technologique unidimensionnel ne suffit pas à créer plus de bien-être pour les êtres humains. La logique de la diffusion de l'information et même du développement social réside dans l'interaction entre l'homme et la technologie.[36] Le développement de la technologie sera infini, et la chaîne de l'évolution le sera aussi. Dans un avenir proche, la société humaine sera probablement composée de personnes physiques, de robots et d'hommes génétiquement modifiés. Leurs conflits risquent de dépasser ceux des conflits ethniques, religieux ou culturels. L'avenir pourrait être le mixage du monde organique et du monde synthétique.

Pendant des décennies, la vague continue de technologie et les changements perturbateurs qui ont suivi ont fait que les normes existantes sont devenues obsolètes. Le progrès technologique favorise le progrès de la civilisation humaine et le développement de la productivité sociale, et provoque également l'opposition et la séparation à long terme entre la nature et la technologie. À l'heure actuelle, la technologie intelligente, la biotechnologie, etc. favorisent l'évolution de la personne physique vers le robot et l'homme génétiquement modifié, ce qui fait que l'homme entre dans une nouvelle phase d'évolution « post-darwinienne »

---

35. Chen Caihong, « Quatrième révolution industrielle dans l'ignorance », *Dushu*, n° 11, 2016, p. 16.
36. Comme le dit Castex, posséder un ordinateur ne change pas nécessairement le monde. C'est l'utilisation par les gens qui compte. Un réseau d'informations n'est pas toujours une bonne chose. Le réseau n'a pas de sentiments. Il peut servir et détruire les êtres humains. Tout dépend des procédures établies par les gens. C'est un processus social et culturel.

ou « post-humaine ». Si les contraintes éthiques sont supprimées, l'homme génétiquement modifié pourrait être né. À l'heure actuelle, l'intelligence artificielle surpasse l'homme dans des aspects spécifiques, tels que la puissance de calcul, et n'est pas plus terrifiante que celle des voitures qui roulent plus vite que les gens. La véritable « singularité » devrait apparaître lorsque la machine a une conscience de soi et même une certaine capacité d'auto-réplication.[37] Cependant, face au développement sans précédent de la science et de la technologie, quelles nouvelles technologies vont promouvoir des changements majeurs chez les êtres humains ? À quoi ressemblera le monde ? Je pense que tout le monde veut en connaître les réponses.

II. Théorie du capital de données

Si le thème social des 18e et 19e siècles est la « machine », qui reflète la compréhension et l'utilisation par l'homme de diverses substances dans la nature, nous entrons alors dans une ère de données au 21e siècle. Les données sont en train de devenir le principal atout de cette ère. Elles sont les principaux facteurs de production, de création et de consommation, affectent et modifient tous les aspects de la société, en particulier la forme organisationnelle et la création de valeur des entreprises.[38] Dans son livre intitulé *Nouvelle norme des données*, Christopher Surdak définit la théorie du capital de données comme la « singularité » dans l'histoire du capitalisme. Il souligne que « nous allons passer d'un monde basé sur le capital comme richesse et pouvoir à un monde basé sur les données comme richesse et pouvoir... Dans les 15 prochaines années, le monde va passer du capital aux données. »[39] La croissance des données entraîne la croissance économique, et les données sont en train de désintégrer l'ancien ordre économique. La proposition de la « théorie du capital de données » fournit une nouvelle explication théorique et un choix dynamique multiple pour l'économie mondiale, qui étudie la relation essentielle et le droit interne entre les personnes et l'économie dans la nouvelle ère.

---

37. Steven Kotler [États-Unis], *Tomorrowland : our journey from science fiction to science fact*, traduit par Song Lijue, Presse de l'industrie des machines, 2016, Préface de recommandation IV.

38. Tian Suning, *Continuer sur le chemin de la connaissance* ; Viktor Mayer-Schonberger [Autriche] et Thomas Ramge [Allemagne], *Reinvention capitalism in the Age of BigData*, traduit par Li Xiaoxia et Zhou Tao, Presse de Citic, 2018, Préface de recommandation I.

39. Li Sanhu, « Socialisme des données », *Journal de l'Université de science et de technologie du Shandong* (Éditions sciences sociales), n° 6, 2017, p. 1.

Évolution de la valeur des données. L'ère des mégadonnées est marquée par le fait que les données sont devenues les ressources sociales et les éléments de base de l'activité économique, et que la tendance inévitable du développement des mégadonnées est les données devenues ressources, bien et capital. Les données sont un nouveau facteur de production. La quatrième session plénière du 19ᵉ Comité central de PCC a proposé que « nous améliorerons le mécanisme par lequel la contribution du travail, du capital, de la terre, des connaissances, de la technologie, de la gestion, des données et des autres facteurs de production est évaluée par le marché et la rémunération est déterminée en fonction de cette contribution ». C'est la première fois que le niveau central propose que les données puissent être utilisées comme facteurs de production pour participer à la distribution en fonction de leurs contributions. Les données participant à la distribution en tant que facteur de production peut être considérées, dans une certaine mesure, comme la continuation de la logique et de la tendance de développement de la distribution de la participation technologique, qui a une grande importance. « Nous entrons dans l'ère du capital de données ». Guo Yike, directeur de l'Institut des sciences des données de l'Imperial College London, a résumé le développement de l'économie des données en quatre étapes : avant-hier, c'est-à-dire l'étape où les données ne permettaient que d'enregistrer et de mesurer le monde physique ; hier, soit le stade des produits de données, c'est-à-dire que, lorsque les données sont utilisées pour fournir des services, elles deviennent des ressources et des produits, ce qui donne naissance à une série de produits et de services de données ; aujourd'hui, soit le stade des actifs de données, où les gens ont réalisé que la définition de la propriété des données pour qu'elles deviennent des actifs est la base de la génération de richesse, et par conséquent, les données sont devenues une partie importante des actifs totaux personnels ; et enfin demain, à savoir le stade du capital de données, qui est l'ère du lien entre les actifs de données et leur valeur. Les actifs de données réalisent leur valeur par la circulation et la transaction, et deviennent finalement du capital. Le progrès technologique se manifeste par l'amélioration de la capacité de traitement, d'analyse et d'application des données, accompagnée de l'accumulation du capital de données, qui est la prémisse pour que les données deviennent du capital. « Ce processus permet également de transformer les actifs de données en capital de données qui peut directement promouvoir le développement de la productivité, créant ainsi une fonction de production qui est très différente des révolutions industrielles précédentes : Productivité = Force de travail (avec la capacité de traitement des données) + Capital de données + Progrès technologique de type de capital de données comme performance ».[40]

Du droit de propriété au droit d'utilisation. Dans l'économie industrielle, le droit de contrôle et le droit d'utilisation sont intégrés au sein de la propriété.[41] À l'ère numérique, la propriété (le droit dominant dans la propriété en fait) et le droit d'utilisation sont séparés.[42] À l'avenir, le droit d'utilisation est plus important que le droit de propriété. Il est préférable d'utiliser que de posséder. Son essence est d'ouvrir nos propres ressources à l'échange et à la connexion avec les autres. « L'économie mondiale s'éloigne du monde matériel et se dirige vers le monde non physique des bits. Dans le même temps, elle s'éloigne de la propriété et se rapproche du droit d'utilisation ; elle s'éloigne également de la valeur de la duplication et se rapproche de la valeur du réseau ; et en plus, elle se dirige vers un monde qui ne manquera pas d'arriver, où les remixages sont de plus en plus nombreux. »[43] Actuellement, il existe une pratique répandue de séparation de la propriété et du droit d'utilisation. Bien que nous étudiions encore la structure juridique de la propriété des données, le fait montre que la propriété des données n'est pas importante. Ce qui compte, c'est de savoir qui a le droit d'utiliser les données et quelle valeur elles peuvent produire. La clé du droit de propriété des données est la séparation de la propriété et du droit d'utilisation, qui est en train de changer l'ancien ordre économique. Les données sont non consommables, reproductibles, partageables, divisibles, non exclusives et à un coût marginal nul. D'une part, les données sont une sorte de marchandise spéciale avec une valeur et une valeur d'usage, d'autre part, c'est une sorte de capital avec des caractéristiques d'expansion. C'est sur la base de cette caractéristique que le travail numérique est

---

40. Yin Jianfeng, « Révolution numérique, actifs et capital de données », *First financial daily*, le 23 décembre 2014, A9.

41. Jiang Qiping, « La propriété numérique exige la séparation du droit de contrôle et du droit d'utilisation », *Internet Weekly*, n° 5, 2012, p. 70.

42. Dès 2000, Jeremy Rifkin a écrit : « Abandonner le marché et la transaction des droits réels, et promouvoir la relation interpersonnelle pour réaliser la transformation structurelle, c'est passer du concept de droits réels au concept de partage. Cette transformation est incroyable pour beaucoup de gens aujourd'hui, tout comme il y a 500 ans, les gens ne pouvaient pas croire que le mouvement de clôture, la privatisation des terres et le travail deviendraient des relations de propriété entre les gens. Et vingt-cinq ans plus tard, le concept de propriété présentera des limites évidentes, parfois même dépassées pour de plus en plus d'entreprises et de consommateurs. » (Jeremy Rifkin [États-Unis], *Zero Marginal Cost Society*, traduit par le groupe d'experts de l'Institut de recherche SAIDI, Presse de Citic, 2017, p. 241.)

43. Kevin Kelly [États-Unis], *The Inevitable*, traduit par Zhou Feng *et al.*, Presse de l'industrie électronique, 2016, p. 242.

devenu la source et le porteur de valeur émergeant à l'ère des mégadonnées. La loi fondamentale de la circulation numérique améliore la profondeur et l'étendue de la reconstruction de la chaîne de valeur mondiale, et apporte de nouveaux modes de concurrence et de croissance. La puissance des données a entraîné de profonds changements dans les relations entre les données, qui font exploser un mouvement économique et social plus large et favorisent la transformation d'une économie concurrentielle en une économie de partage. Le partage est une force de changement irrésistible. À l'avenir, de plus en plus de ressources sociales seront partagées. L'essence de l'économie de partage est d' « affaiblir la propriété et de libérer le droit d'utilisation ». Le droit au partage permet de séparer la propriété du droit d'utilisation des données, et forme un modèle de développement du partage « non pas pour la possession, mais pour l'utilisation ». La théorie de la valeur partagée deviendra une théorie révolutionnaire après la théorie de la plus-value.

De l'efficacité à l'équité. Suivant la publication du *Capitalisme au 21e siècle* de Thomas Piketty, économiste français, le déséquilibre de la répartition mondiale des richesses a suscité une inquiétude générale. Chaque révolution technologique dans l'histoire de l'humanité a favorisé le rythme de la société humaine à des degrés divers. Dans le même temps, elle a également entraîné un déséquilibre du pouvoir et de la richesse entre les différents groupes d'êtres humains.[44] En fait, l'ère du capital de données signifie une révolution de la technologie et du modèle économique, mais, à la différence des autres révolutions dans l'histoire, cette révolution a progressivement comblé le fossé de la richesse mondiale. Sous l'interaction de la force de données et de la relation de données, le monde est passé de l'« ère de la division du travail » à l'« ère du travail commun » pour réaliser une coopération

---

44. Dans la seconde moitié du 18ᵉ siècle, l'invention de la machine à vapeur fait entrer l'Europe dans l'ère de la civilisation industrielle. À cette époque, de nombreuses régions du monde étaient encore à l'ère de la civilisation agricole, et l'écart de richesse entre elles devenait de plus en plus évident. À partir de ce moment, le centre de la richesse mondiale a commencé à se déplacer vers l'Ouest. Au début du 20ᵉ siècle, avec l'amélioration des systèmes de commerce des valeurs mobilières et autres systèmes connexes, New York a commencé à devenir le plus grand centre financier du monde. La Bourse de New York, Wall Street et JPMorgan Chase devenaient les symboles de l'industrie financière contemporaine. Cette révolution financière a également creusé le fossé de richesses entre les États-Unis et l'Europe. Dans la seconde moitié du 20ᵉ siècle, avec l'émergence d'un grand nombre d'innovations dans les domaines de l'électronique, des communications, des semi-conducteurs et des logiciels, la Silicon Valley devenait la terre sainte de l'industrie mondiale de l'information. Après ce cycle de révolution des technologies de l'information, le fossé de richesses entre les États-Unis et d'autres régions comme l'Asie s'est encore élargi. Avec l'exportation continue de la technologie américaine vers d'autres régions du monde, la richesse et le pouvoir sont encore plus concentrés en Occident.

sociale à grande échelle au-delà des frontières organisationnelles. Dans le monde du remixage, les frontières se franchissent à tout moment, et les ressources d'un domaine sont combinées avec celles d'un autre domaine, de manière à produire de nouvelles innovations. La numérisation des ressources conduira inévitablement à une réaffectation et à une redistribution des ressources, et le mode de distribution des données accélérera une grande unification de l'efficacité et de l'équité. Ce type de réaffectation et de redistribution est un nouveau système social qui formera un nouveau modèle social et économique et réduira la fracture numérique. Tout en répartissant les ressources de manière rationnelle et en recherchant l'efficacité, cette réaffectation et cette redistribution permettront de réduire efficacement le fossé de la richesse causé par l'exploitation numérique, d'améliorer l'équité sociale et de promouvoir l'équilibre dynamique entre l'équité et l'efficacité. Le monde de demain devrait être « équilibre ». La monnaie numérique émergente sera un canal important pour le transfert de fonds vers les pauvres à l'avenir. L'émergence de l'identité numérique crée des opportunités de développement pour les groupes vulnérables du monde entier. La gouvernance numérique en construction conduit à la réforme du système de gouvernance mondiale, de manière à combler le fossé de richesses et à promouvoir l'égalité des chances, de l'identité et du statut. Les différents groupes auront un accès équitable à l'information, une coopération égale et une communication libre.

III. Théorie des jeux de données

Paradoxe des données massives. Avec la croissance exponentielle de la quantité des données, la compréhension de la valeur des données par les gens est de plus en plus cohérente, et un grand nombre de données sont trouvées, décachetées et exploitées. Si nous disons que la socialisation de la science et la scientisation de la société sont les deux signes fondamentaux du siècle de la science, alors le siècle à venir sera celui de la datalisation de la société et de la socialisation des données. Alors que les êtres humains sont heureux de voir la valeur des données, d'innombrables données de rebut seront plus en évidence devant la société, et deviendront les « données confuses » qui affectent la capacité humaine de collecte, de stockage, d'analyse, d'activation et de prédiction des données. La contradiction structurelle entre l'offre et la demande de données, la contradiction sociale entre la protection et l'utilisation des données, la contradiction antagoniste entre les droits publics et les droits privés en matière de données, et le contradiction concurrentielle entre les pays puissants et les pays faibles en matière de données existent depuis longtemps. La compréhension de la valeur des données par les gens peut être divisée en trois étapes : la première étape est l'ère des petites données basées sur la science empirique pour juger de la valeur des données. La deuxième étape est l'ère des mégadonnées, dans laquelle les ressources de données sont utilisées comme éléments pour exploiter les relations entre les données. La troisième étape est l'ère des mégadonnées avec l'explosion des données comme symbole pour contrôler la congestion des données. À l'ère des petites données, plus les données sont volumineuses, plus leur valeur est élevée. À l'ère des mégadonnées, plus les données sont volumineuses, plus leur valeur est faible. À l'ère des petites données, les technologies d'acquisition, de stockage, de transmission et de traitement des données en amont conduisent à des données limitées, et il est difficile de faire des recherches et des prévisions rapides, complètes, précises et efficaces par la fusion de données multidimensionnelles et l'analyse d'association. À l'ère des mégadonnées, l'explosion des données entraîne un surplus d'informations et un débordement de données, ce qui fait que l'être humain est enveloppé par des déchets de données couche par couche. Nous appelons ce problème et ce dilemme « la congestion des données ». Les caractéristiques des mégadonnées telles que la grande échelle, les types multiples et la vitesse rapide décrits par Viktor Mayer-Schonberger vont devenir sa faiblesse fatale. Les déchets de données apporteront une barrière cognitive aux êtres humains, et la congestion des données pourrait être un sujet important pour la gouvernance mondiale à l'avenir.

Le jeu est la gouvernance. Dans le concept de la chaîne de blocs, il existe un dicton populaire : « la capacité de calcul est le pouvoir, et le code est la loi ». En fait, on peut ajouter que « le jeu est la gouvernance », c'est-à-dire que le processus de jeu est celui de gouvernance caractérisé par la décentralisation et l'auto-organisation. Tout d'abord, il s'agit de renforcer la capacité de la bonne gouvernance sociale dans le jeu. Avec les progrès de la technologie, la gouvernance de la société en réseau se traduit davantage par un mode de co-gouvernance distribué et multi coopératif impliquant le gouvernement, les entreprises Internet, les organisations de réseau et les utilisateurs de l'Internet. En même temps, dans la gouvernance du cyberespace international, elle se traduit davantage par une participation multilatérale et une participation multipartite. Chaque sujet atteint un certain équilibre et une certaine utilité dans le jeu. L'état de jeu non coopératif est une forme fondamentale de fonctionnement social dans des conditions techniques, qui met en évidence les exigences inhérentes au partage et au développement social apportés par les données sociales. Deuxièmement, il s'agit de renforcer la capacité d'autonomie sociale dans le jeu. Selon la théorie de l'innovation de Schumpeter, l'innovation consiste à « créer une nouvelle fonction de production », c'est-à-dire à introduire dans le système de production une nouvelle combinaison de facteurs et de conditions de production, ce qui est le rôle de plate-forme. En outre, l'équilibre de Nash a une caractéristique très importante, à savoir la cohérence entre croyance et choix. En d'autres termes, le choix basé sur la croyance est raisonnable, et la croyance qui soutient le choix est également correcte. Par conséquent, l'équilibre de Nash a la caractéristique d'auto-réalisation prédictive : si tout le monde pense que le résultat va apparaître, alors le résultat va vraiment apparaître. Bitcoin est une prophétie qui s'accomplit d'elle-même, a déclaré M. Nakamoto. Cette cohérence et cette actualisation de soi entre croyance et choix font que la société fonctionne de manière stable comme une machine à mouvement perpétuel. Troisièmement, il s'agit de renforcer la capacité de la co-gouvernance sociale dans le jeu. Sous le contrôle étroit d'un gouvernement unique, la société en réseau semble un ordre apparent, mais avec le renforcement de la gouvernance gouvernementale, la vitalité de l'innovation de la société en réseau commence à s'affaiblir. À ce moment, la participation des forces de gouvernance, telles que la société et les entreprises, aide à résoudre les problèmes causés par le contrôle fort du gouvernement. La vitalité du réseau sera renouvelée grâce à la formation du mode de co-gouvernance sociale de l'Internet. La gouvernance sociale du réseau tendra à être ordonnée et efficace, et le niveau de gouvernance passera à un autre niveau. La future gouvernance sociale des réseaux exige que davantage d'entreprises et d'organisations sociales s'y joignent. Elles deviendront les meilleurs praticiens de la multi-gouvernance et du partage dans la société en réseau. Le gouvernement devrait être le coordinateur général et l'hôte de la multiplicité des parties prenantes, le superviseur principal et l'administrateur général de l'intérêt public. Les fonctions du gouvernement se manifesteront davantage dans les capacités de conception de haut niveau, de planification globale, de collaboration, d'élaboration de règles, de garantie de sécurité, de mobilisation sociale, etc.

L'équilibre de l'univers ternaire. L'essence de l'ère des mégadonnées est que le monde passe du binaire au ternaire, avec l'essentiel de trouver l'optimisation de l'équilibre ternaire. La clé de ce rééquilibrage est d'accorder une plus grande attention à l'utilisation des ressources extérieures pour consolider sa position stratégique et réaliser un développement durable. L'ancienne théorie de « ciel-terre-homme » est la compréhension de base de la composition du monde, qui peut être considéré comme le rudiment du monde ternaire. En fait, la relation des « trois éléments » est celle entre l'équilibre et la stabilité, ainsi qu'entre la coopération et le partage. La puissance mondiale possède les caractéristiques des « trois éléments », c'est-à-dire le pouvoir de l'indépendance, le pouvoir de l'équilibre et le pouvoir de la coexistence. Les « trois forces » sont intégrées pour maintenir, équilibrer et stabiliser le monde. C'est l'action conjointe des trois forces qui dirige l'univers et favorise la survie, le développement et la croissance sans fin de la société humaine. La loi du développement des choses est de l'équilibre au déséquilibre, puis au nouvel équilibre, c'est-à-dire tout ce qui suit la spirale « équilibre – déséquilibre – rééquilibrage » à répétition, afin de continuer à se développer. C'est dans un tel mouvement d'équilibre relatif que l'univers incarne un charme infini et une régularité parfaite. Ce type de mouvement d'équilibre est relatif et dynamique. Une fois qu'un certain équilibre est rompu, de nouvelles conditions seront créées pour s'équilibrer avec lui. « Plus on se rapproche du centre du cercle, plus on s'éloigne de l'échec. » À l'ère de l'Internet de l'ordre, une vision plus dynamique et plus équilibrée est plus propice au développement de la société. Kevin Kelly a résumé les neuf lois de la création de la nature à partir de rien, en soulignant que nous devrions passer de « faire les choses à partir de rien » à « changer du changement ». En d'autres termes, tout système complexe à grande échelle change de manière coopérative. Ce n'est que dans la symétrie et l'équilibre qu'un centre sûr peut être formé. Si le monde veut être équilibré, il doit tourner autour de ce centre et réaliser un équilibre dynamique dans le processus de changement, afin de se tenir à l'écart des risques. Ce n'est que dans l'équilibre dynamique que nous pourrons briser la malédiction du cycle de vie et réaliser un rééquilibrage durable, afin d'établir un nouveau cycle de vie de la gouvernance mondiale à l'avenir.

La publication de *Why Information Grows* de Cesar Hidalgo, universitaire américain, est connue comme « un jalon important dans la théorie de la croissance économique au 21e siècle ». L'ouvrage met en avant un point important : l'essence de la croissance économique est la croissance de l'information, ou la croissance de l'ordre. L'auteur pense que les pays qui sont doués de la promotion de la croissance de l'information seront plus prospères. La théorie de l'évolution des données, la théorie du capital de données et la théorie des jeux de données (les nouvelles « trois théories ») reconstruisent exactement le nouvel ordre entre l'homme et la technologie, entre l'homme et l'économie, et entre l'homme et la société à l'ère de la civilisation numérique où l'essence de la croissance n'est pas la croissance du PIB, mais la croissance de la civilisation et de l'ordre. La proposition de ces « trois théories » remodèle la structure sociale, la fonction économique, la forme organisationnelle et le monde des valeurs, redéfinit la future structure sociale humaine avec la personne physique, le robot et l'homme génétiquement modifié comme corps principal, et redistribue le nouveau paradigme juste et le récit du pouvoir avec les données comme élément clé. En bref, la loi du mouvement des données reconstruit l'ordre entre l'homme et la technologie, entre l'homme et l'économie, et entre l'homme et la société, ce qui constitue non seulement une grande idée pour l'étude de la vie future, mais aussi une découverte importante pour l'étude du développement de la civilisation numérique et de l'évolution de l'ordre.

Section III
Chaîne de blocs de souveraineté

La société humaine est à la veille de l'apparition de nouvelles théories et de nouvelles technologies. Le grand scientifique Nicola Tesla a dit que « les nouvelles technologies sont apparues pour servir l'avenir et non le présent ». La chaîne de blocs[45] est une technologie d'intégration, une révolution des données, une reconstruction de l'ordre et un tournant de l'époque. En cette ère d'ordre changeant, de règles dispersées et de manque de raison, la chaîne de blocs est devenue la force principale pour la construction de l'ordre humain. La chaîne de blocs est une transformation de la technologie, de l'organisation et du mode de comportement, et une reconstruction du mode de gouvernance, du mode de régulation et des règles juridiques sur la base de la technologie. Grâce à un large consensus et à un partage des valeurs, la chaîne de blocs encourage la société humaine à former une nouvelle mesure des valeurs à l'ère de la civilisation numérique, et engendre un nouveau système d'intégrité, un nouveau système de valeurs et un nouveau système de règles. La combinaison de la chaîne de blocs et de l'Internet transformera techniquement la copie en non-copie, ou en copie conditionnelle. Cette condition va d'une

---

45. McKinsey & Company estime que la chaîne de blocs est la technologie de base la plus susceptible de déclencher la cinquième vague de révolution subversive après la machine à vapeur, l'énergie, les technologies informatiques et l'Internet. Tout comme la machine à vapeur libère la productivité des gens, l'électricité résout les besoins vitaux les plus fondamentaux des gens, et les technologies informatiques et l'Internet ont complètement changé le modèle commercial des industries traditionnelles (comme la musique et l'édition), la technologie de la chaîne de blocs pourra réaliser un transfert en toute sécurité des actifs numériques décentralisés.

situation sans limite, inestimable et désordonnée à une situation limitée, précieuse et ordonnée. La chaîne de blocs de souveraineté offre des voies alternatives et une rêverie illimitée pour le développement de l'Internet de l'information, de l'Internet des valeurs et de l'Internet de l'ordre. Si la chaîne de blocs a l'attribut technique du consensus, alors la chaîne de blocs de souveraineté est une unité comprenant le consensus, la co-gouvernance et le partage. De la chaîne de blocs à la chaîne de blocs de souveraineté, l'importance n'est pas seulement de développer la chaîne de blocs, mais aussi d'apporter de nouvelles idées, de nouveaux concepts et de nouvelles réglementations à la gouvernance du cyberespace.

I. De la chaîne de blocs à la chaîne de blocs de souveraineté

En 2008, une personne ou un groupe non identifié a introduit le concept de « Bitcoin » auprès des personnes inscrites sur une liste de diffusion cryptée au nom de « Satoshi Nakamoto ». En 2009, il a fondé le réseau social bitcoin et a développé le premier bloc, à savoir le « Bloc Genesis »[46]. Cependant, certains pensent que le concept de la chaîne de blocs, comme une sorte d'innovation technologique, avait été proposé comme un système de « comptabilité distribuée » par Stuart Haber et W. Scott Stornetta en 1991. Afin d'améliorer la précision des documents numériques, ils pensaient que si vous ne faites pas confiance à quelqu'un ou à une organisation, « faites confiance à tout le monde, c'est-à-dire laissez tout le monde devenir témoin des documents numériques ». En termes de concept, cette idée est en effet conforme à l'idée de la chaîne de blocs de bits : l'essence de la décentralisation est la polycentricité – puisqu'il n'y a pas de centre d'autorité, tout le monde devient un centre, mais chaque centre a besoin à la fois de l'autodiscipline et de l'hétéronomie pour se vérifier et s'équilibrer, de manière à construire une machine de confiance sans faille.[47]

Une nouvelle compréhension de la chaîne des blocs. L'essence de la chaîne de blocs est le réseau de confiance, qui construit un mécanisme de confiance mutuelle à faible coût, réalise la transmission de valeur du réseau et le contrat intelligent

---

46. Dans le document de base *Bitcoin : A Peer-to-Peer Electronic Cash System*, est proposé un nouveau système de paiement électronique décentralisé. L'une des idées de base est d'éliminer la dépendance centralisée unique par le biais du réseau P2P, et de réaliser des transactions point à point. Dans le même temps, la base de données des numéros de série des monnaies numériques dépensées est transformée en base de données des numéros de série des monnaies numériques inutilisées. L'échelle des données est contrôlée, et l'algorithme de hachage est utilisé pour marquer le temps et se connecter verticalement.

47. Yao Qian (rédacteur en chef), *Livre bleu en chaîne de blocs : rapport sur le développement de la Chine (2019)*, Presse de la littérature des sciences sociales, 2019, p. 7.

enregistré en langage machine au lieu du langage juridique (Tableau 1.1). « Du point de vue des données, une chaîne de blocs est une base de données distribuée ou un grand livre distribué presque impossible de modifier. Elle permet à tous les participants de la maintenir conjointement grâce à la décentralisation. Du point de vue de la technologie, une chaîne de blocs n'est pas une technologie unique, mais un ensemble de technologies multiples et de leurs résultats. Ces technologies sont combinées d'une nouvelle manière pour former un nouveau mode d'enregistrement, de stockage et d'expression des données. »[48] La chaîne de blocs dispose de technologies clés de base, telles que le point à point, l'horodatage, la théorie des jeux, le mécanisme de consensus, le stockage des données, l'algorithme de cryptage, la protection de la vie privée et le contrat intelligent. Elle présente naturellement les caractéristiques d'une maintenance multipartite, d'une validation croisée, d'une cohérence à l'échelle du réseau, et n'est pas facile à manipuler. Par rapport aux technologies précédentes, ses caractéristiques essentielles peuvent être résumées comme suit : l'autonomie tout d'abord. L'autonomie de la chaîne de blocs est un défi pour l'organisation et l'architecture actuelles de l'Internet. Deuxièmement, la fiabilité. La fiabilité de la chaîne de blocs est un défi pour l'architecture de confiance actuelle de l'Internet et même pour la société humaine dans son ensemble. Jusqu'à présent, son développement peut être approximativement divisé en trois étapes : la chaîne de blocs 1.0, représentée par bitcoin et application typique de la comptabilité distribuée ; la chaîne de blocs 2.0, représentée par Ethereum, en introduisant la technologie des contrats intelligents ; la chaîne de blocs 3.0, à savoir la « chaîne de blocs + », qui intègre tous les aspects de la vie de l'information.[49] Si l'histoire se répète, nous nous trouvons au début du sixième cycle de Kondratiev[50] dans l'histoire de l'humanité. L'Internet est le noyau technologique des premiers cinq cycles de Kondratiev depuis la révolution industrielle. Il a profondément changé le mode de production et de vie de l'homme, et le terminal est presque devenu l'extension des fonctions du corps humain. À l'heure actuelle, le quatrième cycle de Kondratiev touche à sa fin, le cinquième au tournant et le sixième pourrait avoir déjà commencé. Les innovations fondamentales du sixième cycle de Kondratiev pourraient inclure les nouveaux matériaux, l'intelligence artificielle,

---

48. Zhang Xiaomeng et Ye Shujian, *Chaîne de blocs pour la rupture de la glace : principe, construction et cas*, Presse de l'industrie des machines, 2018, p. 42-43.

49. He Shen *et al.*, « Chaîne de blocs : l'avenir est arrivé », *PPTN*, le 15 novembre 2019, p. 7.

50. Le cycle de Kondratiev est utilisée pour décrire le phénomène de fluctuation à long terme de la croissance économique. Le cycle est généralement de 40 à 60 ans.

l'Internet des objets, le génie génétique, l'informatique quantique et les chaînes de blocs. Akamatsu, économiste japonais, croit que le système mondial présente une structure « centre-périphérie ». En raison de l'avantage du retard, l'écart de force nationale globale entre les pays périphériques et les pays centraux présente une caractéristique cyclique de « convergence-divergence ». Sa durée est de 20 à 60 ans, et son côté long correspond à celui d'un cycle de Kondratiev. La chaîne de blocs sera l'une des infrastructures de base du sixième cycle de Kondratiev. Quiconque peut maîtriser la technologie de base de la chaîne de blocs peut dominer le futur système mondial. Si l'Internet, les mégadonnées et l'intelligence artificielle sont les navires qui permettent aux êtres humains d'entrer dans l'espace numérique, la chaîne de blocs est la voile du navire. La chaîne de blocs sera l'accord technique sous-jacent qui permettra à la société humaine de gouverner le monde numérique. Sans chaîne de blocs, notre voilier vers l'avenir perdra peut-être sa direction. « Sans Internet, les États-Unis sont peut-être encore les États-Unis aujourd'hui, mais la Chine n'est certainement pas la Chine aujourd'hui. »[51] Il en va de même pour la chaîne de blocs. À l'avenir, personne ne refusera la chaîne de blocs, et personne ne peut exister sans chaîne de blocs.

Tableau 1.1 Définition de la « chaîne de blocs » par des organisations et établissements tant nationaux qu'internationaux

Établissement (Organisation)	Définition
Bureau du gouvernement britannique (*DLT: Au-delà de la chaîne de blocs*)	Une chaîne deblocs est une base de données qui stocke les enregistrements dans un bloc (plutôt que sur une seule fiche ou une seule feuille de papier). Chaque bloc est « lié » au bloc suivant à l'aide d'une signature cryptographique, qui peut être partagée et coopérée entre toute personne disposant des autorisations suffisantes.
Ministère de l'Industrie et des Technologies de l'Information de la Chine (*Livre blanc sur le développement des technologies et des applications de la chaîne de blocs en Chine*)	La chaîne de blocs est une sorte de structure de données en chaîne qui combine les blocs de données dans l'ordre selon la séquence temporelle, et également une sorte de grand livre distribué non falsifiable et inviolable garanti par la cryptographie.

---

51. Wu Xiaobo, *Biographie de Tencent (1998-2016) : Évolution des entreprises Internet chinoises*, Presse universitaire du Zhejiang, 2017, p. 19.

Établissement (Organisation)	Définition
Forum sur le développement industriel et technologique de la chaîne de blocs en Chine (Première norme chinoise de la chaîne de blocs : *Cadre de référence de la chaîne de blocs*)	La chaîne de blocs est une sorte de structure de données en chaîne de blocs qui ne peut être ni falsifiée, ni altérée et qui est traçable sur la base de règles transparentes et fiables dans un environnement de réseau poste à poste. C'est un mode de réalisation et de gestion des transactions.
Forum économique mondial	La chaîne de blocs (technologie du grand livre distribué) est une nouvelle technologie qui intègre la cryptographie, les mathématiques, le génie logiciel et la théorie de l'économie comportementale. Elle adopte la méthode d'enregistrement des données par plusieurs nœuds d'un réseau mondial de poste à poste. Elle peut garantir l'équité de l'échange de valeurs entre des milliards de dispositifs, lorsqu'aucun endossement par un tiers de confiance n'est requis.
International Business Machines Corporation	La chaîne de blocs est une technologie du grand livre partagé, et tout participant au réseau d'entreprises peut consulter les enregistrements du système de transaction (grand livre).
KPMG	La chaîne de blocs est la technologie de base de Bitcoin, qui est une base de données décentralisée.
Mckinsey	La chaîne de blocs est essentiellement un grand livre distribué décentralisé.
Accenture	Dans les transactions bitcoin, la technologie de la chaîne de blocs est utilisée comme un grand livre distribué public pour enregistrer les informations relatives aux transactions ; plusieurs blocs partagent les données et les enregistrements des transactions de manière point à point, formant aimi une base de données distribuée.
CUSHMAN & WAKEFIELD	La chaîne de blocs est un système de base de données distribué, qui prend en charge et fournit des enregistrements de transactions en continu, à savoir des blocs qui ne peuvent être ni changés ni modifiés. Chaque bloc possède sa marque temporelle correspondante et peut être relié au bloc qui enregistre les informations relatives à la transaction précédente. La chaîne de blocs est une technologie de base importante de bitcoin.

Établissement (Organisation)	Définition
Investopedia	La chaîne de blocs est un grand livre public que toutes les transactions de bitcoin doivent considérer comme la base.
Wikipedia	La chaîne de blocs est une base de données distribuée sous licence libre basée sur le protocole bitcoin. Elle maintient une liste croissante d'enregistrements de données qui ne peuvent pas être altérés ni modifiés même pour les opérateurs de nœuds de base de données.

Chaîne de blocs de souveraineté, noyau de la prochaine génération de la chaîne de blocs. Dans le processus de développement de l'Internet mondial, sous le principe du respect de la souveraineté nationale derrière la souveraineté du réseau, la société humaine conduira une communauté de destin dans le cyberespace. L'Internet souverain doit être intégré à la chaîne de blocs souveraine. Sous la loi et la supervision, la chaîne de blocs est basée sur un grand livre distribué avec des règles et un consensus comme noyau pour parvenir à la reconnaissance mutuelle des différents participants, afin de former la livraison de la valeur publique et d'établir une chaîne de blocs de souveraineté. À l'avenir, sur la base du développement de la chaîne de blocs de souveraineté, les différentes économies et les différents nœuds pourront réaliser une circulation, un partage et une valeur augmentée de la valeur consensuelle entre souveraineté croisée, centre croisé et domaine croisé, formant ainsi un code de conduite commun et des normes de valaur de la société de l'Internet.[52] La chaîne de blocs de souveraineté basée sur la chaîne de blocs est une sorte de gouvernance de la technologie, qui permettra d'innover un ensemble d'architecture technologique hybride. Sur cette base, la chaîne de blocs de souveraineté met l'accent sur la réglementation juridique qui intègre l'innovation technologique et la reconstruction institutionnelle, ce qui peut être considéré comme la gouvernance de la technologie dans le cadre de la réglementation juridique. La chaîne de blocs de souveraineté n'est ni à contre-courant, ni superflue. Le développement de la chaîne de blocs de souveraineté est conforme à la loi fondamentale de l'interaction entre les facteurs internes et

---

52. Bureau de l'information du gouvernement populaire de Guiyang, *Développement et tpplication de la chaîne de blocs*, Presse du peuple du Guizhou, 2016.

externes. Tout d'abord, la chaîne de blocs de souveraineté innovera globalement le modèle de gouvernance moderne. En ce qui concerne la gouvernance nationale, la chaîne de blocs de souveraineté peut non seulement réaliser le renouvellement itératif des moyens de gouvernance, mais aussi accélérer l'évolution et l'innovation des mécanismes de gouvernance, et enfin promouvoir la révolution du nouvelle gouvernance moderne, c'est-à-dire du fermé à l'ouvert, du monopole au partage, de la centralisation à la décentralisation, et de la dimension unique au multidimensionnel. En termes de gouvernance gouvernementale, sa mise à niveau sous la chaîne de blocs de souveraineté créera un tout nouveau gouvernement de partage, ouvert, coopératif et numérique, et construira un système de gouvernance basé sur la technologie numérique qui évoluera d'une structure de consensus à une structure de co-gouvernance, afin de former une structure partagée. Deuxièmement, la chaîne de blocs de souveraineté favorisera l'intégration organique des hommes, de la technologie et de la société. L'intégration organique de la chaîne de blocs et des données en bloc est la percée la plus importante. Il ne s'agit pas d'une simple intégration technologique, mais d'une approche centrée sur l'homme pour réaliser l'intégration de l'homme et de la technologie, celle de la technologie et du système, en ligne et hors ligne, pour réaliser ensuite l'intégration complète des personnes, de la technologie et de la société. Ce sera le début de la première coopération à grande échelle et de l'authentification mutuelle des êtres humains. Troisièmement, la chaîne de blocs de souveraineté promouvra l'Internet de bas en haut. Avec le soutien et la promotion de la chaîne de blocs, le développement de l'Internet complétera les « trois étapes », à savoir l'Internet de l'information, l'Internet de la valeur et l'Internet de l'ordre. Ce processus important de mise à niveau et d'évolution est déterminé par les caractéristiques de la technologie de la chaîne de blocs elle-même. Bien que, du point de vue actuel, une période d'exploration, de développement et d'amélioration sur l'application de la technologie de la chaîne de blocs soit encore nécessaire, cette tendance devient irréversible.

Chaîne de blocs et chaîne de blocs souveraine. La chaîne de blocs de souveraineté ajoute des contraintes juridiques à l'application de la technologie de la chaîne de blocs, ce qui fait passer la chaîne de blocs de la règle de la technologie à la règle du système, et le flux de données non copiées sur l'Internet est mis dans le cadre de la supervision et du partage, afin d'accélérer l'arrangement institutionnel et la construction du système de gouvernance de la chaîne de blocs. La chaîne de blocs de souveraineté établit des règles au moyen d'algorithmes, et les participants peuvent établir une confiance mutuelle tant qu'ils font confiance à l'algorithme : ils n'ont pas besoin de connaître la cote de crédit des autres, ni de l'aval et de la garantie d'un tiers. Il établit un système qui n'a pas besoin d'accumulation de confiance, promeut la formation d'une société d'auto-crédit et réalise les données en tant que crédit. La chaîne de blocs de souveraineté fait entrer le gouvernement dans le réseau, réalise la diversification des participants et joue le rôle de la main visible du gouvernement et de la main invisible de la technologie. Le livre blanc intitulé *Développement et application de la chaîne de blocs de Guiyang* distingue la chaîne de blocs de souveraineté de huit aspects, dont la gouvernance, la supervision, la structure du réseau, le consensus, le contrat, l'incitation, les données et l'application. En termes de gouvernance, la chaîne de blocs de souveraineté met l'accent sur le respect mutuel de la souveraineté du réseau entre les communautés de destin dans le cyberespace, c'est-à-dire la fourniture de valeurs publiques dans le cadre d'une économie souveraine, plutôt que la fourniture de valeurs au-delà de la souveraineté ou sans souveraineté. En termes de supervision, la chaîne de blocs de souveraineté souligne que le réseau et le compte peuvent être réglementés, c'est-à-dire qu'elle assure le contrôle et la capacité d'intervention des nœuds réglementaires dans la technologie. En termes de structure du réseau, la chaîne de blocs de souveraineté met l'accent sur la décentralisation et la multicentralisation du réseau, c'est-à-dire qu'elle fournit les capacités d'authentification d'identité et de gestion des comptes de chaque nœud sous la souveraineté technologique du réseau, plutôt que sur la « décentralisation » absolue ou le « super centre ». En termes de consensus, la chaîne de blocs de souveraineté met l'accent sur l'harmonie et l'inclusion de l'algorithme de consensus et du système de règles, formant le diviseur commun maximum des souhaits et des exigences de chaque nœud, fournissant techniquement la capacité à intégrer de multiples algorithmes de consensus, plutôt que de simplement mettre l'accent sur l'algorithme de consensus et le système de règles de priorité d'efficacité. En termes de contrat, la chaîne de blocs de souveraineté met l'accent sur le mécanisme de génération automatique de règles dans le cadre juridique de l'économie souveraine, à savoir « code + loi », plutôt que simplement « code en tant que loi ». En termes d'incitations, la chaîne de blocs de souveraineté fournit une mesure de la valeur basée sur la souveraineté du réseau pour atteindre l'équilibre entre l'incitation à la richesse matérielle et l'incitation à la valeur sociale, plutôt que de mettre simplement l'accent sur l'incitation à la richesse matérielle. En termes de données, la chaîne de blocs de souveraineté met l'accent sur le développement parallèle avec l'Internet des objets, des mégadonnées, de l'informatique en nuage et d'autres technologies pour réaliser l'intégration des données sur la chaîne et des données hors de la chaîne, plutôt que de se limiter aux données sur la chaîne. En termes d'application, la chaîne souveraine met l'accent sur l'application étendue dans divers domaines de l'économie et de la société, c'est-à-dire l'intégration et la fusion d'applications multi-domaines basées sur un mécanisme de consensus, plutôt que limitées au domaine des applications financières. La chaîne de blocs de souveraineté est un système institutionnel intelligent basé sur le consensus, le partage et la gestion commune de l'ordre sur Internet. On peut prédire qu'à l'avenir, dans le cadre de la chaîne de blocs de souveraineté, l'Internet formera une nouvelle écologie, changera les règles établies du monde de l'Internet et proposera des solutions pour la gouvernance mondiale de l'Internet, qui deviendra certainement un tournant important dans l'ère de la numérisation, de la mise en réseau et de l'intelligence.

II. De la domination unitaire à la décentralisation et à la co-gouvernance

Les êtres humains se trouvent à une période historique majeure de transformation de l'ancienne ère à la nouvelle, qui se reflète non seulement dans la révolution technologique, mais aussi dans la construction de la forme organisationnelle et du système d'ordre du monde entier. Le système mondial de civilisation industrielle se concentre sur les caractéristiques de la partition et de la compétition-coopération des êtres humains, et la nouvelle ère présentera les caractéristiques de la décentralisation et de la co-gouvernance.[53]

Tendance à l'évolution de la structure organisationnelle. Jeremy Rifkin, futuriste et économiste américain, a déclaré dans sa *Troisième révolution industrielle* que « le monde actuel réalise la transformation de la deuxième révolution industrielle centralisée à la troisième révolution industrielle plate. Au cours du prochain demi-siècle, les activités commerciales traditionnelles et centralisées de la première et de la deuxième révolutions industrielles seront progressivement remplacées par le mode de fonctionnement décentralisé de la troisième révolution industrielle. Le pouvoir économique et politique traditionnel et hiérarchique cédera la place au pouvoir plat organisé par des nœuds sociaux. » La structure organisationnelle de la société humaine a connu une évolution à long terme et se diversifie de plus en plus, avec notamment une organisation hiérarchique, une organisation plate et une organisation en réseau. Elle passe du simple au complexe, de la verticale à

---

53. He Zhe, « La forme et la perspective du système future de gouvernance mondiale de l'humanité », *Journal de l'Université d'administration du Gansu*, nº 4, 2018, p. 4.

l'horizontale, du fermé à l'ouvert, du matériel à l'immatériel. Lorsque l'échelle de l'organisation est petite et que les activités de création de valeur sont relativement simples, le pouvoir est concentré entre les mains des gestionnaires à différents niveaux, et l'organisation hiérarchique est une structure organisationnelle efficace. Avec l'expansion de l'échelle, afin de faire face au changement de la demande de valeur et de résoudre le problème de la structure organisationnelle pyramidale rigide, l'organisation se développe progressivement vers l'ordre de fonctionnement horizontal, et commence à attacher de l'importance à la créativité de la valeur organisationnelle. L'organisation évolue vers la flexibilité, ce qui conduit à une organisation plate, avec la quelle les organisations deviennent plus ouvertes. La chaîne de création de valeur entrecroisée forme la structure organisationnelle en réseau, afin de réaliser une structure organisationnelle plus complexe, avec une forme organisationnelle plus flexible. Par conséquent, l'organisation peut mieux faire face aux changements et aux incertitudes de l'environnement, et est plus ouverte. La révolution des données centrée sur l'Internet fait que les organismes publiques traditionnelles ne sont plus simplement les seules institutions qui dominent les données, mais le véritable moteur de la réforme de la gouvernance.

Des organisations de données en bloc sont en train d'émerger. La révolution scientifique et technologique, en particulier la nouvelle génération de technologies de l'information, favorisera la popularisation et l'application généralisées de la monnaie et de l'identité numériques. Qu'il s'agisse de la monnaie numérique ou de l'identité numérique, sa popularisation et son application ne manqueront pas de briser l'« îlot isolé d'informations ». Les données ponctuelles dispersées et les données segmentées sont rassemblées sur une plate-forme spécifique pour leur faire produire un effet d'agrégation continu. Cet effet d'agrégation révèle la loi essentielle des choses par la fusion de données multidimensionnelles, l'analyse d'association et l'exploration de données, de manière à rendre la recherche, le jugement et la prévision des choses plus complets, plus rapides, plus précis et plus efficaces. Cet effet d'agrégation est appelé « données en bloc ». L'agrégation continue de données en bloc forme l'organisation des données en bloc. Cette nouvelle organisation va déconstruire et reconstruire le mode d'organisation, et conduire à une nouvelle révolution des paradigmes. Quelle est la révolution de paradigme provoquée par l'organisation des données en bloc et quel type de changements révolutionnaires apportera-t-elle ? Si résumée en une phrase, il s'agit d'une révolution de la gouvernance qui changera le monde futur. Car l'organisation des données en bloc formée sous l'impulsion de la monnaie numérique et de l'identité numérique est essentiellement un mode d'organisation décentralisé et distribué sous le contrôle de l'algorithme de justice, que nous appelons « organisation décentralisée et de co-gouvernance ». Grâce à trois technologies de base, à savoir le super grand livre, le contrat intelligent et la technologie de chaîne croisée, l'organisation établit un ensemble de mécanismes de consensus et de co-gouvernance crédibles et inviolables. Ce mécanisme solidifie le flux de données formé par la superposition multidimensionnelle du temps, de l'espace et de l'instant grâce à la programmation et au code, formant une force contraignante technique qui peut être enregistrée, tracée, confirmée, tarifée, négociée et supervisée. Avec le développement des chaînes de blocs, le contrat intelligent devient extrêmement complexe et autonome. En substance, la DAPP (application décentralisée), la DAO (organisation autonome décentralisée), la DAC (société autonome décentralisée) et la DAS (société autonome décentralisée) deviennent des entités d'autogestion grâce à l'exécution de plus en plus complexe et automatisée des contrats intelligents, qui sont reliés à la chaîne de blocs par des opérations d'autoprogrammation. Lorsque la monnaie numérique et l'identité numérique rencontrent la chaîne de blocs et s'y intègrent parfaitement, cela signifie que nous sommes entrés dans un nouveau monde dans lequel le réseau est notre ordinateur. À l'aide du réseau et du terminal numériques, la chaîne de blocs reconstruit le modèle de gestion commune de l'État, du gouvernement, du marché et du citoyen, formant ainsi un modèle de gouvernance mondiale de la multi-gouvernance.

Nouveau paradigme de l'organisation partagée. Le plus grand avantage que l'Internet apporte aux êtres humains est le partage. Il crée non seulement un nouveau modèle commercial, mais aussi une révolution dans la société du partage, qui suscite un nouveau paradigme d'organisation symbiotique et coopérative du partage. La relation entre les personnes et les organisations a changé, passant de l'échange au partage. Jeremy Rifkin estime que « la société future ne peut plus se contenter d'échanger des valeurs. Il doit réaliser le partage. Dans le passé, une chose n'a pas de valeur si elle n'est pas échangée, mais elle sera partagées dans le futur. » L'évolution humaine ne peut être séparée de la loi de la symbiose de toutes choses. Les êtres vivants sont symbiotiques, les êtres humains le sont aussi, et les organisations sont de même. L'organisation des données en bloc brise le mode de pensée linéaire des frontières internes et externes et de la concurrence traditionnelle, et passe de la logique concurrentielle à la logique symbiotique. La relation entre l'homme et l'organisation est la relation symbiotique de résonance des valeurs, de dépendance mutuelle, de co-création et de partage. La relation entre les membres réalise la subjectivité mutuelle, les ressources communes, la co-création de valeur et le partage des bénéfices. De plus, l'organisation des données en bloc permet une transformation coopérative. L'Internet et la chaîne de blocs ont apporté trois changements fondamentaux à l'organisation et à la gestion. Le premier changement fondamental est que l'efficacité ne vient pas de la division du travail, mais de la coopération. Le deuxième changement fondamental est que le cœur de la performance réside dans la stimulation de l'innovation plutôt que dans la simple évaluation des performances. Le troisième changement fondamental consiste à créer une toute nouvelle culture organisationnelle, dont l'essence est la subjectivité mutuelle, la co-création et la symbiose. La logique qui sous-tend ces changements est ce que nous appelons « l'efficacité coopérative ». L'organisation des données en bloc met l'accent sur l'altruisme de l'*homo numéricus* et transcende l'hypothèse de l'*homo économicus*. Niccolo Machiavelli, philosophe politique italien, a dit que si toutes les personnes impliquées dans le projet ne pouvaient pas faire de profit, le projet ne réussirait pas. Même s'il réussissait, cela ne durerait pas.

III. De la dépendance à l'égard des objets à la Dépendance à l'égard des données

Nous ne pouvons pas nier l'existence de l'ère numérique ni l'arrêter, tout comme nous ne pouvons pas résister aux forces de la nature. Le monde des données est comme une vaste galaxie. Avec l'exploration continue des êtres humains dans le monde des données, ses réalisations favorisent l'évolution continue des êtres humains. La société humaine s'est développée de l'ère de l'agriculture à l'ère des données, où les données ont connu l'évolution des données vers les mégadonnées, des données ponctuelles vers les données en bloc, et des données vers les droits des données. Il ne s'agit pas seulement de l'évolution de la dimension scientifique des données, mais aussi de la mise à niveau du paradigme de la pensée humaine. À l'ère des mégadonnées, les individus sont à la fois producteurs et consommateurs de données. Lorsque la production de données, les activités basées sur les données et la vie basée sur les données deviendront réalité, et que l'intelligence humaine et l'intelligence artificielle seront intégrées, la « personne physique » se transformera en « *homo numéricus* ». Les données ont couvert et enregistré toute la vie d'une personne, du berceau à la tombe. Les êtres humains ont développé une dépendance aux données dont il est difficile de se débarrasser. De grands changements auront lieu dans le comportement des êtres humains. Lorsque la dépendance à l'égard des personnes et la dépendance à l'égard des objets[54] n'auront pas été complètement éliminées, la dépendance à l'égard des « données » apparaîtra. Afin de libérer les gens de leur dépendance aux « objets » et au « numérique » dans la société moderne, l'Internet de l'ordre et la chaîne de blocs de souveraineté offrent de nouvelles possibilités pratiques, favorisant ainsi la construction et la formation d'un nouveau modèle institutionnel.

Dépendance à l'égard des personnes. Dans les *Manuscrits économiques 1857-1858*, Marx a divisé le processus de développement humain en trois étapes. La première étape est la période pré-capitaliste qui se caractérise par le fait que « la capacité productive de l'homme n'est développée que dans un cadre étroit et des lieux isolés », et la forme sociale ainsi formée est la « société dépendante de l'homme ». Dans cette forme sociale, la relation entre les personnes est basée « soit sur le fait que l'individu n'a pas encore mûri et n'a pas perdu ses liens de sang naturels avec les autres, soit sur la relation entre la règle directe et l'obéissance. » Dans cette forme sociale, la survie et le développement des êtres humains ne sont que la survie et le développement dans l'espace du corps commun, et les gens ne peuvent pas quitter la communauté un seul instant. À l'époque où la technologie artisanale est dominante, c'est-à-dire lorsque les êtres humains vivent sur la base de la « dépendance à l'égard des personnes », la caractéristique la plus fondamentale du développement humain est la propriété personnelle sur la base de la dépendance directe de la nature. Ce type de dépendance montre que le lien entre les hommes est local et unique, donc primitif ou pauvre. « Ni l'individu ni la société ne peuvent imaginer un développement libre et complet, car un tel

---

54. Le développement humain est une partie importante de la philosophie marxiste sur la théorie humaine. Dans les *Manuscrits économiques 1857-1858*, Marx a divisé le processus de développement humain en trois étapes : l'étape de la dépendance à l'égard des personnes, l'étape de la dépendance à l'égard des objets et l'étape du développement libre et complet des êtres humains. « La dépendance à l'égard des personnes (à l'origine un développement entièrement libre) est la forme sociale initiale, sous laquelle la capacité productive humaine ne se développe que dans une gamme étroite et dans des lieux isolés. La deuxième grande forme est l'indépendance humaine basée sur la dépendance à l'égard des objets. Ce n'est que sous cette forme que peut se former un système d'échange matériel social universel, de relations globales, de demandes diverses et de capacités globales. La troisième étape est basée sur le développement intégral de l'individu et sa capacité productive sociale commune qui devient sa richesse sociale. La deuxième étape crée les conditions nécessaires à la troisième étape. « (Marx [Allemagne] et Engels [Allemagne], *Karl Marx et Frederick Engels*, Volume 46, I, traduit par le Bureau de compilation et traduction des œuvres de Marx, Engels, Lénine et Staline sous le Comité central du PCC, Presse populaire, 1979, p. 104.)

développement est en contradiction avec la relation originelle entre l'individu et la société »[55]. Le développement de la personnalité humaine n'en est qu'à ses débuts.

Dépendance à l'égard des objets. Avec le développement de la productivité et de la division sociale du travail, la dépendance à l'égard des personnes est remplacée par la dépendance à l'égard des objets. « Sous cette forme, un échange matériel social universel, des relations globales, des besoins divers et un système de capacité global se formeront ».[56] D'une part, elle permet aux individus de se débarrasser de l'harmonie de bas niveau et de la dépendance et de passer à une harmonie de haut niveau et autonome. D'autre part, il permet aux individus de faire face à un monde plein d'incertitudes et de gérer diverses relations de plus en plus complexes. Les individus sont pleins de conflits et de malaises dans le cœur, et tombent dans la « dépendance à l'égard des objets ». La dépendance vis-à-vis de la technologie, du capital et d'autres choses est devenue la prémisse de base pour que les êtres humains s'engagent dans la production sociale, ce qui se manifeste par la dépendance du travail vis-à-vis du capital et des machines. À ce stade, la technologie est comme un moteur, qui favorise l'intégration des personnes et du monde. La technologie, qui intègre et remodèle profondément la pratique de la vie quotidienne de l'homme, ainsi que la génération de son sens, est devenue une force décisive du comportement humain, de la survie, de la création et de la vie sociale. L'aliénation humaine est le développement inévitable de la société humaine, chaque pas en avant étant accompagné d'un profond sentiment d'aliénation. On peut donc dire que l'homme est un animal constamment aliéné par la technologie.

Dépendance à l'égard des données. Les mégadonnées sont une sorte de facteur de production, une ressource d'innovation, un mode d'organisation et un type de droit. L'utilisation des données est un moyen important de croissance de la richesse, et la proposition des droits des données est devenue un symbole important de la civilisation numérique. Dans son livre *A Brief History Of Humankind*, Yuval Harari définit une nouvelle religion (datalisme) au 21e siècle : « l'univers est composé de flux de données, et la valeur de tout phénomène ou entité réside dans sa contribution au traitement des données ». Bien que nous ne

---

55. Marx [Allemagne] et Engels [Allemagne], *Karl Marx et Frederick Engels*, Volume 46, I, traduit par le Bureau de compilation et traduction des œuvres de Marx, Engels, Lénine et Staline sous le Comité central du PCC, Presse populaire, 1979, p. 485.

56. Marx [Allemagne] et Engels [Allemagne], *Karl Marx et Frederick Engels*, Volume 46, I, traduit par le Bureau de compilation et traduction des œuvres de Marx, Engels, Lénine et Staline sous le Comité central du PCC, Presse populaire, 1979, p. 104.

puissions toujours pas savoir si la vision du datalisme est correcte, nous sommes en effet dans l'océan des mégadonnées, dépendant ainsi des mégadonnées dont il est difficile de se débarrasser. Les mégadonnées interviennent et modifient la production, la vie et le mode de vie de l'homme avec une rapidité et une profondeur inimaginables. En mettant l'accent et en prônant la productivité des données, les mégadonnées établissent une nouvelle relation sociale de combinaison, d'intégration et d'agrégation entre les données. Nous devrions abandonner la dépendance de la matérialisation universelle, libérer les gens de la dépendance et de la subordination des choses, et faire en sorte que les gens deviennent de nouvelles personnes qui s'appuient sur les données pour exister et se développer librement. À ce stade, les caractéristiques de base du développement humain sont les suivantes : un développement relativement personnalisé et libre sur la base de la dépendance des données. Selon la signification originelle de la bourgeoisie et du prolétariat, c'est-à- dire la classe avec actifs et la classe sans actifs, ceux qui maîtrisent les mégadonnées deviendront la bourgeoisie des données, tandis que ceux qui livrent les données deviendront le prolétariat des données, ce qui conduira à la différenciation du développement humain. Face à la vague des données, il est nécessaire de construire un système de protection des droits basé sur les droits des données, qui est appelé le « système des droits des données ». Les normes juridiques basées sur le système des droits des données sont appelées « loi de droits des données ». Lorsque celle-ci est combinée avec la chaîne de blocs, la chaîne de blocs passe de la règle de la technologie à la règle du système. Ce type de chaîne de blocs basée sur un arrangement institutionnel et un système de gouvernance est appelé la « chaîne de blocs souveraine ». On peut prédire que la science et la technologie de la gouvernance finiront par faire entrer l'humanité dans une nouvelle étape : la différence essentielle de cette étape est qu'elle a lancé un impact sur le « droit humain » qui n'a pas changé depuis des milliers d'années, entraînant une révolution technologique, une révolution de la gouvernance et une révolution comportementale profondes et étendues.

Chapitre II

THÉORIE DE SOUVERAINETÉ NUMÉRIQUE

Avec la quatrième révolution scientifique et technologique représentée par la science et la technologie numériques, ainsi que les changements économiques et sociaux rapides, un grand nombre de droits de l'homme émergents sont apparus, dont les « droits de l'homme numériques » sont l'un des droits émergents les plus importants.

—ZHANG WENXIAN
Vice-président de la Société chinoise de droit et directeur du comité académique de la Société

Après la défense des frontières, la défense côtière et la défense aérienne, la souveraineté numérique va devenir l'espace de jeu entre les grands pays. Qui a l'initiative et le pouvoir dominant des données peut gagner l'avenir.

—MIAO WEI
Ministre de l'Industrie et des Technologies de l'Information de la République populaire de Chine

Nous devons travailler ensemble pour faire en sorte que les mégadonnées et les technologies qu'elles génèrent soient utilisées pour améliorer le bien-être de l'humanité et minimiser les risques qu'elles font peser sur le développement, la paix, la sécurité et les droits de l'homme.

—ANTÓNIO GUTERRES
Secrétaire général des Nations unies

Section I
Droits des données

Avec le développement des données dans le sens des ressources, des actifs et de la capitalisation, notre monde passera du système original des droits réels et des droits des créanciers au système des droits des données. La proposition des droits des données est le produit de la transition de la civilisation et du nouvel ordre passant de la civilisation industrielle à la civilisation numérique. Les droits des données sont des nouveaux droits relativement indépendants des droits réels. Les trois droits fondamentaux de la vie humaine à l'avenir se composeront des droits de l'homme, des droits réels et des droits des données. Les droits et intérêts fondamentaux des droits des données comprennent les droits sur les données, les droits de partage et la souveraineté numérique. La proposition de droits des données est une force importante pour promouvoir la reconstruction de l'ordre, qui a une signification particulière pour la vie commune de l'humanité.

I. Droits de l'homme, droits réels et droits des données

À l'ère des mégadonnées, le « nombre » en tant que nouvelle chose, qui est différente et au-delà des personnes au sens traditionnel, a commencé à entrer dans la vision des relations juridiques. Du « nombre » aux « données », puis aux « droits des données », il s'agit du produit des temps et de la tendance inévitable de l'humanité à se diriger vers la civilisation numérique. Les droits des données sont les droits fondamentaux des êtres humains à l'ère de la civilisation numérique. Tout en libérant la valeur des données, nous devons protéger les droits fondamentaux des êtres humains dans le monde numérique. Il existe des différences essentielles entre les droits des données, les droits de l'homme et les droits réels. Les différences de sujet, d'objet et de contenu des droits déterminent que le contenu de droits réels des actifs de donnée ne peut pas être réglementé simplement en fonction des droits réels.

(I) Du « nombre » aux « droits des données »

Le nombre n'est pas une existence naturelle, mais un produit de la pratique sociale humaine. Dans la pratique à long terme, les personnes comprennent de manière créative la relation logique entre le nombre abstrait et l'entité concrète en comparant les caractéristiques communes de différentes choses, dont le « nombre ».[1] Dans la Chine ancienne, les gens portaient une attention particulière au « nombre ». Le taoïsme représenté par Lao Tseu utilisait le nombre pour expliquer le mode de l'univers et la loi des choses qui changent. Dans la Grèce antique, les gens de différentes écoles de pensée y portaient également une attention particulière. En particulier, l'école de Pythagore montrait un culte inhabituel au « nombre ». On élevait le nombre comme l'origine de toutes les choses ayant une signification ontologique, et avançait l'idée que « le nombre est l'origine de toutes les choses », croyant que le nombre détermine la forme et le contenu de toutes les choses. « Le nombre est l'origine de toutes les choses » ne porte pas sur les choses physiques comme les atomes sont l'origine du monde ou l'eau est la source du monde, mais signifie que tout dans le monde peut être représenté par des nombres. Cette hypothèse audacieuse consistant à essayer d'attribuer le concept de tout au cerveau humain sous la forme de nombres, et de comprendre le monde avec l'idée de nombres est exactement ce que la technologie des mégadonnées a progressivement réalisé. On peut voir que le « nombre » n'est pas seulement la source du monde réel, mais aussi la source du monde virtuel créé par la science et la technologie modernes, ou autrement dit, l'origine du monde spirituel humain.

Dans une certaine mesure, « les données sont l'extension et le prolongement du concept de nombre, et sont le produit du développement des sciences naturelles modernes, en particulier des sciences de l'information ».[2] Le mot « data » en anglais est apparu pour la première fois au 13e siècle. Il vient du latin « datum », qui signifie « biens accordés ». Aujourd'hui, avec la popularisation et la large utilisation des ordinateurs, la numérisation est devenue une réalité, et les formes de données sont diverses. Les chiffres, les langues, les caractères, les tableaux et les graphiques sont tous des composantes des données. « Les données ne se limitent pas à la caractérisation d'attributs spécifiques des objets. Elles sont la base et le fondement de la déduction des lois du mouvement et du changement des choses ».[3] Avec le développement des technologies de l'information émergentes, telles que l'Internet des objets, l'informatique en nuage, l'Internet mobile, de plus en plus

1. Wang Yaode, Tan Changguo et He Yanzhen, « Développement du 'Nombre' et celui de la science et de la technologie connexes », *Journal de l'Institut d'éducation de Kaifeng*, n° 12, 2017, p. 11.
2. He Tianping et Song Wenting, « Évolution historique des 'Nombre – Données – Mégadonnées' », *Recherche sur la dialectique de la nature*, n° 6, 2016, p. 36.
3. Liu Hong et Hu Xinhe, « Révolution des données : enquête historique du nombre aux mégadonnées », *Communication sur la dialectique de la nature*, n° 12, 2013, p. 35.

d'« objets » sont numérisées et stockées, formant une énorme échelle de données. « L'émergence des mégadonnées fait que l'homme se débarrasse de la cognition limitée de la nature à l'ère des données. Grâce à l'acquisition de données massives, les êtres humains peuvent saisir et enregistrer les changements de chaque minute et de chaque seconde de la nature. »[4] En tant que nouvelle façon de représenter le monde, les mégadonnées modifient profondément le mode de communication, d'organisation, de production et de vie de la société humaine, faisant entrer l'humanité dans l'ère de la civilisation numérique.

À l'ère de la civilisation numérique, les êtres humains commencent à comprendre à nouveau la relation entre les personnes et les données, et à considérer les droits de l' « *homo numericus* ». Les mégadonnées sont une sorte de facteur de production, une ressource d'innovation, un mode d'organisation et un type de droit. L'utilisation des données est devenue un moyen important de croissance de la richesse, et la proposition des droits des données est devenue un symbole important de la civilisation numérique. Avec l'autonomisation des données, la composition du pouvoir social passe de la violence, la richesse et connaissances vers les données. Dans l'ensemble du cycle de vie du processus de gouvernance des données, il y aura de nombreux droits et obligations impliquant les droits et intérêts, tels que la vie privée, les droits réels des données et la souveraineté numérique. Les droits relatifs aux données, les droits de partage et la souveraineté numérique sont devenus de nouveaux droits et intérêts à l'ère des mégadonnées. Les droits des données sont le plus grand diviseur commun du partage des données pour réaliser la valeur. À l'heure actuelle, il existe de nombreuses discussions sur les droits des données dans le milieu universitaire, avec les visions générales telles que la théorie du droit de l'homme, la théorie du droit réel et la théorie du droit à la vie privée (Tableau 2.1). En outre, il existe certaines propositions, telles que la théorie du secret commercial, la théorie de la propriété intellectuelle, etc. Cependant, les types de droits traditionnels ne suffisent pas à couvrir toutes les formes de données, et leurs revendications affectent l'intégrité des droits numériques. L'ère numérique est multidimensionnelle et dynamique. La conception des droits numériques doit non seulement refléter la répartition unidirectionnelle des droits réels sur les données originales, mais aussi refléter la structure dynamique et les droits des sujets multiples. Par conséquent, un nouveau type de droit, qui couvre toutes les

---

4. He Tianping et Song Wenting, « Évolution historique des 'Nombre – Données – Mégadonnées' », *Recherche sur la dialectique de la nature*, n° 6, 2016, p. 38.

formes de données, est prêt à être utilisé activement et autorisé à être utilisé par d'autres, dont les droits des données.

Tableau 2.1 Théories des droits des données[5]

Théorie	Propositions, motifs et défauts
Théorie des droits inhérents à la personnalité	Proposition : le droit aux données personnelles est un nouveau droit spécifique de la personnalité.
	Motifs : tout d'abord, du point de vue des caractéristiques de la connotation de droit, le droit aux données personnelles prend les intérêts de la personnalité comme objet de protection. La personne concernée a le droit de contrôler et de dominer ses propres données et une connotation de droit spécifique. Deuxièmement, du point de vue de la richesse de l'objet des droits, les données à caractère personnel des citoyens comprennent les données personnelles générales, les données personnelles privées et les données personnelles sensibles. Certaines données, telles que les noms, les portraits, la vie privée, etc., ont été reclassées en droits de la personnalité spécifiques et ne doivent plus être protégées par des droits de protection des données à caractère personnel, tandis que d'autres données doivent être protégées par le mécanisme des droits de protection des données à caractère personnel. Troisièmement, du point de vue de l'efficacité du mécanisme de protection, si le droit aux données à caractère personnel est défini comme un droit réel, il n'est peut-être pas nécessaire de les protéger. Au contraire, s'il est considéré comme le droit de la personnalité, d'une part, il peut garantir qu'il n'y aura pas de différence dans la méthode de calcul en raison de la différence d'identité personnelle, maintenant ainsi l'égalité de la personnalité, et d'autre part, les citoyens peuvent demander une indemnisation pour préjudice moral conformément à l'article 22 du *Droit de la responsabilité civile*. Enfin, du point de vue du droit comparé, le droit de la protection des données personnelles dans le monde protège principalement les intérêts personnels des citoyens.
	Défauts : le droit de l'homme d'une personne physique est spécial et non négociable. Même s'il peut produire une valeur économique, il ne peut être traité comme un bien, sinon il dégradera le sens de la personnalité de la personne physique.

---

5. Yu Zhigang, « Attribut de droit des 'Informations personnelles des citoyens' et protection du droit pénal », *Sciences sociales du Zhejiang*, n° 10, 2017, p. 8-9 ; Institut de recherche Ali, « Wu Tao de l'Université centrale des finances et de l'économie : Opinions sur les 'droits et la propriété des données' de quatre grandes tendances dans le domaine juridique », www.sohu.com. 2016, http://www.sohu.com/a/117048454_481893.

Théorie	Propositions, motifs et défauts
Théorie du droit réel	Proposition : le droit des citoyens à la valeur commerciale de leurs données personnelles est un nouveau type de droits réels, à savoir les « droits réels des données ». Motifs : Avec l'avènement de l'ère numérique, les données à caractère personnel ont en effet joué un rôle dans la sauvegarde des intérêts patrimoniaux du sujet. A l'heure actuelle, la loi et la théorie devraient reconnaître les droits réels du sujet pour ces données personnelles. En outre, certains universitaires estiment que la nature juste des données personnelles des citoyens est une sorte de propriété, c'est-à-dire que les citoyens ont le droit de posséder, d'utiliser, d'obtenir des revenus et de disposer de leurs propres données. Défauts : si les données à caractère personnel ne sont considérées que comme une sorte de droit réel, il mettra trop l'accent sur sa valeur commerciale et négligera la protection des données personnelles des citoyens, qui est le premier objectif du système juridique relatif aux données personnelles et les besoins les plus réalistes des citoyens. En outre, si le facteur « personnel » dans les « données à caractère personnel » est ignoré, l'égalité des personnalités serait entravée, « car la situation économique de chaque personne et la valeur de ses matériels d'information sont différentes, mais sa personnalité doit être protégée de la même manière et ne doit pas être traitée différemment ».
Théorie du droit à la vie privée	Proposition : le droit aux données personnelles des citoyens devrait faire partie du droit à la vie privée. En cas d'atteinte à ce droit, les citoyens devraient demander de l'aide par les voies appropriées du droit à la vie privée. Motifs : premièrement, la protection des données à caractère personnel est due au fait que la violation des données à caractère personnel peut porter atteinte à la dignité personnelle des citoyens et détruire la paix de leur vie privée. Et si les données ne sont pas privées, même si elles sont obtenues par d'autres, elles n'affecteront pas la personne concernée et ne l'offenseront pas. Deuxièmement, la protection du droit à la vie privée a été formellement établie conformément à l'article 2 de la *Droit de la responsabilité civile*, et selon l'interprétation extensive du droit à la vie privée, il suffit d'inclure dans le concept de vie privée toutes sortes de données à protéger par des données personnelles, de sorte qu'il n'est pas nécessaire de créer des droits indépendants sur les données personnelles.

Théorie	Propositions, motifs et défauts
	Défauts : premièrement, le droit à la vie privée met l'accent sur la protection de la vie privée des citoyens en se concentrant sur la défense passive et peut ainsi difficilement couvrir la réalité qu'un grand nombre de citoyens utilisent activement des données personnelles pour participer à diverses activités dans la société moderne. Deuxièmement, le droit à la vie privée est difficilement compatible avec la société numérique. La vie privée est l'objet d'une protection « absolue » dans la protection des données. Dans la société numérique, la collecte, le traitement, le stockage et la rutilisation des informations sont non seulement nécessaires mais aussi indispensables. Non seulement l'État est passé du simple protecteur au plus grand collecteur pour traiter, enregistrer et utiliser les données, mais des entreprises, des organisations sociales et d'autres opérateurs des données apparaissent progressivement. Troisièmement, la notion de vie privée est ambiguë. L'utilisation de la subjectivité de la « vie privée » rendra le jugement de la vie privée subjectif, c'est-à-dire que la question de savoir s'il s'agit de la vie privée est déterminée par la personne concernée. Le problème essentiel réside dans 1'« autorisation », et la clé réside dans le fait de savoir si elle a été approuvée par la personne concernée.

Ressource : Long Rongyuan et Yang Guanhua, « Recherche sur les droits des données, son système et la loi de droits des données », *Technologie et loi*, 2018, n° 5.

(II) Délimitation des droits des données

Le sujet des droits des données est un bénéficiaire spécifique, et l'objet est un ensemble de données spécifiques (Tableau 2.2). Dans une relation juridique spécifique des droits numériques, le créancier se réfère au créancier spécifique. Les droits des données se présentent sous différentes formes, tels que le droit de collecte de données, le droit de portabilité des données, le droit d'utilisation des données, la jouissance des données, le droit de modification des données, etc. Par conséquent, il est nécessaire de déterminer le titulaire spécifique des droits des données en fonction de la forme et du contenu spécifiques des droits des données. Pour l'objet des droits des données, les données indépendantes uniques n'ont pas de valeur. Seul l'ensemble de données avec une valeur indépendante combinée selon certaines règles a une valeur spécifique, et les données uniques dans l'ensemble de données ne peuvent pas être traitées comme des objets séparés des droits des données. Par conséquent, l'objet des droits des données est un ensemble de données spécifique.

Tableau 2.2   Caractéristiques des droits des données

Caractéristiques	Résumé
Sujet	L'objet spécifique que les données désignent, ainsi que celui qui collecte, stocke, transmet et traite ces données.
Objet	L'ensemble de données spécifiques avec régularité et valeur
Types	Un droit global intégrant le droit de l'homme et le droit réel
Attribut	Les attributs du droit privé, du droit public et de la souveraineté
Compétence	Une sorte de droit au partage non exclusif exprimé souvent par « une donnée avec des pouvoirs multiples».

Les droits des données revêtent les attributs du droit privé, du droit public et de la souveraineté. Différent du type de propriété traditionnel et en tant que nouveau type d'attribut, les droits des données reflètent la diversité des attributs. Différents types de données ont un attribut différent, et les données à différentes étapes du cycle de vie des données ont également un attribut différent. Les droits des données ont en même temps les attributs du droit privé, du droit public et de la souveraineté, c'est-à-dire la souveraineté reflétant la dignité nationale, le droit public incarnant l'intérêt public et le droit aux données mettant en évidence le bien-être personnel. Dans le domaine du droit privés, selon les sujets qui peuvent maîtriser les données, les droits des données sont divisés en droits sur les données personnelles et droits sur les données d'entreprise. Les ressources de données personnelles et les ressources de données d'entreprise sont considérées comme les objets des droits des données. L'attribut du droit public des droits des données présente de riches significations de publicité et de collectivité. C'est une sorte de pouvoir collectif qui prend l'État et le gouvernement comme principal organe de mise en œuvre, la maximisation des intérêts publics comme orientation de valeur et qui maintient fortement l'ordre de la participation aux affaires publiques, avec une capacité d'expansion automatique. La souveraineté numérique est une partie importante de la souveraineté nationale, ce qui reflète l'attribut de la souveraineté des droits des données. En tant que complément nécessaire à la souveraineté nationale, la souveraineté numérique enrichit et élargit la connotation et l'extension de la souveraineté traditionnelle de l'État, et constitue un choix inévitable pour les pays qui doivent s'adapter à la gouvernance moderne de l'espace virtuel et maintenir leur propre indépendance en matière de souveraineté.

Les droits des données sont la combinaison des droits de l'homme et du droit réel. Les données présentent ensemble un attribut de personnalité et un attribut de propriété, mais en même temps, elles sont différentes du droit inhérent à la personnalité et du droit de propriété. La valeur fondamentale du droit de l'homme des données est de préserver la dignité de la personne concernée. À l'ère des mégadonnées, les individus laisseront des « traces de données » dans divers systèmes de données. Grâce à l'analyse des liens, nous pouvons restaurer les caractéristiques d'une personne et former un « *homo numericus* ». En fait, nous reconnaissons le droit à la personnalité des données, ce qui signifie que la personne concernée bénéficie des droits à la liberté, à la réputation, à la vie privée et de refus à l'abus d'informations. En même temps, le principe disant que « les données sont précieuses » est devenu le consensus de toute la société. Il est donc nécessaire de doter les données de droits réels et de les protéger conformément à la loi. En tant que nouvel objet de propriété, la propriété des données devrait présenter cinq caractéristiques juridiques : certitude, contrôlabilité, indépendance, valeur et rareté.

(III) Distinction entre les droits de l'homme, les droits réels et les droits des données
Les droits de l'homme sont le seul symbole de toute l'humanité et le plus grand diviseur commun des peuples dans le monde. Les droits dits de l'homme sont « les droits dont les personnes jouissent et devraient jouir en fonction de leurs attributs naturels et de leur essence sociale ».[6] La personne indiquée dans les droits de l'homme ne désigne pas l'*homo economicus*, l'*homo moralis* et l'*homo politicus*,[7] mais une personne physique possédant des caractéristiques biologiques et abstraction faite de tous les facteurs supplémentaires. Une personne devrait jouir des droits de l'homme simplement parce qu'elle est un être humain. Comment les droits de l'homme ont-ils vu le jour ? Il s'agit de la base philosophique des droits de l'homme. Les théories sur l'origine des droits de l'homme comprennent principalement la théorie des droits coutumiers, la théorie des droits naturels, la théorie des droits légaux de l'homme, la théorie de l'origine de la nature humaine et la théorie des

6. Li Buyun, *Exploration juridique*, Presse populaire du Hunan, 2003, p. 169.
7. La personne à laquelle il est fait référence dans les droits de l'homme n'est pas d'abord l'*homo economicus*, car le but de l'*homo economicus* est de rechercher des profits. Si tout le monde est *homo economicus*, les droits de l'homme ne seront pas protégés. Elle n'est pas *homo moralis*. Les droits de l'homme n'ont rien à voir avec l'existence ou le niveau de moralité. Elle n'est pas non plus *homo politicus*. Bien que les droits de l'homme soient politiques, le fait de les considérer comme un outil de lutte politique aura inévitablement pour effet de les restreindre.

droits moraux.[8] Les droits de l'homme sont des droits par essence. « Les droits, les droits de l'homme, les droits légaux et les droits fondamentaux des citoyens sont des concepts qui sont à leur tour inclusifs et qui ont une relation générique ».[9] Le concept et la connotation des droits de l'homme sont relativement larges, et leur champ de protection est bien plus étendu que celui des droits légaux ou des droits fondamentaux. Avec le développement approfondi de l'économie et de la société, les dimensions et les types de droits de l'homme continueront à augmenter, et la connotation et l'extension continueront à s'étendre.

La proposition des droits réels est un nouveau point de départ de la civilisation sociale. Le droit réel est le contrôle des choses, qui s'incarne en surface comme le contrôle des gens sur les choses, mais qui est en fait le reflet de la relation entre les gens. Premièrement, en substance, bien que le droit réel soit le droit du bénéficiaire de contrôler directement l'« objet spécifique », il ne s'agit pas de la relation entre la personne et les choses, mais de la relation juridique entre les personnes. Deuxièmement, le droit réel est le droit de propriété dont jouit le créancier sur l'« objet spécifique ». Bien qu'il s'agisse d'une sorte de droit de propriété par nature, il ne s'agit que du droit de propriété dans les droits réels, qui est différent du droit par rapport à l'homme, c'est-à-dire du droit du créancier. Troisièmement, le droit réel est principalement une sorte de contrôle sur l'objet réel, c'est-à-dire que le détenteur du droit réel peut peut réaliser son propre droit entièrement à sa guise sans l'intervention ou l'aide d'autrui. La reconnaissance du droit réel, en dernière analyse, consiste à reconnaître la valeur créée par les individus et le droit à l'autonomie individuelle. Par conséquent, le droit réel est une sorte de droit spécial et fondamental de l'homme. La reconnaissance et la protection du droit réel

---

8. La théorie des droits coutumiers est une théorie empirique de la présomption des droits de l'homme représentée par la Grande Charte de l'Angleterre, c'est-à-dire une présomption des droits de l'homme des « droits coutumiers – droits légaux ». La théorie des droits naturels est une théorie *a priori* de la présomption des droits de l'homme promue par la *Déclaration des droits de l'homme* française, c'est-à-dire la présomption des droits de l'homme des « droits naturels – droits légaux ». Il s'agit d'une théorie classique sur la source des droits de l'homme. Selon la théorie des droits de l'homme légaux et des droits de l'homme utilitaires, les lois et règlements formels ou informels produisent des droits de l'homme, et la poursuite du bonheur et du bien-être des hommes en toute liberté et égalité est la plus grande valeur et bonté. Selon la théorie de l'origine de la nature humaine, la nature humaine comprend un attribut naturel et un attribut social. L'attribut naturel est la cause interne et la base des droits de l'homme, et l'attribut social est la cause externe et la condition des droits de l'homme. Selon la théorie des droits moraux, les droits de l'homme font partie du système moral et doivent être maintenus par des principes moraux. Sa légitimité vient du cœur moral des gens.

9. Lin Zhe, « Qu'est-ce que les droits de l'homme ? », *Study Times*, le 1er mars 2004, p. T00.

signifie que les gens commencent à prendre « l'homme » comme nouveau point de départ et à construire une nouvelle coordonnée de civilisation sociale.

Les données sont totalement différentes de l'objet dans le droit civil passé. Par rapport à l'exclusivité du contrôle de l'objet, le contrôle des données n'est pas objectivement exclusif, ce qui est déterminé par la forme non matérielle des données qui est extrêmement similaire à celle des réalisations intellectuelles. Mais les données ne sont ni des biens (meubles ou immeubles), ni des réalisations ou droits intellectuels. Les données sont une sorte d'objet qui est différent de l'« objet » à forme matérielle, et le contrôle des données a les caractéristiques de la non exclusion et de la non perte.[10] La propriété et le contrôle des droits spécifiques de propriété portés par les données sont différents du mode de possession et de contrôle des objets tangibles. Le système de droits de propriété applicable aux objets tangibles ne peut pas être utilisé dans les données. On peut considérer que les droits des données n'appartiennent à aucun type de droits traditionnels. Bien qu'ils présentent certaines caractéristiques similaires à d'autres droits, ils ne doivent pas être absorbés par l'expansion des droits réels ou du droit de propriété intellectuelle, mais doivent être spécialement légiférés selon la pratique législative constante (Tableau 2.3).

Tableau 2.3 Distinction entre les droits de l'homme, les droits réels et les droits des données

Article	Droits de l'homme	Droits réels	Droits des données
Sujet	Individuel, collectif	Personnes spécifiques	Bénéficiaires spécifiques, y compris l'objet spécifique que les données désignent et la personne qui collecte, stocke, transmet et traite les données (y compris la personne physique, la personne morale, l'organisation non constituée en société, etc.)
Objet	Droits sur les objets, actions, produits intellectuels et informations	Objet spécifique dont dispose l'homme ; droits prévus par la loi	Ensemble de données dotées suivant une certaine loi ou dotées d'une certaine valeur ; exceptions pouvant être prévues par la loi

---

10. Li Aijun, « Propriété et caractéristiques juridiques des droits numériques », *Science juridique orientale*, n° 3, 2018, p. 72.

Article	Droits de l'homme	Droits réels	Droits des données
Contenu	Droits de la personnalité ; droits politiques et libertés ; droits économiques, sociaux et culturels ; droits des groupes vulnérables et des groupes spéciaux ; droits internationaux collectifs (ou de groupe), etc.	Droits de propriété ; *jus in re aliena* (droits d'usufruit et droits réels garantis en guise de sûreté)	Droits de propriété ; droits d'usufruit des données ; droits du bien-être public des données ; droits de partage

Ressource : Laboratoire clé de la stratégie des mégadonnées, *Loi sur les droits numériques 1.0 : fondements théoriques*, Presse de la littérature des sciences sociales, 2018.

II. Droits privés, pouvoir public et souveraineté

(I) Droits privés

Le concept de droit vient de l'Occident, mais « jusqu'à la fin du Moyen-Âge, il n'y a jamais eu un mot qui puisse être traduit avec précision dans ce que nous appelons 'le droit' dans une langue ancienne ou médiévale. »[11] « Au Moyen-Âge, le théologien Thomas Aquinas a pour la première fois interprété le *jus* de manière analytique comme des revendications légitimes, et a désigné, du point de vue du concept de droit naturel, certaines revendications légitimes des êtres humains comme des 'droits naturels' ».[12] « À la fin du Moyen-Âge, le développement de l'économie capitaliste des produits a rendu toutes sortes d'intérêts indépendants et quantifiés. Le concept de droits est progressivement devenu une conscience sociale universelle. Ainsi, le *jus* en tant que droit est clairement différent du *jus* en tant qu'acte et du *jus* en tant que loi. »[13] L'utilisation du terme « droit » en chinois a commencé au Japon. Le terme « droit » en japonais est hérité du mot latin *jus*, du français « droit », de l'allemand « recht » et de l'anglais « right ». Il a d'abord été

---

11. Cité par A.J.M. Milne [Royaume-Uni], *Droits de l'homme et diversité humaine : philosophie des droits de l'homme*, traduit par Xia Yong et Zhant Zhiming, Presse Encyclopédie de la Chine, 1995, p. 5.

12. Zhang Wenxian, *Jurisprudence (4ème édition)*, HEP et Presses de l'Université de Pékin, 2011, p. 89.

13. Zhang Wenxian, *Une étude de la philosophie occidentale du droit au 20e siècle*, Presse juridique. 2006, p. 413.

traduit par « pouvoir », puis par « droit ».[14] Cependant, si « demander à un juriste ce qui est juste » est comme poser à un informaticien une question bien connue « qu'est-ce que la vérité », cela le met également dans l'embarras. « Bien que le dilemme de Kant[15] semble exagéré, on peut constater que la nature des droits est effectivement différente, de telle sorte que Feinberg des États-Unis préconise que le droit soit considéré comme « un concept primitif simple, indéfini et non analytique ».[16]

Actuellement, il existe différentes théories sur la nature des droits dans les milieux universitaires. Parmi les théories représentatives qui sont plus proches de l'essence des droits, il y a non seulement la théorie des qualifications, la théorie de la liberté, la théorie de la volonté, la théorie des intérêts, la théorie du pouvoir légal et la théorie du choix prônées par les universitaires étrangers, mais aussi la théorie des possibilités et la théorie de la propriété détenues par les universitaires nationaux. Cependant, en raison du contexte historique différent et de leurs positions respectives, même diamétralement opposées, jusqu'à présent, la théorie sur la nature des droits n'a pas encore formé un paradigme unifié. Les attributs des droits comprennent l'historicité, la limitation des sujets, la légitimité, la matérialité, la réciprocité et la légalité. Les droits sont incarnés ou fixés comme des droits légaux dans la vie réelle, ce qui signifie que le système juridique est d'une grande importance pour les droits. Du point de vue du système juridique, les droits peuvent être divisés en droit de droit fondamental, droit de droit public, droit de droit privé, droit de droit social et droit de droit mixte. Cependant, quel que soit le type, les droits incarnent et protègent principalement des intérêts personnels[17], qui sont des droits individuels.[18] Ce type d'« individu » est essentiellement privé, c'est-à-dire que l'essence du droit est un droit privé.

Les juristes romains de la fin de l'Antiquité romaine ont défini les droits privés comme les droits liés aux intérêts personnels dont jouissent les personnes morales,

---

14. Duan Fan, *Pouvoir et droit : co-établissement et construction*, Presse populaire, 2016, p. 15.

15. Kant [Allemagne], *Fondements métaphysiques de la loi : science des droits*, traduit par Shen Shuping, Presse commerciale, 1991, p. 39.

16. J. Feinberg [États-Unis], *Liberté, droits de l'homme et justice sociale*, traduit par Wang Shouchang *et al.*, Presse populaire du Guizhou, 1998, p. 91.

17. L'individu ici désigne l'individu artificiel légal, c'est-à-dire la « personne » légale, qui comprend la personne physique, la personne morale et toute autre organisation non de personne morale.

18. Duan Fan, *Pouvoir et droit : co-établissement et construction*, Presse populaire, 2016, p. 28.

les organisations non constituées en société et les personnes physiques.[19] En Chine, il n'existe pas encore de définition unifiée des droits privés, et les différents spécialistes en ont une compréhension et une interprétation différentes sous des aspects différents. Certains pensent que les droits privés se réfèrent au droit individuel dans le but de répondre à des besoins individuels, tandis que d'autres pensent que les droits privés sont des droits de droit privé, qui est un concept utilisé comme terme de droit privé dans la société civile. Les droits privés sont des droits confirmés par le droit privé et lié à la personne morale, à l'organisation non constituée en société et à la personne physique, et il existe pour un but personnel. Les sujets des droits privés comprennent les citoyens, les personnes morales et les autres organisations sociales, même l'État lorsqu'il n'exerce pas ses fonctions et ses devoirs au nom du pouvoir public. Les droits privés sont plus complexes. Certains droits privés ne font pas ou pas encore partie des droits légaux et appartiennent à une sorte de comportement individuel ou de liberté individuelle, tandis que d'autres droits privés sont confirmés par la Constitution ou d'autres lois et deviennent des droits légaux. Il existe deux types de droits privés : droits privés non légalisés et droits privés légalisés. Les droits privés légalisés constituent la partie principale et le contenu important des droits privés. Ils sont clairement protégés par la Constitution et les lois,[20] et il est interdit à quiconque de les violer sous quelque forme que ce soit.

(II) Pouvoir public

Le problème du « Pouvoir » a laissé perplexes les philosophes et les sociologues de tous les temps et de toutes les régions du monde qui n'arrêtent jamais d'y penser. Différents chercheurs ont des conceptions et des compréhensions différentes du concept de pouvoir. Comme l'a dit Dennis Wrong, célèbre sociologue américain : « le pouvoir est essentiellement un concept controversé. Les personnes qui ont des valeurs et des croyances différentes ont certainement des opinions différentes sur sa nature et sa définition. »[21] Robert Lawson, philosophe anglais qui est le premier à définir clairement le pouvoir, croyait que le pouvoir est la capacité de

---

19. Chen Xiuping et Chen Jixiong, « L'équilibre entre le pouvoir public et le droit privé dans la perspective de l'État de droit », *Seeker*, n° 10, 2013, p. 191.

20. Jiang Guangning, « Pouvoir public et droits privés dans la société de droit », *Knowledge Economy*, n° 24, 2010, p. 20.

21. Dennis Wrong [États-Unis], *On Power*, traduit par Lu Zhenlun, Zheng Mingzhe, Presse chinoise des sciences sociales, 2001, p. 2.

certaines personnes à produire des effets attendus ou prévisibles sur d'autres. Max Weber, sociologue allemand, a défini le droit dans son *Économie et société* comme « la capacité d'une personne ou de certaines personnes à réaliser leur volonté dans un comportement social, même en dépit de la résistance des autres qui participent à ce comportement ». Kurt W. Barker, universitaire américain, considère le pouvoir comme une sorte de « contrôle obligatoire en cas de conflit d'intérêts ou de valeurs entre les deux ou plusieurs parties des individus ou des groupes ».[22] Bien que ces définitions aient leurs propres raisons, elles ne peuvent pas résumer complètement les attributs et les caractéristiques du pouvoir, en particulier du pouvoir d'État.[23]

L'essence du pouvoir est la pouvoir public. « Les concepts de pouvoir et de pouvoir public sont mélangés dans de nombreux cas, car le pouvoir lui-même est public ».[24] « Dans un sens général, tout pouvoir appartient au pouvoir public. »[25] D'une part, en ce qui concerne le sujet du pouvoir, l'exécuteur du pouvoir doit être un organe public ou quasi public (Organisation sociale). D'autre part, compte tenu de la finalité de l'exercice du pouvoir, la fonction directe du pouvoir est l'intérêt public protégé par la loi. Par conséquent, le pouvoir est plus précisément le pouvoir public. Le pouvoir dit public désigne le pouvoir que possède la communauté sociale (État, organisations sociales, etc.) pour gérer les affaires publiques et sauvegarder les intérêts publics de l'État et de la société, ainsi que pour ajuster la répartition des intérêts des parties. « Il vise l'intérêt public et prend comme moyen la force coercitive légale. Le pouvoir public est une condition nécessaire au fonctionnement normal d'une société et la base pour établir et maintenir l'ordre public et assurer la stabilité sociale. »[26] Le pouvoir public comprend le pouvoir de l'État et le pouvoir social. Il peut être divisé en pouvoir législatif, pouvoir judiciaire, pouvoir administratif et pouvoir de contrôle.

---

22. Kurt W. Barker [États-Unis], *Psychologie sociale*, traduit par le département de sociologie de l'Université Nankai, Presse universitaire de Nankai, 1984, p. 420.

23. Guo Daohui, « Sur les propriétés et les limites du pouvoir », *Journal de l'Université de science et de technologie du Shandong* (Édition Sciences Sociales), n° 2, 2006, p. 66.

24. Pan Aiguo, « Limite du pouvoir public », *Jinling Law Review*, n° 1, 2011, p. 46.

25. Liu Xiaochun et Wu Qiong, « Aliénation du pouvoir public et de son contrôle », *Réforme et ouverture*, n° 10, 2012, p. 23.

26. Jiang Guangning, « Pouvoir public et droits privés dans la société de droit », *Knowledge Economy*, n° 24, 2010, p. 20.

« En tant que sceptre de l'ordre de la vie sociale, le pouvoir public a toujours été considérée comme le leader de la vie sociale ».[27] Dans la société orientale en particulier, en raison de l'influence à long terme du concept de « norme sociale », le pouvoir public a toujours été considérée comme la force primaire, dominante et décisive du peuple. On pense généralement que le pouvoir public est basée sur le fait que le peuple donne le pouvoir et reconnaît l'exercice du pouvoir. « Le pouvoir de l'État est basé sur le transfert des droits des personnes et la reconnaissance publique. »[28] « Au sens ultime, les droits sont le fondement du pouvoir. »[29] Rousseau a également souligné dans *Du contrat social* que le pouvoir de l'État est généré par le transfert d'une partie des droits privés de chaque citoyen. C'est en ce sens que « les droits privés sont la source du pouvoir public, et le pouvoir public est la filiale des droits privés ».[30] Sans les droits privés, le pouvoir public n'est pas nécessaire pour exister et se développer. Cependant, en même temps, le pouvoir public et les droits privés sont une paire d'organes contradictoires, qui sont à la fois unifiés et antagonistes, interdépendants et coexistants, et ils interagissent entre eux, formant une relation mutuelle entre les différents groupes d'intérêts sociaux.

(III) Souveraineté

Dès la Grèce et la Rome antiques, les philosophes, telles que Plato, ont réalisé l'existence de la souveraineté et ont étudié la connotation de la souveraineté. Bien qu'ils n'aient pas explicitement mis en avant l'important concept politique de souveraineté, les recherches sur l'émergence, la fonction, le type de régime et la gouvernance de l'État ont été très similaires aux recherches sur la souveraineté que nous connaissons aujourd'hui, et ont jeté les bases de l'introduction claire du concept de souveraineté dans la période des Lumières.[31] Aristote, philosophe de la Grèce antique, est considéré comme le premier philosophe à avoir expliqué la pensée de la souveraineté. Bien qu'il n'ait pas utilisé clairement le concept de souveraineté dans ses *Politiques*, il avait déjà mis en jeu les deux principaux attributs

---

27. Dou Yanguo, « Pouvoirs publics et droits civils », *Recherche sur la théorie de Mao Zedong et Deng Xiaoping*, n° 5, 2006, p. 20.

28. Zhuo Zeyuan, *État régi par la loi*, Presse chinoise de Fangzheng, 2001, p. 62.

29. Zhuo Zeyuan, *État régi par la loi*, Presse chinoise de Fangzheng, 2001, p. 69.

30. Xie Tao, « Jeu entre le pouvoir public et le droit privé », *Économie de la connaissance*, n° 21, 2011, p. 27.

31. Plato [Grec Ancien], *La république*, traduit par Guo Bin et Zhang Zhuming, Presse commerciale, 1986, p. 145-176 ; Aristote [Grec Ancien], *Les politiques*, traduit par Wu Shoupeng, Presse commerciale, 1965, p. 132-145 ; Cicero [Rome antique], *De la république / des lois*, traduit par Shen Shuping et Su Li, Presse commerciale, 1999, p. 11-23.

de la souveraineté, à savoir le droit externe d'indépendance et la suprématie interne. Le concept de souveraineté au sens moderne est né dans l'Europe moderne et a été le produit du développement économique et culturel de l'Europe aux 15ᵉ et 16ᵉ siècles. Dans ses *Six livres de la république*, Bodin, penseur français des Lumières, a explicitement exprimé la souveraineté comme suit : « la souveraineté est le pouvoir absolu et permanent d'un pays de diriger » et « la plus haute puissance sans aucune restriction légale pour les citoyens et les sujets d'un souverain féodal ». Selon lui, la souveraineté est un pouvoir indivisible, unifié, permanent et supérieur à la loi, un pouvoir absolu et un pouvoir éternel.

Grotius, célèbre juriste international néerlandais et le fondateur du droit international moderne, a encore amélioré le contenu de la souveraineté sur la base d'une acceptation partielle de la pensée de Bodin, révélant la dualité de la souveraineté, à savoir le droit externe d'indépendance et la suprématie interne. Plus tard, avec la démonstration et le développement de politologues modernes tels que Hobbes, Locke, Rousseau, Hegel et Austen, le contenu de la théorie de la souveraineté est devenu de plus en plus abondant. Cependant, la théorie de la souveraineté est toujours dans une catégorie historique et a des connotations différentes selon les périodes. Bien que de nombreux penseurs aient avancé leurs théories respectives de la souveraineté et soient parvenus à un certain consensus sur les idées de base de la souveraineté, la définition de la souveraineté n'a pas encore atteint une conclusion définitive. La souveraineté est définie dans *Oppenheim International Law* comme l'autorité suprême, ce qui signifie « l'indépendance complète, que ce soit à l'intérieur ou à l'extérieur du territoire ».[32] Le point de vue de M. Zhou Gengsheng est généralement pris comme la définition de la souveraineté dans le cercle du droit international chinois : « la souveraineté est la plus haute puissance d'un État pour gérer ses affaires intérieures et extérieures de manière indépendante. La souveraineté a deux attributs fondamentaux, à savoir le droit externe d'indépendance et la suprématie interne. »[33]

La souveraineté peut être considérée non seulement comme le droit d'un pays, qui se traduit par l'indépendance du pays au sein de la communauté internationale, mais aussi comme le pouvoir de l'État qui s'incarne dans le pouvoir suprême de l'État de gérer les affaires intérieures. D'une part, la souveraineté, en tant que

32. *Oppenheim International Law (Volume I, Fascicule I)*, révisé par Jennings [UK] et Watts [UK], traduit par Wang Tieya *et al.*, Presse Encyclopédie de la Chine, 1995, p. 92.
33. Zhou Gengsheng, *Droit international (Volume I)*, Presse universitaire de Wuhan, 2009, p. 64.

droit de l'État, ne signifie pas nécessairement la possession d'une certaine capacité pratique ou d'un certain pouvoir, ou la revendication légitime que l'autre partie est tenue d'accomplir certains actes. En plus, en raison de l'influence et de la restriction de divers facteurs subjectifs ou objectifs, la liberté de comportement contenue dans la souveraineté présente des différences pratiques évidentes d'un pays à l'autre, et la portée et le degré de cette liberté sont en constante évolution et développement. En particulier, avec le développement des normes du droit international et de l'ordre juridique international, la liberté contenue dans la souveraineté est de plus en plus réglementée et restreinte.[34] Par conséquent, dans la société internationale moderne, comme la stabilité des droits nationaux, la connotation claire et fondamentale de la souveraineté est l'indépendance et l'égalité. D'autre part, en tant que pouvoir de l'État, la souveraineté suit la loi fondamentale de l'évolution et du développement du pouvoir. Elle est « construite par le transfert par le peuple d'une partie de ses droits », « avec la publicité de la source et la représentativité de l'exercice (indirect) »[35], et c'est un ensemble de pouvoirs publics d'un pays. À l'ère des mégadonnées, la souveraineté se manifeste par une coopération et une transférabilité évidentes.

III. Droit au partage : essence des droits des données

Le partage est l'utilisation efficace des données et l'incarnation ultime de la propriété des données. Différent des droits réels, le droit de propriété des actifs de données n'est plus une sorte de possession, mais une sorte de droit au partage non exclusif, qui se manifeste souvent par « une donnée avec des droits multiples ». Une fois que les droits des données passent du droit naturel à une sorte de volonté publique, il dépassera inévitablement sa propre forme et sera transféré à un droit social. Le droit au partage est l'essence des droits de propriété des actifs de données, et il est réalisé par un droit public de propriété des actifs de données et un droit des données d'usufruit. Il est donc possible de séparer le droit de propriété et le droit d'utilisation des données. La proposition de droit au partage deviendra une nouvelle règle de principe juridique dont l'importance pour la civilisation numérique dépasse les droits réels. On peut prévoir que, sur la base du partage,

---

34. Zhao Zhou, *Responsabilité souveraine*, Presse juridique, 2010, p. 8.

35. Chen Zhiying, « Réflexion sur la modernité de la souveraineté et le retour de la publicité », *Modern jurisprudence*, n° 5, 2007, p. 27.

la civilisation humaine va passer à un stade supérieur et entrer dans un ordre construit par le droit au partage.

(I) Droit au partage et Droit de possession

Le partage et la possession sont les différences essentielles entre le droit des données et les droits réels. Les droits réels comprennent le droit de possession, le droit d'utilisation, la jouissance et le droit de disposition. Le droit de possession est le contrôle *de facto* de la propriété, qui est la base de la propriété. S'il n'y a pas de droit de possession, l'exercice des trois autres droits sera affecté. Ce n'est qu'en jouissant du droit de possession que nous pouvons mieux exercer le droit d'utilisation, la jouissance et le droit de disposition. La propriété privée et la propriété individuelle dans la société humaine ont toutes deux pour but ultime la possession. Mais avec l'essor de l'économie du partage, les gens se rendent compte que le droit de possession n'est pas important, mais que d'autres personnes peuvent l'utiliser. L'essence du partage est de partager le droit d'utilisation et la jouissance pour obtenir les bénéfices correspondants.[36] Les ressources inutilisées peuvent être pleinement utilisées grâce au transfert du droit d'utilisation, mais il part du principe que le sujet du droit de possession a la volonté de transférer le droit d'utilisation, et son essence est la possession du « droit de possession ». Comme l'essence du droit réel est la possession, son principe réside dans l'exclusivité des objets. Elle détermine que les objets ne peuvent pas avoir plusieurs sujets de droits en même temps, et la possession devient la seule façon de maîtriser les droits réels.

Dans le processus de transfert des droits réels, l'existence du droit de possession empêche que les intérêts du sujet du droit ne soient lésés, et le sujet du droit a toujours le droit de contrôler l'objet. Différent des droits réels, les données peuvent être copiées à l'infini, et le coût est très faible, pas de perte, les données peuvent avoir plusieurs sujets de droit en même temps. Dans ce cas, la possession de données n'affecte pas le contrôle et l'utilisation des données par les personnes. En l'absence de possession, les personnes peuvent également exercer le droit d'utilisation, la jouissance et le droit de disposition des données. Une fois que le droit d'utilisation des données est transféré, la partie qui obtient les données sera entièrement propriétaire des données elles-mêmes, et les données seront hors du contrôle du créancier initial. À l'heure actuelle, il est inutile d'être en possession

---

36. He Zhe, « Forme sociale humaine et construction de l'ordre à l'ère de la civilisation en réseau », *Sciences sociales de Nanjing*, n° 4, 2017, p. 72.

des données. Afin de produire de la valeur ou de maximiser la valeur des données, les données doivent être partagées avec d'autres, ce qui entre inévitablement en conflit avec le droit de possession. C'est pourquoi l'accent sur le droit au partage des droits des données et celui sur le droit de possession des droits réels sont aussi importants l'un que l'autre. C'est le résultat inévitable du développement de la « pleine utilisation des données ». En outre, la valeur réelle des données réside dans la reproduction illimitée à faible coût, qui est à la base du développement de la civilisation numérique et détermine que le partage devient la demande essentielle de l'ère des mégadonnées, tandis que le droit au partage devient le droit essentiel des droits des données. Si nous nous écartons de ce principe de base et appliquons le droit de possession des droits réels au droit des données, cela restreindra considérablement l'application et le développement des données, et violera ou même détruira l'intention initiale de protection et de développement des données par le droit des données.[37]

(II) D'« un droit pour un objet » à « une donnée avec droits multiples »
« Un droit pour un objet » est la caractérisation essentielle de la domination des droits réels. Avec les progrès de la science et de la technologie, la forme des choses s'enrichit progressivement. Avec la multiplication des types de droits réels, la séparation des droits et des fonctions de la propriété devient de plus en plus complexe, et les formes d'utilisation des choses par l'homme sont également en constante évolution. En réalité, le concept « un droit pour un objet » a été influencé par « un objet avec des droits multiples » et « un droit pour plusieurs objets ». Le degré et la forme de l'utilisation des choses par l'homme changent constamment. Les expressions « un objet avec des droits multiples » et « un droit pour plusieurs objets » ont également obtenu un certain acquiescement indirect et une vague autorisation dans la pratique judiciaire, ce qui brise le sens original d'« un droit pour un objet ». Contrairement à la proposition d'« un droit pour un objet », l'attribut intangible et la reproductibilité des données font que les données ont des formes d'intérêt diverses. La création d'un droit au partage permet aux données d'exister dans de multiples sujets. Chaque sujet ne partage pas un droit des données, mais possède son propre droit indépendant et complet sur les données, formant ainsi un modèle de partage « non pour la possession, mais pour l'utilisation ».

---

37. Laboratoire clé de la stratégie des mégadonnées, *Loi sur les droits numériques 1.0 : fondements théoriques*, Presse de la littérature des sciences sociales, 2018, p. 159.

Les données présentent les caractéristiques comme la reproductibilité, la non-consommabilité et la publicité spéciale, et peut exister « une donnée avec droits multiples ». Cela détermine que le fait de donner à un sujet un contrôle absolu sur les données s'écarte du concept de développement du partage. Avec le développement de la science et de la technologie, lorsque le coût des objets diminue, voire est proche de zéro, la possession des objets ne sera plus nécessaire. Cela est particulièrement vrai pour les ressources de données qui sont riches avec un coût marginal zéro. La tendance est inévitablement de préconiser le partage d'« une donnée avec droits multiples ». À long terme, les ressources rares deviendront riches, et le problème de la rareté des ressources au sens traditionnel sera résolu par le partage. « Lorsque nous examinons le problème du point de vue de la technologie, la pénurie réelle de ressources est très faible. Le vrai problème est de savoir comment utiliser les ressources ».[38]

(III) Connotation du droit au partage

Le droit au partage est une sorte de concept de droits numériques qui établit un équilibre entre le bien-être public et les intérêts privés pour l'ère de la civilisation numérique, ce qui contribue à stimuler la créativité des gens pour qu'ils participent à la construction de la civilisation numérique. Le cœur du droit au partage est l'équilibre des intérêts des données. Que l'intérêt public des données soit plus grand ou non que leur intérêt privé, ou que l'intérêt privé des données soit plus grand ou non que leur intérêt public, l'esprit fondamental de liberté et d'égalité est violé. Par conséquent, la répartition déséquilibrée des avantages liés aux données sapera fondamentalement l'enthousiasme et l'initiative des gens pour créer de la richesse en données. L'importance de la création du droit au partage réside dans le fait qu'elle révise le concept traditionnel des droits et des données, à savoir « mettre l'accent sur les intérêts privés et ignorer les intérêts publics », et préconise un concept de droits numériques qui équilibre les intérêts publics et les intérêts privés. Le droit au partage est la prémisse de l'utilisation des données, qui est non seulement l'exigence fondamentale de la construction de la civilisation numérique, mais aussi le sens essentiel de la construction d'un nouvel ordre social.[39]

---

38. Peter Diamandis [États-Unis] et Steven Kotler [États-Unis], *Abundance : The Future Is Better Than You Think*, traduit par Jia Yongmin, Presse populaire du Zhejiang, 2014, p. 8.

39. Long Rongyuan et Yang Guanhua, « Recherche sur les droits des données, le système et la loi sur les droits des données », *Technology and law*, n° 5, 2018, p. 26.

Le droit au partage est une partie importante du système de base de la civilisation numérique, qui prend l'altruisme comme base fondamentale. Du point de vue de l'équité, la répartition des données entre le bien-être public et les intérêts privés est la question centrale de la civilisation numérique. Tout d'abord, le droit au partage doit assurer l'équilibre entre l'intérêt public et l'intérêt privé des données, et refléter son équité, de manière à redresser la relation entre l'intérêt public et l'intérêt privé de la personne concernée. Deuxièmement, la répartition des intérêts publics et privés des données est absolue, objective et universelle, et personne ne peut s'entendre arbitrairement sur elle par volonté subjective. Toute interprétation subjective, relative et excessive de la répartition des intérêts publics et privés des données est contraire à son équité. Par conséquent, le droit au partage donne une signification pratique très importante pour la construction du nouvel ordre de la civilisation numérique.[40]

Le droit au partage aide à coordonner les conflits entre les différentes personnes concernées et fournit une base de valeur pour résoudre le conflit d'intérêts des données. Le droit au partage respecte l'équilibre entre les intérêts publics et privés des données, ce qui fournit une base de valeur pour la construction d'un système de civilisation numérique et fait de l'équité la valeur première du système de base de la civilisation numérique. Selon le principe de la répartition équilibrée des intérêts publics et privés des données, nous pouvons établir des normes juridiques pour résoudre les conflits entre les personnes concernées, améliorer le mécanisme de coordination des intérêts des données entre les personnes concernées, diversifier les voies permettant aux personnes concernées d'exprimer leurs propres demandes en matière d'intérêts des données, et résoudre les diverses crises sociales causées par les conflits d'intérêts des données, afin que les personnes concernées puissent « faire de leur mieux et obtenir leur propre place ». En même temps, le droit au partage aide à résoudre les contradictions de la distribution inégale des ressources, de l'inégalité des chances et de l'injustice sociale provoquées par le monopole des données, à résoudre le problème de l'équité et de la justice sociales, à réaliser l'allocation optimale des ressources de données et le coût marginal zéro, à augmenter la richesse des données et à promouvoir le développement coordonné de l'économie et de la société à l'ère de la civilisation numérique.

---

40. Laboratoire clé de la stratégie des mégadonnées, *Loi sur les droits numériques 1.0 : fondements théoriques*, Presse de la littérature des sciences sociales, 2018, p. 225.

Section II
Droits de l'homme numérique et souveraineté numérique

La souveraineté numérique est le sommet du droit des données. Depuis ces dernières années, la souveraineté numérique est devenue une question de plus en plus importante et urgente et le centre d'attention de l'État, des entreprises et des individus. Le cœur de la souveraineté numérique est la détermination de la propriété. Du point de vue de la propriété des données, la souveraineté numérique peut être divisée en souveraineté numérique personnelle, souveraineté numérique d'entreprise et souveraineté numérique nationale. En pratique, la relation entre la souveraineté numérique et les droits de l'homme numériques est devenue une question théorique et pratique majeure dans le domaine de la souveraineté numérique à l'ère des mégadonnées. Dans le même temps, la souveraineté numérique est devenue un domaine où les intérêts se chevauchent. Il existe de nombreux défis tels que le manque de clarté sur la propriété des données, la confusion sur la circulation et l'utilisation des données, la divulgation des informations personnelles, etc. Dans ce contexte, la chaîne de blocs offre une solution technique réalisable pour la protection de la souveraineté numérique. Avec ses caractéristiques inhérentes de décentralisation, d'inviolabilité, de traçabilité et de haute fiabilité, elle résout efficacement le problème de la définition et de la propriété de la souveraineté numérique, brisant ainsi le monopole de la souveraineté numérique et profitant à l'humanité entière avec la valeur maximale de sa fonction.

I. Différences entre la souveraineté et les droits de l'homme

La relation entre la souveraineté et les droits de l'homme n'est pas seulement liée à la solution de problèmes théoriques, mais dépend également de l'obtention d'un certain degré de consensus dans la pratique. Au début de la formation du concept de la souveraineté et des droits de l'homme, il y a eu des tensions entre eux. Avec le développement continu de la société humaine, la tension entre eux a commencé à s'étendre, entraînant de nouveaux affrontements et conflits entre la souveraineté et les droits de l'homme. Cependant, pour la poursuite d'une vie digne, la tension entre la souveraineté et les droits de l'homme doit être dissipée, et l'opposition doit être éliminée. Par conséquent, tant en théorie qu'en pratique, la souveraineté et les droits de l'homme devraient finalement aller de pair.

(I) Tension et conflit entre souveraineté et droits de l'homme

La relation entre la souveraineté et les droits de l'homme est au centre des relations internationales modernes et de la politique internationale. C'est également un enjeu majeur dans le domaine des droits de l'homme internationaux depuis la fin de la guerre froide. « La relation entre les deux est non seulement liée aux droits et aux intérêts de chacun entre nous vivant sur la terre, mais implique également les points de répartition des intérêts à plusieurs niveaux, tels que la politique intérieure et les questions internationales ».[41] En ce qui concerne le modèle politique international actuel, la relation entre la souveraineté et les droits de l'homme présente un état « cluster » croisé. Il y a non seulement des conflits entre la souveraineté nationale et les droits de l'homme nationaux, mais aussi des contradictions entre les droits de l'homme internationaux et la souveraineté étrangère. Sous prétexte que « les droits de l'homme sont supérieurs à la souveraineté », les pays occidentaux développés, avec les États-Unis en tête, ont soit promu vigoureusement leurs valeurs auprès du monde extérieur, soit accusé à tort certains pays en développement de violer les droits de l'homme, et prennent cela comme prétexte pour mener une diplomatie des droits de l'homme ou une intervention humanitaire sur ces pays. Dans le même temps, de nombreux pays en développement ont exprimé leur volonté de résoudre leurs différends sur les questions de droits de l'homme avec les pays occidentaux par le dialogue. Ainsi, dans le cadre du développement à long terme, deux points de vue opposés ont été exprimés : « les droits de l'homme sont plus élevés que la souveraineté » et « la souveraineté est plus élevée que les droits de l'homme ». La raison de ces différences réside dans la tension entre la souveraineté et les droits de l'homme, y compris les tensions internes et externes.

En termes de tension interne, tout d'abord, du point de vue du sujet de la souveraineté et des droits de l'homme, la souveraineté est souvent exercée par le groupe dirigeant agissant au nom de l'État, et les détenteurs des droits de l'homme sont les gens ordinaires qui occupent la majorité de la société, y compris divers groupes vulnérables. En raison de la façon de penser, l'orientation vers les valeurs, la logique de fonctionnement et l'orientation vers les intérêts du groupe dirigeant, son attitude est souvent différente de celle des gens ordinaires. Par conséquent, il y a toujours une tension entre les deux en raison du statut différent des sujets. Deuxièmement, du point de vue du contenu de la souveraineté et des droits de

---

41. Zeng Huan, « Relation dialectique entre les droits de l'homme et la souveraineté de l'État », *Legal System And Society*, n° 5, 2015, p. 130.

l'homme, la souveraineté contient à la fois des droits et des pouvoirs, alors que les droits de l'homme n'incluent que des droits. Ce sont les différents contenus de la souveraineté et des droits de l'homme qui déterminent l'orientation des valeurs de la souveraineté et celle des droits de l'homme, en raison de laquelle il doit y avoir une tension interne entre le contrôle et l'anticontrôle.

En termes de tension externe, au niveau domestique, si le gouvernement accorde aux citoyens le droit de résistance ou de désobéissance, la principale manifestation de la tension entre la souveraineté et les droits de l'homme est l'attitude du gouvernement face à la résistance ou à la désobéissance des citoyens. Dans le mouvement contre la guerre du Vietnam aux États-Unis dans les années 1960, le dilemme entre le droit de résistance civile et le droit de désobéissance a été pleinement reflété. Au niveau international, la grande différence en matière de nature et de priorité de la souveraineté et des droits de l'homme entre les pays en développement et les pays développés est une manifestation concrète de la tension extérieure entre la souveraineté et les droits de l'homme. En ce qui concerne la nature et le contenu de la souveraineté et des droits de l'homme, les pays développés occidentaux estiment que la base philosophique des droits de l'homme est « les droits naturels ». En conséquence, dans les idées politiques de nombreux pays en développement, les libertés et les droits fondamentaux de l'homme sont souvent considérés comme accordés par l'État au peuple, et l'État détermine aussi légalement la mesure dans laquelle les personnes jouissent de leurs libertés et de leurs droits. En ce qui concerne la priorité de la souveraineté et des droits de l'homme, les pays occidentaux sont tenus de défendre que « les droits de l'homme sont supérieurs à la souveraineté », conformément à leur pensée de « souveraineté au peuple » et à la base philosophique des droits de l'homme, tandis que les pays en développement insistent sur la « souveraineté supérieure aux droits de l'homme » du point de vue de l'histoire et de la réalité.

(II) Communication et Convenance entre souveraineté et droits de l'homme
Étant donné qu'il existe de grandes tensions internes et externes entre la souveraineté et les droits de l'homme, ce n'est qu'en cherchant la communication entre eux et en résolvant la tension que nous pouvons assurer le développement durable, efficace et harmonieux de la souveraineté et des droits de l'homme. La coexistence harmonieuse de la souveraineté et des droits de l'homme n'est pas seulement l'objectif idéal de auquel l'homme aspire et qu'il poursuit inlassablement, mais aussi un point de repère important pour la construction et l'amélioration

du système. Afin de réaliser la coexistence harmonieuse de la souveraineté et des droits de l'homme, nous devrions explorer la base philosophique commune entre eux. Pour bien comprendre et appréhender la base philosophique de la souveraineté et des droits de l'homme, il faut examiner les différentes dimensions, dont notamment le statut culturel, le développement historique et le niveau de développement économique et social des différents pays. Grâce à une enquête approfondie et complète, nous pouvons constater que l'« humanisme » est la base philosophique de la coexistence de la souveraineté et des droits de l'homme. De cette philosophie, il est facile de voir que la souveraineté et les droits de l'homme servent la liberté, le bonheur et les intérêts de l'homme, et qu'ils ne sont pas des fins en soi. En outre, par rapport au but ultime des êtres humains, c'est-à-dire la liberté, le bonheur et les intérêts de l'homme, la souveraineté et les droits de l'homme sont non seulement dans la même position, mais aussi d'origine homogène.

Bien qu'il existe un fondement philosophique commun qu'est l'« humanisme » entre la souveraineté et les droits de l'homme, ainsi que la vue sur l'homogénéité, il y a toujours une tension entre la souveraineté et les droits de l'homme en raison de la prise en compte des intérêts pratiques et des différences de compréhension historique. Cela exige que les représentants de la souveraineté et des droits de l'homme discutent et communiquent sur la base de l'égalité. La théorie du comportement communicatif de Habermas, célèbre philosophe et sociologue allemand, propose un moyen plus réaliste et plus réalisable de résoudre la tension entre eux. S'il n'existe pas de normes universellement applicables en matière de souveraineté et de droits de l'homme à suivre dans la communauté internationale avec de nombreuses souverainetés, alors les barrières de la souveraineté et les outils des droits de l'homme seront inévitables. Habermas estime qu'« une des façons de sortir de ce dilemme est de réglementer l'interaction stratégique, et les acteurs doivent parvenir à une compréhension de celle-ci ».[42] Les normes qui lient chaque membre ne peuvent pas être formées par un seul sujet. Ce n'est qu'en prenant pleinement en considération et en coordonnant les intérêts des sujets concernés, et par un examen rationnel et un débat public, qu'un consensus peut être atteint entre les sujets, de manière à former une norme universellement contraignante. La résolution de la tension entre la souveraineté et les droits de l'homme dépend généralement de la formation de normes de souveraineté et de droits de l'homme.

---

42. Habermas [Allemagne], *Faktizitat und Geltung : Beitrage zur Diskustheorie des Rechts und des demokratischen Rechtstaats*, traduit par Tong Shijun, SDX Joint Publishing Company, 2003, p. 32.

Il est nécessaire de veiller à ce que « chacun ait des chances égales d'exercer sa liberté de communication pour exprimer son attitude face à des revendications critiques et efficaces ».[43]

Dans la pratique de la souveraineté et des droits de l'homme, la tension externe, tout particulièrement, entre la souveraineté et les droits de l'homme qui se forme progressivement dans la pratique internationale, doit être affaiblie et éliminée au moyen d'un consensus rationnel obtenu par la négociation et la communication entre les sujets sur la base du respect mutuel et de l'égalité, c'est-à-dire que la coopération en matière de souveraineté est utilisée pour remplacer la barrière de la souveraineté, et le dialogue sur les droits de l'homme est utilisé pour remplacer la confrontation des droits de l'homme.[44] D'une part, les pays développés doivent respecter et prendre pleinement en considération les graves préoccupations des pays en développement et cesser d'utiliser les droits de l'homme comme un outil de politique de pouvoir et d'hégémonie ; d'autre part, tout en assurant l'indépendance de la souveraineté nationale, l'intégrité territoriale, l'inviolabilité de la dignité nationale, un pouvoir politique solide et stable, et en se gardant de l'« expansion » continue des intérêts des pays développés, les pays en développement doivent également améliorer la garantie du système politique et juridique qui peut réaliser la stabilité à long terme du pays et le développement économique et social soutenu et sain, et promouvoir le développement des droits de l'homme. La relation entre la souveraineté et les droits de l'homme est une relation d'équilibre dynamique de promotion mutuelle, d'interdépendance et d'unité des opposés. La priorité des deux doit être équilibrée en fonction des différentes situations des divers pays du monde, en tenant compte des facteurs multiples, tels que les intérêts politiques du pays, le niveau de développement économique et social, les traditions nationales et culturelles, de manière à déterminer un meilleur point d'équilibre.

II. Droits de l'homme de la quatrième génération

Selon l'opinion commune dans la doctrine, les droits de l'homme dans le monde ont fait jusqu'à présent trois bonds historiques et trois générations de droits de l'homme sont apparues successivement (droits de l'homme de la première génération, droits de l'homme de la deuxième génération et droits de l'homme

---

43. Habermas [Allemagne], *Faktizitat und Geltung: Beitrage zur Diskustheorie des Rechts und des demokratischen Rechtstaats*, traduit par Tong Shijun, SDX Joint Publishing Company, 2003, p. 155.

44. Tao Lin, « Tension et convenance entre la souveraineté et les droits de l'homme », *Recherche philosophique*, n° 5, 2013, p. 105.

de la troisième génération). Actuellement, arrivent les droits de l'homme de la quatrième génération, à savoir la nouvelle génération de droits de l'homme menée par les « droits de l'homme numériques ». Les droits de l'homme numériques n'est ni une couverture ni un rejet des droits de l'homme des trois générations précédentes. Il s'agit d'une relation progressive et en expansion entre eux, et les quatre générations de droits de l'homme constituent le système de droits de l'homme de la nouvelle ère (Tableau 2.4).

Tableau 2.4 Comparaison des droits de l'homme des quatre générations

Item	Droits de l'homme de la première génération	Droits de l'homme de la deuxième génération	Droits de l'homme de la troisième génération	Droits de l'homme de la quatrième génération (Droits de l'homme numérique)
Contexte de la naissance	Nés en 1789 pendant la Révolution française, ils sont issus d'une révolution bourgeoise anti-féodale et anti-autocratique.	Nés après la révolution d'Octobre en Russie au début du 21ᵉ siècle, ils ont pour toile de fond une révolution socialiste contre l'exploitation du capital et l'élimination de la polarisation entre les riches et les pauvres.	Nés pendant le mouvement de libération des colonies et des peuples opprimés dans les années 1950 et 1960, ils ont pour toile de fond la révolution nationale en faveur de l'indépendance nationale, de la libération nationale et de la démocratie politique.	Nés avec la quatrième révolution scientifique et technologique représentée par la science et la technologie numériques et l'évolution rapide de la société économique, ils ont pour toile de fond une révolution de l'information.

Item	Droits de l'homme de la première génération	Droits de l'homme de la deuxième génération	Droits de l'homme de la troisième génération	Droits de l'homme de la quatrième génération (Droits de l'homme numérique)
Revendications des droits de l'homme	Préconiser le droit à la vie, la liberté personnelle, la liberté de croyance, la liberté de religion, la liberté d'expression et de publication, la liberté de réunion et d'association, la liberté de mouvement et de résidence, la liberté de ne pas être détenu arbitrairement et de communiquer, et le droit de vote, en insistant particulièrement sur l'inviolabilité des droits de propriété.	Préconiser le droit au travail et le droit à la vie. En conservant le contenu des droits de l'homme de la première génération, préconiser le droit au travail, le droit au repos, le droit aux soins de santé, le droit à l'éducation, le droit de maintenir un niveau de vie approprié et le droit à l'unité des travailleurs.	Préconiser les droits à la paix, au développement, à l'environnement, le droit à l'autodétermination nationale et le droit au patrimoine commun de l'humanité.	Préconiser l'autonomie des données, le droit de connaître l'information sur les données, le droit d'expression des données, le droit d'usage loyal des données, le droit à la vie privée des données, le droit de propriété des données.
Objectifs principaux	Sauvegarder la liberté individuelle sous une forme juridique, s'opposer à l'ingérence abusive du gouvernement dans la liberté et les droits des individus avec le pouvoir politique, et demander à l'État d'assumer l'obligation d'omission négative	Demander à l'État de fournir les conditions sociales et économiques de base pour promouvoir la réalisation de la liberté individuelle, et souligner que l'État a l'obligation d'agir activement sur la réalisation des droits de l'homme	Visant sa nature conjointe, il peut être appelé « droit conjoint » ou « droit commun ». Il a une nature collective et vise à l'autodétermination et au développement du pays et de la nation.	Visant à éliminer les menaces aux droits de l'homme telles que la discrimination algorithmique, le manque de données, la surveillance sociale et l'hégémonie algorithmique, à accroître l'autonomie humaine à l'ère numérique et à renforcer la protection des droits de l'homme de l'« *homo numericus* ».

Ressource : Wang Guanghui, *Droit relatif aux droits de l'homme*, Presse universitaire de Tsinghua, 2015 ; Qi Yanping, *Évolution du concept de droits de l'homme*, Presse universitaire du Shandong, 2015 ; Ma Changshan, « La quatrième génération de droits de l'homme et sa protection dans le cadre d'une société intelligente », *China Legal Science*, 2019, n° 5.

(I) Droits de l'homme de la première génération

Les droits de l'homme de la première génération ont été formés pendant la Révolution française en 1789. Comme leur contenu principal était la liberté, et leur objectif fondamental l'autonomie individuelle, avec le libéralisme classique comme leur base idéologique, ils ont été habituellement appelés « droits à la liberté »[45]. Le concept de droits de l'homme de la première génération tend à laisser faire les théories économiques et sociales, ce qui est compatible avec la philosophie libérale individualiste, et est l'héritage des idées révolutionnaires de l'histoire et du développement des droits de l'homme de la Grande-Bretagne, des États-Unis et de la France[46]. En ce qui concerne les écoles de pensée, les droits de l'homme de la première génération comprennent principalement la vision des droits de l'homme de finalité[47], la vision des droits naturels de l'homme[48], la vision des droits de l'homme de la volonté[49], la vision des droits des personnes physiques[50], la vision des droits de l'homme religieux[51] et la vision des droits de l'homme utilitaires[52]. Du point de vue du fondement social, la formation des droits de l'homme de la

---

45. Wang Guanghui, *Droit relatif aux droits de l'homme*, Presse universitaire de Tsinghua, 2015, p. 121.

46. Wang Guanghui, *Droit relatif aux droits de l'homme*, Presse universitaire de Tsinghua, 2015, p. 123.

47. La vision des droits de l'homme de la finalité soutient que les êtres humains sont des fins et que tous les gens ont des droits. Ses représentants sont Kant et certains théoriciens des droits de l'homme de l'école du néokantisme.

48. La vision des droits naturels de l'homme est une théorie à l'influence continue prônée par de nombreux penseurs des sociétés orientale et occidentale depuis l'Antiquité, qui a été confirmée dans la *Déclaration d'indépendance des États-Unis* et la *Déclaration des droits de l'homme*.

49. La vision des droits de l'homme de la volonté, également connue sous le nom de théorie de la pulsion interne des droits de l'homme, préconise que les êtres humains ont des valeurs intrinsèques, c'est-à-dire que la dignité des êtres humains provient du libre arbitre et de la rationalité humaine, et ses représentants sont Hegel, Fichte, etc.

50. La vision des droits des personnes physiques est également connue sous le nom de théorie des droits naturels ou de théorie de l'instinct des droits de l'homme. Selon cette théorie, les droits de l'homme sont les droits naturels des êtres humains et les droits évidents des êtres humains à l'état naturel. Les principaux représentants de cette théorie sont Aristote et Cicéron.

51. La vision des droits de l'homme religieux est développée à partir des théories des droits de l'homme du christianisme, du catholicisme et d'autres grandes religions depuis l'époque romaine. Les observateurs religieux des droits de l'homme croient fondamentalement que les êtres humains ont des droits en tant que fils de Dieu. Aurelius et Rasinger sont les principaux représentants.

52. La vision des droits de l'homme utilitaires, également connue sous le nom de théorie des droits de l'homme axée sur les intérêts, soutient que les droits sont générés et motivés par des intérêts. Cette théorie a été systématiquement exposée dans la théorie de Bentham, fondateur de l'utilitarisme. Cependant, la vision des droits de l'homme utilitaires est contestée par les observateurs des droits de l'homme de la volonté. Hegel n'est pas d'accord pour comprendre la nature des droits du point de vue des intérêts humains.

première génération est le résultat de divers facteurs. Il s'agit d'une théorie des droits de l'homme produite dans le cadre de la lutte contre les pays autocratiques. Son but est de protéger la liberté et les droits des individus, de s'opposer à l'ingérence abusive de l'État par le biais de la question du pouvoir politique, et d'exiger de l'État qu'il s'engage dans l'obligation d'une inaction négative. C'est pourquoi on l'appelle « droits de l'homme négatifs ». En d'autres termes, l'établissement des droits de l'homme ne vise qu'à soutenir le fonctionnement de base de la société, et sa méthode consiste à restreindre la procédure et la portée du fonctionnement du pouvoir gouvernemental en affirmant les droits individuels. La tâche principale de l'État est de créer un environnement détendu pour la libre concurrence et de maintenir l'ordre public, mais sans trop interférer dans la production sociale et la vie économique. Thomas Paine, célèbre penseur américain, estime que « le gouvernement qui gouverne le moins est celui qui gouverne le mieux. Le gouvernement lui-même n'a pas de droits. Il est seulement responsable de ses obligations ». Parmi les droits de l'homme de la première génération réclamés, il y a le droit à la vie, le droit à la liberté personnelle, la liberté de croyance, la liberté de religion, la liberté de parole et de publication, la liberté de réunion et d'association, et le droit de communication à l'abri de toute ingérence, de toute arrestation et détention arbitraire et illégale, avec un accent particulier sur l'inviolabilité des droits de propriété[53]. Les droits de l'homme de la première génération mettent l'accent sur la sauvegarde de la liberté individuelle sous forme juridique, ce qui reflète le libéralisme individuel dominant aux 17e et 18e siècles et établit une bonne base pour l'émergence des droits politiques et des droits civils.[54] Toutefois, avec le développement rapide de l'histoire et les changements de l'époque, en particulier la forte influence du capitalisme sur les individus et les différents domaines sociaux, les attentes des citoyens à l'égard du gouvernement et des fonctions de ce dernier ont beaucoup changé, ce qui fait que le concept de droits de l'homme modernes se dote d'une nouvelle connotation et une nouvelle signification.[55]

---

53. Wang Guanghui, *Droit relatif aux droits de l'homme*, Presse universitaire de Tsinghua, 2015, p. 123.
54. Qi Yan ping, *Évolution du concept de droits de l'homme*, Presse universitaire du Shandong, 2015, p. 64.
55. Wang Guanghui, *Droit relatif aux droits de l'homme*, Presse universitaire de Tsinghua, 2015, p. 123.

(II) Droits de l'homme de la deuxième génération

Les droits de l'homme de la deuxième génération sont nés après la Révolution d'octobre en Russie[56], et ont été habituellement appelée « droits sociaux ». Les droits dits sociaux sont les droits destinés à protéger la vie sociale ou économique de tous les individus par l'intervention active de l'État dans l'ensemble de la société économique.[57] En tant que droits de l'homme de deuxième génération, les droits sociaux ont commencé à critiquer et à modifier le capitalisme. Ceux de la première génération ont connus plus de cent ans de développement. Dans la seconde moitié du 19e siècle, en particulier à la fin du 19e siècle et au début du 20e siècle, le capitalisme a balayé le monde avec la puissance de la révolution industrielle et a changé toute la civilisation et le mode de vie de l'homme. Avec le capitalisme très développé et le développement continu des entreprises monopolistiques, les maux du capitalisme, tels que le chômage, la pauvreté, l'inflation et la crise alimentaire, jettent une ombre énorme sur la société. Comme les droits de propriété et la liberté contractuelle, qui sont le pilier juridique de la société capitaliste et le fondement de la liberté et des droits de l'homme, sont extrêmement bénéfiques pour les possédants, mais pas pour les prolétaires[58], toute liberté et tout droit sont susceptibles de devenir l'existence de l'espoir et de la soif et sans aucune signification pratique. Mais le chômage et la pauvreté ne sont pas le résultat de la paresse individuelle, mais le résultat inévitable de la structure sociale et économique capitaliste. Le problème du chômage et de la pauvreté doit être résolu par la société et même par l'État.[59] C'est ainsi qu'est née une tendance idéologique socialiste visant à réformer les inconvénients du capitalisme et à réformer la société injuste actuelle. La juste revendication de cette pensée est d'exiger de l'État qu'il protège et améliore la vie des travailleurs et qu'il intervienne dans l'exploitation des capitalistes, afin d'assurer la participation équitable des travailleurs à la production et à la distribution de la valeur.[60] Les droits de l'homme de la deuxième génération visent à exiger de l'État qu'il fournisse les conditions sociales et économiques de base pour promouvoir la

---

56. La révolution d'Octobre en Russie est une grande révolution socialiste menée à bien par la classe ouvrière russe sous la direction du parti bolchevique et des paysans pauvres. La victoire de la Révolution d'Octobre a inauguré une nouvelle ère dans l'histoire de l'humanité et a ouvert la voie à la victoire de la révolution prolétarienne, des mouvements de libération nationale coloniaux et semi-coloniaux dans le monde.

57. Xu Chongde, *Constitution*, Presse universitaire Renmin, 2009, p. 196.

58. Wang Guanghui, *Droit relatif aux droits de l'homme*, Presse universitaire de Tsinghua, 2015, p. 124.

59. Osuka Gita [Japon], *Sur le droit à l'existence*, traduit par Lin Hao, Presse juridique, 2001, p. 12-13.

60. Wang Guanghui, *Droit relatif aux droits de l'homme*, Presse universitaire de Tsinghua, 2015, p. 124.

réalisation de la liberté individuelle. Elle souligne que l'État a l'obligation d'agir activement sur la réalisation des droits de l'homme, ce qu'on appelle les « droits de l'homme positifs ».[61] La théorie des droits de l'homme de la deuxième génération défend les droits sociaux de l'homme tels que le droit à la survie et le droit du travail comme noyau. Sa caractéristique est qu'elle passe de la poursuite de droits individuels aux droits collectifs et de classe, en mettant davantage l'accent sur les droits économiques, sociaux et culturels. En plus de conserver le contenu des droits de l'homme de la première génération, sont également proposés les droits comme le droit au travail, le droit au repos, le droit aux soins de santé, le droit à l'éducation, le droit au maintien d'un niveau de vie approprié et le droit à l'unité des travailleurs.[62]

(III) Droits de l'homme de la troisième génération

Les droits de l'homme de la troisième génération sont nés dans les années 1950 et 1960 lors du mouvement de libération des colonies et des peuples opprimés. Ils sont habituellement appelés « droits sociaux communs » et se concentrent sur la lutte pour l'autodétermination et le développement des pays et des nations, ce qui reflète les exigences des pays du tiers monde de redistribuer les ressources mondiales après la Seconde Guerre mondiale et leurs choix face à des problèmes majeurs mettant en danger la survie de l'humanité.[63] Les droits de l'homme de la troisième génération s'engagent à explorer les « droits communs » collectifs liés aux conditions de vie de l'homme, y compris le droit à la paix, le droit au développement, le droit à l'environnement, le droit à l'autodétermination nationale et le droit au patrimoine commun de l'humanité. Comme ces droits ne peuvent être réalisés que grâce aux efforts conjoints de tous les participants (y compris les individus, l'État, les institutions publiques et privées, la communauté internationale, etc.), ils sont considérés comme des « droits humains collectifs ».[64] En termes de champ d'application, il existe de grandes différences entre les droits de l'homme de la troisième génération et ceux des deux générations précédentes. Si l'on dit que ceux-ci sont fondés sur la relation entre les individus et l'États, ainsi qu'entre les groupes et l'États au sein d'un pays, alors l'orientation des droits a changé aux droits de l'homme de la troisième génération. Les droits ne sont plus

---

61. Qi Yanping, *Évolution du concept de droits de l'homme*, Presse universitaire du Shandong, 2015, p. 64.
62. Wang Guanghui, *Droit relatif aux droits de l'homme*, Presse universitaire de Tsinghua, 2015, p. 124.
63. Qi Yanping, *Évolution du concept de droits de l'homme*, Presse universitaire du Shandong, 2015, p. 64.
64. Wang Guanghui, *Droit constitutionnel comparé*, Presse universitaire de Wuhan, 2010, p. 89.

les exigences des individus envers l'État, mais les exigences d'une nation envers une autre nation, d'un pays envers un autre pays, ou même d'un pays envers tous les autres pays ou la communauté internationale.[65] L'essence des droits de l'homme de la troisième génération réside dans sa nature conjointe et solidaire, que l'on peut appeler « droits conjoints » ou « droits communs ». Ils ont une nature collective, qui va au-delà du concept de « droits de l'individu » formé auparavant, et est reconnu comme une justice collective et même sociale. Les droits de l'homme de la troisième génération abritent principalement les théories comme la vision absolue des droits de l'homme[66], la vision relative des droits de l'homme[67], la vision confucéenne des droits de l'homme[68], la vision libérale des droits de l'homme[69], la vision collectiviste des droits de l'homme[70], la vision asiatique des droits de l'homme[71] et la vision critique multiculturelle des droits de l'homme[72]. En outre, ils soulignent que la connotation des droits de l'homme dans les différentes cultures traditionnelles peut être différente. Par exemple, dans les années 1980, les savants comme Lee Kuan Yew et Mahathir ont défendu les « valeurs asiatiques

65. Wang Guanghui, *Droit relatif aux droits de l'homme*, Presse universitaire de Tsinghua, 2015, p. 131.

66. La vision absolue des droits de l'homme préconise que les droits de l'homme sont des droits innés, naturels, inaliénables, inconditionnels et immuables. Les personnalités représentatives comprennent Blake, Douglas, Mclejon, Rostow et Blake, etc.

67. La vision relative des droits de l'homme préconise que les droits de l'homme sont des droits sociaux, moraux, transférables, conditionnels et modifiables. Les personnalités représentatives comprennent Brandeis, Dewey, Hooker, Bodenheimer, Schwartz, etc.

68. La vision confucéenne des droits de l'homme est une théorie établie sur la base de la philosophie et de la morale confucéennes traditionnelles. Les personnalités représentatives comprennent Cheng Zhongying et Du Gangjian, etc.

69. La vision libérale des droits de l'homme est fondée sur les droits individuels et ses personnalités représentatives comprennent Rawls, Dworkin, Nosik, etc.

70. Contrairement à la vision libérale des droits de l'homme, la vision collectiviste des droits de l'homme se concentre sur la collectivité des droits de l'homme et estime que la collectivité des droits de l'homme est plus importante que l'individualité. Ses représentants comprennent McIntire, Walsh, Artur Cioni, Selznick, Granton, Bailey, etc.

71. Les valeurs asiatiques des droits de l'homme soulignent l'importance des valeurs de la culture traditionnelle asiatique pour le développement des droits de l'homme. Elles se forment sur la base d'une réflexion sur le monopole du pouvoir discursif dans le domaine des droits de l'homme dans la culture occidentale et d'une tentative de trouver une explication à partir de la culture traditionnelle asiatique. Ses représentants comprennent Lee Kuan Yew (Singapour), Mahathir (Malaisie), Choi Chung Ku (Corée du Sud), Takashi Yoko, Shinji Yasuda et Kyoko Suzuki (Japon).

72. La vision multiculturelle critique des droits de l'homme s'est formée sur la base du concept de « multiculturalisme » apparu dans les années 1970. Elle accorde une attention particulière à l'utilisation des ressources culturelles, à la prémisse de valeur des droits de l'homme et à la base matérielle et procédurale des droits de l'homme dans la recherche sur les droits de l'homme. Ses représentants sont Supiot, Habermas, Onuma Yasuaki, Ishihara Yasuhisa, etc.

des droits de l'homme », c'est-à-dire le point de vue non occidental des droits de l'homme. En même temps, les droits de l'homme de la troisième génération soulignent que dans des conditions socio-économiques différentes, l'accent mis sur le concept de droits de l'homme est différent. Les pays du tiers monde croient généralement que le développement est la base de tout droit de l'homme. Sans développement, il n'y aura pas de droits de l'homme. Bien qu'en théorie, les pays du tiers monde ne nient pas l'importance égale des droits politiques civils et des droits économiques et sociaux, sur le plan pratique, ces pays ne peuvent pas donner la priorité aux droits économiques et sociaux sur les droits politiques en raison de ressources limitées, de soins médicaux arriérés, du manque d'éducation universelle et de l'exploitation coloniale dans le passé. Pour les personnes qui ne peuvent pas maintenir les conditions de vie de base, les droits civils et politiques parfaits sont superflus[73].

(IV) Droits de l'homme de la quatrième génération

Avec la quatrième révolution scientifique et technologique représentée par la science et la technologie numériques et l'évolution rapide de la société économique, la forme des droits de l'homme subit un profond remodelage numérique, brisant ainsi le schéma de développement actuel des droits de l'homme sur « trois générations », et donc ceux de la quatrième génération – les droits de l'homme numériques. Les droits de l'homme numériques « prennent la production et les relations de vie dans le double espace comme fondement social, l'orientation vers l'information numérique et les droits et intérêts connexes des personnes comme forme d'expression, et le développement global des êtres humains dans la société intelligente comme appel central »[74]. Il vise à éliminer les menaces pesant sur les droits de l'homme telles que la discrimination algorithmique, la surveillance sociale, le manque de données et l'hégémonie des algorithmes, à améliorer l'autonomie humaine à l'ère numérique et à approfondir la protection des droits de l'homme « numériques ». La connotation des droits de l'homme numériques est très riche, « notamment 'la réalisation des droits de l'homme par la technologie numérique', 'les droits de l'homme dans la vie numérique ou l'espace numérique', 'les normes

---

73. Wang Guanghui, *Droit relatif aux droits de l'homme*, Presse universitaire de Tsinghua, 2015, p. 131.
74. Ma Changshan, « La quatrième génération de droits de l'homme et sa protection dans le cadre d'une société intelligente », *China Legal Science*, n° 5, 2019, p. 16.

des droits de l'homme de la technologie numérique' et 'la base juridique des droits de l'homme numériques' ».[75]

Les droits de l'homme numériques sont nés de la révolution de l'information, et leur logique de connotation a fondamentalement changé. De la première à la troisième génération, une révolution est à l'origine de l'émergence des droits de l'homme. Les droits de l'homme de la première génération sont nés de la révolution bourgeoise anti-féodale et antiautocratique. Ceux de la deuxième génération sont nés de la révolution socialiste contre l'exploitation du capital et l'élimination de la polarisation entre les riches et les pauvres. Ceux de la troisième génération sont nés de la révolution nationale pour l'indépendance nationale, la libération nationale et la démocratie politique. Les droits de l'homme numériques d'aujourd'hui sont issus de la révolution de l'information, qui entraîne également une émancipation idéologique et une innovation institutionnelle. Cependant, la révolution de l'information subvertit la production traditionnelle et la relation de vie à l'ère de l'industrie et du commerce sous la forme d'une révolution technologique plutôt que d'une lutte armée. La logique de connotation des droits de l'homme numériques est différente de celle des trois générations précédentes. Les droits de l'homme des trois premières générations ont deux caractéristiques communes en termes de sécurité économique, de survie et de développement et de participation politique : premièrement, ils sont exprimés selon les attributs biologiques des êtres humains pour exprimer leurs demandes. Deuxièmement, Ils s'étendent dans le cadre logique de l'espace physique. Cependant, les demandes de réforme et le développement objectif des droits de l'homme numériques ne sont ni l'expansion des droits de l'homme à l'ère industrielle et commerciale traditionnelle, ni la croissance du nombre et des types de droits, mais un tournant fondamental des droits de l'homme à l'ère numérique.

Les droits de l'homme numériques améliorent la qualité des droits de l'homme. Les droits de l'homme sont les droits dont les gens devraient jouir selon leur nature, et tout le monde devrait jouir des droits de l'homme comme il se doit. C'est non seulement la clé de la moralité et de l'universalité des droits de l'homme, mais aussi leur valeur fondamentale. Le développement et la réforme des droits de l'homme à toutes les étapes conduiront à la mise à niveau et à la transcendance des valeurs fondamentales existantes des droits de l'homme. Les droits de l'homme de

---

75. Zhang Wenxian, « Jurisprudence en matière de droits de l'homme dans la nouvelle ère », *Droits de l'homme*, n° 3, 2019, p. 22.

la deuxième génération ont dépassé ceux de la première génération et ont évolué vers un concept plus substantiel de droits sociaux, culturels et économiques. Les droits de l'homme de la troisième génération ont dépassé ceux de la deuxième génération et ont évolué vers une vision collective des droits axée sur la survie et le développement. Il en va de même pour les droits de l'homme numériques actuels.[1] Par rapport aux droits de l'homme traditionnels, les droits de l'homme numériques ne sont pas l'expansion des droits de l'homme traditionnels, mais l'amélioration de la qualité des droits de l'homme apportée par la société intelligente et la révolution de l'information. Ils sont confrontés à une révolution technologique qui engendre non seulement des opportunités mais aussi des défis. Ils doivent limiter efficacement les risques négatifs du développement « de la numérisation, de la mise en réseau et de l'intellectualisation », transformer considérablement les acquis de ses progrès en capacité de libre développement, briser les frontières biologiques des êtres humains et l'espace-temps physique prescrit par Dieu, afin d'être plus proche de la valeur et de la dignité des êtres humains.

III. Souveraineté numérique remodelée par la chaîne de blocs

La souveraineté numérique comprend la souveraineté numérique personnelle, la souveraineté numérique d'entreprise et la souveraineté numérique nationale. Dans la pratique, il existe de nombreux défis tels qu'une définition et une propriété peu claires de la souveraineté numérique. Dans ce contexte, la technologie de la chaîne de blocs fournit une solution technique réalisable pour la protection de la souveraineté numérique, qui devrait résoudre le problème de la souveraineté numérique avec ses caractéristiques inhérentes de décentralisation, d'anti-fraude, de traçabilité et de haute fiabilité.[76]

(I) Repenser la souveraineté numérique

Les données sont devenues les ressources stratégiques de base d'un pays. Toute intervention illégale sur les données par un sujet quelconque peut porter atteinte aux intérêts fondamentaux du pays. La souveraineté numérique est née des exigences de la protection de la vie privée, du développement industriel, de la sécurité nationale et de l'application de la loi par le gouvernement.[77] La

---

76. Ma Changshan, « La quatrième génération de droits de l'homme et sa protection dans le cadre d'une société intelligente », *China Legal Science*, n° 5, 2019, p. 18.

77. He Bo, « Recherche sur la pratique juridique et les contre-mesures en matière de souveraineté numérique », *Sécurité de l'information et confidentialité des communications*, n° 5, 2017, p. 7.

souveraineté numérique « implique la génération, la collecte, le stockage, l'analyse et l'application des données, ce qui reflète directement la valeur des données dans l'économie de l'information ».[78] À l'heure actuelle, il n'y a pas de consensus sur le concept de souveraineté numérique dans le cercle théorique, mais dans l'ensemble, il en existe deux : au sens large et au sens étroit. Selon Joel Trachtman, professeur à l'université de Tufts, la souveraineté numérique au sens large comprend la souveraineté numérique nationale et la souveraineté numérique personnelle, tandis que la souveraineté numérique au sens étroit ne fait référence qu'à la souveraineté numérique nationale. Afin de répondre aux besoins de la recherche et de comprendre l'importance de la relation entre les données et les individus, entreprises et pays, nous adoptons le concept de souveraineté numérique au sens large et divisons la souveraineté numérique en souveraineté numérique personnelle, souveraineté numérique d'entreprise et souveraineté numérique nationale à partir de la propriété des données.

La souveraineté numérique personnelle. La souveraineté numérique personnelle, également appelée le droit sur les données personnelles, fait référence au droit des personnes concernées de contrôler et de maîtriser leurs données personnelles conformément à la loi, et d'exclure toute violation par d'autres personnes.[79] La souveraineté numérique personnelle comprend non seulement le droit de ne pas être violé par d'autres personnes en matière de données personnelles, mais aussi le droit de propriété personnelle et le droit de la personnalité ainsi que la liberté de la volonté personnelle. Selon la définition juridique des données à caractère personnel et la particularité de leur objet de droit, par rapport aux droits de propriété intellectuelle et aux droits de propriété généraux, les droits relatifs aux données personnelles présentent les caractéristiques d'universalité, de séparation, d'intangibilité, de dualité et d'expansibilité. La souveraineté numérique personnelle est un type de droit indépendant et nouveau dans le contexte de l'ère des mégadonnées. Elle se distingue du droit de la personnalité, du droit de propriété et du droit à la vie privée par son objet, son contenu et sa forme, et joue un rôle

---

78. Feng Wei et Mei Yue, « Importance de la souveraineté numérique à l'ère des mégadonnées », *Sécurité de l'information et confidentialité des communications*, n° 6, 2017, p. 49.

79. Qi Aimin, *Principes de la législation sur la protection des données personnelles et recherche sur les questions juridiques de la circulation transnationale des données*, Presse universitaire de Wuhan, 2004, p. 110 ; Liu Pinxin, *Cyberlégislation*, Presse universitaire Renmin, 2009, p. 93.

irremplaçable.[80] Du point de vue du contenu des droits, la souveraineté numérique personnelle comprend généralement le droit de correction des données, le droit de suppression des données, le droit de stockage des données, le droit à l'information sur les données, le droit de confidentialité des données et le droit de demande de récompense.[81]

La souveraineté numérique d'entreprise. Les données d'entreprise sont celles contrôlées et utilisées par les entreprises et peuvent être exprimées sous forme de symboles ou de codes. Elles comprennent non seulement les données financières, les données opérationnelles et les données sur les ressources humaines reflétant la situation de base des entreprises, mais aussi les données sur les utilisateurs légalement collectées et utilisées par les entreprises.[82] Avec la demande croissante de protection des données d'entreprise et des droits et intérêts qui y sont liés, le concept de souveraineté numérique d'entreprise a été proposé. La souveraineté numérique d'entreprise, également connue sous le nom de droit des données d'entreprise, fait référence au droit d'une entreprise de posséder, d'utiliser, d'interpréter, d'autogérer et de protéger toutes sortes de ressources de données précieuses générées dans le cadre de son fonctionnement et de sa gestion, sans qu'aucune organisation, unité ou personne n'y porte atteinte. Du point de vue de l'attribut juridique, la souveraineté numérique d'entreprise n'est ni un droit réel ni un droit de propriété intellectuelle ou de droit de propriété. C'est un ensemble de droits composés de différents droits et intérêts. À l'heure actuelle, il existe principalement deux types de revendications sur la souveraineté numérique d'entreprise en Chine. « L'une est de prétendre que les entreprises jouissent de droits étendus sur les données d'utilisateurs qu'elles collectent ; l'autre est de classer les données détenues par les entreprises, puis de prétendre que les entreprises jouissent de droits sur certains types de données ».[83]

La souveraineté numérique nationale. Avec le développement rapide et la large application de la nouvelle génération de technologies de l'information,

---

80. Qi Aimin, *Principes de la législation sur la protection des données personnelles et recherche sur les questions juridiques de la circulation transnationale*, Presse universitaire de Wuhan, 2004, p. 110.

81. Wang Xiuxiu, *Souveraineté numérique personnelle : mode de protection juridique sous l'angle des intérêts sociaux*, thèse de doctorat de l'Université des sciences politiques et du droit de Chine orientale, 2016, p. 61.

82. Shi Dan, « Protection juridique et construction du système des droits de propriété des données d'entreprise », *Electronics intellectual property*, n° 6, 2019, p. 60.

83. Xu Wei, « Réflexion et construction de type du 'principe de triple autorisation' pour l'acquisition de données d'entreprise », *Chinese Journal of Law*, n° 4, 2019, p. 35.

l'espace des données est devenu le cinquième espace pour la survie de l'homme. La circulation et le stockage transfrontaliers des données deviennent de plus en plus quotidiens et pratiques, ce qui constitue une menace sérieuse pour la sécurité nationale des données et est progressivement intégré au pouvoir central de l'État. La souveraineté numérique nationale fait référence au pouvoir le plus élevé d'un pays de posséder, traiter et gérer ses propres données de manière indépendante et d'exclure l'interférence d'autres pays et d'autres organisations. C'est « l'exigence inévitable pour tous les pays de sauvegarder la souveraineté et l'indépendance nationales et de s'opposer au monopole et à l'hégémonie des données à l'ère des mégadonnées ».[84] La souveraineté numérique nationale a les caractéristiques en matière de temps, de relativité, de coopération et d'égalité. Son contenu comprend principalement la juridiction, l'indépendance, l'autodéfense et l'égalité des données. En tant que produit de la souveraineté nationale à l'ère des mégadonnées, la souveraineté numérique nationale apparaît fondée sur l'existence de l'espace des données, qui est l'incarnation et l'extension naturelle de la souveraineté nationale dans l'espace des données. Dans cet espace aux frontières floues, la revendication de la souveraineté numérique nationale est non seulement une restriction efficace à l'abus de pouvoir des grandes puissances, mais aussi une incarnation importante des intérêts de sécurité internationale et un reflet du concept de coexistence pacifique.

(II) Souveraineté sous la chaîne des blocs

La naissance de la chaîne de blocs marque le fait que la société humaine est entrée depuis l'ère de l'Internet de l'information dans l'ère de l'Internet de la valeur. La chaîne de blocs n'apporte pas seulement un système efficace de création de crédit et de circulation de la valeur, mais élève la question de la souveraineté à une position importante. À l'heure actuelle, la question de la souveraineté dans le cadre de la chaîne de blocs est non seulement devenue un nouveau champ de concurrence entre les individus, les entreprises et les pays, mais a également créé un nouveau goulot d'étranglement et de nouveaux risques de croissance économique mondiale et de développement social. La question de la souveraineté dans le cadre de la chaîne de blocs se réfère principalement à la définition et à la propriété de la souveraineté numérique causée par les nombreux sujets différents impliqués dans

---

84. Zhao Gang, Wang Shuai et Wang Peng, « Recherche sur les technologies de gouvernance des mégadonnées pour la souveraineté numérique », *Sécurité du cyberespace*, n° 2, 2017, p. 37.

la génération, la transmission, le stockage, l'analyse, le traitement et l'application des données à l'ère des mégadonnées. Par exemple, la souveraineté numérique sur les sites de réseautage social implique de multiples parties prenantes, notamment des groupes d'utilisateurs, des prestataires de services de communication Internet, des prestataires de services d'accès Internet, des prestataires de services de centres de données et des prestataires de services de sites de réseautage social. Selon les lois et règlements chinois pertinents, l'État peut avoir le droit de restreindre l'exportation de ces données. Ainsi, le droit d'utilisation et de propriété de ces données appartient-il à des individus, à des entreprises ou à l'État, et comment les limites doivent-elles être déterminées ?

Une propriété claire des données est la base pour résoudre les problèmes ci-dessus. Grâce à la confirmation des droits aux données, la relation des droits et obligations et la limite des responsabilités entre les participants à l'ensemble du cycle de vie des données peuvent être clarifiées, et l'on peut s'attendre à divers comportements tels que la collecte, le stockage, la transmission, l'utilisation, la divulgation et la transaction des données, et le développement durable de l'industrie des données sera fermement garanti. « La confirmation des droits aux données fait généralement référence à la détermination du bénéficiaire des données, c'est-à-dire de la personne qui détient les droits de propriété, de possession, d'utilisation et de revenu des données, ainsi que la responsabilité de la protection du droit à la vie privée ».[85] Son principal objectif est d'équilibrer les intérêts de toutes les parties aux données, de sorte que les intérêts de toutes les parties soient protégés, que les données puissent être largement utilisées et que la valeur maximale puisse être exploitée. Du point de vue de l'objectif de la confirmation du droit des données, l'objectif principal est de résoudre les problèmes de la personne concernée, de l'attribut du droit et du contenu du droit. Plus précisément, il s'agit de savoir qui doit bénéficier des intérêts liés aux données, quel type de protection des droits doit être accordé aux données et quels sont les droits et pouvoirs spécifiques dont doit bénéficier la personne concernée.

La confirmation des droits aux données est devenue la clé pour protéger la vie privée, promouvoir le développement industriel et protéger la sécurité nationale. Toutefois, à l'heure actuelle, le problème de la confirmation des droits aux données semble simple mais particulièrement complexe en réalité. D'une part, les sources de

---

85. Wang Hailong, Tian Youliang et Yin Xin, « Plan de confirmation des droits sur les mégadonnées basé sur une chaîne de blocs », *Computer Science*, n° 2, 2018, p. 16.

données sont vastes. Qu'il s'agisse de personnes, d'entreprises ou de pays, il existe des différences importantes dans la compréhension et l'orientation de la propriété des données ; d'autre part, les facteurs, tels que la capacité d'analyse des données, le niveau technologique des données et la capacité de contrôle des données, ont un certain impact sur la confirmation des droits aux données.[86] De ce point de vue, pour parvenir à une définition claire de la souveraineté numérique, nous devons préciser les trois niveaux de limites, à savoir « la limite publique des données nationales, la limite des applications commerciales des données d'entreprise et la limite de la protection de la vie privée des données personnelles ».[87]

(III) Souveraineté numérique sous la chaîne de blocs
À l'ère des mégadonnées, bien que le réseau d'information basé sur l'Internet facilite le partage des données, il ne peut pas réaliser la confirmation correcte des données. En même temps, la méthode traditionnelle de confirmation des droits aux données adopte le mode de présentation du certificat de propriété et de l'évaluation par des experts, qui manque de crédibilité technique et présente un risque de falsification et d'autres facteurs incontrôlables. Afin de résoudre ces problèmes, il est urgent de disposer d'un système opérationnel solide de confirmation des droits aux données. À cet égard, est proposé un nouveau système de confirmation des droits aux données basé sur la technologie des chaînes de blocs. En tant que nouvelle technologie de l'information en plein essor ces dernières années, la chaîne de blocs réalise une sorte de grand livre distribué sans besoin de confiance dans un environnement de confiance incomplète. Ce type de grand livre distribué présente les caractéristiques inhérentes de traçabilité, de haute fiabilité, d'infalsifiabilité, de transparence, de crédibilité et de décentralisation, ce qui fait que la chaîne de blocs présente de grands avantages en matière de confirmation des droits aux données : premièrement, les « mineurs » sont utilisés pour estampiller les données, de sorte que les données avant et après la transmission produisent une hétérogénéité. Deuxièmement, ils réalisent le flux de droits de propriété de la transmission de données entre différentes entités par le biais d'un « contrat intelligent ». Troisièmement, à travers le « grand livre distribué », c'est-à-dire le mécanisme

---

86. Jiang Jiang, « Structure de propriété et confirmation des données », *New Economy Weekly*, n° 7, 2018, p. 40.

87. Fu Wei et Yu Changyue, « Examen et analyse dynamique de la propriété des données dans le pays et à l'étranger », *Journal of Modern Information*, n° 7, 2017, p. 163.

de supervision mutuelle et de restriction mutuelle par les sujets multipartites, est assurée la réalisation de ce processus.

En tant que technologie sous-jacente du bitcoin, la technologie de la chaîne de blocs est en fait un ensemble de systèmes de données à très haute sécurité. L'enregistrement de données est réalisé par un algorithme de cryptage et une structure de données liée. Si un bloc de données est altéré par une attaque, il est impossible d'obtenir la même valeur de hachage qu'auparavant, et le bloc peut être rapidement identifié par d'autres nœuds du réseau. La chaîne de blocs garantit l'intégrité, la résistance à l'altération et l'unicité des données. Par rapport au mode traditionnel de stockage centralisé des données, la technologie de la chaîne de blocs adopte un nouveau mode de stockage des données afin de préserver la souveraineté numérique des personnes concernées. Tout d'abord, la technologie de la chaîne de blocs modifie « le mode actuel de dénomination, d'indexation et de routage des objets de données sur l'Internet. La gestion décentralisée et le routage des objets numériques réalisent le découplage des données et des applications, de manière à favoriser un partage efficace et fiable des données, et à libérer l'espace de développement des applications à intégration profonde ».[88] Deuxièmement, la technologie de la chaîne de blocs change le mode de communication et de calcul sur l'Internet, qui consiste à « stocker les données comme auxiliaire et à communiquer en réseau comme centre », en un mode de communication basé sur le centre de données privé comme auxiliaire et sur le stockage informatique comme centre, donnant à la personne concernée le droit de contrôler les données et réalisant réellement « la maîtrise de mes propres données ».[89]

La chaîne de blocs est un nouveau type de relation de production né avec la société de l'information. Elle est destinée à résoudre le problème de la comptabilité coopérative entre plusieurs personnes concernées, qui est également la valeur fondamentale de la chaîne de blocs. La chaîne de blocs peut non seulement réaliser « la maîtrise de mes propres données », mais aussi « le témoignange de notre propre histoire ». D'une part, la chaîne de blocs présente les caractéristiques d'infalsifiabilité, ce qui rend les données difficiles à falsifier en privé, de manière à instaurer une confiance mutuelle entre de nombreux participants ; d'autre part, la

---

88. Xu Xiaolan, « Recherche sur la technologie et le développement des chaînes de production », *Electronic Technology & Software Engineering*, n° 16, 2019, p. 2.

89. Yin Hao et Li Yan, « Promouvoir vigoureusement le développement de la chaîne de blocs et sauvegarder la souveraineté numérique sur Internet », *China Electronics Society*, 2019, http://www.btb8. com/ blockchain/1906/55993.html.

technologie de cryptographie par recouvrement de la chaîne de blocs peut améliorer la protection de la vie privée des données des utilisateurs, réaliser la coopération entre les parties au jeu et une situation gagnant-gagnant. Sur la chaîne de blocs, si quelqu'un veut pouvoir voir les données d'une autre personne concernée, il doit être autorisée par cette dernière, et c'est ainsi que la chaîne de blocs nous aide donc à protéger la souveraineté numérique. Les personnes concernées, aussi petites soient-elles, peuvent prendre des décisions concernant leurs propres données et préserver leur dignité. En même temps, en tant que technologie comptable basée sur la technologie des grands livres distribués, la chaîne de blocs peut permettre à de nombreuses personnes de tenir des comptes ensemble, afin de réaliser « le témoignange de notre propre histoire ».

Section III
Lutte d'influence de souveraineté numérique

La souveraineté numérique est devenue le point central du jeu entre toutes les parties, et la concurrence pour la domination des données entre les pays s'intensifie. Dans la pratique, l'indépendance absolue de la souveraineté numérique conduit au phénomène des conflits de juridictions multiples et au dilemme de la sécurité nationale. La confrontation du jeu de la souveraineté numérique conduit finalement au désordre de la communauté internationale dans l'espace des données. Dans ce contexte, afin de résoudre le dilemme du désordre, les pays devraient revenir à la coopération et à la participation de la souveraineté, transférer et partager une partie de la souveraineté numérique, et sauvegarder la souveraineté numérique en assurant la sécurité des données et en renforçant la gouvernance des données, afin de promouvoir leur développement bénin, de manière à assurer la paix durable, la sécurité universelle et le développement commun de l'humanité.

I. Confrontation des souverainetés numériques

La circulation et le stockage transfrontaliers des données ont renversé la théorie traditionnelle de l'indépendance absolue de la souveraineté. Il est impossible pour un pays souverain indépendant d'exercer sa possession et sa juridiction sur ses propres données, et il ne peut pas non plus exclure complètement une ingérence extérieure. Si un pays prend le contrôle unilatéral absolu des données et des technologies connexes sur la base de l'indépendance de la souveraineté numérique, cela conduira à une confrontation spontanée de la souveraineté numérique, et finalement à un état désordonné de la communauté internationale dans l'espace des données. Par conséquent, le fait de trop insister sur l'indépendance de la souveraineté numérique est le principal facteur qui conduit à la confrontation de la souveraineté numérique entre les pays. À l'heure actuelle, sur la base de l'indépendance de la souveraineté numérique, le jeu spontané de la souveraineté numérique provient principalement de conflits de juridictions multiples et du dilemme de la sécurité des données nationales.

Conflit de compétence multiple des données. L'ère des mégadonnées pose de multiples défis au droit international, dont le défi le plus durable et le plus profond est que les données seront régies par les lois de différents pays selon les différents lieux de possession, de stockage ou de transmission. Dans le même temps, afin de réduire les coûts et de répondre aux besoins des clients, les prestataires de services de données externalisent souvent leurs services. Par conséquent, les mêmes données sont susceptibles d'être soumises à plusieurs juridictions de différents pays. À l'heure actuelle, aucun pays n'a défini la juridiction de la souveraineté numérique, et tous les pays exercent leurs droits au sein de la communauté internationale de manière tout à fait rationnelle. Avant la formation d'un système international unifié ou d'un mécanisme de coordination, pour assurer la sécurité absolue des pays et de mettre en place une surveillance, tous les pays revendiquaient la souveraineté numérique sur toutes les données pouvant être surveillées, ce qui a inévitablement conduit à la surveillance de certaines données extraterritoriales, puis à la situation de juridiction multiple. En outre, compte tenu de la libre circulation des données entre les pays, il est inévitable que la juridiction des données et les personnes concernées se chevauchent. Si tous les pays défendent la souveraineté numérique qui est bénéfique pour leur propre pays et ne font aucun sacrifice ou concession, cela conduira inévitablement au conflit et à la confrontation des souverainetés numériques entre les pays.

Dilemme de la sécurité des données nationales. Tout d'abord, par rapport aux pays développés, les pays en développement et les pays les moins avancés ont moins de contrôle sur les données. Bien qu'ils disposent d'une souveraineté indépendante sur les données, en raison du niveau limité de la technologie des données, la majorité des pays en développement et des pays les moins avancés ne peuvent pas garantir efficacement leur propre sécurité en matière de données et d'intérêts nationaux. Deuxièmement, la révolution technologique des données fait non seulement que certains pays développés abusent de la souveraineté numérique, elle menace également la sécurité des données d'autres pays. Prenons les États-Unis comme exemple. Ceux-ci non seulement réalisent le contrôle de leurs propres données extraterritoriales pertinentes par le biais du *Patriot Act*, mais collectent et analysent les données entièrement sous la juridiction d'autres pays par le biais de projets spéciaux du Département de la Sécurité nationale. L'incident du « Prism Gate » est une preuve évidente que les départements de sécurité américains volent des données et des informations à d'autres pays. En 2013, Snowden a révélé aux médias que le gouvernement américain avait directement recueilli des informations sur les serveurs de neuf sociétés, dont Microsoft, Google et Yahoo, par le biais du projet « Prism », et avait volé les données des utilisateurs de tous les téléphones intelligents courants, y compris les ceux d'Apple, couvrant le courrier électronique, les informations de communication, la recherche sur les réseaux, etc. Dans le même temps, l'utilisation de logiciels espions et de technologies de cryptage aux États-Unis a également été signalée à plusieurs reprises. L'exposition fréquente d'incidents similaires reflète la menace sérieuse pour la sécurité des données d'autres pays causée par les États-Unis en tant que puissance de réseau. En outre, le jeu spontané de la souveraineté numérique rend également difficile l'obtention d'une protection efficace de la sécurité nationale des données. D'une part, la circulation et le stockage transfrontaliers des données ont considérablement affaibli la juridiction effective de l'État sur les données et les équipements connexes, ce qui a entraîné de graves lacunes en matière de sécurité. D'autre part, les pays développés peuvent collecter et contrôler les données d'autres pays de manière clandestine grâce à leurs avantages techniques avancés, violant ainsi la souveraineté numérique des autres pays. Par conséquent, l'accent mis sur l'indépendance de la souveraineté numérique formera un état de confrontation entre les pays, ce qui conduira certains pays développés à mettre en œuvre l'unilatéralisme dans l'espace des données sans aucune raison.[90]

Jeu spontané de la souveraineté numérique. L'indépendance de la souveraineté numérique est étroitement liée au conflit de la juridiction multiple des données et au dilemme de la sécurité nationale des données, et forme ainsi l'état de confrontation du jeu spontané de la souveraineté numérique. Tout d'abord, le fait de mettre l'accent sur l'indépendance absolue de la souveraineté numérique conduira à des conflits de juridictions multiples. Le flux de données implique au moins les producteurs,

---

90. Sun Nanxiang et Zhang Xiaojun, « Sur la souveraineté numérique : une enquête basée sur le jeu et la coopération dans l'espace virtuel », *Pacific Journal*, n° 2, 2015, p. 67.

récepteurs et utilisateurs de données, la transmission, le transport et la destination des données, l'emplacement de l'infrastructure des données, la nationalité et l'emplacement commercial des prestataire de services de données. En raison de l'indivisibilité et de l'intégrité des données, le comportement transfrontalier des données, sous quelque aspect que ce soit, entraînera un chevauchement des juridictions nationales et un conflit de souveraineté numérique. En même temps, dans le cas d'une juridiction multiple des données, il y aura un phénomène selon lequel les prestataires de services choisiront des lois, ce qui conduira ceux-ci à se soustraire à la réglementation nationale de protection des données par le transfert de données, et affectera ensuite la sécurité des données d'un pays. Deuxièmement, en se basant sur la considération de la sécurité des données, un pays prendra un contrôle unilatéral absolu sur les données et ses technologies connexes sur la base de l'indépendance de la souveraineté numérique, en particulier en imposant des restrictions légales sur l'emplacement du centre de données, et en exigeant que le centre soit établi dans le cadre du contrôle de sécurité défini par l'État. Cela interdit en fait aux prestataires étrangers potentiels de services de données de fournir les services existants aux clients, ce qui fait que les mégadonnées ont des frontières, et détruit ensuite la base de la technologie des données, à savoir l'avantage en termes de coûts. Enfin, les puissances de l'Internet dirigées par les États-Unis obtiennent des données sensibles en empiétant sur la souveraineté des autres pays en matière de données au motif de l'exercice de la souveraineté numérique. Par exemple, les États-Unis monopolisent les ressources des serveurs racine d'Internet dans le monde entier, et comptent également les prestataires de services de communication et les opérateurs de réseaux les plus influents dans le monde. Par conséquent, il peut facilement voler les données secrètes d'autres pays et menacer la sécurité des données au niveau mondial.

Suivant le développement rapide de la technologie des données et de la popularisation de l'application, différents pays ont défini la juridiction des données sous différents aspects. En particulier, sur la base de l'indépendance de la souveraineté numérique, les pays continuent de revendiquer la juridiction sur les données extraterritoriales. Dans le même temps, l'ère des mégadonnées a considérablement affaibli le contrôle d'un pays sur ses propres données. Dans le cas d'une confrontation de la souveraineté numérique, les nombreux pays en développement et pays les moins avancés ne seront pas en mesure d'assurer leur propre sécurité des données, et ne pourront pas exercer efficacement la souveraineté numérique sans l'aide d'un mécanisme de coordination internationale. Cependant, les pays développés peuvent exercer efficacement leur souveraineté numérique grâce à une technologie avancée, et même mettre en danger la sécurité de la souveraineté numérique d'autres pays. De ce point de vue, l'indépendance absolue de la souveraineté numérique conduit à un conflit entre plusieurs juridictions et à un dilemme de sécurité des données nationales, et la confrontation spontanée des jeux conduirait finalement au désordre de la communauté internationale dans l'espace des données. Par conséquent, pour changer l'état désordonné de l'espace de données actuel, nous devrions explorer la coopération de transfert basée sur la souveraineté numérique, et établir des organisations ou mécanismes de coordination internationale correspondants.

II. Transfert et partage de la souveraineté numérique

Avec la naissance de la théorie de la souveraineté, au début, la plupart des gens croyaient que la souveraineté avait un caractère absolu, permanent, indivisible et immuable. Ce point de vue existait principalement avant le 18ᵉ siècle, avec les figures et points de vue représentatifs principaux suivants : tout d'abord, la théorie de la souveraineté de l'État moderne proposée par Bodin. Bodin estime que la souveraineté émerge comme une sorte de pouvoir dirigeant qui est isolé de la société et supérieur à celle-ci. C'est un pouvoir permanent qui ne peut être séparé et transféré. Le gouvernement peut être remplacé, mais la souveraineté persiste. Deuxièmement, la théorie de la souveraineté souveraine prônée par Hobbes. Hobbes pense que la souveraineté doit être absolue, illimitée, indivisible et non transférable. Il a souligné que la prétendue « affirmation selon laquelle la souveraineté peut être divisée viole directement la nature de l'État. La division des droits de l'État est la désintégration de l'État, car les souverainetés divisées se détruisent mutuellement »[91]. Troisièmement, la théorie de la souveraineté parlementaire proposée par Locke. Locke estime que le pouvoir législatif est le pouvoir le plus élevé de la société, et qu'il ne peut pas être transféré par les organes législatifs. Lorsque la communauté remet le pouvoir législatif aux organes législatifs, le pouvoir suprême est sacré et immuable. Quatrièmement, la théorie de la souveraineté du peuple de Rousseau. Rousseau croit que l'essence de la souveraineté est la volonté commune de tout le peuple. La souveraineté est un ensemble inséparable et ne peut être transférée. Toute division transformera la

---

91. Hobbes [UK], *Leviathan*, traduit par Li Sifu et Li Yanbi, Presse commerciale, 1986, p. 254.

volonté publique en volonté individuelle, afin que la souveraineté n'existe plus.[92] D'après la compréhension de la souveraineté qu'ont les spécialistes ci-dessus, nous pouvons voir que dans le concept traditionnel de souveraineté, la souveraineté paraît quelque chose de sacré, c'est-à-dire que la souveraineté doit être indivisible et immuable.

Avec l'avènement de l'ère de la mondialisation des données, la théorie de la souveraineté est confrontée à de nouveaux défis. La théorie traditionnelle de la souveraineté met l'accent sur l'absolu, l'indivisibilité et l'immuabilité qui ne peuvent répondre aux exigences du développement de l'époque. Comme l'a souligné le savant américain Bertrand Buddy dans *Mondialisation et société ouverte*, « la mondialisation détruit les États souverains, relie la carte du monde, abuse de la communauté politique établie par elle-même, remet en cause les contrats sociaux et propose prématurément des garanties d'État inutiles... Depuis lors, la souveraineté n'est plus aussi incontestable qu'elle l'était dans le passé ». L'absolu, l'indivisibilité et l'immuabilité du maintien de la souveraineté de l'État n'ont plus cours. Dans le contexte de l'ère nouvelle, le comportement de chaque pays est de plus en plus restreint par d'autres acteurs. Face à la réalité de la souveraineté après avoir été restreinte, la nouvelle pensée selon laquelle la souveraineté peut être transférée voit le jour. D'une manière générale, le transfert de souveraineté fait référence à la division de la souveraineté de statut et de la souveraineté de pouvoir basée sur la souveraineté dans le contexte du développement de la mondialisation. Afin de maximiser les intérêts nationaux et de promouvoir une interaction positive et une coopération internationale entre les pays, les États souverains transfèrent volontairement une partie de son pouvoir souverain à d'autres pays ou à des organisations internationales pour qu'ils l'exercent, et se réserve le droit de retirer à tout moment la partie de la souveraineté transférée.

« Le transfert de souveraineté est le produit de la collision entre la mondialisation et la souveraineté nationale, qui a sa rationalité et son inévitabilité. Par conséquent, la plupart des gens ont une attitude positive à l'égard du transfert de souveraineté ».[93] Cependant, le concept de transfert de souveraineté est contesté depuis sa création. La cause directe de ce litige est que les chercheurs utilisent différents éléments de la souveraineté nationale pour se référer à celle-ci, et la cause

---

92. Rousseau [France], *Du contrat social*, traduit par He Zhaowu, Presse commerciale, 2003, p. 35-36.
93. Yang Fei, « Une analyse sur la définition du concept de transfert de la souveraineté de l'État », *Journal of University of International Relations*, n° 2, 2009, p. 13.

profonde est que la souveraineté nationale a une connotation multi-éléments. La souveraineté nationale contient différents éléments, tels que l'identité souveraine, l'autorité souveraine, le pouvoir souverain, la volonté souveraine et l'intérêt souverain. Ces éléments peuvent-ils être transférés ? Il n'y a pas de réponse unique. Les éléments tels que le pouvoir souverain et l'intérêt souverain peuvent être transférés, tandis que ceux comme l'identité souveraine, l'autorité souveraine et la volonté souveraine ne peuvent être transférés. À l'heure actuelle, il n'y a pas de consensus sur le terme « transfert de souveraineté ». Les chercheurs ont confondu l'application du concept de « transfert de souveraineté », le désignant parfois « transmission de souveraineté » ou « cession de souveraineté ». Du point de vue des pays en développement, en démontrant la relation entre les États souverains dans le processus de mondialisation, les chercheurs chinois considèrent que le transfert est un acte actif, positif, autonome et volontaire, un acte juridique et un état réaliste indiquant le transfert de propriété. Cela ne signifie pas qu'on perdra le pouvoir transféré si celui-ci est exercé par la tierce partie. Il s'agit en fait d'une action positive.[94]

La théorie du transfert de souveraineté à l'ère des mégadonnées a été acceptée par de plus en plus de gens, et a constamment reçu de nouvelles connotations. Il ne s'agit pas seulement du transfert de la souveraineté nationale, mais aussi du transfert profond incluant la souveraineté individuelle et la souveraineté d'entreprise. En tant qu'extension et expansion de la souveraineté à l'ère des mégadonnées, à l'instar de la souveraineté nationale, la souveraineté numérique peut être transférée d'une personne concernée à une autre sous réserve de ne pas mettre en danger la sécurité nationale et de ne pas porter atteinte aux intérêts légitimes des entreprises et des individus. En d'autres termes, la souveraineté numérique est divisible et transférable. Toutefois, cette transférabilité est partielle et temporaire, et peut être entièrement récupérée par la personne concernée après une décision indépendante. Le transfert de la souveraineté numérique est le résultat de l'exercice de la souveraineté numérique par la personne concernée, qui incarne la réponse nécessaire de la souveraineté numérique face aux défis. Le transfert de la souveraineté numérique présente les caractéristiques du partage, de l'autonomie et de la liberté. Le partage fait référence au partage des réalisations. Dans une certaine mesure, aucune personne concernée n'est autorisée à avoir

---

94. Yi Shanwu, « Un nouveau point de vue sur le transfert de souveraineté », *Journal de l'Université Jiaotong de Chongqing* (Sciences naturelles), n° 3, 2006, p. 24-25.

des privilèges ; l'autonomie et la liberté signifient que les personnes concernées sont prêtes à adhérer ou à se retirer sans aucune contrainte ni restriction. Le transfert de la souveraineté numérique ne consiste pas à renoncer à la souveraineté numérique, mais à partager la souveraineté numérique afin de maximiser les intérêts de la communauté et des individus.[95] Dans le processus de transfert de la souveraineté numérique, « la souveraineté des entreprises et des individus doit être inconditionnellement soumise aux besoins de la souveraineté numérique de l'État qui est primordiale ».[96]

La combinaison des intérêts individuels, ceux des entreprises et ceux nationaux offre un espace pour le transfert de la souveraineté numérique, qui en est une condition nécessaire. Cependant, que ce soit au niveau théorique ou pratique, il doit y avoir des contradictions entre les intérêts des individus, des entreprises et de l'État. Dans ce cas, le transfert de la souveraineté numérique sera inévitablement affecté, voire entravé, par de nombreux facteurs. Bien entendu, le conflit entre les intérêts des individus, des entreprises et de l'État présente un impact relatif sur le transfert de la souveraineté numérique. Sinon, le phénomène du transfert de la souveraineté numérique à l'ère des mégadonnées ne sera pas aussi courant. La raison en est que le transfert de la souveraineté numérique offre un meilleur choix et une meilleure voie pour le développement harmonieux des individus, des entreprises et de l'État. Le processus n'est pas seulement un processus de coordination de tous les sujets pour parvenir à une distribution équitable des bénéfices et à un jeu à plusieurs gagnants, mais aussi un processus de coopération en matière de souveraineté numérique entre les participants, « avec les jeux répétés sur les bénéfices attendus de la coopération, après la collision et le choc des intérêts de toutes les parties, afin de revenir à l'équilibre des intérêts ».[97]

Le transfert de la souveraineté numérique au sein de la communauté internationale se traduit principalement par celui au niveau national, ce qui exige le respect du principe des intérêts nationaux. Hans J. Morgenthau, célèbre universitaire américain, a souligné dans son *Dilemma of Political Science* que « tant que le monde est composé d'États sur le plan politique, la dernière

---

95. Wu Yikang et Zhang Haibing, « En transfert de souveraineté : débat sur l'article *Sur l'indivisibilité de la souveraineté* », *Chinese Journal of European Studies*, n° 6, 2003, p. 71.

96. Wang Lin et Zhu Kexi, « Recherche sur la législation de la souveraineté numérique », *Journal de l'Université d'agriculture du Yunnan* (Sciences sociales), n° 6, 2016, p. 63.

97. Liu Kai, « Analyse des difficultés et des problèmes qui limitent le transfert de la souveraineté des États à l'ère de la mondialisation », *Theory and modernization*, n° 3, 2007, p. 92.

langue de la politique internationale ne pourra être que les intérêts nationaux ». Cela montre que les intérêts nationaux fixent les objectifs fondamentaux de la politique étrangère d'un pays et déterminent la loi de comportement international d'un pays. À l'ère des mégadonnées, la question de savoir si un pays transfère sa souveraineté numérique dans l'espace de données et comment transférer cette souveraineté dépend fondamentalement des intérêts nationaux. Ce n'est que sur la base de l'adhésion au principe des intérêts nationaux que l'État peut transférer partiellement sa souveraineté numérique. Le transfert de la souveraineté numérique « consiste dans une certaine mesure à sacrifier des intérêts temporaires et partiels en échange d'intérêts à long terme et d'intérêts généraux ». En outre, le transfert de la souveraineté numérique par un pays n'est pas sans restriction ni sans principe, et il n'est pas non plus effectué de manière passive sous la menace de la puissance. Il existe également un problème de degré dans le transfert et la restriction autonome de la souveraineté numérique, c'est-à-dire que, dans le processus de transfert de la souveraineté numérique de l'État, il est nécessaire de garantir l'indépendance de l'État, l'égalité des droits et du statut entre les pays.

III. Souveraineté numérique, sécurité des données et gouvernance des données

Le maintien de la souveraineté numérique est d'une grande importance pour la sécurité et le développement nationaux. Cependant, dans la pratique, la souveraineté numérique est confrontée à de nombreuses nouvelles menaces et défis, tels que la sécurité des données, l'hégémonie, le protectionnisme, le capitalisme et le terrorisme des données. Par conséquent, sur la base du principe de la souveraineté numérique, il est urgent de construire un système juridique de souveraineté numérique pour répondre aux besoins de la situation actuelle, d'accélérer la législation sur la sécurité des données et d'améliorer le système de gouvernance des données, de manière à réduire le risque d'abus de la souveraineté numérique et à promouvoir son développement sain.

(I) Défis et contre-mesures de la souveraineté numérique

Avec le processus de mondialisation des données, la souveraineté numérique est confrontée à de grands défis. D'une part, en raison des différents modèles législatifs et stratégies adoptés par les pays pour la gestion et la protection des données, ainsi que du flux transfrontalier de données, des caractéristiques du traitement des données lui-même et du jeu de la souveraineté numérique entre les pays, la capacité des pays à exercer effectivement leur souveraineté numérique est très limitée, et leur capacité à stocker et à contrôler les données est affaiblie en conséquence. D'autre part, comme la communauté internationale n'a pas clairement défini la souveraineté numérique, celle-ci est encore vierge dans le droit international, et il y a beaucoup de problèmes dans le processus de revendication de la souveraineté numérique. Dans le même temps, en tant que nouveau droit national, la souveraineté numérique est également confrontée à de nombreux nouveaux défis et menaces, dont notamment la sécurité, l'hégémonie, le protectionnisme, le capitalisme et le terrorisme des données. Par conséquent, l'établissement des principes de base de la souveraineté numérique dès que possible, en suivant la tendance de la législation internationale, et la construction d'un système de souveraineté numérique qui répond aux besoins de la situation actuelle seront plus propices à la sauvegarde active de la souveraineté et de la stabilité des pays.

Construction du système de souveraineté des données. Actuellement, les lois et politiques pertinentes de la souveraineté des données se concentrent principalement sur la gestion et le contrôle des données, tandis que les revendications et pratiques des pays en matière de souveraineté numérique se reflètent principalement dans les exigences de gestion des flux de données transfrontaliers. Au niveau international, de plus en plus de pays commencent à construire leur système de souveraineté numérique autour de la gestion des données, et on observe trois tendances de développement : la première consiste à imposer des restrictions à l'exportation transfrontalière de données importantes afin de maintenir la sécurité des données nationales ; la deuxième consiste à renforcer le contrôle des données par un ajustement législatif du stockage local des données personnelles ; la troisième consiste à étendre la compétence extraterritoriale des données.[98] La construction du système juridique de la souveraineté numérique devrait non seulement prêter attention à la sécurité et à la protection des données essentielles, mais aussi à l'exploitation et à l'utilisation des grandes ressources de données, et traiter plus soigneusement les pertes économiques et les risques techniques causés par l'hégémonie des données. Par conséquent, il est nécessaire d'établir des réglementations et des systèmes pertinents à trois niveaux, à savoir le stockage localisé des ressources de données, la déconstruction de l'hégémonie dans

---

98. He Bo, « Recherche sur la pratique juridique et les contre-mesures en matière de souveraineté numérique », *Sécurité de l'information et confidentialité des communications*, n° 5, 2017, p. 8.

la dimension de la communauté de destin et le flux transfrontalier sur la base de la classification des données.[99]

Orientation législative de la souveraineté numérique. « Dans la législation de la souveraineté numérique, nous devrions considérer et analyser de nombreux aspects à partir d'une perspective multidimensionnelle et globale. La sécurité de la souveraineté numérique de l'État est un système global diversifié, multilatéral et démocratique ».[100] Au niveau du droit national, nous devrions activement améliorer les lois et règlements pertinents de la souveraineté numérique, accélérer l'établissement du statut de la souveraineté numérique dans la loi, et nous efforcer de planifier le cadre spécifique du système de réglementation de la souveraineté numérique, afin d'exercer la souveraineté numérique dans le cadre juridique, et de protéger la sécurité des données et les intérêts nationaux. Dans le même temps, nous devrions tirer pleinement parti de l'expérience et des méthodes de coopération avec d'autres pays dans divers domaines, tirer les leçons de l'expérience avancée des pays européens et américains en matière de protection des données, établir un cadre juridique systématique de la loi de droit des données en tenant compte de la situation réelle, améliorer le mécanisme d'examen des données et le niveau technique de la législation sur les données. Du point de vue du droit international, les pays devraient participer activement à la formulation des règles internationales en matière de sécurité des données et conclure des traités pertinents dans ce domaine conformément au principe consistant à « rechercher un terrain d'entente tout en réservant les différences ». L'objectif du traité est de guider la communauté internationale pour atteindre la sécurité des données et renforcer la coopération internationale, de combattre l'abus de données, les infractions et les dommages à la souveraineté numérique d'autres pays, d'éliminer les risques non sécuritaires qui menacent la sécurité politique, économique et sociale des données d'autres pays, d'assurer la distribution juste et équitable des ressources de données, et de maintenir la sécurité, la stabilité et la libre exploitation des données.[101]

---

99. Zhang Jianwen et Jia Zhangfan, « Logique d'interprétation et construction systémique de la souveraineté numérique du point de vue du 'droit économique' », *Journal de l'Université Jiaotong de Chongqing* (Sciences naturelles), n° 6, 2018, p. 27.

100. Qi Aimin et Zhu Gaofeng, « Établissement et amélioration du système de souveraineté numérique de l'État », *Journal of Soochow University* (Philosophy & Social Science Edition), n° 1, 2016, p. 84.

101. Qi Aimin et Zhi Gaofeng, « Établissement et amélioration du système de souveraineté numérique de l'État », *Journal of Soochow University* (Philosophy & Social Science Edition), n° 1, 2016, p. 85.

(II) Essence de la sécurité des données : souveraineté numérique de l'État

Aujourd'hui, alors que les données sont devenues les ressources stratégiques nationales de base et les facteurs de production sociaux de base, le plus grand problème de sécurité est la sécurité des données, ainsi que la sécurité militaire, la sécurité politique, la sécurité économique, la sécurité culturelle, la sécurité scientifique et technologique et la sécurité sociale fondée sur le principe de la sécurité des données. Ceux qui maîtrisent la sécurité des données occuperont les sommets de l'ère des mégadonnées, et ils auront le « droit de contrôler les données ». La sécurité des données est devenue la priorité absolue de la sécurité nationale à l'ère des mégadonnées, et sa relation avec d'autres éléments de sécurité est devenue de plus en plus étroite. Elle a atteint une position stratégique globale qui affecte directement la stabilité politique nationale, la stabilité sociale et le développement économique ordonné, et constitue la pierre angulaire de la sécurité nationale globale.

La sécurité des données est essentiellement la souveraineté numérique d'un pays. Dans un sens, sans sécurité des données, la souveraineté numérique sera perdue. La sécurité des données concerne les domaines militaire, politique, économique et culturel. En raison du développement déséquilibré et insuffisant des mégadonnées dans la répartition géographique, il y a eu un « fossé potentiel de données » entre un pays puissant et un pays faible en matière de données au niveau stratégique. Pour les pays en position de faiblesse en matière de données, que ce soit dans les domaines politique, économique, militaire ou culturel, leur sécurité sera confrontée à des menaces graves et à des défis sans précédent. Les mégadonnées sont devenues un nouvel outil pour les puissances de données à la recherche d'avantages stratégiques futurs. Le « territoire des données » n'est pas divisé en fonction de la mer territoriale, du territoire et de l'espace aérien des États souverains, ni en fonction de caractéristiques géographiques. Il est divisé par l'espace de rayonnement des données, qui a une certaine influence politique. La sécurité des frontières des données, la maîtrise de la souveraineté numérique et la taille du « territoire des données » sont les enjeux de l'essor ou du déclin d'un pays ou d'une nation à l'ère des mégadonnées.[102] Sauvegarder la souveraineté et assurer la sécurité des données deviennent aujourd'hui un défi majeur pour les gouvernements. Par conséquent, la souveraineté numérique et la sécurité des

---

102. Ni Jianmin, « Développement de l'informatisation et sécurité de l'information en Chine », *Journal of Tsinghua University* (Philosophy and Social Sciences), n° 4, 2020, p. 57.

données sont une paire de concepts inséparables, et il existe d'innombrables interactions et relations dialectiques entre eux.

La législation sur la sécurité des données est le bouclier qui protège la souveraineté numérique. La législation est fondamentale pour résoudre le problème de la sécurité des données. Ce n'est que sur la voie de l'état de droit qu'on peut parvenir à un équilibre raisonnable entre la libre circulation des données et le contrôle transfrontalier des données, et garantir la sécurité de l'État, des intérêts publics et des individus lors de la circulation et de l'utilisation des données. Toutefois, à l'heure actuelle, il n'existe pas de législation nationale unifiée spéciale en matière de sécurité des données en Chine, et les dispositions pertinentes sont dispersées dans diverses lois et réglementations, ce qui ne peut pas fournir un soutien juridique efficace pour promouvoir l'ouverture du partage des données et prévenir les abus et les infractions en matière de données. Il est donc urgent de prendre des mesures juridiques ciblés pour mettre en place un système de lois et de réglementations sur la sécurité des données. La *Réglementation de Guiyang sur la gestion de la sécurité des données*, première législation locale dans le domaine de la sécurité des données en Chine, rédigée par le professeur Lian Yuming, directeur du laboratoire clé de la stratégie des mégadonnées, constitue une référence précieuse et une expérience reproductible pour la législation sur la sécurité des données au niveau national. Actuellement, alors que les conditions permettant à l'État de promouvoir la législation spéciale de sécurité des données sont de plus en plus mûres, la voix de tous les milieux en faveur de la législation de sécurité des données se fait également entendre. Ces dernières années, au cours des « deux sessions », à savoir la sesseion annuelle de l'Assemblée populaire nationale (APN) et celle de la Conférence consultative politique du peuple chinois (CPPCC), un certain nombre de députés de l'APN et de membres de la CPPCC ont demandé avec insistance une législation sur la sécurité des données au niveau national. Parmi eux, Lian Yuming, membre de la CPPCC, a soumis une proposition visant à accélérer la législation sur la sécurité des données en mars 2018, et une proposition visant à accélérer le processus législatif de la Loi sur la sécurité des données en mars 2019. En septembre 2018, celle-ci a été officiellement incluse dans la planification législative du 13ᵉ comité permanent de l'APN, et la législation sur la sécurité des données a été mise à niveau, passant de la législation locale à la législation nationale.

(III) La gouvernance des données dvenue stratégie nationale

La gouvernance des données a été initialement formée dans une discipline à l'échelle de l'entreprise.[103] Cohen définit la gouvernance des données comme « la quantité, la cohérence, la disponibilité, la sécurité et la contrôlabilité des données gérées par l'entreprise », ou un ensemble de politiques, de processus, de normes, de décisions et de pouvoirs décisionnels. Les données n'ont pas de volonté ni d'intention propre. Elles sont conçues comme un outil et on leur dit où aller. Elles doivent donc être contrôlées. « En même temps, la gouvernance est un projet technologique ».[104] On peut dire que dans les premières recherches, la gouvernance des données est la gouvernance entre les personnes et la technologie.[105] Avec l'avancement des recherches, la connotation de la gouvernance des données s'est de plus en plus enrichie et a commencé à mettre l'accent sur l'identification du rôle ou de l'organisation ayant autorité sur les données. La gouvernance des données est de plus en plus appliquée aux pays, et de plus en plus de pays commencent à élever la gouvernance des données à un niveau stratégique. La gouvernance des données signifie que l'État, par le biais de lois, règlements et politiques, applique les lois et règlements pertinents aux individus et aux entreprises qui enfreignent la réglementation, afin de mettre en place un processus de production et d'utilisation des données inoffensif, normalisé et légitime, de réaliser les données contrôlables et disponibles dans la perspective nationale dans son ensemble, et d'éviter efficacement que la production, la circulation, l'utilisation et notamment le développement des données nuise à la sécurité du pouvoir, à la sécurité idéologique et à la sécurité de la souveraineté des données.

De l'Internet pour réaliser la connexion entre les personnes, à l'Internet des objets et à l'Internet industriel destinés à promouvoir la connexion entre les choses, puis à la nouvelle technologie de l'information représentée par la technologie 5G pour promouvoir l'interconnexion de toutes choses, la croissance explosive du volume de données constitue un support important pour l'innovation scientifique et technologique. Cependant, la gouvernance des données est toujours confrontée à des problèmes et des défis dans les domaines suivants : demande de sécurité des

---

103. Begg C et Caira T, « Exploring the SME quandary: Data governance in practise in the small to mediumsized enterprise sector », *The Electronic Journal Information Systems Evaluation*, 2012, 15(1): 3-13.

104. Xu Yaqian et Wang Gang, « Recherche sur la gouvernance des données : processus et contestation », *Electronic Governance Affair*, n° 8, 2018, p. 38.

105. Coleman S., « Foundations of digital govemment »//Chen H., *Digital Government*, Boston, MA: Springer, 2008, p. 3-19.

données et anxiété liée à la liberté, tendance à l'expansion et manque de capacité de contrôle des données, protection excessive et insuffisante des données personnelles et concurrence entre les États souverains. Par exemple, il existe des différences de compréhension entre la protection du droit à la vie privée des citoyens et la protection de la sécurité nationale des données dans les différents pays, de sorte qu'il est difficile pour les pays de réaliser l'unité des deux dans le cadre mondial. Prenons un autre exemple. Dans le contexte de la montée de l'unilatéralisme, il y a de plus en plus de différends internationaux sur la gouvernance des données, et la tendance à la localisation et à l'examen des données aggravera la fragmentation de la gouvernance des données. En outre, le maintien de la souveraineté numérique est un autre défi pour la gouvernance des données. La souveraineté numérique est soumise aux attributs et aux caractéristiques de la technologie des données elle-même, qui est différente de la souveraineté judiciaire, de la souveraineté diplomatique et de la souveraineté territoriale. Ses caractéristiques, ses limites, sa connotation et sa réponse sont toutes les difficultés de la gouvernance des données.[106]

Dans le contexte du jeu des souverainetés numériques, il n'est pas pratique de faire de la gouvernance des données à huis clos. Nous devons tenir compte de l'effet d'entraînement et de l'externalité des règles du jeu. Par conséquent, la légalisation de la gouvernance des données doit promouvoir l'interaction entre l'État de droit national et la législation internationale, et établir un système mondial de gouvernance des données qui peut non seulement sauvegarder les intérêts nationaux, mais aussi mener à bien le dialogue, la concurrence et la coopération, de manière à renforcer la voix et la capacité de gouvernance de la Chine dans le système mondial de gouvernance des données.[107] À l'heure actuelle, les États-Unis et l'Europe ont mis en place un système de gouvernance des données relativement complet à l'aide respectivement de la loi sur l'informatique

---

106. Qiu Rui, « La 'gouvernance des données' promeut la 'gouvernance de la Chine' », *Study Times*, le 27 décembre 2019, p. 7.

107. Wang Xixin, « La législation sur la gouvernance des données ne peut ignorer le principe de l'État de droit », *Quarterly Journal of Economics*, le 24 juillet 2019, p. 8.

dématérialisée (*CLOUD Act*)[108] et la General Data Protection Regulation GDPR, qui portent notamment sur la protection de la vie privée, la souveraineté numérique et la circulation transfrontalière des données. « En revanche, la protection des informations personnelles en Chine est encore relativement faible. Il existe un risque de mettre en danger la sécurité nationale en raison de la fuite d'informations personnelles, et le système de gouvernance des données n'est pas assez complet ».[109] Le 8 décembre 2017, le secrétaire général Xi Jinping de la Chine a souligné lors du deuxième apprentissage collectif du Bureau politique du Comité central du PCC sur la mise en œuvre de la stratégie nationale des mégadonnées, que « nous devons renforcer la recherche sur la réserve politique de gouvernance des données internationales et les règles de gouvernance, et mettre en avant le *plan Chine* ». En tant que premier pays au monde en matière de données, nous devons exploiter pleinement nos avantages uniques de l'échelle des données et de l'application de scénarios, prendre des contre-mesures du point de vue du système, de la loi et des règles, accélérer la construction d'un système national de règles de gouvernance des données, « répondre efficacement à l'accès arbitraire des gouvernements étrangers aux données de la Chine »[110], et contribuer au développement du grand pays de la Toile, de la Chine numérique et de la société intelligente.

---

108. *CLOUD Act*, soit la Loi visant à clarifier l'utilisation légale des données à l'étranger, adoptée par le Congrès américain en mars 2018, applique la « norme relative au traitement des données » en précisant que le pouvoir des services américains chargés de l'application des lois d'obtenir des données auprès des opérateurs de réseau a un effet extraterritorial et se rattache aux principes de courtoisie internationale correspondants. En même temps, elle met en place un mécanisme permettant aux gouvernements étrangers d'accéder aux données provenant des États-Unis.

109. Li Xiao et Gao Xiaoyu, « Attention à la tendance du jeu de la gouvernance internationale des données pour sauvegarder la souveraineté numérique de la Chine », *Secrecy Science and Technology*, n° 3, 2019, p. 36.

110. Wei Shuyin, « Complot hégémonique des données américaines impliqué dans le *CLOUD Act* », *China Information Security*, n° 4, 2018, p. 49.

Chapitre III

THÉORIE DE CONFIANCE SOCIALE

Il est impossible d'avoir de commerce sans confiance, et il est très difficile de faire confiance aux étrangers.

—YUVAL HARARI, historien israélien

Dans un monde « incontrôlable », la chaîne de blocs est une machine de confiance.

—KEVIN KELLY, rédacteur en chef fondateur de *WIRED*

La tendance générale de l'histoire de l'humanité est qu'on se réunit pour l'unification après la division prolongée et la division après l'unification prolongée. La technologie de la chaîne de blocs a fait devenir l'ère Internet une nouvelle ère de séparation et d'intégration. Nous sommes confrontés à une nouvelle révolution générée par la technologie de la chaîne de blocs et de la décentralisation.

—ZHANG SHOUCHENG, célèbre physicien d'origine chinois

Section I
Confiance et consensus

La confiance et le consensus sont les concepts clés de la chaîne de blocs. En tant que l'un des principaux éléments du capital social, la confiance n'est pas seulement le comportement conscient d'un seul sujet, mais aussi une forme importante de relation de consensus social. Elle est également la condition préalable et le fondement du fonctionnement économique et de la stabilité sociale. Le consensus est un ensemble de conventions et de coutumes partagées par la population. Le consensus ayant à la fois une dimension objective et une dimension institutionnelle est lié à la réalisation de politiques spécifiques. Au début, le consensus était le concept de fonctionnement social, mais il est devenu une partie importante de l'informatique. Le plus grand problème de l'Internet est qu'il ne peut pas résoudre le problème de la confiance, et la chaîne de blocs nous en apporte une solution qui dépasse complètement la pensée traditionnelle. En l'absence d'un nœud central de confiance, la chaîne de blocs construit un mécanisme de consensus centré sur l'obtention d'un consensus et la construction d'une confiance mutuelle, réalisant la construction d'un système décentralisé et digne de confiance sans faire confiance à un seul nœud, ce qui marque le changement fondamental du crédit national centralisé au crédit d'algorithme décentralisé.

I. Confiance et ordre social

La confiance est le lubrifiant du système social. En tant que phénomène de structure sociale et de norme culturelle, la confiance est une sorte d'attente de comportement résumée par le dépassement des informations disponibles, et est également un « mécanisme simplifié » utilisé pour réduire la complexité de l'interaction sociale. La particularité de la société humaine réside dans le fait que la confiance traverse toutes les interactions interpersonnelles, ce qui non seulement contient de nobles aspirations, mais cache aussi des peurs profondes. La confiance mutuelle entre les personnes, fondée sur la cognition rationnelle et certains principes de valeur, est la condition pour garantir l'ordre social.

(I) Dépendance de la confiance dans la société de la connaissance

Dans la plupart du temps de l'histoire, la société humaine a été formée par la parenté. Les différentes organisations sociales apportent différentes formes de confiance. La confiance de la personnalité dans une société de la connaissance est l'un des types de confiance les plus fondamentaux pour maintenir l'ordre social. Elle réalise la fonction de partage de l'information dans l'idéologie du maintien collectif, de manière à maintenir l'ordre social et à réguler le comportement social. Ce type de confiance de la personnalité peut répondre aux besoins de communication dans la société de la connaissance avec des limites claires[1], ce qui est une situation typique « d'intimité et de confiance »[2]. En Chine, l'héritage traditionnel unique, le système de parenté, l'éthique confucéenne de l'ordre des anciens et des enfants et les caractéristiques de la culture agricole fournissent un cadre idéologique à la société de la connaissance, et la confiance est étroitement liée au « modèle de relation rayonnant »[3]. Dans une telle société « où l'on est né et ai été élevé », la confiance est limitée au clan ou à la communauté consanguine influencée par des facteurs culturels, et elle est progressivement étendue, avec une exposition lucide du contenu essentiel. Selon les recherches de Fukuyama, toutes les sociétés profondément influencées par la culture confucéenne, telles que la Corée du Sud, l'Europe du Sud et l'Amérique latine, prônent le « familisme » en prêtant attention aux rituels, à la participation et en mettant l'accent sur les liens de parenté.[4] Un tel schéma, de proche à lointain, d'intime à distant, de familier à inconnu, existe largement dans la société humaine.

Le modèle de base de la confiance sociale des connaissances prend comme unité de base la communauté des connaissances et le mécanisme des relations humaines « à l'avantage mutuel » comme lien, suit le principe de communication des « différences entre l'intérieur et l'extérieur » et s'étend progressivement vers l'extérieur. Tout d'abord, la « connaissance » est la condition préalable de la confiance sociale des connaissances. La « familiarité » entre les connaissances forme un modèle de maîtrise de l'information relativement symétrique, et

---

1. Hao Guoqiang, « De la confiance de la personnalité à la confiance de l'algorithme : recherche sur la technologie des chaînes de blocs et la construction de systèmes de crédit social », *Journal of Guangxi Teachers Education University* (Édition philosophie et sciences sociales), n° 1, 2020, p. 11.

2. Zhu Hong, « De 'l'intimité et la confiance' à 'lié à un bénéfice' : tour de la confiance interpersonnelle – une étude empirique sur la confiance interpersonnelle », *Journal of Xuehai*, n° 4, 2011, p. 115.

3. Le sociologue chinois Fei Xiaotong a mis en avant le « modèle de relation rayonnant », qui est utilisé pour décrire la relation interpersonnelle traditionnelle des Chinois. Fei Xiaotong estime que le modèle traditionnel des relations chinoises « n'est pas un fagot de bois de chauffage fermement lié, mais une série d'ondulations causées par une pierre jetée dans l'eau. On se prend comme centre et pousse ses relations en rond. Plus loin on pousse, plus l'ondulation est fine. » (Fei Xiaotong, *Depuis le sol : les fondements de la société chinoise*, Presse Populaire, 2008, p. 28-30.)

4. Francis Fukuyama [États-Unis], *The Great Disruption: Human Nature and the Reconstitution of Social Order*, traduit par Tang Lei, Presse de l'Université normale du Guangxi, 2015, p. 41.

l'incertitude causée par l'asymétrie de l'information due à l'étrangeté peut être évitée naturellement. Ce type de communication « fiable » peut non seulement maintenir la continuité du temps et de l'espace, mais aussi prendre l'émotion et la moralité comme garantie, ce qui non seulement aide à renforcer le comportement de confiance entre les membres de la communauté, mais aussi à restreindre les comportements malhonnêtes.[5] Deuxièmement, c'est la relation humaine qui maintient la confiance entre les personnes dans la société de la connaissance, tandis qu'un ensemble de mécanismes de relations humaines « mutuellement bénéfiques » est maintenu. Le mécanisme des relations humaines sous la valeur de la « réciprocité » met l'accent sur l'émotion mais ignore l'utilité, qui maintient l'ordre de production de la société de la connaissance. Les individus ne sont pas seulement l'objet de la discipline du mécanisme des relations humaines, mais aussi le sujet jouissant de droits et le superviseur du fonctionnement des relations humaines, ce qui fait de la société de la connaissance un micro-réseau de droits. Les personnes sont intégrées dans le mécanisme conjoint et solidaire des intérêts et des responsabilités, et sont combinées en une communauté intime avec moins de conflits internes et de solidarité externe.[6] Enfin, les « différences entre l'intérieur et l'extérieur » sont le principe de base de la confiance sociale. Dans le contexte de la petite économie paysanne autosuffisante superposée à la société de la connaissance, chaque famille se prend comme centre et s'étend de l'intérieur vers l'extérieur. Les gens développent différents niveaux de normes éthiques et d'exigences morales selon la distance de la relation affective. Nous devons être honnêtes avec nos proches et nos connaissances, mais pas avec les étrangers.

Avec le changement de la structure sociale et la transformation du système économique, la relation de « connaissance » qui repose sur les coutumes culturelles, les normes morales et le mécanisme des relations humaines est devenue, dans une certaine mesure, une anomie. D'une part, les activités sociales et économiques menées au sein du réseau de connaissances se terminent souvent par « saigner un client habituel ». Avec l'émergence de l'économie de marché, la réalisation économique est devenue la norme d'évaluation de la valeur et de stratification sociale. La rationalité des intérêts peut à tout moment échapper au système éthique de la règle des relations humaines. La fonction négative du capital relationnel,

---

5. Han Bo, « Société de connaissances : une approche possible de la construction de l'intégrité du réseau sur fond de mégadonnées », *Social Sciences in Xinjiang*, n° 1, 2019, p. 132.

6. Chen Baifeng, « Société de connaissance : recherche sur le type idéal de mécanisme d'ordre de village », *Society*, n° 1, 2011, p. 231.

ainsi que les limites et les risques dans la société moderne, sont devenus de plus en plus évidents. D'autre part, la mobilité sociale fréquente favorise la génération de nouvelles connaissances « acquises ». La base émotionnelle de ce type de réseau de connaissances lié par des relations d'intérêt est relativement faible dès le début, et le risque de relation de connaissance dans la communication est fortement augmenté.[7] En outre, « ce n'est que lorsque les individus peuvent former des groupes à grande échelle et coopérer efficacement qu'ils peuvent commencer à devenir des espèces civilisées, et que les connaissances et les technologies peuvent être transmises, mises à jour et développées en permanence »[8]. Bien que la culture traditionnelle de la norme familiale présente un degré élevé de confiance et de dépendance au sein de la famille, le rayon de confiance éthique est très faible, qui s'étend au maximum aux soi-disant « connaissances » ou « amis ». Limiter la confiance à la famille ne fera pas que bloquer le canal éthique de la confiance sociale, mais aussi entraver le développement durable de la prospérité.

(II) Système de confiance dans la société de l'étranger

Avec le raffinement de la division du travail dans la société moderne, le développement des transports rapides et les changements des professions intergénérationnelles, la relation d'étrangeté formée par la production et l'échange a progressivement remplacé la relation de connaissance reposant sur le sang et la géographie, et est devenue le contenu de base des relations sociales. Anthony Giddens, sociologue britannique, a décrit avec précision les caractéristiques de la transformation de la société de la connaissance en société de l'étranger par le biais du concept de « délocalisation ». Il estime que « le mécanisme de délocalisation permet d'extraire l'action sociale du contexte de la régionalisation et de réorganiser les relations sociales sur une grande distance spatio-temporelle »[9], et tous les mécanismes de délocalisation reposent sur la confiance. Avec l'amélioration de l'ouverture sociale, plus la communication entre les personnes est fréquente, plus le sentiment d'étrangeté est fort. La différence entre les étrangers et les connaissances ne dépend plus de la fréquence et de l'intensité des communications, mais du

---

7. Yang Guangfei, « 'Saigner un client habituel' : un aspect de la transformation des relations interpersonnelles chinoises dans la période de transition », *Academic Exchange*, n° 5, 2004, p. 115.

8. Wu Guanjun, « 'Ruse' de la confiance : repenser la confiance à l'ère du manque de confiance », *Exploration and Free Views*, n° 12, 2019, p. 67.

9. Anthony Giddens [UK], *The Consequences of Modernity*, traduit par Tian He, Presse Yilin, 2011, p. 18.

niveau d'ouverture de la société tout entière. En fait, les relations industrialisées de la production ont un fort impact sur la relation de connaissance. Les personnes ayant une relation de connaissance sont aliénées en raison de la réduction des possibilités de contact et d'action commune. La relation de connaissance dans la communication sociale est de plus en plus marginalisée. « La mondialisation entremêle présence et absence, et entrelace les événements sociaux à longue distance et les relations sociales avec les scénarios locaux »[10]. L'hétérogénéité de la structure sociale et du cadre social détermine la différenciation et la diversification progressives de l'ordre social, des normes sociales et des valeurs communes, ce qui pose de nouveaux défis à l'apparition et à l'établissement de relations de confiance entre étrangers.

« Dans une économie de marché rationnelle, bien que l'étiquette, les coutumes et les relations continuent de contraindre la pensée et le comportement des gens, dans un cadre social plus large, davantage de systèmes sont nécessaires pour jouer un rôle ».[11] La confiance institutionnelle est la confiance dans le système reconnu et efficace dans le domaine social. Elle s'appuie sur le système de confiance (y compris les règles, les règlements, les normes, les droits, etc.) pour obtenir la confiance dans le système économique, le système d'experts de la connaissance et le pouvoir politique légitime. Elle est donc plus universelle, dépasse le cadre des individus et des groupes et a un large éventail d'effets contraignants.[12] Tout d'abord, la confiance institutionnelle répond aux exigences objectives du développement de l'économie de marché. L'économie de marché est la combinaison de l'économie légale et de l'économie morale. La confiance institutionnelle peut compenser le manque d'éthique dans la limitation des relations interpersonnelles et améliorer la stabilité et l'efficacité des activités économiques de marché. Deuxièmement, la confiance institutionnelle élargit le champ de la confiance sociale, brise les restrictions de sang, de géographie et d'industrie, et permet à tout individu, organisation ou pays d'établir la confiance, avec un large espace d'application et un large éventail de domaines d'adaptation. Enfin, la confiance institutionnelle peut protéger les

---

10. Anthony Giddens [UK], *Modernity and Self-identity*, traduit par Zhao Xudong et Fang Wen, SDX Joint Publishing Company, 1998, p. 23.

11. Wang Jianmin, « Le maintien des relations de la société chinoise pendant la période de transition : de la 'confiance des connaissances' à la 'confiance institutionnelle' », *Gansu Social Sciences*, n° 6, 2005, p. 167.

12. Chen Xin, *La coopération dans le dilemme social : pouvoir de la confiance*, Presse scientifique, 2019, p. 151.

intérêts des deux ou de plusieurs parties dans l'interaction sociale et réduire le coût de la confiance. Les caractéristiques du système lui-même, telles que l'obligation, la contraite et l'autorité, font que le système réduit effectivement la prédiction du comportement futur de l'individu, ainsi que la perte négative causée par le risque de confiance.[13]

La confiance contractuelle est le noyau de la confiance institutionnelle, le mécanisme de garantie d'une société de l'étranger et le moyen de construire l'ordre social. La stabilité, l'ordre et les relations harmonieuses sont les idéaux sociaux que les gens recherchent à tout moment et dans le monde entier. L'ordre social fournit un certain environnement pour la production et la vie des gens. Depuis le début de la civilisation humaine, la réalisation de l'ordre est inséparable du rôle de la confiance. Comme l'a dit Georg Simmel, « sans confiance, il est impossible de construire une société, pas même les relations interpersonnelles les plus élémentaires ». La confiance entre les connaissances a une base naturelle, et ces connaissances ont une relation de confiance directe basée sur la morale et l'émotion. Cependant, dans le monde des étrangers, il n'existe pas de base naturelle de ce type. Pour parvenir à une confiance mutuelle, nous devons construire un pont et compter sur un intermédiaire pour établir une relation de confiance indirecte, c'est-à-dire un contrat. La confiance contractuelle reconnaît les choses mais pas les personnes, traite les affaires conformément aux règles et règlements, rejette les litiges et le monopole des relations humaines, et abandonne les liens triviaux tels que « le piston ». Sur la base d'un calcul rationnel, les parties parviennent à une sorte de contrat, qui maximise leurs intérêts et établit une relation de droits et d'obligations. Sur la base de ce contrat, les parties ont des attentes pour l'autre partie et pensent que celle-ci peut remplir ses obligations conformément aux dispositions du contrat lors de futures actions. Ce processus simplifié d'établissement de la confiance permet de conclure des relations de confiance sociale, ce qui est propice à la formation d'une psychologie et d'un comportement de confiance, de manière à répondre aux besoins de la vie moderne et à maintenir efficacement l'ordre social moderne.

---

13. Wang Jianmin, « Le maintien des relations de la société chinoise pendant la période de transition : de la 'confiance des connaissances' à la 'confiance institutionnelle' », *Gansu Social Sciences*, n° 6, 2005, p. 167.

(III) Crise de confiance dans la société en réseau

Ces dernières années, la popularisation rapide de l'Internet a considérablement modifié l'accès des gens à l'information et leur attitude en matière de communication sociale, et a également un impact important sur la sensibilisation du public et la confiance sociale. Dans la société moderne, l'organisation industrielle et la forme d'entreprise, il est de plus en plus évident que l'espace de réseau virtuel et le monde physique réel existent en parallèle. Les caractéristiques cognitives et comportementales des internautes dans l'interaction en réseau ne peuvent pas se débarrasser de la marque apportée par de nombreux facteurs dans le monde réel, tels que l'orientation des valeurs, les caractéristiques de la personnalité, le contexte culturel, etc. La communication en réseau basée sur l'intermédiaire technologique reste la « communication de fait » des individus dans le monde réel qui s'appuient sur la technologie de l'Internet.[14] La société en réseau s'appuie sur une science et une technologie puissantes, qui font évoluer la voie de la communication vers la diversification, la vitalité et l'universalité. L'intégration de l'information à l'ère des réseaux favorise l'intégration de différentes idéologies, ce qui constitue une nouvelle manifestation de la conscience collective moderne de « se montrer accommodant tout en gardant sa propre identité ». Les êtres humains sont confrontés à l'ordinateur et aux médias rapides et opportuns, acceptent la transmission culturelle globale, abandonnent les concepts redondants et compliqués des anciennes coutumes, renforcent progressivement la tolérance à l'égard des choses étrangères et améliorent progressivement le sentiment d'identité. De plus en plus de personnes transcendent progressivement la catégorie de la nation et du pays, en regardant et en pensant aux problèmes sous l'angle de la coopération mondiale et du développement. La « relation de réseau » est devenue un autre nouveau terme de relations sociales après les relations de sang, les relations géographiques et les relations industrielles.

Lawrence M. Friedman, sociologue américain du droit, a déclaré dans son livre *Law in America : A Short History* que « dans le monde contemporain, notre santé, notre vie et notre richesse sont dominées par des gens que nous n'avons jamais rencontrés et ne rencontrerons jamais ». Tout d'abord, la société en réseau se conforme aux caractéristiques de la « société de l'étranger » typique. La « confiance de l'étranger » dépend davantage du jugement, des capacités, du niveau

---

14. Zhang Hua, « Communauté de vie numérique et transcendance morale », *Morality and Civilization*, n° 6, 2008, p. 68.

de connaissances et de la moralité de l'individu. L'intégrité à sens unique, qui repose sur l'hypothèse et ne peut être déterminée que par elle-même, comportera sans aucun doute de grands risques. Deuxièmement, l'affaiblissement progressif de la force morale contraignante dans la société en réseau est le principal facteur interne conduisant à une crise de confiance. Les sujets de communication dans la société en réseau sont séparés de la situation éthique de la confiance dans la vie quotidienne. L'absence d'autorité morale rend les normes et les responsabilités morales des membres de la société vagues, désinvoltes et arbitraires. L'état spirituel et la vie morale de l'ensemble de la société sont remplis d'une forte atmosphère de relativisme moral. Enfin, la crise de confiance de la société en réseau est étroitement liée à la fiabilité des informations du réseau. La confiance dans les réseaux reflète la croyance tendancieuse ou le choix de comportement dans le processus d'interaction entre les individus ainsi qu'entre les indivudus et le système (plate-forme technologique) dans l'environnement numérique, qui est une sorte d'« attente confiante ».[15] La perception générale qu'ont les gens de la fiabilité des informations du réseau et de la sécurité des activités du réseau, ainsi que les préoccupations relatives à la conformité de certains systèmes de l'Internet avec les lois et l'éthique, auront un impact potentiel et imprévisible sur le réseau.

Sous l'influence des facteurs de risque sociaux, « la confiance est devenue une stratégie cruciale pour faire face à un avenir incertain et incontrôlable ».[16] Bien que la crise de confiance ait causé de grands dommages au développement social et aux individus, d'une part, elle reflète l'inadaptation du modèle de confiance traditionnel au développement de la civilisation moderne, et d'autre part, elle expose les lacunes de la société actuelle elle-même, ce qui nous pousse à repenser les problèmes de l'existence humaine et du développement social. En tant que principal média de diffusion de l'information, le réseau joue un rôle de plus en plus important dans l'orientation de l'opinion publique. Une série de comportements ou d'événements anormaux se produisent fréquemment en raison de divers facteurs tels que l'imperfection du mécanisme de contrainte du réseau et la soumission morale aux intérêts. La crise de confiance dans les systèmes, celle dans les systèmes experts et celle dans les médias apparaissent dans tous les aspects de la société dans son ensemble à des degrés divers, et la crise de confiance dans la société en réseau

---

15. Jin Jianbin, « La construction de la confiance sociale à l'ère de l'Internet : un cadre analytique », *Theory Monthly*, n° 6, 2010, p. 7.

16. Piotr Sztompka [Pologne], *Confiance : une théorie sociologique*, traduit par Cheng Shengli, Maison d'édition chinoise, 2005, p. 32.

devient de plus en plus grave. Par exemple, avec la promotion en profondeur de la construction d'une société aisée de manière globale, la charité publique chinoise s'est rapidement développée, mais est également confrontée à de nombreux problèmes et défis. Les organisations caritatives sont souvent poussées au premier plan de l'opinion publique, ce qui a un grand impact sur l'image de marque et la crédibilité sociale des organisations sociales de bien-être public, et érode le fondement de la confiance du public dans les organisations sociales. Éliminer la crise de confiance, reconstruire la confiance dans la vie réelle et le réseau, puis construire une société de confiance, ce sont l'exigence du développement de l'histoire humaine, et aussi le pouvoir de poursuivre et de promouvoir le développement continu de la société humaine.

II. Mécanisme de consensus en chaîne de blocs

Depuis longtemps, le consensus joue un rôle important pour maintenir, unir et unifier la société à toute époque et dans toute région.[17] En tant que mécanisme de consensus basé sur la reconnaissance et le témoignage communs de chaque transaction par tous les participants, la chaîne de blocs implique trois types de concepts de consensus dans des contextes différents : le consensus de la machine, le consensus du marché et le consensus de la gouvernance. Ces trois facteurs déterminent ensemble la sécurité, l'extensibilité et la décentralisation de la chaîne de blocs, et jouent un rôle dans l'intégration[18] sociale et la stabilité du marché.

Consensus de la machine. La clé de la technologie des chaînes de blocs est la conception d'un mécanisme de consensus qui vise à résoudre les problèmes de sécurité, d'expansibilité, d'efficacité des performances et de coût de la consommation d'énergie de la chaîne de blocs, de manière à ce que les étrangers atteignent un consensus de crédit grâce à un certain mécanisme contractuel sans avoir recours à des intermédiaires dans le monde numérique. Le mécanisme de consensus est au cœur du système distribué. « Un bon mécanisme de consensus permet d'améliorer les performances et l'efficacité d'un système de chaîne de blocs, de fournir une garantie de sécurité solide, de soutenir des scénarios d'application complexes et de promouvoir l'expansion et l'extension de la technologie de chaîne

---

17. Liu Yizhong *et al.*, « Vue d'ensemble du mécanisme de consensus de la chaîne de blocs », *Journal of Cryptologic Research*, n° 4, 2019, p. 395.

18. L'intégration sociale est un processus dans lequel la société combine divers éléments, parties et liens du système social en une unité coordonnée et organique par divers moyens ou médias, afin de renforcer la cohésion et l'intégration sociales.

de blocs »[19]. Dans un réseau P2P (peer-to-peer network), les nœuds qui ne se font pas confiance parviennent finalement à assurer la cohérence des données en suivant le mécanisme préétabli appelé consensus de la machine. Il permet aux machines associées d'être connectées pour travailler et fonctionner normalement même si certains d'entre eux échouent. Différents consensus de la machine sont adoptés en chaîne de blocs, ce qui aura un impact différent sur les performances globales du système tout en respectant la cohérence et l'efficacité. Le niveau technique du consensus des machines peut être évalué à partir de quatre dimensions. D'abord, la sécurité, c'est-à-dire la capacité à éviter les attaques du paiement secondaire et de l'exploitation minière privée, ainsi que la bonne tolérance aux pannes. Dans le processus de réalisation de la cohérence du système de chaîne de blocs des transactions financières, le problème de sécurité le plus important est de savoir comment détecter et prévenir le comportement de paiement secondaire. Deuxièmement, l'extensibilité, c'est-à-dire la possibilité de soutenir l'expansion des nœuds de réseau. L'extensibilité est l'un des facteurs clés à prendre en compte dans la conception de la chaîne de blocs. Selon les différents objets, l'expansibilité peut être divisée en deux parties : l'augmentation du nombre de membres du système et l'augmentation du nombre de transactions à confirmer. Troisièmement, l'efficacité des performances, c'est-à-dire le temps écoulé entre le moment où une transaction fait l'objet d'un consensus et est enregistrée dans la chaîne de blocs et celui où elle est finalement confirmée. Elle peut également être compris comme le nombre de transactions pouvant être confirmées par le système par seconde. Quatrièmement, la consommation de ressources, c'est-à-dire les ressources informatiques consommées par le système dans le processus de recherche d'un consensus, dont notamment l'unité centrale de traitement (CPU), la mémoire, etc. Le mécanisme de consensus sur la chaîne de blocs peut atteindre un consensus à l'aide de ressources informatiques ou de ressources de communication en réseau.[20]

Consensus du marché. La société de marché basée sur l'échange de marchandises est une société hétérogène. Elle affirme la poursuite d'intérêts particuliers par des individus indépendants et exige une harmonie sociale fondée sur la coexistence d'intérêts multiples et de valeurs multiples. Afin d'assurer la réalisation d'un consensus sur les valeurs dans la société moderne, il est nécessaire

---

19. Han Xuan, Yuan Yong et Wang Feiyue, « Sécurité de la chaîne de blocs : état de la recherche et perspectives », *IEEE/CAA Journal of Automatica Sinica*, n° 1, 2019, p. 215.

20. Han Xuan et Liu Yamin, « Recherche sur le mécanisme de consensus dans la technologie des chaînes de blocs », *Netinfo Security*, n° 8, 2017, p. 149.

de parvenir à une compréhension en établissant des accords avec des normes communes, puis à une reconnaissance et à un consensus. Une société sans consensus ne peut pas exister. Au niveau le plus élémentaire, le consensus est la base pour garantir que les groupes n'ont pas de conflits et les encourager à prendre des décisions ensemble. À l'ère des mégadonnées, il est devenu un consensus d'adhérer à une norme de sécurité et à une règle de mesure, de traiter les parties prenantes du cyberespace de manière juste et équitable, et d'équilibrer les intérêts de tous les participants. Tout d'abord, le consensus du marché se reflète dans le prix d'équilibre formé par les transactions du marché. Si l'on prend l'exemple du Bitcoin, il a été accepté par un nombre croissant de personnes. La raison fondamentale est que la technologie des chaînes de blocs fournit un mécanisme de consensus largement reconnu et accepté par les gens, de sorte qu'elle a la fonction et l'usage de monnaie légale dans un environnement de marché spécifique. « La possibilité d'utiliser le bitcoin comme monnaie dépend de l'identité monétaire des parties. Cela détermine si la chaîne de blocs peut être appliquée dans une gamme plus large que le bitcoin et si elle présente un avantage technique et une valeur institutionnelle plus importants »[21]. Deuxièmement, la chaîne de blocs n'est pas seulement un « système de consensus » impliquant de multiples parties, mais aussi un mécanisme de jeu bénin. Avec les progrès continus de la technologie, le mécanisme de consensus est progressivement passé d'un concept abstrait à un support important de la technologie des grands livres distribués, en soulignant que tous les membres du réseau ou la plupart d'entre eux parviennent à un accord sur une certaine information ou donnée de transaction. Le consensus entre les participants est au cœur de la chaîne de blocs. En l'absence d'une organisation centrale, les participants doivent parvenir à un accord sur les règles et les méthodes d'application, et accepter d'utiliser ces règles pour effectuer des transactions. Ceux qui respectent les règles en tireront des avantages, et ceux qui les enfreignent seront expulsés. Enfin, pour réaliser un système décentralisé sûr, fiable et infalsifiable, il est nécessaire de garantir la sécurité et l'irréversibilité des enregistrements de stockage de données distribuées dans les plus brefs délais. Dans un marché de méfiance mutuelle, la condition nécessaire et suffisante pour que chaque nœud parvienne à un accord est que chaque nœud, par souci de maximiser ses propres intérêts, respecte spontanément et honnêtement les règles fixées dans l'accord, juge

---

21. Zhao Lei, « Confiance, consensus et décentralisation : mécanisme de fonctionnement et logique de supervision de la chaîne de blocs », *The Banker*, n° 5, 2018, p. 135.

de l'authenticité de chaque enregistrement, et effectue les enregistrements jugés vrais dans la chaîne de blocs. On peut dire que l'accord de base du mécanisme de marché stimule l'initiative de chaque nœud pour créer de la richesse par le biais du prix et de la concurrence, et permet aux nœuds qui ne se font pas confiance de mener une coopération à grande échelle, stimulant ainsi le grand potentiel du partage de l'économie et de la gouvernance coopérative.

Consensus de la gouvernance. Pour une société qui n'a pas atteint le véritable état de droit, le mouvement idéologique du consensus est un moteur majeur pour promouvoir la réforme sociale. En bref, pour que la société fonctionne correctement, nous devons « parvenir à un consensus sur les faits ». Le consensus de la gouvernance est l'un des trois éléments du système de consensus de la chaîne de blocs. Il désigne le fait que dans la gouvernance de groupe, les membres du groupe élaborent et acceptent une décision qui est la plus bénéfique pour le groupe. Il existe quatre éléments clés du consensus de la gouvernance : les différents groupes d'intérêt, certaines structures de gouvernance et règles de procédure, le compromis entre les intérêts ou les opinions contradictoires, et la prise de décision en groupe avec des contraintes générales pour les membres. Le consensus de la gouvernance implique le jugement de valeur subjectif des personnes et traite du consensus subjectif à valeurs multiples. Les participants au consensus de la gouvernance convergent vers la seule opinion par le biais du processus de coordination et de coopération intergroupes. Si ce processus ne converge pas, cela signifie que le consensus de la gouvernance échoue.[22] Dans les pays développés, il existe déjà des institutions chargées d'établir ces faits de base, mais elles sont largement critiquées. Tomica Thielemann, présidente du Conseil mondial des entreprises des chaînes de blocs, a souligné que les chaînes de blocs avaient le potentiel de résister à l'érosion et de créer une nouvelle vision dans laquelle les gens pouvaient atteindre un consensus sur les faits de base tout en s'assurant que les faits liés à la vie privée n'étaient pas divulgués. La chaîne de blocs permet à un groupe de personnes de parvenir à un consensus sur divers faits sans avoir recours à l'arbitrage d'une entité centralisée. L'histoire de la civilisation humaine ne provient pas des faits dits absolus, mais d'une conception plus puissante des faits, dont le « consensus ». C'est un accord social qui nous permet de transcender le doute, d'établir la confiance et de coopérer. « Dans le domaine de la gouvernance nationale et de la gouvernance sociale, la

---

22. Xu Zhong et Zou Chuanwei, « Que peut et ne peut pas faire la chaîne de blocs ? », *Journal of Financial Research*, n° 11, 2018, p. 9.

technologie et le droit sont mutuellement remplaçables. Si le coût des solutions techniques est inférieur à celui des solutions juridiques dans un certain scénario social, les outils technologiques peuvent remplacer les formes juridiques et devenir le principal moyen de générer des ordres ».[23] En tant que cadre technologique sous-jacent universel et mécanisme de consensus, la chaîne de blocs peut apporter des changements profonds au mode de gouvernance dans les domaines de la finance, de l'économie, de la science et de la technologie, même de la politique.

III. La confiance en tant que « sans confiance »

Dans la nouvelle vague de révolution technologique et de révolution industrielle, la chaîne de blocs, en tant que l'un des principaux débouchés technologiques, se développe à l'échelle mondiale. La décentralisation, caractéristique fondamentale du système de la chaîne de blocs, fait que l'échange entre les nœuds suit un algorithme fixe sans confiance. La construction d'un mécanisme de transaction décentralisé qui ne repose pas sur la confiance d'un tiers et ne peut être manipulé est devenue une caractéristique majeure de la chaîne de blocs dans le système d'interconnexion des valeurs.

(I) Centralisation et décentralisation

L'attente initiale des gens à l'égard de l'Internet est utopique, car ils espèrent qu'il apportera un environnement équitable. Friedman, chroniqueur du *New York Times*, a un jour affirmé que le monde était plat.[24] De l'ère du PC (ordinateur personnel) à l'ère du mobile, la gestion des entreprises et des gouvernements est passée d'une structure organisationnelle en forme de pyramide à une structure organisationnelle plate, qui incarne une sorte de décentralisation. Avant l'invention de la chaîne de blocs, l'Internet nous a conduit sur la voie de la centralisation. Les réseaux décentralisés comme BitTorient existent depuis 2000. La cryptographie, les mathématiciens et les ingénieurs en logiciels ont également travaillé dur pendant près de trente ans et se sont engagés à améliorer les protocoles, permettant afin de mieux protéger la vie privée et la fiabilité des systèmes allant de la monnaie électronique au vote et au stockage des transferts de fichiers. Cependant, l'Internet a toujours été incapable de résoudre le problème de la propriété des informations

---

23. Zheng Ge, « Chaîne de blocs et règle de droit à l'avenir », *Oriental Law*, n° 3, 2018, p. 73.

24. Thomas Friedman [États-Unis], *The World is flat : A brief History of the Twenty-First Century*, traduit par He Fan, Xiao Yingying et Hao Zhengfei, Presse scientifique et technologique du Hunan, 2008, p. 9.

qu'il transporte. L'innovation de la chaîne de blocs est exactement l'indice manquant. Elle combine les deux forces de recherche que sont la décentralisation et la cryptographie, puis donne un bond en avant à l'ensemble du secteur.

La chaîne de blocs est non seulement un grand livre décentralisé pour le stockage des procédures et des résultats, mais aussi une plate-forme décentralisée polyvalente après la reconstruction des processus. Sa reconstruction de processus réduira considérablement le « coût de transaction », qui fait référence aux dépenses économiques générées par l'interaction de la gestion bureaucratique afin de clarifier les détails des contrats juridiques, d'assurer la crédibilité des contreparties et d'enregistrer divers résultats. Par conséquent, les gens sont plus enclins à choisir un mode d'interaction décentralisé qu'à interagir avec de grandes entreprises centralisées. Nous pouvons peut-être constater que la forme économique du 21e siècle ressemble davantage à la forme organisationnelle du 18e siècle : la vente de produits d'assurance par une seule compagnie remplacée par la garantie mutuelle, et la compensation centralisée des transactions financières et des paiements par des tiers remplacée par les transactions point à point ; on adopte une façon plus décentralisée pour évaluer la confiance et la réputation, réaliser un contrôle de qualité complet et suivre les droits de propriété. Dans le même temps, l'efficacité extrêmement élevée des technologies de l'information au 21e siècle signifie également que nous pouvons réaliser une telle forme sociale à un coût très faible.[25]

La voie d'exploration de la chaîne de blocs n'est pas simplement la décentralisation, mais peut être polycentrique ou faiblement centrée, et le résultat final a plus de chances d'être polycentrique, réduisant ainsi la perte de contrôle des règles causée par le pouvoir discursif trop fort de quelques centres.[26] « Décentralisation » implique un sens « distribué ». La chaîne de blocs apporte de nouvelles idées techniques pour résoudre le problème de cohérence du système distribué, et offre la possibilité de réaliser une confiance mutuelle globale, une reconnaissance mutuelle et une intercommunication. « La tendance générale sous le ciel est qu'on lie pour être l'unification après la division prolongée et la division après l'unification prolongée ». C'est la loi de l'histoire. Dans le développement du monde, il est nécessaire d'éviter « le trop ne vaut rien ». La centralisation implique un manque de transparence, où la crédibilité des données n'est pas élevée, tandis

---

25. Gao Hang, Yu Xuemai et Wang Maolu, *Chaîne de blocs et nouvelle économie : ère de la monnaie numérique 2.0*, Presse de l'industrie électronique, 2016, p. 23.

26. Chang Jia, *et al.*, *Chaîne de blocs : de la monnaie numérique à la société de crédit*, Presse de Citic, 2016, p. 195.

que la décentralisation doit se faire au prix de la consommation et du coût de l'énergie. Dans l'application de la chaîne de blocs, différents types de chaînes, différents mécanismes de consensus et d'autres solutions techniques doivent être choisis en fonction des différents degrés de décentralisation requis, de manière à éviter, dans une certaine mesure, une poursuite excessive de la décentralisation. C'est dans ce contexte que l'ordre mondial deviendra harmonieux et stable.

(II) « Sans confiance » de la chaîne de blocs
La société humaine cherche constamment à remplacer les agences intermédiaires comme « machine à confiance » par la technologie. L'émergence de la chaîne de blocs offre une nouvelle plate-forme de développement pour cette quête. Les êtres humains passent d'une société d'entités physiques qui dure depuis des milliers d'années à une nouvelle société construite par des nombres virtuels.[27] Dans la société traditionnelle, le problème de la confiance est principalement résolu par l'endossement de crédit fourni par les établissements de services de crédit tiers, mais ce type de structure technique privée et centralisée ne peut pas résoudre fondamentalement les problèmes de reconnaissance mutuelle, de confiance mutuelle et de transfert de valeurs en ligne et hors ligne à l'ère numérique. La chaîne de blocs utilise une architecture de base de données décentralisée pour compléter l'approbation de la confiance interactive des données, de sorte que la confiance entre deux nœuds dépend du consensus de tous les nœuds participants au réseau, et construit la confiance des algorithmes. Comme indiqué dans un article de couverture de *The Economist* en 2015 intitulé de « The Trust Machine », la chaîne de blocs est une machine qui crée la confiance. Dans tout domaine où la confiance est nécessaire, la chaîne de blocs a sa place.

La chaîne de blocs est l'amélioration des relations de production dans les conditions limites de la technologie existante. Selon l'expérience historique, les individus, ou les organisations ou organismes composés d'individus, sont souvent les plus indignes de confiance dans le système de confiance. L'histoire a prouvé à maintes reprises que ceux qui enfreignent les règles sont ceux qui font la loi. Dans la célèbre science-fiction *The Three-Body Problem*, il y a une déduction de la table

27. Wu Jihong [États-Unis], *The era of everyone : solutions for the new E3economy*, Presse de Citic, 2015, p. 1.

de sable [28]: une fois que la « chaîne de la suspicion »[29] est lancée, elle conduira inévitablement à la « mort éternelle ». En fait, la « chaîne de la suspicion » est en fait une méfiance mutuelle. Pour être plus précis, elle est la conséquence logique de l'échec à établir la confiance initiale – chaque individu (pays ou civilisation) n'est pas disposé à faire un nouveau « découvert » en plus de ses propres informations et preuves rationnelles. Les individus logiques dans la « chaîne de la suspicion » ne peuvent toujours être qu'à « l'état naturel » de la prépolitique proposé par Hobbes, et les gens doivent se déchirer l'un et l'autre comme des loups. Aujourd'hui, des familles aux tribunaux hors ligne, des microblogs aux tweets en ligne, des gens ordinaires aux célébrités et même des présidents de grands pays, « attaquer » est devenu une scénario contemporaine qui couvre tout le monde et se présente dans tous les coins.[30] De la révolution industrielle à la révolution Internet, la tendance du développement technologique est de parvenir au grand développement de la productivité en remplaçant le lien le moins fiable, le plus vulnérable et le moins efficace. Sur la base du code et du jeton, l'écologie de la valeur de la chaîne de blocs crée une crédibilité suffisante de l'information et un mécanisme de circulation des intérêts pratique. Les membres de cette écologie peuvent mieux échanger et coopérer, et les intérêts sont retournés instantanément, ce qui peut optimiser la stimulation des participants écologiques, et faire en sorte que plus d'individus entrent rapidement dans l'état de coopération.

« Sans confiance » ne signifie pas qu'il n'y a pas besoin de confiance, mais que la confiance ne doit plus être fournie par l'autorité tierce centrale traditionnelle.

---

28. Déduction de la table de sable : A et B veulent tous deux entrer dans l'état communautaire de coexistence pacifique, mais même si A pense que B est bienveillant, cela ne rassure pas A, car les bien intentionnés ne peuvent pas penser aux autres comme étant bien intentionnés à l'avance. En d'autres termes, A ne sait pas ce que B pense de lui, ni si B pense qu'il est gentil. De plus, même si A sait que B imagine A aussi bien que B, et vice versa, mais B ne sait pas comment A pense comment B pense comment A pense B. « C'est assez tortueux, n'est-ce pas ? C'est le troisième niveau, et la logique peut se poursuivre indéfiniment. » Cela signifie que tant qu'il y aura des soupçons sur les autres, la chaîne de suspicion commencera et ne sera jamais fermée.

29. La caractéristique la plus importante de la chaîne de la suspicion n'a rien à voir avec la forme sociale ni avec l'orientation morale de la civilisation elle-même. Chaque civilisation peut être considérée comme les points aux deux extrémités de la chaîne. Peu importe que la civilisation soit bonne ou malveillante à l'intérieur, elle deviendra la même chose après être entrée dans le réseau formé par la chaîne de la suspicion.

30. Wu Guanjun, « 'Ruse' de la confiance : repenser la confiance à l'ère du manque de confiance », *Exploration and Free Views*, n° 12, 2019, p. 66-67.

La chaîne de blocs est une sorte de transfert de confiance, qui fait que les objets de confiance sont transférés des personnes et organisations à la machine de consensus de la chaîne de blocs. Nous pouvons conclure sur cette base que l'essence du mécanisme « sans confiance » de la chaîne de blocs n'est pas « sans confiance », mais la reconstruction de la confiance. Le cœur du mécanisme « sans confiance » de la chaîne de blocs est de parvenir à un consensus, au consensus, à la reconnaissance et à la cogestion de toutes les opérations par un mécanisme de consensus. Le mécanisme de consensus est basé sur l'encapsulation de cryptographie et code, et le coût de la communication est minimisé par l'Internet et les préférences communes des participants. La meilleure façon d'envisager la technologie de la chaîne de blocs n'est pas de la considérer comme un outil destiné à remplacer la confiance, mais comme un outil permettant à la société d'établir une plus grande confiance, de créer un capital social et de faire naître une histoire commune pour un monde meilleur.

(III) Société de crédit basée sur la chaîne de blocs
Un ensemble de mécanisme de gouvernance du crédit Internet sur la base de la chaîne de blocs sur l'Internet est en train d'être établi. La technologie de la chaîne de blocs résout complètement le problème de l'asymétrie de l'information, subvertit la confiance et le crédit traditionnels, et établit des règles de transaction basés sur la confiance technologique et un mécanisme de crédit à faible coût. Les ressources de crédit décentralisées dont le marché mondial du crédit a un besoin urgent n'ont pas été générées dans les entreprises Internet de mégadonnées, et les données sont toujours centralisées. En utilisant les caractéristiques de la chaîne de blocs, telles que la source ouverte et la transparence, les participants peuvent vérifier l'authenticité de l'historique des livres de comptes, ce qui peut contribuer à éviter les événements comme la fraude de certaines plate-formes de prêt P2P. En outre, le processus de confirmation des transactions de la chaîne de blocs est un processus de compensation, de règlement et d'audit, ce qui peut améliorer l'efficacité. Le plus grand charme de la chaîne de blocs ne réside pas dans sa capacité à modifier les règles de fonctionnement mondiales, mais dans son potentiel à étendre la liberté individuelle, c'est-à-dire que les individus pourraient non seulement conserver la motivation de la fraude, mais aussi commettre effectivement des fraudes. Toutefois, le dernier pare-feu, à savoir le mécanisme de la chaîne de blocs, peut éliminer la possibilité que la fraude et la défaillance des nœuds causent du tort à autrui.

La chaîne de bloc est très prometteuse pour résoudre le point de douleur social du manque de crédibilité actuel. Elle est largement et profondément appliquée dans de nombreux domaines, tels que la convergence des marchés mondiaux, la protection de la propriété intellectuelle, la micro notarisation de la propriété, l'IoT pour les services financiers, l'industrie du bien-être public social, etc. Les données stockées sur la chaîne de blocs sont très fiables et ne peuvent pas être altérées, de sorte qu'elles conviennent naturellement à une utilisation dans des scénarios de bien-être social. Tout d'abord, dans le but de répondre aux besoins de protection de la vie privée des participants au projet et d'autres lois et règlements pertinents, les informations pertinentes, telles que les projets de dons, les détails de la collecte, le flux de fonds, les réactions des bénéficiaires, etc., dans le cadre du processus de bien-être public qui peuvent être stockées sur la chaîne de blocs peuvent être rendues publiques sous certaines conditions, de manière à faciliter le contrôle public et social et à aider le développement sain du bien-être public social.[31] Deuxièmement, la caractéristique décentralisée de la chaîne de blocs peut réduire le coût et le temps nécessaires à la réception des dons, ce qui peut améliorer considérablement l'efficacité des dons. Les donateurs peuvent faire des dons ponctuels à des organisations caritatives sur la plate-forme en achetant des cryptomonnaies émises par la plate-forme de la chaîne de blocs, ce qui est non seulement pratique et sûr, mais peut élargir les canaux de dons et augmenter le nombre de dons. Troisièmement, la technologie de la chaîne de blocs maintient le mécanisme de consensus et les caractéristiques ouvertes de chaque bloc de données, avec la fonction de partage instantané de l'information pouvant réduire la charge du partage de l'information et le coût de fonctionnement du système d'information. Dans le même temps, elle clarifie également les droits respectifs des membres de la chaîne pour éviter les informations redondantes, et peut résoudre en profondeur le problème de la soumission répétée d'informations.[32]

« La chaîne de blocs est le quatrième jalon dans l'histoire de l'évolution du crédit humain après le crédit lié au sang, le crédit lié aux métaux précieux et le

---

31. Wang Maolu, et Lu Jingyi, « La technologie de la chaîne de blocs et son application dans la gouvernance gouvernementale », *Electronic Government*, n° 2, 2018, p. 10.

32. Wang Han, « Recherche sur la tendance de développement de l'industrie de l'aide sociale basée sur la chaîne de blocs », *Technology and Economic Guide*, n° 36, 2018, p. 160.

crédit lié aux billets de banque centraux ».[33] Le changement le plus probable que cette chaîne de blocs apportera aux êtres humains est une nouvelle société du crédit. La technologie de la chaîne de blocs est une sorte de « technologie du crédit », qui est l'infrastructure du crédit dans le monde numérique et la société virtuelle. La chaîne de blocs est décentralisée, transparente et ouverte, et le « crédit » est établi par la comptabilité de l'ensemble du réseau avec la coopération P2P. Son cœur n'est pas la « monnaie numérique », mais la mise en place d'un système écologique de « crédit » dans un environnement incertain, qui, dans une certaine mesure, reflète la pensée de l'Internet et le concept de « société de tous ».[34] Par rapport à l'attente selon laquelle les adversaires qui interagissent avec nous se comportent bien, le système technologique de la chaîne de blocs intègre l'attribut de confiance dans le système. Même si de nombreux participants au système se comportent mal, le système peut toujours fonctionner normalement. La chaîne de blocs met en place la machine à crédit pour nous, permettant au gouvernement, aux entreprises et aux autres organisations et individus de se présenter comme des nœuds égaux sur le réseau distribué. Ils gèrent leurs propres identités et crédits, partagent un grand livre général des transactions immuable et permettent de remettre en état le mécanisme, de réformer le processus, de renforcer la confiance et d'améliorer l'efficacité au processus de gouvernance.

Section II
Modèle de confiance numérique

Bernard Barber, sociologue américain des sciences, a souligné que, « bien que la confiance ne soit qu'un outil de contrôle social, elle est omniprésente et importante dans tous les systèmes sociaux ». Pourquoi ? La confiance est le pont entre le citoyen individuel et la communauté. L'expérience historique nous dit qu'il est difficile de résoudre le problème de la confiance entre les gens uniquement par les rêves et la conception du système. L'établissement de la confiance nécessite une technologie fiable de garantie de la confiance comme fondement. La technologie de la chaîne

33. Liu Ruofei, « Développement du marché chinois en chaîne de blocs et son aménagement régional », *China Computer Users*, n° 12, 2016, p. 52.

34. Xiong Jiankun, « L'essor de la technologie de la chaîne de blocs et la nouvelle révolution de la gouvernance », *Journal of Harbin Institute of Technology* (Éditions sciences sociales), n° 5, 2018, p. 17.

de blocs résout le problème du mécanisme de confiance de la société humaine sur ce point. La confiance numérique est une sorte de perspective « sans confiance » qui répond aux besoins de l'ère numérique, une forme avancée de développement de la confiance des personnalités et de la confiance institutionnelle, et une solution au problème de la transmission des valeurs et de la confiance mutuelle. Les trois modes de confiance coexistent plutôt que de se substituer. Cependant, il ne suffit pas de clarifier la nature de la confiance numérique uniquement par le biais de la description, et la compréhension de la confiance numérique peut facilement tomber dans les limites de l'unicité et de la conceptualisation. Par conséquent, il est très nécessaire de construire un modèle de confiance numérique à partir de la structure globale, du mécanisme interne et du processus de fonctionnement pour comprendre la confiance numérique de manière scientifique et systématique.

I. Théorie des modèles et modèle de confiance

Modèle et modélisation : deux concepts fondamentaux de la théorie des modèles. La caractéristique la plus importante du modèle est l'abstraction des choses et des lois objectives, et revient finalement à l'application pratique. David Hestenes a souligné dans sa théorie des modèles que le modèle est la représentation conceptuelle des choses réelles et le substitut des objets.[35] Sler, savant israélien, et Schmidt, savant américain, ont soulignés que « le modèle n'est pas une description réelle du système, mais un ensemble d'hypothèses formulées pour expliquer certains aspects de la réalité objective ; le modèle n'est qu'un outil flexible temporaire pour visualiser et expliquer la réalité objective. »[36] Jiang Xuping et Yao Aiqun, universitaires chinois, pensent que le modèle est l'expression formelle d'un problème pratique, d'une chose objective ou d'une loi après abstraction. Il existe de nombreux types de modèles, dont notamment le modèle mathématique, le modèle conceptuel, le modèle structurel, le modèle de système, le modèle de programme, le modèle de gestion, le modèle d'analyse, le modèle de méthode, le modèle logique, le modèle de données, etc. En fonction des objectifs, des variables et des relations de la modélisation, nous pouvons choisir le modèle correspondant. Dans de nombreux types de modèles, le modèle mathématique est généralement

---

35. Hestenes D., « Modeling games in the newtonian world », *Am. J. Phys*, n° 8, 1992, p. 732-748.

36. Wang Wenqing, « La théorie de la modélisation dans l'enseignement des sciences », *Science & Technology Information*, n° 3, 2011, p. 551.

un ensemble d'expressions mathématiques reflétant la loi de fonctionnement et la tendance de développement des choses objectives. La forme de représentation d'un modèle conceptuel comprend, entre autres, le schéma de concept. Le modèle structurel reflète principalement les caractéristiques structurelles et la causalité des systèmes. Le modèle graphique est une méthode efficace pour étudier divers systèmes, en particulier les systèmes complexes, et est souvent utilisé pour décrire la relation entre les choses dans la nature et la société humaine. La signification de la modélisation est de décrire le système complexe, d'expliquer la relation entre les choses et d'améliorer la compréhension de la loi des choses. Elle est propice à l'analyse et à la description du système complexe à partir des détails, à l'amélioration du contrôle des gens sur les détails pertinents. Elle est utile pour explorer l'essence des phénomènes et comprendre systématiquement la relation entre les choses objectives et leur influence. Quant à la modélisation, par rapport aux cinq étapes de sélection, de construction, de vérification, d'analyse et de développement du modèle préconisées par Harlan dans son livre *Graphical Modeling Of The Real World, Graphic Concept : Concept Of Newtonian Mechanics*, la construction d'un modèle suit en fait généralement sept étapes : préparation du modèle, hypothèse, composition, solution, analyse, test et application.

Modèle de confiance traditionnel : modèle de confiance fondé sur la confiance de la personnalité et la confiance institutionnelle. En se basant sur une série de facteurs qui affectent la confiance, Meillet, Davis et Siguman résument les facteurs influençant la confiance à la tendance interne du fiduciaire, et aux facteurs tels que la capacité, la bonne volonté et l'intégrité perçues de la personne de confiance. Sur cette base, un modèle de confiance interpersonnel concis est construit. Ils estiment que la confiance est une sorte d'interaction psychologique interpersonnelle. Ce n'est qu'en considérant les deux côtés de la relation de confiance que nous pouvons expliquer efficacement la génération de la confiance interpersonnelle et combler les lacunes des études précédentes sur la confiance. Lopel et Helms ont introduit le concept d'attribution de motivation[37], construit le modèle de la théorie de la

---

37. Théorie de l'attribution de motivation : dans la communication sociale quotidienne, afin de contrôler efficacement l'environnement et de s'y adapter, les gens expliquent souvent consciemment ou inconsciemment divers comportements sociaux dans le milieu environnant. En d'autres termes, le sujet cognitif déduit d'autres caractéristiques inconnues en fonction de certaines caractéristiques spécifiques de la personnalité ou du comportement des autres dans le processus cognitif, de manière à rechercher la relation de cause à effet entre diverses caractéristiques.

composante de confiance[38], et discuté du changement de mode de confiance et de l'attribution de motivation dans le processus d'établissement d'une relation intime. Ils estiment que la prévisibilité, la fiabilité et la croyance ne s'excluent pas complètement l'une de l'autre, et qu'elles s'expriment toutes dans les types de confiance existant aux différents stades de l'intimité. Ce n'est qu'à chaque étape de la relation que la proportion de chaque composante est différente, et il doit y avoir un élément dans la position de leadership absolu. Les différentes relations entre ces composantes affectent également les différentes attributions de motiviation des participants et, en fin de compte, font que la stabilité et le lien émotionnel de la relation intime présentent des caractéristiques différentes. Sztompka estime que la culture de la confiance est une variable indépendante, donnée et explicative lors de l'analyse des raisons de la confiance. Il a soulevé la théorie de la génération sociale de la culture de la confiance, qui prend comme éléments de base cinq environnements sociaux macro, à savoir la cohérence des normes, la stabilité de l'ordre social, la transparence des organisations sociales, la familiarité de l'environnement social et la responsabilité des personnes, ainsi que deux groupes, à savoir les émotions sociales et le capital collectif, sur les dimensions

---

38. D'une manière générale, le fondement de la confiance est l'expérience passée de la communication, qui mûrit progressivement avec la relation de plus en plus étroite. Dans les relations intimes, avec l'augmentation de la confiance, les individus auront une certaine attribution motivationnelle spécifique à l'autre partie, et commenceront à être prêts à prendre le risque de l'échec de cette attribution. En ce sens, la confiance est plus souvent définie comme un sentiment de sécurité et de confiance dans une relation intime. Selon ces caractéristiques, deux chercheurs, Lopel et Helms, avancent que la confiance consiste en une prévisibilité, une fiabilité et une croyance après avoir synthétisé diverses recherches sur la confiance. Le fondement de la prévisibilité réside dans l'expérience passée des deux parties en matière de communication sociale, ainsi que dans la cohérence, la continuité et la stabilité du comportement individuel. La fiabilité signifie que les individus ne s'accrochent plus au comportement spécifique des autres, mais se tournent vers un jugement global sur la motivation et la personnalité des autres. Ce jugement s'incarne dans le fait que les individus commencent à penser si l'autre partie de la relation est crédible et volontaire, si elle est digne de confiance et si elle peut donner un sentiment de sécurité. La croyance est l'incarnation concentrée du plus haut degré de confiance, qui se manifeste principalement dans la conviction émotionnelle et la tranquillité d'esprit de l'individu. Sans le soutien de preuves d'actions concrètes, les individus ont toujours confiance en autrui dans une société future pleine de risques et sont convaincus que l'autre partie dans la relation répondra à leurs propres besoins et prendra leur propre bien-être et un meilleur développement comme base pour leurs actions.

historiques et la contribution personnelle des acteurs.[39] Sur la base des résultats de la recherche sur la confiance dans les réseaux, les chercheurs comme Lu Yaobin et Zhou Tao avancent que, selon les différents contenus des recherches, le modèle de confiance dans les réseaux peut être divisé en modèle de confiance initial, modèle de confiance basé sur le système, modèle de confiance de la communauté virtuelle, modèle de confiance du site web B2B (business to business), modèle de confiance du magasin en ligne, etc. La confiance dans les réseaux est un sujet qui a été largement abordé dans les domaines des sciences sociales et des sciences naturelles. Des savants de différentes disciplines en ont discuté de manière théorique et empirique dans leurs perspectives disciplinaires respectives, et sont parvenus à des conclusions différentes, voire contradictoires. La question fondamentale de la confiance dans les réseaux est toujours ouverte, tout comme la confiance hors ligne. Georg Simmel a souligné que, « sans la confiance générale entre les gens, la société elle-même deviendra un gâchis, car il y a très peu de relations qui ne sont pas fondées sur une certaine connaissance des autres ». Il en va de même pour la coopération et la confiance. La coopération est le résultat de la prise de décision, qui est intuitive, tandis que la confiance est une attitude qui s'accompagne d'un processus de décision et de tolérance. Il faut dire qu'il peut y avoir une confiance entre les partenaires selon le comportement coopératif, mais cela ne signifie pas qu'il doit y avoir une confiance entre eux. À l'ère numérique, où des tâches de plus en plus complexes doivent être accomplies par la coopération des participants et la plate-forme de services en réseau, le modèle de confiance traditionnel ne peut plus répondre pleinement aux besoins de l'évolution de l'époque.

Modèle de confiance numérique : modèle de confiance décentralisé basé sur la chaîne de blocs. La « chaîne de blocs est un nouveau type de protocole décentralisé. Les données de la chaîne ne peuvent pas être modifiées ni falsifiées à volonté, ce qui permet d'établir un paradigme de crédit sans accumulation de confiance. On peut considérer la chaîne de blocs comme un livre de comptes. Il suffit de rejoindre une base de données ouverte et transparente pour parvenir

---

39. Selon la théorie de la génération sociale, les traces d'événements antérieurs sont accumulées dans les institutions, les règles, les symboles, les croyances et l'esprit des acteurs sociaux. L'expérience commune produit une structure, une culture et un modèle psychologique communs, qui à son tour fournit les conditions pour des actions futures. Selon cette théorie, l'action humaine est la force motrice du processus social. L'action n'est pas seulement limitée par la structure sociale, mais produit également de nouvelles conditions structurelles. La structure reproduite deviendra la condition initiale de la pratique future. Ce processus circule à l'infini et est ouvert à toutes les possibilités.

à un consensus sur le crédit par le biais de la comptabilité point à point, de la transmission de données, de l'authentification ou du contrat intelligent, au lieu de se fier à un intermédiaire quelconque. »[40] Le super grand livre, la transmission de chaîne croisée et le contrat intelligent sont trois maillons importants dans la formation de la confiance numérique (Figure 3.1). Le super grand livre crée une crédibilité suffisante des données, qui est le maillon de base de la formation de la confiance numérique, et joue un rôle important dans la transmission croisée et le contrat intelligent des données. La transmission croisée est maillon critique de la formation de la confiance numérique. Elle a achevé la mise à niveau de l'Internet traditionnel et réalisé la transformation de la transmission d'informations en transmission de valeur. Le contrat intelligent est le maillon essentiel de la formation de la confiance numérique. Il permet de se débarrasser de l'aval d'une tierce partie et de réaliser une confiance décentralisée. Nous appelons le processus concret de mise en œuvre de la confiance numérique le modèle de confiance numérique, qui s'exprime comme suit :

$$T = H\,(L, C).$$

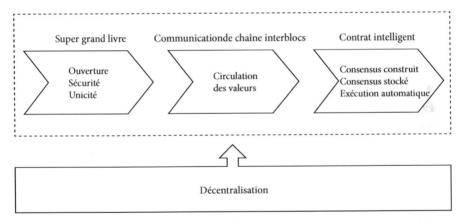

Figure 3.1 Processus pour résoudre le problème de la transmission des valeurs et de la confiance mutuelle par la confiance numérique

---

40. Chang Jia, *et al.*, *Chaîne de blocs : de la monnaie numérique à la société de crédit*, Presse de Citic, 2016, p. VII.

dont :

T : modèle de confiance numérique (digital trust model)

H : super grand livre (hyper leger)

L : transmission croisée (cross link transmission)

C : contrat intelligent (smart contract)

II. Super grand livre : de la comptabilité traditionnelle à la comptabilité de tous

Toutes les interactions dans la société humaine sont basées sur un certain degré de confiance, tandis que l'établissement de la confiance est très lent, le maintien de la confiance extrêmement difficile, la destruction de la confiance assez facile. Le super grand livre vise à établir une bibliothèque de développement de code source libre et de norme ouverte intersectorielle, permettant aux entreprises de créer des solutions personnalisées de grand livre distribué, de manière à promouvoir l'application de la technologie des chaînes de blocs dans tous les domaines. Ses caractéristiques, telles que la décentralisation, l'inviolabilité des données et la traçabilité permanente, lui permettent de former une écologie numérique crédible grâce à la comptabilité distribuée et à la notarisation gratuite dans l'ensemble du réseau, et de jeter des bases solides pour l'établissement d'une confiance numérique.

Le stockage distribué : l'avenir est arrivé. La technologie des chaînes de blocs n'est pas une technologie unique, mais le résultat de l'intégration de technologies dans la cryptographie, les mathématiques, l'économie, la science des réseaux, etc. Ce type d'intégration forme un nouveau système décentralisé d'enregistrement et de stockage de données, et horodate les blocs qui stockent les données pour former une structure continue et associée d'enregistrement et de stockage de données fiables. Le but ultime est de construire un système de données de haute fiabilité, que l'on peut appeler une base de données distribuée qui peut assurer la crédibilité du système dans lequel seul le système lui-même est digne de confiance. Les règles d'enregistrement, de stockage et de mise à jour des données sont donc conçues pour établir la confiance des gens dans le système de la chaîne de blocs. À l'heure actuelle, la technologie numérique représentée par l'intelligence artificielle et la chaîne de blocs est en train d'émerger, qui s'infiltre rapidement dans divers domaines de l'économie et de la société. La transformation numérique avec les données comme noyau s'accélère. Les nouvelles applications de l'industrie sont passées de milliers à des dizaines de milliers puis à des millions, et les données présentent la tendance de masse, diversifié, en temps réel et multi-nuage, etc. Le stockage des données est devenu la plate-forme de base pour porter la transformation de l'industrie, et le stockage distribué est devenu une tendance représentant 40 % en 2023.[41] Cela a entraîné des changements incommensurables et un impact de grande envergure sur tous les domaines de la société humaine. Il est probable qu'il sera bien au-delà de toute révolution technologique de l'histoire. Il marque le début de la construction par l'humanité d'un Internet véritablement fiable. Grâce à la technologie décentralisée, nous pouvons réaliser le grand progrès de la confiance mutuelle mondiale sur la base de mégadonnées, et évoluer vers une société de confiance numérique.

Le super grand livre est ouvert, sûr et unique. « L'ouverture signifie que les données stockées dans le grand livre sont totalement ouvertes à tous les participants. Cette caractéristique est déterminée par le mode de stockage en réseau point à point de la chaîne de blocs. Dans le réseau de la chaîne de blocs, chaque nœud peut stocker une copie de la chaîne de blocs, et l'unicité du registre garantit que la copie est exactement la même entre les différents noeuds. La sécurité signifie que les données du livre de comptes sont sauvegardées par une technologie de cryptage numérique, et que seuls les membres qui détiennent les données de décryptage correspondantes (clé privée) peuvent les interpréter. Bien que les autres membres puissent voir et vérifier l'intégrité et l'unicité des données, ils ne peuvent pas obtenir la clé privée. Les machines d'extraction de bitcoin dans le monde effectuent constamment des collisions de hachage, et la valeur de hachage augmente, ce qui élève considérablement la difficulté d'éviter toute attaque de réseau. L'unicité signifie que les données stockées dans le livre de comptes ne peuvent pas être modifiées. Cela comprend non seulement l'unicité spatiale, c'est-à-dire que tous les nœuds n'ont qu'une seule et même donnée, mais aussi l'unicité temporelle, c'est-à-dire que les données historiques ne peuvent pas être modifiées. En même temps, l'unicité signifie également que la chaîne de blocs conserve les caractéristiques d'une chaîne unique dans le processus de fonctionnement. En effet, s'il y a différentes chaînes, la chaîne de blocs formera des bifurcations. L'apparition de bifurcations fera apparaître des copies de la chaîne de blocs dans deux dimensions spatiales différentes, ce qui est précisément à éviter par les règles du consensus. »[42] En vertu de l'accord de la chaîne de blocs, personne ne peut altérer ses données historiques, et ces données sont partagées publiquement. Dans

---

41. INSPUR et IDC, « Rapport de recherche sur le développement des données et du stockage en 2019 », INSPUR, 2019, http://www.inspur.com/lcjtww/2315499/2315503/2315607/2482232/index.html.

42. Jingdiwangtian *et al.*, *Monde en chaîne de blocs*, Presse de Citic, 2016, p. 20-21.

la chaîne de blocs, une série de problèmes de gouvernance des données, tels que les données inutles, les données difficiles à utiliser, les données qu'on ne sait pas utiliser et les données qu'on n'arrive pas à maîtriser, seront résolus efficacement. Le mensonge deviendra extrêmement difficile, et la confiance plus solide.

III. Transmission croisée : de la transmission de l'information à la transmission de la valeur

Les êtres humains sont dans un mouvement historique de migration du monde physique vers le monde virtuel, et il est un fait établi que la richesse humaine va progressivement se transférer vers l'Internet. L'essence du réseau réside dans l'interconnexion, et l'essence des données dans l'intercommunication. Bref, la chaîne croisée doit résoudre le problème de la connexion entre différentes chaînes et transférer de la valeur d'une chaîne à l'autre. À la différence du flux d'informations sur Internet, la chaîne croisée n'est pas une simple transmission d'informations, mais un libre flux de valeur.

La technologie des chaînes de blocs accélère la capitalisation des données. « Après près d'un demi-siècle de l'informatisation, la quantité de données a augmenté de façon explosive et la capacité de traitement des données a été rapidement améliorée. L'accumulation et l'échange, l'analyse et l'application de données massives ont grandement favorisé l'amélioration de l'efficacité de la production, et les données sont devenues un facteur de production indépendant. Dans le même temps, les éléments de données présentent des caractéristiques économiques différentes du capital, du main-d'œuvre et de la technologie : premièrement, les éléments de données sont en temps réel. La génération de données en ligne l'est aussi, et la vitesse de traitement est rapide et synchronisée avec le développement économique. Deuxièmement, le cédant des éléments de données ne perd pas la valeur d'utilisation des données en raison du transfert des données, et les éléments de données peuvent être partagés. Troisièmement, les données ont une productivité marginale incrémentielle, c'est-à-dire qu'elles ne sont pas consommées dans le processus d'utilisation, mais produisent de nouvelles données. »[43] Cependant, il est difficile de réaliser la capitalisation des données qui peuvent être copiées en masse. La chaîne de blocs peut ajouter un cachet d'identité spécial aux données, refondre les attributs des données, exploiter pleinement la

---

43. Jin Yongsheng, « Saisir l'essence et le mode de croissance de l'Internet+ », *People's Daily*, le 21 septembre 2015, p. 7.

valeur des données dans la société commerciale, rendre les données uniques qui deviendront un actif de valeur. Grâce au caractère inclusif des données, la chaîne de blocs franchit les frontières inhérentes entre les pays, les gouvernements, les organisations et le public, et crée un « monde commun » pour nous dans la plus large mesure possible, c'est-à-dire un monde que nous ne pouvons de toute façon partager qu'ensemble. Une fois que le système de capitalisation des données sera réalisé à l'aide de la technologie des chaînes de blocs, tout cela deviendra à notre portée.

La chaîne de blocs est l'élément clé de la transmission de la valeur. Si le « problème des généraux byzantins » révèle la difficulté de la transmission d'informations et de la coordination entre des nœuds individuels dispersés, la chaîne de blocs est le moyen le plus clair, le plus puissant et le plus réaliste d'éliminer cette difficulté jusqu'à présent. La chaîne de blocs peut être considérée comme un ensemble de systèmes techniques, qui peut construire un système Internet plus fiable, résoudre de manière radicale le phénomène de fraude et de recherche de rente dans l'échange et le transfert de valeurs, et réaliser la circulation crédible de la valeur. « Elle offre une autre possibilité d'interaction directe point à point, comme nous le faisons dans la société primitive, une interaction face à face de bonne foi, sans intermédiaire ni même confiance mutuelle. Avec une compréhension limitée, nous pouvons aller et venir à la hâte et vivre individuellement sans se voir, et l'interaction est laissée au bas de l'échelle. Cela rend les transactions et même toutes les interactions plus pratiques et plus efficaces. Vu à partir d'un certain point, il ne s'agit que d'une transaction individuelle, mais dans une dimension plus élevée, et cela rend possible une interaction coopérative à grande échelle et sans intermédiaire. Il n'est pas nécessaire de centraliser le traitement intelligent des intermédiaires puissants et énormes, alors que l'intelligence est cachée au fond, dans la chaîne et partout. Ce n'est pas un géant, mais il est omniprésent, et cette intelligence finira par remodeler l'avenir de notre entreprise, de notre culture et de notre société dans son ensemble. »[44]

La technologie des chaînes croisées élargit la limite écologique de l'application de la chaîne de blocs. « L'impact de la technologie des chaînes à maillons est révolutionnaire. Fondamentalement parlant, l'impact de la technologie de la chaîne de blocs est de montrer un tel signal : réorganiser la relation entre le monde

---

44. Xu Mingxing *et al.*, *Chaîne de blocs : remodeler l'économie et le monde*, Presse de Citic, 2016, p. 28.

virtuel et le monde réel. »[45] La technologie des chaînes croisées est d'une grande importance pour changer le statut d'île isolée des chaînes de blocs et réaliser la circulation de la valeur entre les différentes chaînes. Sous l'effet de la technologie des chaînes croisées, la future chaîne de blocs peut devenir une infrastructure comme l'eau, l'électricité et les autoroutes, et toutes les valeurs peuvent circuler librement sur la chaîne. En même temps, la technologie des chaînes croisées apporte non seulement la circulation de valeurs entre les chaînes, mais aussi le potentiel de valeurs entre les différentes chaînes. Grâce au module de « chaînes croisées », l'échange de données, la croissance de la valeur et l'interfonctionnement des applications entre les chaînes peuvent être réalisés de manière simple et efficace. Enfin, l'écosystème de valeur peut être construit et le système de valeur ajoutée peut être formé.

IV. Contrat intelligent : de la confiance sélective à la machine de confiance

La confiance joue un rôle unique et positif dans l'intégration sociale et la coopération sociale. Du contrat de transaction traditionnel au contrat intelligent en chaîne de blocs, le phénomène de confiance sociale se voit partout dans le monde réel et le monde virtuel, dont le but est de prévenir et de résoudre les risques et de recueillir un consensus social en cas d'asymétrie d'information. Grâce à la technologie du contrat intelligent en chaîne de blocs, les objets de confiance des gens dans le système social seront transférés des personnes et des organismes à la machine à consensus en chaîne de blocs. La culture, l'institution ou l'intermédiaire tiers n'est plus nécessaire pour établir la confiance entre les personnes. On peut dire que les nouvelles technologies telles que le contrat intelligent en chaîne de blocs n'enrichissent pas seulement la théorie du consensus social, mais créent également un nouveau système de coopération sociale. La confiance et la coopération sociale auront de nouvelles connotations dans la société numérique.

Contrat intelligent et contrat traditionnel. Il existe des similitudes entre le contrat intelligent et le contrat traditionnel, comme la nécessité de clarifier les droits et obligations des participants au contrat, et la partie défaillante sera punie. En même temps, il existe de nombreuses différences importantes. Du point de vue de l'automatisation, le contrat intelligent peut juger automatiquement les conditions de déclenchement et sélectionner la transaction correspondante,

---

45. Lü Naiji, « Du réel au virtuel pour contrôler le réel avec le virtuel : une vue profane de la 'chaîne de blocs' », *China Science & Technology*, n° 1, 2017, p. 11.

tandis que le contrat traditionnel doit juger les conditions de déclenchement manuellement, ce qui est inférieur au contrat intelligent en termes de précision et de rapidité du jugement des conditions. Du point de vue des dimensions subjectives et objectives, le contrat intelligent est adapté à la situation de demande objective, tandis que le contrat traditionnel est adapté à la situation de demande subjective. L'accord, l'hypothèque et la sanction dans le contrat intelligent doivent être définis à l'avance, et l'indice de jugement subjectif est difficile à inclure dans les automates de contrat pour le jugement, et il est également difficile de guider la mise en œuvre des affaires contractuelles. Du point de vue de la dimension des coûts, le coût d'exécution du contrat intelligent est inférieur à celui du contrat traditionnel, et ses droits et obligations en matière d'exécution du contrat sont inscrits dans le programme informatique pour l'exécution automatique, ce qui présente des avantages de faible coût pour le jugement des conditions, l'exécution des récompenses et des peines, la cession des actifs, etc. Du point de vue du temps d'exécution, le contrat intelligent appartient au mode d'exécution prédéterminé et préventif, tandis que le contrat traditionnel adopte le mode d'exécution *ex post* et de décision des récompenses et des punitions en fonction des conditions. Du point de vue des sanctions en cas de rupture de contrat, le contrat intelligent repose sur des garanties, des marges, des biens numériques et d'autres actifs hypothécaires ayant des attributs numériques. Une fois le contrat rompu, les actifs des participants subiront des pertes. Cependant, la pénalité pour rupture de contrat dans un contrat traditionnel dépend principalement de la pénalité. Une fois le contrat rompu, des moyens juridiques peuvent être utilisés pour protéger les droits. Du point de vue du champ d'application, la technologie des contrats intelligents s'applique au champ d'application global, tandis que le contrat traditionnel est limité à une juridiction spécifique. Différents facteurs juridiques et culturels affectent le processus de mise en œuvre du contrat traditionnel.[46]

Le contrat intelligent à la chaîne de bloc : clé pour résoudre le problème de cohérence. « Le problème de cohérence dans le domaine des systèmes distribués signifie que, pour de multiples nœuds de services, étant donné une série d'opérations, sous la garantie d'un accord, ils peuvent atteindre 'un certain degré' de coopération sur les résultats du traitement ».[47] Si le système distribué

---

46. Chang Jia, *et al.*, « Chaîne de blocs : de la monnaie numérique à la société de crédit », Presse de Citic, 2016, p. 119-120.

47. Yang Baohua et Chen Chang, *Chaîne de blocs : principe, conception et application*, Presse de l'industrie des machines, 2017, p. 34.

peut atteindre la « cohérence », il peut présenter un « nœud virtuel » parfait et évolutif, ce qui est également le but du système distribué. « Le contrat intelligent est un programme multipartite reconnu, étatique, piloté par des événements, qui fonctionne sur la chaîne de blocs et peut traiter automatiquement les actifs selon des conditions prédéfinies. Le plus grand avantage du contrat intelligent est qu'il utilise un algorithme de programme pour remplacer le jugement manuel de l'arbitrage et de l'exécution du contrat. En substance, le contrat intelligent est un morceau de programme et présente les caractéristiques de transparence des données, d'inviolabilité et de fonctionnement permanent. »[48] La participation de plusieurs utilisateurs à la formulation d'un contrat intelligent, et le contrat diffusé par le réseau P2P et stocké dans la chaîne de blocs sont les deux principales étapes de la construction d'un contrat intelligent de chaîne de blocs. La génération de contrats comprend principalement la négociation de contrats, la formulation de spécifications, la vérification du contenu et l'acquisition de codes. Toutes les parties impliquées négocient pour déterminer le contenu du contrat, clarifier les droits et obligations, déterminer le texte standard du contrat, programmer le contenu du texte et obtenir le code standard après la vérification. Deux liens importants sont en jeu, à savoir la conformité et la vérification du contrat. La conformité du contrat doit être réalisée par des experts et des entrepreneurs ayant des connaissances professionnelles dans les domaines concernés. La vérification du contrat est effectuée sur la machine virtuelle sur la base d'un modèle abstrait du système. Il s'agit d'un lien important lié à la sécurité du processus d'exécution du contrat. Il est nécessaire de s'assurer que le contenu du texte du contrat négocié est cohérent avec le code du contrat. La libération du contrat signifie que le contrat signé est distribué à chaque nœud par le biais du P2P, et chaque nœud stockera temporairement le contrat reçu en mémoire et attendra le consensus.[49] Sur cette base, lorsque les conditions de déclenchement sont remplies, les termes du contrat seront automatiquement exécutés et aucun tiers ne sera sollicité pour participer.

Consensus : garantie de la construction de la machine de confiance. La confiance est la valeur la plus importante dans le cyberespace, et la plus grande

---

48. Centre d'information du Ministère de l'Industrie et de l'Informatisation, « Livre blanc sur l'industrie chinoise de chaîne de blocs en 2018 », Ministère de l'Industrie et de l'Informatisation, 2018, http://www.miit. gov.cn/n1146290/n1146402/n1146445/c6180238/content.html.

49. He Haiwu, Yan An et Chen Zehua, « Vue d'ensemble de la technologie des contrats intelligents et de l'application basée sur la chaîne de blocs », *Journal of Computer Research and Development*, n° 11, 2018, p. 2444-2445.

valeur du contrat intelligent en chaîne de blocs est le consensus. « Les théoriciens sociaux estiment que la garantie fondamentale du bon fonctionnement d'une société moderne vaste et complexe dans un certain ordre est un mécanisme d'intégration sociale complexe développé par la société moderne. L'émergence des technologies numériques, telles que les contrats intelligents en chaîne de blocs, non seulement innove les idées traditionnelles de confiance sociale, mais apporte également de nouvelles possibilités d'unité et d'intégration sociales dans une certaine mesure, c'est-à-dire qu'elle favorise l'amélioration du mécanisme de confiance sociale. Dans le processus d'intégration sociale, les gens peuvent ne pas être entièrement d'accord avec les perspectives, les valeurs et les points de vue d'autres personnes, mais ils peuvent trouver de l'empathie dans l'établissement d'une confiance mutuelle, de sorte que la société puisse former le plus grand diviseur commun. »[50] Le contrat intelligent en chaîne de blocs utilise les mathématiques, la cryptographie et d'autres technologies connexes pour créer la confiance sociale et promouvoir la coopération sociale. Les changements apportés par la technologie numérique sont sans précédent en termes de vitesse et d'échelle de transmission, ce qui est crucial pour faire jouer pleinement le potentiel social et économique de la technologie numérique, réduire les risques qu'elle comporte et prévenir des conséquences inattendues. Il va sans dire qu'il y a l'impact profond sur le consensus social et la pratique de l'intégration sociale.

Section III
Monnaie numérique et identité numérique

« Si le progrès de la civilisation humaine est un vaisseau spatial, alors la haute technologie est le moteur de son véhicule de lancement qui est composé de cinq forces motrices : la numérisation, la mise en réseau, la miniaturisation, la simulation et une force puissante sans précédent ».[51] Aujourd'hui, la coexistence du changement et de l'invariance est toujours la principale forme de la situation mondiale. Dans les grands changements qui n'ont pas eu lieu en cent ans, il y a encore beaucoup d'incertitudes et même d'imprévisibilité sur ce qui change, sur

---

50. Que Tianshu et Fang Biao, « Consensus social remodelé par la technologie des chaînes de blocs à l'ère de l'intelligence », *Social Sciences in China*, le 23 octobre 2019, p. 5.

51. Peter B.Scott-Morgan [UK], *Grande prophétie de 2040 : un moteur de haute technologie et un nouvel ordre social*, traduit par Wang Feifei, Presse de l'industrie des machines, 2017, p. 5.

la direction qu'il va prendre et sur ce qu'il deviendra. Mais il est certain que la puissance de l'identité numérique et de la monnaie numérique est en train de changer nos vies et le monde. La monnaie numérique entraînera un changement complet dans l'ensemble du domaine économique, et l'identité numérique remodèlera le mécanisme de stratification sociale.

I. Monnaie numérique

La monnaie est la preuve matérielle du crédit et la présentation de la force globale d'un pays, ce qui est crucial pour la souveraineté nationale. La monnaie numérique légale doit être garantie par la souveraineté nationale. « En commençant par le bitcoin, monnaie numérique qui a balayé le monde en 2009. Si le processus de développement de la monnaie numérique est considéré comme un jeu, alors le bitcoin n'est qu'un bouton pour ouvrir le jeu. »[52] En 2019, la naissance de la Libra[53] nous fait voir l'imagination de subvertir à nouveau le système monétaire et financier du monde. Cependant, la monnaie numérique existante présente de nombreux défis et une série de problèmes à résoudre en termes de technologie, de loi et de réglementation. Ces défis et problèmes peuvent nous aider à penser et à définir une monnaie numérique souveraine.

(I) Inquiétudes concernant la monnaie numérique

L'argent est l'une des plus grandes inventions de l'histoire de l'humanité. Selon l'économie politique marxiste, l'argent est une marchandise qui peut être considérée comme un équivalent général. Selon la théorie monétaire moderne, l'argent est une sorte de contrat entre le propriétaire et le marché concernant le droit d'échange. Avec le développement de l'économie des marchandises, la monnaie est passée par cinq étapes : la monnaie physique, la monnaie de pesée, la monnaie papier,

---

52. Xu Mingxing *et al.*, C*haîne de blocs : remodeler l'économie et le monde*, Presse de Citic, 2016, p. 73.

53. Libra de Facebook est une monnaie crypto numérique qui ne recherche pas la stabilité du taux de change par rapport au dollar américain, mais un pouvoir d'achat réel relativement stable. Elle a initialement utilisé comme garantie un panier d'actifs à faible volatilité libellés dans quatre monnaies légales, à savoir le dollar américain, la livre sterling, l'euro et le yen japonais (et peut-être le dollar de Singapour). La Libra a pour mission de construire une monnaie simple et sans frontières et une infrastructure financière pour des milliards de personnes. La conception du portefeuille d'actifs est très similaire aux droits de tirage spéciaux du Fonds monétaire international, et elle est très proche du fonds du marché monétaire traditionnel. La Libra est construite sur le réseau de la chaîne de blocs, mais pas complètement décentralisé. Il s'agit d'une chaîne d'alliance avec de multiples nœuds (principalement des institutions financières de paiement).

la monnaie électronique et la monnaie numérique. « La forme spécifique de la monnaie numérique peut être un chiffre provenant d'un compte d'une entité, ou une chaîne de chiffres enregistrée dans un nom déterminé et vérifiée par une cryptographie spécifique et un algorithme de consensus. Et ces terminaux de monnaie numérique peuvent être incorporés dans le portefeuille numérique qui peut également être appliqué à un terminal mobile, à un terminal de PC ou à une carte. S'il s'agit de chiffres ordinaires avec portefeuille numérique, il s'agit simplement de monnaie électronique ; s'il s'agit de chiffres cryptés stockés dans le portefeuille numérique et fonctionnant dans un réseau de monnaie numérique spécifique, il s'agit de pure monnaie numérique. Les avantages de la monnaie électronique sont simples dans leur forme et peuvent être appliqués avec de légères modifications du système de paiement existant ; les inconvénients sont qu'elle dépend fortement du système de compte, avec une faible capacité de lutte contre les manipulations, et un coût élevé pour connaître les clients et lutter contre le blanchiment d'argent. L'avantage de la monnaie numérique pure est qu'elle peut apprendre et absorber la technologie avancée de divers types de monnaie numérique, et fonctionner d'une manière plus difficile à falsifier, plus facile à exploiter en ligne et hors ligne, plus visible et avec des canaux plus étendus ; l'inconvénient est qu'elle doit construire un nouvel écosystème, avec des exigences techniques plus élevées et une plus grande difficulté d'exploitation et de maintenance du système. »[54] La monnaie numérique, qui est différente du précédent mode d'émission et de fonctionnement de la monnaie, réalise tout ou partie des fonctions de la monnaie traditionnelle, et joue la fonction de monnaie de manière plus souple et plus intelligente dans un certain domaine. Par rapport à la monnaie papier, la monnaie numérique peut non seulement réduire le coût de l'émission et de la circulation, mais aussi améliorer l'efficacité des transactions ou des investissements, et renforcer la commodité et la transparence des activités de transaction économique. Cependant, « bien que la monnaie numérique existante adopte un système de cryptographie strict, 51 % des attaques existent encore »[55], et les incidents tels que les transactions sur le marché noir, les attaques de réseau et les vols de comptes, se produisent de temps à autre. La sécurité est devenue un défi majeur dans le développement de la monnaie numérique.

---

54. Zhou Sha *et al.*, *Monde en chaîne de blocs*, Presse de Citic, 2016, p. 315.

55. Qian Xiaoping, « Réflexions sur la monnaie numérique en Chine », *Commercial economy*, n° 3, 2016, p. 23.

Les problèmes de sécurité rencontrés par la monnaie numérique ont un impact important sur le développement économique et social de divers pays et même du monde, comme le montre l'attitude des gouvernements vis-à-vis de la Libra (Tableau 3.1). Le G7[56], la plus grande économie du monde, estime que la Libra représente un risque pour le système financier mondial et qu'elle ne devrait pas être émise tant que ses défis et ses risques n'auront pas été totalement éliminés. Il souligne en particulier que, même si les partisans de Libra résolvent le problème, le projet pourrait ne pas être approuvé par les régulateurs. En tant que monnaie numérique modernisée, la Libra a les fonctions et le potentiel d'un paiement transfrontalier, d'une monnaie super souveraine et d'une nouvelle écologie financière. Elle sera confrontée aux contraintes et aux défis de l'innovation technologique, de la concurrence commerciale, de la réglementation et du gouvernement (conflit de souveraineté). Plus précisément, si la Libra peut être lancée et développée avec succès, elle peut subvertir le système de paiement mondial à court terme, et le système monétaire mondial et le système de politique monétaire mondial à moyen terme, et subvertir et remodeler éventuellement l'écologie du marché financier mondial et le système de stabilité financière mondial à long terme.[57] Face au jeu mondial de la sagesse, de la technologie, de l'économie, de la politique et du pouvoir influencé par la Libra, certains pays ont lancé leur propre recherche sur la monnaie numérique. La Chine a pris des mesures énergiques et proactives pour lancer sa propre monnaie numérique DC / EP (Monnaie numérique / Paiement électronique) (Tableau 3.2). Le rapport d'enquête sur la monnaie numérique de la Banque centrale des règlements internationaux (BRI) publié le 23 janvier 2020 montre qu'environ 20 % des 66 banques centrales interrogées sont susceptibles d'émettre de la monnaie numérique au cours des six prochaines années, contre seulement 10 % à la même période l'année dernière. Si l'on se réfère au processus historique d'évolution de la monnaie, il est inévitable que le système monétaire actuel soit remplacé. Ce n'est qu'une question de temps.

---

56. Le G7 est un forum où les principaux pays industrialisés se rencontrent et discutent de leurs politiques. Les membres comprennent les États-Unis, le Royaume-Uni, l'Allemagne, la France, le Japon, l'Italie et le Canada.

57. Zhu Min, « La possible subversion de la Libra », sina.com, 2019, http://finance.sina.com.cn/zl/china/2019-09-23/zl-iicezueu7822307.shtml.

Tableau 3.1   Attitudes des gouvernements à l'égard de la Libra

Pays	Attitude	Déclaration spécifique
États-Unis	Prudent	Les États-Unis ne craignent pas que la Libra ébranle leur statut de monnaie souveraine, mais soulignent toujours le risque de blanchiment d'argent. Le président américain Trump a fait des commentaires sur la Libra sur Twitter où il estime que le bitcoin et autres monnaies crypto numériques étaient « en voie de disparition », et que la Libra n'avait aucun statut ni aucune fiabilité. « Il n'y a qu'une seule monnaie aux Etats-Unis. Le dollar américain est la monnaie la plus puissante au monde, et il l'a été, l'est et le sera. » M. Mnuchin, secrétaire du Trésor américain, a révélé qu'avant d'approuver la Libra, les Etats-Unis veilleront à fixer des conditions très strictes pour empêcher que la Libra ne soit utilisée pour le financement et le blanchiment d'argent du terrorisme.
Australie		Les régulateurs australiens ne sont pas optimistes quant à l'avenir de la Libra, estimant qu'il y a de nombreux problèmes réglementaires à résoudre. Le gouverneur de la Banque de réserve d'Australie a déclaré que la Libra de Facebook pourrait ne pas devenir une monnaie cryptographique courante. Il y a de nombreux problèmes réglementaires avec la Libra, a-t-il dit, et les régulateurs australiens doivent s'assurer que la Libra est suffisamment stable pour envisager de l'accepter.
Japon		Le gouverneur de la Banque du Japon a déclaré que la Libra peut avoir un impact énorme sur le système financier et qu'elle a besoin d'une coopération mondiale pour la réguler. Les mesures réglementaires concernant la Libra devraient également inclure des politiques de lutte contre le blanchiment d'argent. Dans le même temps, la Libra, en tant que monnaie cryptographique soutenue par un panier de monnaie fiduciaire et de titres d'État, sera difficile à réglementer et présentera des risques pour le système financier existant. En réponse, les autorités japonaises ont mis en place un groupe de réunion de liaison composé de la Banque du Japon, du Ministère des Finances et du Bureau des services financiers afin d'étudier l'impact de la Libra sur la politique monétaire et la stabilité financière, et de résoudre les problèmes de réglementation, de fiscalité, de politique monétaire et de paiement et de règlement de la Libra.

Pays	Attitude	Déclaration spécifique
Chine		Le 9 juillet 2019, Zhou Xiaochuan, ancien gouverneur de la Banque populaire de Chine et président de la Société financière, a déclaré lors du séminaire « Réforme et développement de la gestion des devises de la Chine », que l'idée de la Libra de s'arrimer à un panier de monnaies représente une tendance possible d'une monnaie mondiale à l'avenir. Au vu de cette tendance future, il a souligné qu'« il est nécessaire de faire des recherches politiques à l'avance. Il est bon pour nous de vérifier à l'avance les risques potentiels. »
Allemagne	Négatif	L'Allemagne a clairement indiqué dans son Projet de stratégie de chaîne de blocs publié en juin 2019 qu'elle ne tolérerait pas qu'une monnaie stable comme la Libra dominée par Facebook constitue une menace pour les finances nationales.
France		« Je veux vous assurer que la Libra de Facebook ne devienne pas une monnaie souveraine qui puisse concurrencer les monnaies nationales car je n'accepterai jamais les entreprises comme des royaumes privés », a déclaré M. Lemaire, ministre français de l'économie et des finances.
Inde		Le gouvernement indien a toujours rejeté la crypto-monnaie. La mise en oeuvre locale de la Libra sera donc forcément gênée. « Facebook n'a pas pleinement expliqué la conception de la Libra », a déclaré le secrétaire aux affaires économiques de l'Inde, « mais de toute façon, c'est une crypto-monnaie privée, et nous ne l'accepterons pas facilement. » En outre, le gouvernement indien a récemment présenté un projet de loi visant à interdire la crypto-monnaie, ce qui entravera considérablement l'émission de la Libra en Inde.
Singapour	Neutraliste	L'Autorité monétaire de Singapour (MAS) a déclaré qu'il n'y avait pas suffisamment d'informations pour prendre la décision d'interdire la Libra, crypto-monnaie de Facebook.
Thaïlande		Le 19 juillet 2019, Santi prabhub, président de la Banque de Thaïlande, a prononcé un discours à l'occasion de la Bangkok Financial Technology Expo, où il a dit que « nous ne sommes pas pressés de prendre une décision sur la Libra pour l'instant. De nouvelles monnaies numériques sont en train d'émerger, et c'est pourquoi la Banque de Thaïlande surveille tous les nouveaux actifs et ne privilégie aucun service financier en particulier. La sécurité des services financiers est une priorité absolue pour les banques, et cela prend du temps. »

Pays	Attitude	Déclaration spécifique
Suisse	Positif	Le secrétariat suisse de la finance internationale a déclaré que la Libra aiderait la Suisse à jouer un rôle dans un projet international ambitieux.
Grande-Bretagne		Carney, gouverneur de la Banque d'Angleterre, a déclaré « qu'il s'ouvrirait à la Libra, mais ne l'accepterait pas totalement ».

Tableau 3.2   Processus de la monnaie numérique poussé par la Banque populaire de Chine

Année et mois	Événements	Description
2014	Établissement d'un groupe de recherche spécial sur l'émission de monnaie numérique souveraine	Démonstration formelle de la faisabilité de l'émission d'une monnaie numérique souveraine par la banque centrale
2015	Une série de rapports de recherche sur la monnaie numérique ont été rédigés, et deux séries de révisions ont été réalisées sur le prototype d'émission de la monnaie numérique souveraine.	Étude approfondie du cadre d'émission et d'exploitation commerciale de monnaie numérique, des technologies clés de la monnaie numérique, de l'environnement de circulation de la monnaie numérique, des problèmes juridiques rencontrés par la monnaie numérique, de l'impact de la monnaie numérique sur le système économique et financier, de la relation entre la monnaie numérique souveraine et la monnaie numérique privée, et de l'expérience internationale en matière d'émission de la monnaie numérique
Janvier 2016	Séminaire sur la monnaie numérique	L'émission de la monnaie numérique comme l'objectif stratégique de la banque centrale a été déclarée pour la première fois. La reconnaissance des technologies de la monnaie numérique telles que la chaîne de blocs indique que la possibilité d'émettre la monnaie numérique par la banque centrale sera activement étudiée et explorée.

Année et mois	Événements	Description
Juillet 2016	Le groupe de recherche conjoint du projet « Exploitation et supervision des actifs numériques de la monnaie numérique et des monnaies similaires » auquel participe la Commission nationale du développement et de la réforme a été lancé à Pékin.	Une étude systématique de deux ans sera menée sur la mise en place d'un mécanisme de supervision gouvernementale ou publique lié à la monnaie numérique souveraine.
Janvier 2017	L'Institut de la monnaie numérique officiellement établi à Shenzhen	Afin de tester et d'expérimenter la technologie des chaînes de blocs dans la vie réelle et d'étudier les chaînes de blocs et la monnaie numérique, de manière à garantir que le potentiel de la technologie des chaînes de blocs puisse être appliqué au maximum à l'industrie financière chinoise
Février 2017	Test réussi d'une plate-forme de négociation d'effets numériques basée sur une chaîne de blocs	La monnaie numérique légale émise par la banque centrale a été mise à l'essai sur la plate-forme.
Mars 2017	La banque centrale a déployé des travaux de Fintech pour construire une plate-forme d'innovation orientée par l'exploration numérique des devises.	La conférence de travail sur la science et la technologie de la Banque populaire de Chine met l'accent sur la construction d'une plate-forme d'innovation menée par l'exploration de la monnaie numérique.
Mai 2017	L'Institut de la monnaie numérique de la banque centrale a été officiellement inauguré.	Yao Qian devient directeur de l'Institut, dont les recherches centrent notamment sur la monnaie numérique, la technologie financière, etc.

Année et mois	Événements	Description
Janvier 2018	Le système expérimental de production d'une plate-forme de commerce d'effets numériques a été mis en service avec succès.	Combiné à la technologie de la chaîne de blocs et à la situation actuelle du commerce des billets, le prototype de la première plate-forme de commerce d'effets numériques a été entièrement réformé et amélioré pour aider la Banque industrielle et commerciale de Chine, la Banque de Chine, la Banque de développement de Pudong et la Banque de Hangzhou à mener à bien leurs activités d'émission, d'acceptation, d'escompte et de réescompte d'effets numériques basées sur la technologie de la chaîne de blocs.
Août 2018	Le Centre de recherche et d'innovation en technologie financière de Nanjing a été officiellement inauguré.	Le Centre s'est installéà l'Université de Nanjing et a été construit conjointement par le gouvernement populaire municipal de Nanjing, l'Université de Nanjing, la Banque du Jiangsu, la succursale de Nanjing de la Banque populaire de Chine et l'Institut de recherche sur la monnaie numérique de la Banque populaire de Chine. Il se concentrera étroitement sur l'innovation des technologies et des services financiers, et fournira le pouvoir d'innovation financière pour la construction d'une ville innovante célèbre en établissant un mécanisme de liaison entre le gouvernement, l'industrie, l'Université, la recherche et l'application.
Septembre 2018	L'Institut de recherche sur la monnaie numérique de la Banque populaire de Chine a construit la « Bay Area Trade and finance blockchain platform » (PBCTFP).	L'Institut de recherche sur la monnaie numérique de la banque centrale et la succursale de Shenzhen de la Banque populaire de Chine ont conduit à promouvoir la mise en place de la PBCTFP pour aider à atténuer les difficultés de financement et les coûts de financement élevés des petites et micro-entreprises en Chine, et à s'efforcer de créer une écologie financière et commerciale ouverte basée sur la Baie Guangdong-Hong Kong-Macao, tournée vers l'ensemble du pays et rayonnant sur le monde.
Mai 2019	La PBCTFP est lancée par l'institut de la monnaie numérique de la banque centrale.	La PBCTFP qui sert le commerce et les finances de la Baie Guangdong-Hong Kong-Macao a été véritablement mis en œuvre.

Année et mois	Événements	Description
Juillet 2019	La banque centrale va promouvoir la recherche et le développement de la monnaie numérique de la banque centrale.	Wang Xin, directeur du Bureau de recherche de la Banque populaire de Chine, a déclaré qu'il encouragerait la recherche et le développement de la monnaie numérique de la banque centrale à l'avenir lors de la cérémonie de lancement du Programme de recherche sur la finance numérique et de la première Conférence de recherche Universitaire.
Août 2019	Le gouvernement central aide Shenzhen à mener des recherches sur la monnaie numérique.	Il est indiqué clairement dans l'*Avis du Conseil des Affaires d'État du Comité central du Parti communiste chinois sur le Soutien à la construction à Shenzhen d'une zone de démonstration avancée du socialisme à la chinoise* que le développement d'applications innovantes telles que la recherche sur la monnaie numérique et le paiement mobile à Shenzhen sera soutenu.
Septembre 2019	La monnaie numérique de la banque centrale va remplacer une partie des espèces.	Yi Gang, gouverneur de la Banque populaire de Chine, a déclaré lors de la première conférence de presse du centre de presse pour la célébration du 70e anniversaire de la fondation de la République populaire de Chine que la Banque populaire de Chine allait lancer un plan global visant à combiner la monnaie numérique et les instruments de paiement électronique, dans le but de remplacer une partie des espèces.
	La banque centrale va lancer la monnaie numérique.	Huang Qifan, vice-président du Centre chinois pour les échanges économiques internationaux, a déclaré lors du premier Sommet financier du Bund que la banque centrale allait lancer la monnaie numérique.

Note : Les statistiques ci-dessus sont celles disponibles.

Il existe une certaine cohérence dans l'attitude des pays à l'égard de la monnaie numérique, qui se mainfeste principalement sous deux aspects : d'une part, elle met l'accent sur le renforcement de l'innovation technologique, d'autre part, elle insiste sur le renforcement de la surveillance juridique. Du point de vue du développement de la monnaie numérique, l'offre, la demande et la réglementation sont encore confrontées à de nombreux problèmes. Première, le marché noir de l'offre. Actuellement, la Libra est la monnaie numérique la plus représentative, mais elle rélève d'une monnaie numérique privée. Manque d'endossement national, elle ne peut être considérée comme une monnaie réelle (Tableau 3.3). La monnaie numérique privée présente de nombreux problèmes, tels que types de monnaie trop nombreux, une fragmentation importante, une faible acceptation du marché et des risques techniques difficiles à prévoir. Ces problèmes limitent sérieusement le développement durable de la monnaie numérique. Deuxièmement, le marché noir de la demande. En raison de sa commodité, de sa dissimulation et d'autres caractéristiques, la monnaie numérique peut être facilement utilisée dans les activités criminelles, telles que les criminels pour la fraude, la collecte illégale de fonds, le blanchiment d'argent, etc. Par exemple, le prix du bitcoin n'étant pas réglementé, sa valeur fluctue fortement et il est facile à manipuler, ce qui entraîne directement d'énormes pertes économiques pour les investisseurs. Troisièmement, le marché noir de la réglementation. Les caractéristiques de la monnaie numérique, telles que l'absence de frontières, l'opérabilité en ligne et l'absence d'« émetteurs » reconnaissables, posent des problèmes pour la mise en œuvre d'une surveillance efficace. D'une part, « la mise en œuvre de la réglementation imposera des coûts correspondants aux fournisseurs de systèmes de paiement et aux intermédiaires, qui pourront être en fin de compte supportés par les émetteurs ou les institutions financières ayant des obligations d'émission. Certains pays ont commencé à répondre aux préoccupations des services chargés de l'application de la loi en ajustant les réglementations existantes ou en formulant de nouveaux systèmes juridiques. »[58] D'autre part, le manque de réglementation est devenu un obstacle pour le public afin de maintenir la confiance dans la monnaie numérique. De nombreux participants peuvent renoncer à utiliser la monnaie numérique ou à investir dans des projets impliquant la monnaie numérique en raison de l'incertitude juridique ou du manque de protection correspondante pour les utilisateurs. D'un point de vue global, il n'y a pas beaucoup de monnaies numériques émises par les banques centrales souveraines. Cela est principalement dû au fait que les risques auxquels sont exposées les monnaies numériques sont complexes et couvrent un large éventail. Si nous ne les étudions pas de manière approfondie et ne prenons pas les mesures préventives correspondantes, cela aura un impact négatif sur la sécurité économique et sociale.

---

58. Mi Xiaowen, « L'influence de la monnaie numérique sur la banque centrale et les contre-mesures », *South China Finance*, n° 3, 2016, p. 45.

Tableau 3.3   Comparaison entre DC / PE et la Libra

Item	Banque populaire de Chine	Facebook
Monnaie numérique	DC/EP	Libra
Année d'étude	2014	2018
Droit national d'émettre la monnaie	Oui	Non
Focus	Paiement	Paiement
Problèmes résolus	Dilemme de la monnaie moderne	Services financiers insuffisants
Type de chaîne de blocs	Société d'alliance	Société d'alliance
Ancre	RMB ou valeur des actifs numériques	Dollar ou un panier d'autres devises
Anonymat	Traçabilité non anonyme	Non anonymat
Objet de service	Utilisateurs en Chine	Plus de 2 milliards d'utilisateurs de Facebook

(II) Monnaie numérique et monnaie numérique souveraine

La monnaie numérique souveraine est une sorte de monnaie légale. Sous le principe de la garantie nationale du crédit, son essence est la même que celle de la monnaie papier en circulation. Elle présente huit caractéristiques : négociabilité, stockage possible, traçabilité, non répudiation, non falsification, anonymat contrôlable, transaction non répétable et traitement en ligne ou hors ligne. Par rapport à la monnaie numérique privée, la monnaie numérique souveraine a un champ d'application plus large et peut aider le gouvernement à mettre en place une réglementation précise. La négociabilité signifie que la monnaie numérique souveraine, en tant que monnaie légale de l'État, avec un crédit national en guise d'endossement, peut être utilisée comme moyen de circulation et de paiement pour réaliser un mouvement de valeur continu dans les activités économiques. Le stockage possible permet à la monnaie numérique souveraine d'utiliser ses avantages numériques pour stocker en toute sécurité des données dans l'équipement électronique des utilisateurs institutionnels à des fins d'interrogation, de transaction et de gestion. La traçabilité fait référence aux informations sur les transactions en monnaie numérique souveraine, qui se composent d'un code de données et d'un code d'identification. Le code de données indique le contenu de la transmission, et le code d'identification indique la source et la destination du paquet de données. La non-répudiation fait référence à l'utilisation de l'horodatage numérique et d'autres technologies de sécurité dans la monnaie numérique souveraine qui peuvent réaliser le comportement indéniable de la transaction et divers éléments du comportement après la transaction. L'infalsifiabilité signifie que dans le processus de fabrication et d'émission de la monnaie numérique souveraine, diverses technologies de sécurité, telles que l'algorithme de hachage, sont utilisées pour protéger la monnaie contre la copie illégale, la contrefaçon et la transformation. L'anonymat contrôlable signifie que la monnaie numérique souveraine adopte la forme « volontaire en avant-plan, nom réel en arrière-plan ». À l'exception de l'autorité monétaire, aucun participant ne peut connaître les informations d'identité du propriétaire ou d'un ancien utilisateur. Une transaction non répétable signifie que le propriétaire de la monnaie numérique souveraine ne peut pas payer plus d'un utilisateur ou d'un commerçant successivement ou en même temps pour résoudre le « problème du double paiement ». Le traitement en ligne ou hors ligne signifie que, lorsque la monnaie numérique souveraine est échangée par le biais d'appareils électroniques, elle ne peut pas contacter directement l'hôte ou le système, et l'échange des informations avec d'autres appareils ou systèmes par le biais d'une communication câblée ou sans fil n'est pas adopté.

La création d'une monnaie numérique souveraine aura un impact important sur le statut des pays souverains dans le système économique mondial, et c'est un moyen important pour les pays souverains d'établir le pouvoir dominant dans l'innovation financière. De grands changements ont eu lieu dans le mode de paiement mondial. L'essor de la monnaie numérique apporte de nouvelles opportunités et de nouveaux défis à l'émission de monnaie et à la politique monétaire des banques centrales. L'émission de la monnaie numérique est une mesure importante pour consolider la position des centres financiers internationaux afin de rechercher un soutien innovant du système de paiement et de saisir l'opportunité du développement de la technologie des chaînes de blocs. Vu du développement et de l'utilisation actuels de la monnaie numérique, la monnaie numérique basée sur la technologie de la chaîne de blocs ne résout que le problème du crédit, mais s'il n'y a pas de mécanisme de régulation de l'offre pour s'adapter à la demande économique, elle ne peut pas résoudre le problème de la fluctuation des devises. Elle peut devenir des produits et des actifs financiers, mais pas une bonne monnaie. En plus d'être un moyen de transaction, la monnaie numérique souveraine a également les fonctions de norme de valeur, de stockage de valeur et de paiement différé. Elle joue un rôle important dans le maintien du pouvoir d'achat, la promotion de l'économie du crédit, la réforme des paiements et des transferts de fonds, la compensation et le règlement des fonds propres, le crowdfunding des fonds propres, le commerce des billets et la réforme de l'audit. C'est une raison importante pour les pays d'explorer activement la monnaie numérique souveraine. En même temps, la monnaie numérique basée sur la technologie de la chaîne de blocs réalise la traçabilité du processus de transaction, mais le fait qu'elle puisse devenir une monnaie dépend de la reconnaissance des participants et de la stabilité de la valeur de la monnaie. La clé est que son paiement et sa liquidation doivent répondre aux exigences réglementaires. La monnaie numérique souveraine peut mieux s'intégrer au système monétaire existant, ce qui accélérera le développement de la monnaie numérique à l'échelle mondiale.

Par rapport à la monnaie souveraine, la monnaie numérique souveraine, présentant les avantages qui sont l'innovation technologique et l'innovation en matière de gouvernance, jouera un rôle important dans le mécanisme de crédit, la régulation politique et l'innovation financière. « Selon la théorie monétaire, la monnaie souveraine est le crédit émis par l'État, qui est basé sur l'impôt d'État, garanti par la loi, et payé et garanti par l'impôt national ».[59] La monnaie numérique souveraine a non seulement les caractéristiques d'une monnaie souveraine, mais présente aussi des avantages évidents. Tout d'abord, il s'agit d'un avantage évident en termes de coût et d'une plus grande efficacité de circulation. Le mécanisme de confiance de la monnaie numérique souveraine est basé sur la cryptographie asymétrique. Les utilisateurs peuvent échanger de la valeur dans une structure décentralisée et multicentrique. Le coût de friction de l'échange de valeur est presque nul. Le paiement et la compensation sont effectués directement par les deux parties de la transaction, et il n'est pas nécessaire de faire appel à une institution tierce de paiement et de compensation. En particulier dans le contexte actuel de la mondialisation économique, le développement accéléré du commerce mondial, l'ampleur et la fréquence des transactions font que l'application de la monnaie numérique souveraine a une forte valeur économique. Deuxièmement, elle peut résoudre efficacement le problème de la surémission de monnaie et freiner l'hyperinflation. Comme l'État contrôle l'émission de la monnaie, afin de réduire le déficit budgétaire et de promouvoir le développement économique, la

---

59. Han Yuhai, « Souveraineté monétaire et destin de pays », *GREENLEAF*, n° Z1, 2010, p. 155.

surémission de papier-monnaie est inévitable, ce qui peut facilement entraîner une grave inflation, des dommages et une érosion de la richesse sociale, et nuire au développement économique normal. L'émission de monnaie numérique souveraine est basée sur certaines transactions ou sur des besoins spécifiques reconnus par tous les participants. Elle est le reflet direct et la cartographie des transactions de la valeur des biens, des matériaux et des services dans l'ensemble de la société. Elle reflète véritablement le développement économique. Théoriquement, la monnaie numérique souveraine ne sera pas sur-émise et n'entraînera pas d'inflation.[60] Troisièmement, elle peut améliorer effectivement la précision et l'efficacité de la politique monétaire. La monnaie numérique souveraine est une monnaie enregistrée. Son horodatage inviolable et infalsifiable peut refléter intégralement les détails de la transaction et les informations des deux parties de la transaction. Elle peut enregistrer fidèlement le crédit de la transaction de chaque participant et former un livre de compte unifié dans le système. En retraçant les informations relatives aux comptes et la circulation de la monnaie numérique souveraine, les autorités réglementaires nationales peuvent saisir de manière complète et précise la mise en œuvre de la politique monétaire, de la politique de crédit et de la politique industrielle nationale dans un premier temps, puis évaluer scientifiquement l'effet de la mise en œuvre de la politique, et ajuster et optimiser les politiques pertinentes en fonction de l'évolution de la situation. Quatrièmement, elle est utile pour la construction d'un nouveau système financier stable et efficace. À l'ère des mégadonnées, l'intégration de la finance et des mégadonnées continue de progresser en profondeur, et les innovations numériques du système financier se produisent l'une après l'autre. La multiplication continue des utilisateurs et des institutions de la monnaie numérique privée représentée par le Bitcoin et Ripple a eu de nombreux impacts sur la pénétration progressive et le détournement du système financier des pays souverains. « La monnaie numérique de la banque centrale adopte un nouveau système et un nouveau mode de paiement pour soutenir le paiement et le règlement de point à point, réduire les liens intermédiaires des transactions monétaires, aplatir considérablement le réseau de circulation monétaire, accélérer la conversion mutuelle des actifs financiers et améliorer considérablement l'efficacité des transactions. De plus, la monnaie numérique souveraine adopte

---

60. Groupe de recherche de la sous-direction centrale de Yibin de la Banque populaire de Chine, « Discussion sur le développement et l'application de la monnaie numérique et la réforme du système monétaire sur la base de la technologie des chaînes de blocs », *Southwest Finance*, n° 5, 2016, p. 71.

une comptabilité transparente et des transactions anonymes contrôlables, qui peuvent à terme former un grand système de données méticuleux et transparent. La banque centrale souveraine surveille et évalue de manière exhaustive les risques du système financier en utilisant les avantages des données, et finalement construit un nouveau système financier stable et efficace. »[61]

(III) Monnaie numérique souveraine sous la chaîne de blocs de souveraineté

La chaîne de blocs de souveraineté a des caractéristiques à la fois technologique et systémique, ce qui peut donner lieu à la monnaie numérique souveraine. La chaîne de blocs de souveraineté est une solution technologique sécurisée de grand livre distribué avec des règles et un consensus comme noyau sous la souveraineté nationale ainsi que la législation et la supervision nationales. Il ne s'agit pas seulement de l'application d'une série de nouvelles technologies, mais aussi de l'innovation du système et des règles. Elle présente les caractéristiques de la supervision, de la gouvernance, de la confiance et de la traçabilité. La monnaie numérique souveraine est une application importante de la chaîne de blocs de souveraineté. Actuellement, l'orientation fondamentale de l'innovation financière est le partage, et d'autres réformes transitoires sont nécessaires pour résoudre les contradictions existant dans le fonctionnement économique et financier actuel. Sur la base de la chaîne de blocs, de la preuve de la charge de travail et de celle des droits et intérêts, la chaîne de blocs de souveraineté étudie les technologies et les règles appropriées pour mieux répondre aux exigences du système de la monnaie numérique. Il vise à modifier les modes traditionnels, y compris la forme organisationnelle, le mode de gestion, la transmission de l'information et l'allocation des ressources, afin de réaliser progressivement un « équilibre stable, ordonné et optimal » du système monétaire souverain dans le modèle idéal. La monnaie numérique souveraine construite et émise sur la base de la chaîne de blocs de souveraineté aura les avantages dits la « numérisation » et la « centralisation ». Il est peu probable que le système de monnaie numérique souveraine adopte le mode de cryptocrédit entièrement décentralisé qui nécessite une architecture technologique hybride totalement innovante pour le soutenir. Grâce à la technologie de la chaîne de blocs de souveraineté, le contenu de la transmission et le chemin de circulation de la monnaie numérique cryptée peuvent

---

61. Qiu Xun, « Monnaie numérique émise par la banque centrale chinoise : voie, difficultés et contre-mesures », *Southwest Finance*, n° 3, 2016, p. 16.

être entièrement enregistrés et stockés, et partagés à travers l'établissement d'un grand livre distribué, de sorte que le chemin de circulation de la monnaie numérique souveraine soit entièrement traçable et inviolable. À la différence de la décentralisation complète de la monnaie numérique privée, la monnaie numérique souveraine adopte une structure de réseau décentralisée et multicentralisée, et est soutenue par le crédit national, garantie et signée par la banque centrale souveraine. Elle présente l'avantage unique de la centralisation, qui lui assure une plus grande stabilité des prix, et la société est plus disposée à la conserver et à reconnaître sa crédibilité.

La monnaie numérique souveraine possède les caractéristiques essentielles d'une monnaie souveraine, et peut construire une architecture de système dite « une monnaie, deux bibliothèques et trois centres ». Les « deux bibliothèques » doivent suivre le modèle dualiste de « Banque centrale – Banque commerciale » de la monnaie souveraine. La monnaie numérique souveraine est émise par la banque centrale souveraine à la bibliothèque des opérations des banques commerciales qui sont chargées par la banque centrale souveraine de fournir au public des services tels que le dépôt et le retrait de la monnaie numérique souveraine, et de travailler avec la banque centrale souveraine pour maintenir le fonctionnement normal du système d'émission et de circulation de la monnaie numérique souveraine, seulement avec un mode de livraison et de stockage différent. Sur cette base, le centre d'authentification, le centre d'enregistrement et le centre d'analyse des mégadonnées sont créés pour former une architecture avec « une monnaie, deux bibliothèques et trois centres » comme éléments centraux. En tant qu'élément de base de la sécurité du système, le centre d'authentification peut réaliser la gestion centralisée des institutions souveraines de monnaie numérique et des informations sur l'identité des utilisateurs par la banque centrale souveraine, et c'est également une partie importante de la conception anonyme contrôlable. Le centre d'enregistrement enregistre la monnaie numérique souveraine et les informations d'identité des utilisateurs correspondantes, réalise l'enregistrement de la propriété et du flux et complète l'enregistrement de l'ensemble du processus de génération, de circulation, de comptage et de vérification de la monnaie numérique souveraine et de sa disparition. Le centre d'analyse des mégadonnées est un module de surveillance destiné à garantir la sécurité des échanges de monnaie numérique souveraine, à prévenir les échanges illégaux de monnaie numérique souveraine et à améliorer l'efficacité de la politique monétaire. En fonction des besoins des entreprises, il peut analyser en temps réel les différents comportements commerciaux et aider les organismes de réglementation à réaliser des analyses de données et à prendre des décisions précises.

II. Identité numérique

L'identité est une sorte de statut dont jouissent tous les membres de la communauté. Toutes les personnes ayant ce statut sont égales dans les droits et obligations conférés par ce statut. La société est un système inégalitaire, et les classes sociales, à l'instar la citoyenneté, peuvent être construites sur un ensemble d'idéaux, de croyances et de valeurs. Il est donc raisonnable de penser que l'influence de la citoyenneté sur les classes sociales se manifeste sous la forme d'un conflit entre les deux principes opposés.[62] Le système d'identité existant entrave le rythme de l'innovation scientifique et technologique et restreint le processus de numérisation, de mise en réseau, d'intelligence, de diversification et de coopération des services sociaux. L'établissement d'une identité numérique crée les conditions nécessaires pour combler la fracture numérique et pour que l'ensemble de la population partage les fruits de la civilisation matérielle et de la civilisation spirituelle du développement économique.

(I) De l'identité traditionnelle à l'identité numérique

« L'être humain, en tant qu'animal social, a formé une identité conceptuelle particulière dans l'interaction entre les individus. Cette identité est le symbole de la différence de statut entre les individus et, dans une certaine mesure, reflète la différence de comportement entre les individus. »[63] Plus précisément, « au niveau social, l'identité se réfère à la position d'une personne dans un certain système social, ou dans la vie sociale lorsqu'elle a des relations avec les autres »[64]. Au niveau juridique, l'identité se réfère à la somme des capacités personnelles dans le champ d'application juridique, c'est-à-dire l'ensemble des droits et obligations juridiques personnels. En d'autres termes, toutes les formes d'« identité » mentionnées dans la « loi de l'homme » sont issues des droits et privilèges de la « famille » dans l'Antiquité. « L'individu ne se crée aucun droit ni aucune obligation. Les

---

62. Guo Zhonghua et Liu Xunlian, *Citoyenneté et classes sociales*, Presse populaire du Jiangsu, 2017, p. 23.

63. Liu Ruxiang, « Personne, identité et contrat : critique sur l'*Origine du droit Social* rédigé par Dong Baohua *et al.*, *Critique d'un livre juridique* sous la direction de Su Li, Presse juridique, 2003, p. 79.

64. Chen Guoqiang, *Dictionnaire concis d'anthropologie culturelle*, Presse populaire du Zhejiang. 1990, p. 260.

règles qu'il doit respecter proviennent d'abord du lieu où il est né, puis des ordres impératifs qui lui sont donnés par le chef de famille dont il fait partie. »[65] En outre, la répartition des droits et obligations dépend du statut de l'individu (nobles ou civils, père ou fils, mari ou femme, etc.) dans des « groupes spécifiques » comme les familles.

Dans la « société d'identité », l'identité (l'origine) est le principal moyen pour les personnes d'obtenir des privilèges. « Le corps humain peut faire en sorte que l'homme devienne l'entrepreneur d'une certaine fonction sociale. Son corps est devenu son droit social. »[66] L'identité est devenue la norme de base pour déterminer le statut, les droits et les obligations d'un individu. L'essence de l'identité est de prêter attention aux différences, à l'intimité, à la supériorité et à l'infériorité, de sorte que l'identité est devenue le tournant entre les gens et la racine de toutes les différences entre les gens. En même temps, l'identité est la norme fondamentale de l'attribution du pouvoir. Le pouvoir vient de l'identité et varie selon l'identité. Sans identité, il n'y a pas de pouvoir. Les différentes identités rendent le pouvoir plus inégal et plus privilégié. Dans une « société d'identité », l'identité est égale au pouvoir et à l'autorité, ce qui pousse les gens à vénérer le pouvoir, les idoles et les identités. Ils privilègent la supériorité et l'obéissance. Par conséquent, la « société d'identité » est une société dirigée par des individus. Dans ce type de société, tous les gens appartiennent à des classes différentes selon leur origine, leur propriété et leur profession. Chaque classe a ses propres opinions, sentiments, droits, habitudes et mode de vie. Elles n'ont pas de pensées ni de sentiments communs, de telle sorte qu'il est difficile de croire qu'elles sont originaires d'un même pays.[67]

Avec la maturité et le développement de la technologie numérique, l'identité numérique émerge au fur et à mesure que le temps l'exige, ou deviendra une partie importante de la future infrastructure de la chaîne de blocs. « L'identité numérique est un nouveau type d'identité basé sur la technologie moderne de communication et la technologie des réseaux dans le contexte du développement de la technologie

---

65. Maine [UK], *Loi Ancienne*, traduit par Gao Min et Qu Huihong, Presse chinoise des sciences sociales, 2019, p. 176.

66. Marx [Allemagne] et Engels [Allemagne], *Karl Marx et Frederick Engels* (Volume 1), traduit par le Bureau pour la compilation et la traduction des œuvres de Marx, Engels, Lénine et Staline sous le Comité central du PCC, Presse populaire, 2006, p. 377.

67. Tocqueville [France], *De la démocratie en Amérique* (Volume II), traduit par Dong Guoliang, Presse commerciale, 1990, p. 700-701.

informatique moderne »[68]. Que ce soit à l'ère de l'Internet ou à l'ère de la future chaîne de blocs, l'une de leurs caractéristiques est la numérisation. Le fondement des activités numériques est l'identité numérique des utilisateurs. Cependant, « avec le développement continu de l'Internet et le nombre croissant de sites web, l'identité centralisée a apporté beaucoup de confusion et de restrictions. Diverses identités numériques sont dispersées de manière aléatoire sur l'Internet, et l'identité de l'utilisateur et les données qui s'y rapportent ne sont pas contrôlées par l'utilisateur, ce qui entraîne l'absence de protection efficace de la vie privée. »[69] Le système d'identité numérique construit par la technologie des chaînes de blocs présente les avantages d'une réelle et efficace protection des données, de la sécurité des données et d'une protection efficace de la vie privée. Toutefois, afin de garantir la sécurité absolue de l'identité numérique, diverses technologies numériques doivent se compléter et travailler ensemble pour former une solution complète intégrant logiciel et matériel. Le forum économique mondial de Davos de 2018 a proposé qu'une bonne identité numérique réponde à cinq éléments : « premièrement, la fiabilité. Une bonne identité numérique doit être fiable, capable de susciter la confiance de la personne qu'elle représente pour exercer leurs droits et libertés afin de prouver qu'elle soit éligible à des services. Deuxièmement, l'inclusion. Toute personne qui doit établir et utiliser une identité numérique n'est pas concernée par le risque de discrimination fondé sur des données liées à l'identité, et ne sera pas confrontée au processus d'authentification d'exclusion d'identité. Troisièmement, l'utilité. Les identités numériques utiles sont faciles à établir et à utiliser, et peuvent donner accès à une variété de services et d'interactions. Quatrièmement, la flexibilité. Les utilisateurs individuels peuvent choisir comment utiliser leurs données, quelles données partager pour quelles transactions, avec qui et pour combien de temps. Cinquièmement, la sécurité. La sécurité comprend la protection des personnes, des organisations ou des dispositifs contre le vol et l'abus d'identité, ainsi que contre le partage non autorisé de données et les violations des droits de l'homme. »[70]

---

68. Zhang Jingyu et Li Zhihong, « Analyse sur l'aliénation de l'identité numérique », *Étude de la dialectique de la nature*, n° 9, 2018, p. 46.

69. Token Gazer et Hash Key, « Rapport de recherche sur l'identité centralisée (DID) », Token Cazer, 2019, https://tokengazer.com/#/reportDetail?id=240.

70. Liu Qianren *et al.*, « Application et recherche de l'identité numérique basée sur la chaîne de blocs », *Designing Techniques of Posts and Telecommunications*, n° 4, 2019, p. 82.

(II) Identité numérique et Déstratification

Avec le développement de la numérisation, de la mise en réseau et de l'intellectualisation, la technologie numérique est devenue une nouvelle variable et remodèle le mécanisme de stratification sociale. Dans l'étude de la stratification sociale, il existe un modèle d'analyse de la dimension dit « moderne – postmoderne », en bref, un modèle d'analyse de la « stratification – déstratification ». Du point de vue de la stratification, la fracture numérique peut être considérée comme l'« effet Matthew » de l'ère de l'information : « la fracture numérique est une sorte de 'fossé technologique', c'est-à-dire que les réalisations avancées ne peuvent être partagées équitablement par les gens, ce qui fait que 'plus les riches sont riches, plus les pauvres sont pauvres' ».[71] En d'autres termes, grâce à la transformation effective du capital de données et d'autres capitaux, le fossé social et économique entre les classes sociales s'élargit et, finalement, le statut des différentes classes se renforce. Il s'agit d'une explication structuraliste selon laquelle la structure des classes sociales est continue et la technologie numérique est une nouvelle variable qui favorise la stratification. Au contraire, la perspective postmoderniste souligne l'importance de la culture, le concept d'individu et la construction d'un acteur individuel étant mis en avant. La diversité des modes de vie et des pratiques de consommation aura ainsi un impact énorme sur la structure inhérente. On peut voir que la technologie numérique peut aider les individus à se débarrasser des contraintes inhérentes à la structure des classes sociales et à réaliser la « déstratification » de celle-ci.[72]

La division traditionnelle des classes sociales se fait en fonction de la dimension unique qui consiste en l'économie, la politique, la société, la culture et l'honneur, ou de la simple intégration multidimensionnelle des facteurs précédents. Sous la condition de la numérisation, la division des classes sociales dépend de la dimension de la numérisation avec les technologies de l'information et de la communication comme noyau. La dimension de la numérisation comprend principalement la conscience de la numérisation, l'accès et l'utilisation des technologies de l'information et de la communication, l'acquisition, l'utilisation et la création de contenu d'information, la qualité de l'information de la numérisation et la cohésion

---

71. Qiu Renzong *et al.*, « Enjeux éthiques des technologies de mégadonnées », *Science & Society*, n° 1, 2014, p. 43.

72. Li Sheng, « 'Fracture numérique' : une nouvelle perspective de l'écriture contemporaine des classes sociales », *Society*, n° 6, 2006, p. 82-83.

de la numérisation.[73] Sur cette base, selon la théorie et la méthode d'analyse de la stratification sociale, la théorie du communautarisme et la dimension de l'inégalité numérique, la communauté et ses membres à l'ère numérique sont divisés en cinq niveaux, à savoir le groupe des élites numériques, le groupe d'influence numérique, le groupe de la classe moyenne numérique, le groupe de pauvreté numérique et le groupe d'indigence numérique. Le groupe des élites numériques est le seul groupe qui présente une cohésion numérique parmi les cinq classes. Le groupe d'influence numérique peut réaliser l'affluence numérique en créant, téléchargeant et publiant des contenus numériques. La classe moyenne numérique dispose d'un équipement de base en matière d'information et de communication, d'une conscience numérique, d'une culture numérique, d'une motivation et d'un désir d'utiliser des ordinateurs, l'Internet et d'autres installations, et obtient passivement un contenu d'information en réseau grâce à l'utilisation des technologies de l'information et de la communication. Elle n'utilise pas nécessairement ces ressources d'information en réseau pour résoudre des problèmes pratiques. Le groupe de pauvreté numérique se réfère à un ou plusieurs types de pauvreté en matière de TIC (Technologies de l'Information et de la Communication) et de contenu d'information, y compris la pauvreté matérielle, la pauvreté de conscience et la pauvreté d'alphabétisation. L'extrême pauvreté numérique est la superposition des trois phénomènes de pauvreté numérique.[74]

L'identité numérique offre la possibilité de réduire la fracture numérique. Comme l'a souligné Amartya Sen, lauréat du prix Nobel d'économie, « il n'y a pas de véritable pauvreté dans un pays où l'information circule librement. L'ouverture et la circulation de l'information et sa jouissance par l'ensemble de la population sont propices à un développement équilibré et sain de l'économie et de la société. » Conjugués aux causes, aux manifestations et à la crise éthique de la fracture numérique, nous devrions promouvoir l'esprit de partage, de contrat et d'humanité

---

73. La cohésion numérique fait référence au degré de solidarité des membres d'un groupe social dans le cyberespace en utilisant les technologies de l'information et de la communication et le contenu d'information numérique, qui se manifeste par la capacité d'attirer l'intérêt du réseau, de guider l'opinion publique du réseau et d'influencer toutes sortes de décisions dans la pratique. Les termes « unité » et « division » peuvent être utilisés pour décrire deux cas extrêmes de la cohésion, à savoir l'unité et la division. L'unité représente le fait d'avoir la cohésion numérique, tandis que la « division » est définie comme un manque de cohésion numérique. Par conséquent, seules les élites numériques sont unies, tandis que les quatre autres classes sont considérées comme des classes numériques « divisées ».

74. Yan Hui, *Recherche sur la classe sociale numérique en Chine*, Presse de la Bibliothèque nationale, 2013, p. 10-80.

à l'ère numérique. Tout d'abord, à l'ère numérique, maîtriser les données signifie disposer d'avantages en termes de ressources et occuper une position dominante absolue dans la production et la vie. Par conséquent, pour briser fondamentalement ce phénomène d'injustice, nous devons éliminer le séparatisme des données et les îlots de données, ce qui nécessite de faire jouer pleinement les caractéristiques de l'identité numérique, telles que la fiabilité, l'ouverture, l'utilité, la flexibilité et la sécurité, de manière à jeter des bases solides pour protéger la confidentialité des données et promouvoir le partage, l'ouverture et la circulation des données. Deuxièmement, dans le processus de partage des données, il y a forcément des conflits entre les principaux acteurs en termes de droits et d'obligations, d'intérêts et de responsabilités. Si ces différends ne sont pas traités correctement, poursuivre l'esprit de partage deviendra à terme un slogan. Il est donc nécessaire de clarifier les limites des droits et obligations, des intérêts et responsabilités entre les parties prenantes des mégadonnées du point de vue de l'éthique des contrats.[75] Enfin, « la technologie des mégadonnées n'est pas omnipotente. Elle ne peut pas résoudre tous les problèmes. Elle n'est qu'un moyen quantitatif de prise de décision. Le principe le plus important est de comprendre correctement les bons et les mauvais intérêts des choses et de suivre l'esprit humaniste. »[76] La technologie numérique nous apporte non seulement une grande valeur économique, mais aussi une valeur humaniste. Ce n'est qu'en poursuivant activement l'esprit humaniste et en extrayant la valeur humaniste que l'ère numérique pourra devenir une ère plus égale et harmonieuse, une ère qui subvertit le mode de vie traditionnel.

(III) Identité numérique basée sur la chaîne de blocs

À l'heure actuelle, la vague de la multipolarisation mondiale, de la mondialisation économique et de l'informatisation sociale s'étend de jour en jour, et le système de gouvernance économique mondiale accélère sa reconstruction. Dans cette situation changeante, les opportunités et les défis coexistent. Il est crucial de renforcer la capacité d'innovation scientifique et technologique et d'accélérer l'ajustement de la structure économique et de la chaîne industrielle. L'émergence de l'identité numérique modifie profondément la force motrice et le mode de développement économique et social. Par rapport au système d'identité traditionnel, l'identité

---

75. Chen Shiwei, « Gouvernance éthique de la fracture numérique à l'ère des mégadonnées », *Innovation*, n° 3, 2018, p. 20-21.

76. Liu Jianming, « Les mégadonnées ne sont pas tout », *Beijing Daily*, le 6 mai 2013, p. 18.

numérique améliorera considérablement l'efficacité sociale globale, optimisera l'expression de la valeur pour l'utilisateur et profitera au gouvernement, aux fournisseurs de services, aux utilisateurs et aux autres parties.[77] L'identité numérique est importante mais fragile. Dans la pratique, la sécurité de l'identité numérique est fortement menacée. Selon les mesures réglementaires existantes pour la protection de l'identité numérique dans divers pays, les réglementations relatives à la protection des données personnelles et à la vie privée constituent la principale base juridique de la protection actuelle de l'identité numérique, et celle-ci n'a pas fait l'objet d'une attention aussi grande que le droit à la vie privée.[78] Tout en intensifiant le contrôle des données personnelles les unes après les autres, il convient de résoudre efficacement une série de problèmes sensibles dans le domaine de l'identité numérique, tels que la fragmentation des informations, les fausses données, la facilité de divulgation des données et le contrôle difficile des utilisateurs.

S'appuyant sur ses caractéristiques techniques, la chaîne de blocs offre une solution relativement fiable pour une vérification fiable et une autorisation autonome de l'identité numérique dans une certaine mesure. Les plus typiques sont le système de gestion de la chaîne d'identité et le système d'identité numérique basé sur la technologie de la chaîne de blocs. « Selon les prévisions de Research & Markets, le marché mondial de la gestion de l'identité par chaîne de blocs passera de 90,4 millions de dollars en 2018 à 1,9299 milliard de dollars en 2023 ».[79] La chaîne d'identité peut atteindre l'objectif de « données crédibles et personnes plus honnêtes » se basant sur les caractéristiques de la technologie de la chaîne de blocs. « La chaîne d'identité est l'identification unique de l'authentification électronique de l'identité d'un réseau basée sur la technologie de la chaîne de blocs. Elle peut protéger les informations d'identité contre les fuites, étendre la forme et la portée du service de codage de l'identité du réseau en utilisant les caractéristiques de la technologie de la chaîne de blocs, améliorer la capacité de service du codage de l'identité du réseau, fournir des formes sûres, fiables et

---

77. Zhang Yihui et Wei Kai, « Quelles sont les applications à attendre concernant la reconstruction de l'identité numérique par chaîne de blocs ? », *PPTN*, le 11 avril 2019, p. 7.

78. Xie Gang *et al.*, « Identité numérique personnelle et mesures de protection dans le domaine des services publics électroniques à l'ère des mégadonnées », *Forum on Science and Technology in China*, n° 10, 2015, p. 36.

79. CAICT, « Livre blanc de la chaîne de blocs (2019) », Site officel du CAICT, 2019, http://www.caict.ac.cn/ kxyj/qwfb/bps/201911/P020191108365460712077.pdf.

variées de services d'authentification d'identité de confiance pour tous les types de systèmes d'application, et protéger en même temps la vie privée des utilisateurs. La chaîne d'identité numérique dote tous les participants d'identités numériques pour réaliser la cartographie, l'association et la gestion unifiée des identités réelles hors ligne et des identités numériques en ligne, de manière à rendre les données transparentes ; les utilisateurs peuvent contrôler l'ouverture totale ou partielle de leurs données grâce à des paramètres de permission, et définir qui peut accéder aux données ouvertes, de sorte que les données ne seront pas manipulées par d'autres, et la vie privée de l'utilisateur est bien protégée. »[80]

Le système d'identité numérique basé sur la technologie des chaînes de blocs peut garantir que les données de l'identité numérique et des activités et transactions qui y sont associées sont réelles et efficaces. Certaines études ont montré que tous les systèmes d'identité avaient quelque chose en commun : ils sont composés d'utilisateurs, de fournisseurs d'identité et de personnes dépendantes.[81] Le système d'identité numérique n'est pas exceptionnel. Il permet de s'assurer que les enregistrements d'identité sont difficiles à endommager, à falsifier, à voler ou à perdre grâce à une technologie avancée de contrôle d'identité et à un protocole de sécurité. Il peut être divisé en cinq types de base : gestion interne de l'identité, authentification externe, identité centralisée, authentification conjointe et identité distribuée. Un réseau d'identité naturel réussi doit reposer sur cinq principes. Premièrement, la valeur sociale. Le système d'identité peut être utilisé par tous les utilisateurs et optimiser les avantages des parties prenantes. Deuxièmement, la protection de la vie privée. Les informations sur les utilisateurs ne sont fournies à la bonne entité que lorsque cela est approprié. Troisièmement, centration de l'utilisateur. Les utilisateurs peuvent contrôler leurs propres informations et décider qui a le droit de les détenir et de les obtenir. Quatrièmement, faisabilité et durabilité. Le système d'identité est une entreprise durable et a une forte capacité à résister aux fluctuations politiques. Cinquièmement, ouverture et flexibilité. Le système d'identité est établi selon des normes ouvertes afin de garantir son

---

80. Wang Junsheng *et al.*, « Recherche sur l'application du système de la chaîne d'identité numérique », *Recherche et application des technologies de communication électrique*, n° 5, 2019, p. 401.

81. L'utilisateur désigne la personne qui a une identité dans le système et peut effectuer la transaction. Le fournisseur d'identité désigne la personne qui stocke les attributs de l'utilisateur, assure l'authenticité des informations et effectue les transactions au nom des utilisateurs. La personne dépendante se réfère à la personne qui sert l'utilisateur après que le fournisseur d'identité ait fourni une garantie pour l'utilisateur.

extensibilité et sa capacité de développement. Les normes et les lignes directrices du système doivent être transparentes pour les parties prenantes.[82]

III. Ordre numérique

Il existe diverses structures qui forment divers ordres par l'arrangement et la combinaison dans la nature et dans la société humaine. Chaque ordre a sa fonction et son rôle spécifiques. Il favorise non seulement l'évolution de la forme sociale humaine, mais influe aussi grandement sur le mode de vie des hommes.[83] Dans son livre *Everything is miscellaneous: the power of the new digital disorder*, David Weinberger divise l'ordre en trois niveaux. Le premier ordre est celui de l'entité, qui fait référence à la structure d'existence de l'entité elle-même. Dans cet ordre, les choses sont limitées par leur propre temps et espace selon une sorte de logique d'arrangement pour parvenir à « un objet à une place » dans l'espace physique fixe. Le deuxième ordre est l'ordre rationnel qui est une sorte d'ordre artificiel et virtuel. Dans cet ordre, les informations entre les choses sont séparées, mais reliées par une sorte de direction. Ces informations deviennent le proxy de l'objet du premier ordre, et indiquent l'emplacement physique de l'objet par une sorte de méthode de codage. Le troisième ordre, à savoir l'ordre numérique, est un nouvel ordre formé à l'ère du numérique pour répondre aux besoins individuels. Dans l'environnement numérique, cet ordre modifie notre mode de production et de vie.[84]

Les trois éléments de l'existence numérique sont la connexion, la confiance et l'identité. Les citoyens numériques se connectent les uns aux autres par le biais d'outils techniques, et forment progressivement une confiance et une identité, de manière à atteindre des objectifs communs. Nicholas A. Christakis a déclaré que « le cœur d'une société civilisée est d'établir une connexion entre les gens. Ces liens contribueront à réduire la violence et deviendront une source de confort, de paix et d'ordre. Les gens ne sont plus des solitaires, mais des coopérateurs. »[85] La

---

82. Deloitte et Forum économique mondial, « Une idée parfaite : plan d'identité numérique », Deloitte, 2017, https://www2.de-loittecom/cn/zh/pages/financial-services/articles/disruptive-innovation-digital-identity.html.

83. Wen Tingxiao et Liu Xuan, « Théorie du nouvel ordre de David Weinberger et ses éclaircissements sur l'organisation des connaissances », *Bibliothèque*, n° 3, 2013, p. 6.

84. David Weinberger [États-Unis], *Everything is miscellaneous: the power of the new digital disorder*, traduit par Li Yanming, Presse populaire du Shanxi, 2017, p. 1.

85. Nicholas A. Christakis [États-Unis], James H. Fowler [États-Unis], *Connected: The Surprising Power of Our Social Networks and How They Shape Our Lives*, traduit par Jian Xue, Presse universitaire Renmin, 2012, p. 313.

société numérique est considérée comme le « deuxième espace de vie » de la vie humaine et des activités pratiques, ce qui est une expression plus visualisée de la « société en réseau » ou de la « société virtuelle ». Le développement rapide et la large application de la technologie numérique donnent naissance à la technologie spécifique, à la construction sociale et à la culture sociale de la société numérique. « Le développement de la société numérique est inévitable, et c'est un processus irréversible de développement de la société numérique ».[86] Dans la future société numérique, les êtres humains seront connectés dans un immense réseau social par le biais de l'identité numérique et de la monnaie numérique, qui est non seulement une partie inhérente et indispensable de notre vie, mais aussi une force éternelle.

Sous l'influence de l'identité numérique, de la monnaie numérique et de nombreux autres facteurs dynamiques, la société numérique présente un état de structure et de fonctionnement différent de la société réelle précédente. En matière de fonctionnement, la société numérique présente les quatre caractéristiques essentielles suivantes : premièrement, la connexion inter-domaines et la coexistence à plein temps. La connexion inter-domaines résout d'abord le problème de la connexion universelle[87]. Sur cette base, la connexion inter-domaines repose sur la commodité unique de la virtualisation apportée par la numérisation, qui résout le problème de la connexion effective au-delà des contraintes géographiques et spatiales, de manière à atteindre véritablement l'objectif d'interconnexion de l'intégration des réseaux mondiaux. Deuxièmement, l'autonomie d'action et l'interaction en profondeur. La société numérique, l'ère d'Internet et le cyberespace fournissent objectivement une condition de base très commode pour la liberté de comportement des activités numériques des citoyens. Il permet non seulement la présentation virtuelle des activités comportementales humaines en réseau, mais aussi la poursuite de ces activités dans le cyberespace. Les citoyens numériques peuvent avoir une interaction plus approfondie. Troisièmement, le partage des données et l'intégration des ressources. L'intégration des ressources dans le cyberespace peut traverser les frontières réelles de l'espace régional et peut facilement compléter l'arrimage et la combinaison des éléments de ressources, de

---

86. Li Yi, « Quatre caractéristiques de l'état de fonctionnement de la 'société numérique' », *Study Times*, le 2 août 2019, p. 8.

87. La connexion universelle comprend non seulement la connexion numérique entre les personnes, mais aussi celle entre les objets telles que les appareils intelligents et les dispositifs intelligents, ainsi que la connexion et le lien entre les personnes, les choses et les dispositifs intelligents reposant sur la numérisation.

manière à améliorer l'efficacité et la rapidité de l'intégration et de l'utilisation des ressources. Quatrièmement, un contrôle intelligent et une coopération efficace. La réalisation de la mécanisation, de l'automatisation et de l'intelligence est le « bien-être » apporté par le progrès de la science et de la technologie à la vie sociale humaine. Une série de dispositifs intelligents et de dispositifs de contrôle automatique peuvent fournir aux gens des services pratiques et efficaces. Le monde des réseaux ne réalise pas seulement la connexion des choses, mais aussi celle des personnes. Derrière l'Internet au sens de technologie ou d'outil, il s'agit en fait de l'état et du réseau de relations connexes au sens de société et de culture. À l'instar de l'intégration des ressources dans le cyberespace, les gens s'appuient sur la plate-forme et le domaine du cyberespace pour atteindre l'objectif de coopération mutuelle dans divers domaines de travail et de vie.[88]

Les possibilités offertes par la technologie numérique sont évidentes, et les risques correspondants sont de plus en plus clairs. La technologie numérique n'a pas seulement apporté un progrès technologique rapide, une innovation efficace et une meilleure qualité de vie sociale, mais diverses « destructions créatives », des problèmes et des défis dans les relations de production, le mode de vie, la structure sociale, le mode de gestion, l'ordre et d'autres aspects. Le système, le mécanisme de fonctionnement, la réglementation et l'ordre social sont donc confrontés à un degré élevé de « subversion » et de « reconstruction ».[89] Le 10 décembre 2018, le rapport intitulé *Partager l'avenir numérique : Construire une société numérique inclusive, fiable et durable* publié par le Forum économique mondial offre une nouvelle vision pour faire face aux nouveaux problèmes et défis engendrés par le développement de la technologie numérique. Dans le rapport, il est souligné que le mécanisme et le cadre existants sont déjà sollicités pour faire face à l'avenir numérique. L'avenir numérique doit être inclusif et durable en termes de société, d'économie et d'environnement. Afin de construire un avenir numérique durable et inclusif, le gouvernement, les entreprises, les universités et la société civile doivent avoir un objectif commun et une action concertée. Les dirigeants et les organisations mondiales devraient se concentrer sur les six objectifs de développement communs suivants : ne laisser personne à la traîne, faciliter les utilisateurs grâce à une bonne identité numérique, faire en sorte que les entreprises

---

88. Li Yi, « Quatre caractéristiques de l'état de fonctionnement de la 'société numérique' », *Study Times*, le 2 août 2019, p. 8.

89. Ma Changshan, « Message pour la nouvelle colonne », *ECUPL Journal*, n° 1, 2018, p. 5.

soient au service de la population, assurer la sécurité de chacun, établir de nouvelles règles pour les nouveaux jeux, briser la barrière des données, en renforçant les échanges et la coopération et en créant une plate-forme commune pour façonner notre avenir numérique.

Chapitre IV

THÉORIE DU CONTRAT INTELLIGENT

Puisque aucun homme n'a une autorité naturelle sur son semblable, et puisque la force ne produit aucun droit, restent donc les conventions pour base de toute autorité légitime parmi les hommes.

—ROUSSEAU, penseur français des Lumières

La confiance est le lubrifiant de l'échange économique, un mécanisme efficace pour contrôler le contrat, un contrat implicite et une marchandise unique qui n'est pas facile à acheter.

—Kenneth J. Arrow, récipiendaire du prix Nobel d'économie

Si de nombreuses règles peuvent être programmées et mises en œuvre sur la chaîne de blocs actuellement construite, l'ordre de toute la société pourrait être meilleur et plus efficace.

—CHEN ZHONG, professeur à l'université de Pékin

Section I
Économie numérique fiable

Il y a plus de 200 ans, Adam Smith a utilisé la « main invisible » dans *The Wealth of Nations* pour décrire le rôle des mécanismes du marché dans le fonctionnement économique. Aujourd'hui, à cause de la convergence des technologies numériques , telles que les mégadonnées, l'intelligence artificielle, l'Internet des objets, les chaînes de blocs et 5G, avec la production et la vie humaines, la productivité et les relations de production qui favorisent le progrès de la société humaine sont en constante évolution, et le monde est à l'ère des grands changements en accélérant la transition de l'économie industrielle à l'économie numérique. Le principal facteur de production à l'ère de l'économie agricole est la terre, celui à l'ère de l'économie industrielle la technologie et le capital, et celui à l'ère de l'économie numérique est devenu les données. Le système de contrat intelligent basé sur la chaîne de blocs peut effectivement confirmer le droit des données par le biais du processus de liaison de données « numériques fiables », garantir efficacement l'authenticité et la sécurité de la transaction et du partage des données, et laisser la confiance circuler librement comme l'information, de manière à construire un écosystème économique numérique de confiance efficace, réel, transparent et égalitaire. Il ne fait aucun doute que la combinaison parfaite de la technologie de la chaîne de blocs et du contrat intelligent favorisera grandement le changement social, reconstruira la productivité existante, les moyens de production, les relations de production et même les règles et l'ordre de la société humaine, fournira un mécanisme de consensus unifié pour une interaction fiable entre les objets numériques et formera une future économie numérique fiable. Une nouvelle société contractuelle verra naturellement le jour, dans laquelle chacun est responsable du public et fait de son mieux à sa place.

I. Fintech basée sur la chaîne de blocs

La finance est le cœur de l'économie moderne et le sang de l'économie réelle. Le progrès technologique a toujours été le principal moteur du développement et de la réforme de l'industrie financière. Ces dernières années, avec le développement vigoureux de la nouvelle génération de technologies de l'information, le secteur financier est fortement dépendant des données d'information, et l'intégration avec les technologies de l'information s'approfondit, ce qui accélère l'innovation financière. En mars 2016, le Conseil de stabilité financière (CSF), institution centrale de la gouvernance financière mondiale, a donné pour la première fois la définition suivante de la « Fintech » : la Fintech fait référence à l'innovation financière apportée par la technologie, qui peut créer de nouveaux modèles d'entreprise, applications, processus ou produits, ayant ainsi un impact significatif sur le marché financier, les institutions financières ou la manière de fournir des services financiers.[1] Selon le concept ci-dessus, la clé de la Fintech est l'intégration interactive de la finance et de la technologie, et la percée technologique est la force motrice du développement de la Fintech. Combiné au rôle de la technologie de l'information dans la promotion de la finance, le développement de la Fintech peut être divisé en trois étapes (Tableau 4.1). On peut voir que dans le contexte d'un nouveau cycle de révolution scientifique et technologique et de changement industriel, la Fintech est en plein essor, et l'intégration profonde des technologies de l'information de nouvelle génération (les mégadonnées, l'intelligence artificielle, les chaînes de blocs, etc.) avec les activités financières est devenue le principal moteur de l'innovation financière.

Tableau 4.1   Principales étapes du développement de la Fintech axée sur la technologie

Stade de développement de la Fintech	Période	Technologie motrice	Industries	Degré d'accessibilité	Relation entre la technologie et la finance
Étape 1	2005-2010	Informatique	ATM, effets électroniques	Faible	Technologie comme outil
Étape 2	2011-2015	Internet	Paiement de tierce partie, prêt sur réseau P2P	Moyen	Innovation axée sur la technologie
Étape 3	2016 jusqu'à présent	Mégadonnées, chaîne de blocs, intelligence artificielle, etc.	Finance intelligente	Élevé	Intégration profonde de la technologie et de la finance

---

1. He Jianqing, « Fintech : développement, influence et supervision », *Journal of Financial Development Research*, n° 6, 2017, p. 54-61.

En septembre 2019, la Banque populaire de Chine a publié le Plan de développement des technologies financières (Fintech) (2019-2021) (ci-après dénommé le « Plan »). Le Plan définit la planification de haut niveau de la Fintech en Chine, qui est propice à l'établissement d'un système de développement de la Fintech plus complet, mettant fin à la situation désordonnée du développement actuel de l'industrie, évitant efficacement le gaspillage des ressources de la Fintech, et encourageant les entrepreneurs de la Fintech à développer la Fintech avec une application de scénario caractéristique. En plus, le Plan souligne également qu'« à l'aide des technologies, telles que l'apprentissage machine, l'exploration de données et les contrats intelligents, la Fintech peut simplifier les liens de transaction entre le fournisseur et le demandeur et réduire le coût marginal du financement », et qu'il est nécessaire d'explorer activement l'application des technologies émergentes pour optimiser l'environnement de confiance des transactions financières et de promouvoir régulièrement l'application pilote et la recherche et le développement de technologies telles que le grand livre distribué. En tant que technologie émergente de grand livre distribué, le contrat intelligent de la chaîne de blocs est un protocole numérique hautement sécurisé et inviolable, qui peut être déployé sur le grand livre distribué afin de garantir l'exécution et le traitement des transactions de manière non confidentielle. La combinaison organique de la chaîne de blocs et du contrat intelligent peut être appliquée dans de nombreux domaines financiers, tels que la monnaie numérique, le billet numérique, le commerce des valeurs mobilières, l'audit financier, etc.

Chaîne de blocs : technologie clé sous-jacente de la Fintech. La Fintech à l'origine du développement de la finance est passée du niveau des applications de l'Internet mobile, des mégadonnées et de l'informatique en nuage à l'innovation technologique sous-jacente comme la chaîne de blocs. Celle-ci est un système de grand livre décentralisé, qui peut pallier les insuffisances des institutions financières traditionnelles, améliorer l'efficacité opérationnelle, réduire les coûts d'exploitation, mettre à jour avec souplesse les règles du marché, empêcher la falsification et la manipulation d'informations et améliorer considérablement la stabilité. La chaîne de blocs est l'infrastructure du lien de confiance, qui peut résoudre le problème de confiance des activités financières à faible coût, et favoriser l'évolution de la confiance financière depuis la confiance mutuelle bilatérale ou l'établissement d'un mécanisme central de confiance vers une confiance mutuelle multilatérale et une confiance mutuelle sociale, de manière à chercher le moyen de résoudre le problème de la « confiance publique » avec la « confiance mutuelle ».[2] En outre, la chaîne de blocs est également propice à la réglementation et peut devenir une partie de la technologie réglementaire et encourager les autorités réglementaires à obtenir des données réglementaires plus complètes et en temps réel. On peut dire que la technologie de la chaîne de blocs sera l'infrastructure clé sous-jacente de la finance sur Internet et même de l'ensemble du secteur financier. En tant qu'architecture technique sous-jacente de la Fintech, la chaîne de blocs est appelée à remodeler les formes du secteur financier sous de nombreux aspects. La technologie de la chaîne de blocs a de très larges perspectives d'application, que ce soit dans les services financiers traditionnels, dans les innovations financières de l'Internet comme le crowdfunding et le prêt personnel P2P en ligne, ou dans la prévention des risques financiers, le renforcement de la surveillance financière et la répression de la collecte illégale de fonds. La finance sur Internet entre dans l'ère de la « chaîne de blocs + ». En bref, en tant que technologie de base de l'innovation financière, la chaîne de blocs a une forte valeur stratégique et est largement reconnue par les banques centrales et les institutions financières. En utilisant la technologie de la chaîne de blocs, celles-ci étudient l'application de l'approfondissement de la réforme financière, l'amélioration de l'offre financière, la promotion de l'innovation financière, l'amélioration du crédit financier et la prévention des risques financiers. La technologie de la chaîne de blocs sera largement utilisée dans le domaine financier, économique et social.

Chaîne de blocs : infrastructure importante de la finance numérique. Du point de vue financier, la chaîne de blocs et la monnaie numérique constituent un nouveau système financier numérique. « La finance numérique en chaîne de blocs construite par les lois fondamentales et les technologies matures du monde numérique est extrêmement agressive. La CTB (bitcoin) a construit la pierre angulaire industrielle de la finance numérique en une courte période de dix ans ».[3] Dans le contexte de la numérisation financière, tout le monde reconnaît les avantages suivants de la monnaie numérique : facilitation des activités commerciales, réduction du coût d'émission et amélioration de la capacité de la banque centrale à contrôler la circulation monétaire. « La finance numérique peut reconstruire le

---

2. Huo Xuewen, « La chaîne de blocs deviendra la technologie sous-jacente de la Fintech », NetEase, 2016, http://tech.163.com/16/0710/10/BRJT0K4400097U7R.html.

3. Zhu Jiwei, « Chaîne de blocs : la pierre angulaire de la finance numérique », *Informatisation*, n° 7, 2019, p. 56.

mode de fonctionnement financier, le mode de service et même tout l'écosystème financier. Elle est simple et claire, transcende le temps et l'espace ainsi que les frontières physiques, brise les frontières nationales ; elle est libre et ouverte, et respecte l'autonomie et le volontariat des acteurs du marché. »[4] Grâce à la Fintech, on n'a plus besoin de s'appuyer sur l'intermédiaire financier traditionnel et peut faire circuler les actifs en conservant l'information complète d'origine. L'activité financière traditionnelle sera logiquement codée comme un contrat intelligent transparent, fiable, automatique et obligatoire. Le contrat intelligent fournit une variété de services financiers, et même un contrat intelligent représente une forme financière. En ce sens, contrôler le contrat intelligent constitue une manière de contrôler les futures activités financières. Par conséquent, sur la base d'une authentification et d'une gestion des droits des utilisateurs sûres et efficaces, les contrats intelligents doivent être vérifiés par les services compétents avant d'être mis dans la chaîne, afin de déterminer si leurs programmes peuvent fonctionner conformément aux politiques attendues des autorités de régulation. Si nécessaire, les autorités réglementaires peuvent empêcher que des contrats intelligents non qualifiés soient enchaînés ou supprimer le droit des résidents locaux à exécuter des contrats intelligents. Dans le même temps, il permet d'établir un mécanisme d'intervention réglementaire d'autorisation pour permettre au code de suspendre ou de mettre fin à l'exécution. L'application de la chaîne de blocs s'est étendue du financement initial à de nombreux domaines tels que la fabrication intelligente, l'Internet des objets, la gestion de la chaîne d'approvisionnement, le stockage des données et le commerce. À l'avenir, la chaîne de blocs modifiera le modèle commercial social actuel, créera un nouveau système financier numérique, puis déclenchera une nouvelle série d'innovations technologiques et de changements industriels.

Chaîne de blocs : moteur puissant pour le développement de la finance accessible à tous. « L'objectif de la finance accessible à tous est de fournir des services financiers appropriés et efficaces à un coût abordable pour tous les secteurs et groupes de la société qui en ont besoin, sur la base des principes d'égalité des chances et de durabilité des entreprises »[5]. Dans le développement du financement accessible à tous, il existe de nombreuses difficultés telles que la vulgarisation, le

---

4. Yao Qian, « La cryptoconnaissance est devenue une véritable monnaie », Surging News, 2019, https:// www.thepaper.cn/newsDetail_forward_4445573.

5. Conseil des Affaires d'État de la RPC, Programme de promotion de la finance accessible à tous (2016-2020) (GUOFA [2015] No.74), 2015.

bénéfice et la durabilité financière. Le mode de réseau point à point en chaîne a un degré élevé d'autonomie et d'ouverture, ce qui permet aux services financiers de pénétrer progressivement dans des zones éloignées et de fournir des services financiers à des groupes relativement vulnérables. Il peut briser les restrictions traditionnelles de l'espace géographique, fournir des services financiers aux groupes qui ont été exclus par la finance pendant longtemps, et accroître la vulgarisation des services financiers. En implantant des chaînes de blocs et des contrats intelligents, sur la base de la garantie de l'authenticité et de l'efficacité des informations, nous pouvons réaliser la numérisation des informations, des actifs et des flux de travail, faire entrer dans le système financier les groupes exclus du système financier en raison de l'asymétrie de l'information, et partager l'information dans les zones sous-développées pour éviter le monopole et étendre la couverture des services financiers. En réduisant les coûts de la main-d'œuvre et en améliorant l'efficacité, les institutions financières peuvent fournir des services financiers à des prix plus bas au profit d'un plus grand nombre de groupes. En outre, en termes de lutte contre la pauvreté ciblée, grâce au suivi des données par la chaîne de blocs tout au long du processus, les participants sont très transparents et les ressources sociales sont entièrement contrôlables. Comme le flux de fonds sur la chaîne globale est difficile à falsifier, il est facile pour les services concernés de gérer efficacement les fonds destinés à la lutte contre la pauvreté et de résoudre le problème de l'intégrité.

Chaîne de blocs : un soutien fort pour prévenir et résoudre les risques financiers. L'essence de la finance est le risque, et l'essence du risque est l'asymétrie d'information. La chaîne de blocs peut résoudre le problème de l'asymétrie d'information et de la difficulté de confiance entre le secteur financier et l'économie réelle. Cela permettra de réduire considérablement le coût du secteur financier, tout en contribuant à prévenir les risques financiers, et les contrats intelligents sont plus efficaces pour améliorer l'efficacité des services financiers à l'économie réelle. Dans le scénario d'application de la finance en chaîne de blocs, la confiance technique peut remplacer le crédit commercial dans une certaine mesure, mais n'annule pas le mode de confiance traditionnel. En substance, il ne s'agit pas de faire sans confiance, mais d'utiliser la confiance technologique pour renforcer le crédit commercial, ce qui est propice au maintien du principe de l'intégrité contractuelle et financière.[6] La chaîne de blocs est une machine à construire la confiance. Elle

---

6. Li Lihui, « Cinq mesures pour établir un mécanisme de confiance dans la société numérique », Sina, 2018, https://finance.sina.corn.cn/hy/hyjz/201 8-12-15/doc-ihmutuec9368548.shtml.

peut non seulement instaurer la confiance envers les étrangers grâce à un registre distribué et à un algorithme de consensus, mais aussi permettre aux institutions financières d'établir une relation de confiance avec les petites, moyennes et micro-entreprises. Grâce à la plate-forme financière de la chaîne d'approvisionnement construite conjointement par le gouvernement, les entreprises et les institutions financières, avec l'autorisation de l'entreprise, la chaîne de blocs permet de réaliser l'authenticité, la crédibilité et le partage des données commerciales des petites, moyennes et micro-entreprises, ce qui réduit considérablement le coût de l'audit préalable des banques et diminue le risque de crédit. Le contrat intelligent permet également de réaliser des prêts intelligents, une collecte d'intérêts intelligente et un contrôle des risques intelligent, de manière à aider le financement à mieux servir l'économie réelle et à résoudre les problèmes de difficulté de financement et de coût de financement élevé des petites, moyennes et micro-entreprises.[7] En outre, le paramétrage du contrat intelligent est également une sorte de moyen de régulation. Tout comme certains indicateurs réglementaires, tels que le taux de réserve des dépôts légaux et le ratio d'adéquation des fonds propres, utilisés pour prévenir et contrôler les risques bancaires, les autorités de régulation peuvent également contrôler l'ampleur et le risque des activités financières en ajustant les paramètres du contrat intelligent ou en y intervenant. Par exemple, lors de l'application de la technologie de la chaîne de blocs dans les opérations concernant les effets, on peut utiliser le contrat intelligent programmable pour obtenir des restrictions spécifiques sur les accords commerciaux, et introduire des nœuds de surveillance pour confirmer toutes les parties à la transaction, afin de garantir le caractère unique de l'échange de valeurs et de résoudre efficacement les risques financiers.

II. Contrat intelligent et transaction de données

Selon le dernier rapport de l'International Data Corporation (IDC), la Chine produira et copiera des données à un rythme de plus de 3 % de la moyenne mondiale chaque année. Elle produira environ 7,6 Zetas (ZB) de données en 2018, et ce chiffre passera à 48,6 Zetas (ZB) en 2025.[8] Les données sont le principal

---

7. Zhao Yongxin, « Le mécanisme de confiance en chaîne de blocs favorise le développement du financement accessible à tous et aide à résoudre les problèmes de financement des petites, moyennes et micro-entreprises », *Securities daily*, le 26 décembre 2019, p. B1.

8. Reinsel [États-Unis] *et al.*, « IDC : la Chine aura le plus grand cercle de données au monde en 2025 », asmag.com.cn, 2019, http://security/asmag.com/cn/news/201902/97598.html.

facteur de production de l'économie numérique. La transaction de données favorise la circulation des données, libère la valeur des données, améliore toute la chaîne industrielle des mégadonnées, accélère la transformation et la mise à niveau de l'économie réelle vers la numérisation et devient un moteur important du développement de l'économie numérique. En tant que première zone pilote de mégadonnées en Chine, le Guizhou prend l'initiative d'explorer activement les domaines liés au commerce des données, tels que l'ouverture de source, l'authentification des données, la tarification des données, les normes de données, la confirmation des droits aux données, la sécurité des données, etc., et a servi de modèle dans le pays. En avril 2015, la bourse de mégadonnées de Guiyang, première du genre en Chine, a été officiellement inauguré. Sa mise en place a été saluée par IDC comme « une étape importante dans le développement de l'industrie mondiale des échanges de mégadonnées, ouvrant un nouveau chapitre dans l'histoire de l'industrie ». L'économie numérique considère les données comme une énergie. La transaction de données située en amont de la chaîne industrielle de mégadonnées peut entraîner la circulation d'éléments de données. La chaîne est ainsi devenue le domaine clé du développement et de l'application de la technologie des chaînes de blocs.

Actuellement, en raison du manque de clarté quant à la propriété des données, les énormes ressources de données dispersées dans les barrières de données des entreprises gouvernementales et les îlots de données isolés restreignent la circulation des éléments de données et entravent le développement de l'industrie des mégadonnées et de l'économie numérique. Il existe certains problèmes, tels que la définition et la propriété peu claires des données de transaction, la traçabilité des données importantes, les fuites de données personnelles, etc. Si ces problèmes ne peuvent être résolus efficacement, ils porteront gravement atteinte aux droits et intérêts légitimes des individus et entraveront sérieusement le développement sain et durable de l'industrie des mégadonnées. Dans ce cas, la question de savoir comment utiliser efficacement la chaîne de blocs pour réaliser les transactions de mégadonnées devient un problème urgent. La chaîne de blocs peut aider les participants à établir une confiance mutuelle et à promouvoir la transaction de données : la propriété des données, la portée de la transaction et de l'autorisation étant enregistrées dans la chaîne de blocs, la propriété des données peut être confirmée et la portée de l'autorisation affinée peut réglementer l'utilisation des données.[9] En 2017, la bourse de mégadonnées de Guiyang a formulé la Norme d'application de la technologie de la chaîne de blocs pour le commerce des données, et a appliqué la technologie de la chaîne de blocs au système commercial pour réaliser la transaction fiable des actifs de données et effectuer la confirmation des droits aux données et la traçabilité des données. L'introduction de la technologie de la chaîne de blocs permet de laisser une trace temporelle à chaque étape de la transaction de données, d'enregistrer avec précision le processus de génération, d'échange, de transfert, de mise à jour, de développement et d'utilisation des données, de faciliter la confirmation, la traçabilité, la gestion et l'accès aux données de transaction, de réaliser la sécurité des données et la protection de la vie privée, et d'accélérer la circulation sûre des données à partir des règles. La chaîne de blocs des transactions de mégadonnées peut favoriser le processus, la transparence et la normalisation des transactions, promouvoir la confirmation de droits des données et l'évaluation de la qualité et fournir une garantie solide pour les transactions de mégadonnées.[10]

La chaîne de blocs résout les problèmes de partage et de sécurité des données. La transaction de données est essentiellement un partage de données payant, et le partage et la sécurité sont une paire de contradictions. Cependant, la technologie de la chaîne de blocs permet de concilier ces contradictions. Tout d'abord, la technologie de la chaîne de blocs garantit que les données ne sont pas divulguées par des cryptages multiples, et l'Enigma (système de cryptage de données) basé sur la technologie de la chaîne de blocs peut calculer les données sans accéder aux données d'origine, ce qui protège efficacement la confidentialité des données, et fournit une solution pour la sécurité des données, en particulier la protection de la vie privée dans la transaction de mégadonnées. Deuxièmement, sur la base d'un cryptage multiple, combiné à la technologie de signature numérique, la chaîne de blocs peut garantir que les données ne sont accessibles qu'au personnel autorisé. Et plus, si les données sont partagées entre tous les nœuds, chaque nœud aura une copie des données cryptées, et seule l'utilisation de la clé privée correspondante permet de les décrypter. Cette technologie permet non seulement le partage sélectif des données, mais assure également la sécurité des données. « L'architecture distribuée en chaîne de blocs est plus adaptée à la création d'un livre de comptes

9. Nuage de HUAWEI, « Livre blanc sur la chaîne de blocs de Huawei », www.echinagov.com, 2018, http:// www.echinagov.com/cooperativezone/210899.html.

10. Laboratoire clé de la stratégie des mégadonnées, *Données en bloc : Internet de l'ordre et chaîne de blocs de souveraineté*, Presse de Citic, 2017, p. 187

de données partagé crédible entre plusieurs parties prenantes. Sans une autorité 'centralisée', les parties prenantes peuvent interagir et partager des données de manière centralisée ».[11] Le plan de transaction de données basé sur le contrat intelligent de la chaîne de blocs enregistre les comportements d'achat et de vente des deux parties à travers la chaîne de blocs, et utilise le contrat intelligent pour réaliser l'exécution automatique de la transaction. Les données de la transaction ne sont pas enregistrées dans la chaîne de blocs, et les données seront cryptées et stockées dans la mémoire de données externe. Lorsque le contrat intelligent entre en vigueur, l'acheteur peut obtenir les données. Les contrats intelligents sont exécutés sur plusieurs nœuds, avec les résultats d'exécution identiques. Ceux-ci doivent faire l'objet d'un consensus avant d'être acceptés.[12] En outre, l'acheteur peut également publier la transaction grâce à la supervision du réseau de consensus de la chaîne de blocs pour réaliser le témoin tiers, ce qui augmente également la sécurité de la transaction des données.

La chaîne de blocs protège les droits et intérêts légitimes des deux parties dans le cadre de la transaction de données. Il existe un grand litige sur la propriété des données dans la transaction de données et une zone floue quant à l'identité de la personne concernée par les droits sur les données. Les données sont très faciles à copier sur le réseau, et il est difficile de réaliser réellement la protection de la propriété. Clarifier la source, la propriété, le droit d'utilisation et le chemin de circulation des données en utilisant la technologie de la chaîne de blocs pour l'authentification des données permet de rendre les enregistrements de la transaction reconnus, transparents et traçables dans l'ensemble du réseau, de manière à protéger efficacement les droits et intérêts légitimes des deux parties à la transaction de données. D'une part, la chaîne de blocs fournit un chemin traçable, ce qui peut résoudre efficacement le problème des données falsifiées. La chaîne de blocs effectue le calcul et l'enregistrement des données par l'intermédiaire de plusieurs nœuds participant au calcul dans le réseau qui vérifient mutuellement la validité de leurs données, ce qui est utile à la lutte contre la contrefaçon des données de transaction et à la protection des droits et intérêts légitimes des utilisateurs de données. D'autre part, la chaîne de blocs élimine le risque de

---

11. Zhang Yuwen, Chi Cheng et Li Yurong, « La chaîne de blocs peut-elle résoudre le dilemme de l'interaction des données ? », Institut national de l'information et de la communication, 2019, http://www.caict.ac.cn/kxyj/caictgd/201912/t220191212_271577.htm.

12. Cai Weide et Jiang Jiaying, « Trois principes importants du contrat intelligent », www.sohu.com. 2019, http://www.sohu.com/a/290611143_100029692.

copie des données du centre intermédiaire, ce qui favorise la mise en place d'un environnement de confiance pour le commerce des mégadonnées. Le centre intermédiaire dispose des conditions et la capacité de copier et de sauvegarder toutes les données en circulation, mais grâce à la chaîne de blocs décentralisée, le risque de copie des données dans le centre intermédiaire peut être éliminé, et les droits et intérêts légitimes des fournisseurs de données seront protégés. Le contrat intelligent permet de confirmer efficacement les données. Grâce au processus de liaison de données « numérique fiable », il peut garantir efficacement l'authenticité des données, résoudre réellement les problèmes difficiles à résoudre dans le passé pour l'industrie, et promouvoir la transformation et la mise à niveau de diverses industries en commençant par la réduction des coûts et l'amélioration de l'efficacité.

La chaîne de blocs réduit le risque de sécurité du système d'échanges de données. Les attaques de hacker et les pannes de serveur sont les problèmes les plus préoccupants du système d'échanges de données. Une fois que le système d'échanges de données est endommagé, ses conséquences sont incommensurables. La structure du réseau distribuée de la chaîne de blocs peut faire en sorte que l'ensemble du système d'échanges de données soit dépourvu de matériel ou d'organisation centralisés. Lorsqu'un nœud est endommagé, cela n'entraîne pas la perte de données sur les autres nœuds. L'ensemble du système d'échanges peut fonctionner comme d'habitude, et l'échange de mégadonnées basé sur la chaîne de blocs se fera sans problème. En outre, grâce à la technologie de la chaîne de blocs, tout nœud participant peut vérifier l'authenticité et l'intégrité du contenu du grand livre et de l'historique des transactions construit par le grand livre, s'assurer que l'historique des transactions est fiable et n'a pas été altéré, améliorer la responsabilité du système et réduire le coût de la confiance dans le système d'échanges de données. Dans la transaction de données basé sur le contrat intelligent de la chaîne de blocs, tous les nœuds entre le réseau de consensus de transaction et le réseau de consensus réglementaire tiennent conjointement un enregistrement de livre de compte à travers la chaîne de blocs, par lequel les transactions de données peuvent être publiées. Le réseau de consensus des transactions de données est publié dans la chaîne de blocs sous la forme d'un contrat intelligent, et distribué à chaque nœud par le biais du réseau de pair à pair pour parvenir à un consensus. On peut également publier la transaction de données vers le réseau de consensus réglementaire pour parvenir à un consensus, et exécuter automatiquement le contrat intelligent par le biais du nœud de vérification du réseau de consensus de transaction de données. En associant la technologie des empreintes digitales et de la signature numérique pour garantir l'authenticité et l'intégrité des données, l'autorité de certification peut vérifier les données et lier les résultats de l'authentification pour obtenir l'effet d'amélioration du crédit des données. La technologie de la chaîne de blocs résout le problème du transfert de valeur fiable de bout en bout, crée des connexions fiables pour un plus grand nombre de participants et fournit des services de partage de données fiables à faible coût et de manière efficace, transparente et de pair à pair.[13]

La chaîne de blocs assure la sécurité et la crédibilité du processus de transaction des données. Basée sur la technologie de la chaîne de blocs, la plate-forme de transaction de mégadonnées est construite en adoptant l'architecture de système décentralisée et le paradigme informatique, qui peuvent optimiser le processus de transaction de mégadonnées, réaliser la supervision sûre, contrôlable et complète de l'enregistrement des actifs de données, de l'évaluation de la valeur des données, de la préservation des actifs de données, de l'investissement des actifs de données, et du règlement des transactions de données dans le processus de transaction, et promouvoir la circulation et l'application des données. La chaîne de blocs aide à former une plate-forme d'enregistrement des actifs de données « ayant une crédibilité publique », à éviter les litiges sur la propriété des actifs de données et à promouvoir le processus ordonné de confirmation des transactions, de comptabilité et de confrontation de comptes, ainsi que de liquidation des investissements. Les caractéristiques du contrat intelligent, telles que la traçabilité et l'inviolabilité, contribuent à former un flux d'informations complet sur les transactions de mégadonnées, et, en comparant les données similaires et l'historique des transactions sur la chaîne de blocs, à raisonnablement évaluer les actifs de données nouvellement enregistrés. La combinaison des méthodes traditionnelles de préservation des actifs et de la technologie de la chaîne de blocs peut protéger efficacement l'intégrité des actifs de données et empêcher que ces actifs ne soient attaqués, divulgués, volés, altérés ou utilisés illégalement. Dans le processus d'investissement des actifs de données, la technologie de la chaîne de blocs est appliquée aux différents aspects des actifs de données, tels que l'enregistrement, l'évaluation, la préservation et l'investissement, afin de garantir la crédibilité et la sécurité des livres d'actifs de données. L'utilisation de la technologie des contrats

---

13. Zhang Yuwen, Chi Cheng et Li Yurong, « La chaîne de blocs peut-elle résoudre le dilemme de l'interaction des données ? », Institut national de l'information et de la communication, 2019, http://www. caict.ac.cn/kxyj/caictgd/201912/t220191212_271577.htm.

intelligents en chaîne de blocs peut simplifier considérablement le processus du service de règlement des transactions et la gestion du compte de capital des transactions. En plus, le contrat intelligent peut écrire les règles complexes de règlement des transactions de données dans le programme informatique sous la forme de clauses contractuelles. Lorsqu'un comportement conforme aux termes du contrat se produit, les actions ultérieures telles que la réception, le stockage et l'envoi seront automatiquement déclenchées pour réaliser le règlement des transactions de données intelligentes.

III. Écosystème économique numérique de confiance

La production et la vie des êtres humains ainsi qu'une série d'éléments de production sont en train d'être numérisés, et l'économie numérique est devenue une nouvelle forme de développement social et économique.[14] Selon les données de l'Institut chinois de recherche sur l'information et la communication, en 2018, l'économie numérique totale de la Chine a atteint 31,3 billions de yuans, représentant plus d'un tiers du PIB, soit 34,8 %, avec une augmentation de 1,9 point de pourcentage en glissement annuel. L'économie numérique considère la connaissance et l'information numériques comme les principaux facteurs de production, l'innovation technologique numérique comme la force motrice principale et le réseau d'information moderne comme le support important. Grâce à l'intégration profonde de la technologie numérique et de l'économie réelle, elle améliore continuellement le niveau numérique et intelligent des industries traditionnelles, et accélère la reconstruction du développement économique et du mode de gouvernance des gouvernements.[15] L'économie numérique est une étape économique supérieure après l'économie agricole et l'économie industrielle. Pour la comprendre, nous devons rompre avec le mode de pensée économique actuel, élargir nos horizons et l'espace, et la considérer comme un paradigme économique et une loi économique similaire à l'économie industrielle et à l'économie agricole. Cependant, il faut souligner que l'économie numérique est un bond en avant dans le développement de l'économie industrielle et de l'économie agricole, élargissant

---

14. Sun Chongming, « Transformer la crise en opportunité, renforcer la capacité d'innovation scientifique des entreprises », *Business China*, n° 4, 2019, p. 29.

15. Institut chinois de recherche sur l'information et la communication, « Livre blanc de la chaîne de blocs (2019) », CAICT, 2019, http://www.caict.ac.cn/kxyj/qwfb/ bps/201904/t20190417_197904.html.

l'espace et la dimension pratique du mode économique traditionnel.[16] À l'ère de l'économie agricole, les facteurs de production sont la terre et la main-d'œuvre. À l'ère de l'économie industrielle, l'importance de la terre a diminué, tandis que le capital productif (comme les machines et les équipements) et la main-d'œuvre sont considérés comme deux facteurs de production majeurs, et l'hypothèse implicite est que la terre est incluse dans le capital productif. À l'ère de l'économie numérique, outre le capital et la main-d'œuvre, les données deviennent un autre facteur de production essentiel.

En tant que nouveau moyen de production, les données sont devenues le facteur essentiel de production et les nouvelles infrastructures pour stimuler la croissance économique. Le mode Internet d'information basé sur un système centralisé n'est plus adapté au développement rapide de l'économie numérique. En tant que système technologique capable de garantir le stockage distribué, l'inviolabilité et la non-répudiation, la chaîne de blocs peut établir un réseau de transmission de valeur de poste à poste et réaliser la confirmation des droits et la numérisation de la valeur des données à l'aide des technologies comme la cryptographie. La chaîne de blocs peut assurer la sécurité et la fiabilité des liens de circulation tels que l'ouverture et le partage des données. Elle présente les caractéristiques suivantes : sécurité et crédibilité, droits de propriété numérique clairs, co-gouvernance et partage, et offre un environnement de développement sûr et crédible pour l'économie numérique. Par conséquent, le mécanisme de consensus et le mécanisme d'incitation de la chaîne de blocs elle-même peuvent copier la structure organisationnelle du système économique réel, améliorer l'efficacité de la transmission de la valeur et réduire le coût, et devenir l'infrastructure et la composante importante de la construction de l'économie et de la société numériques.

La chaîne de blocs permet de confirmer plus facilement les droits et la partition des données. La confirmation des droits aux données est la condition de base et la base juridique pour assurer le développement sain et sûr de l'économie numérique. La confirmation des droits aux données se réfère au processus de division et de détermination des droits et intérêts dans la collecte des droits sur les données, y compris la propriété, la possession, le contrôle, la vie privée, etc. En dernière analyse, c'est pour résoudre le problème des données qui n'ont pas d'étiquette

---

16. Cao Hongli et Hhuang Zhongyi, « Chaîne de blocs : l'infrastructure de l'économie numérique », *Cyber Security*, n° 5, 2019, p. 76.

et sont faciles à copier et à abuser.[17] Dans le processus de collecte, de stockage, d'utilisation, de circulation et de destruction, les données auront des relations de propriété diverses, qu'il est difficile de définir clairement. La segmentation des données est un problème subsidiaire de la confirmation des droits aux données, qui est fondamentalement causé par la difficulté du fractionnement et de la circulation des données.[18] La définition de la propriété des données est le support et la garantie de base pour le développement de l'économie numérique. Si la propriété des données dans les différentes relations n'est pas claire, les données ne peuvent pas circuler de manière ordonnée. La grande difficulté de la segmentation des données affectera sérieusement le développement multidimensionnel et raffiné de l'économie numérique, et ne peut fournir une protection fiable des droits pour les nouveaux formes et les nouveaux modèles de l'économie numérique, ce qui affecte le développement de celle-ci. Le système de confiance distribué établi par la technologie de la chaîne de blocs constitue la garantie d'architecture de base pour la réalisation de la confirmation et de la division des droits sur les données. Son attribut naturel de grand livre décentralisé garantit que les données sont réelles et inaltérables, et constitue la pierre angulaire de l'ère de l'économie numérique basée sur les données.

La chaîne de blocs encourage la mise en place d'une économie numérique sûre et fiable. L'économie numérique construite par la chaîne de blocs est un système économique basé sur la « confiance technologique ». En mode Internet, le stockage centralisé de données de masse permet la collecte, l'échange et la circulation d'informations à faible coût, mais il ne peut garantir la sécurité et la crédibilité des informations numériques dans les activités économiques numériques. Le mécanisme de consensus et le contrat intelligent de la chaîne de blocs construisent le protocole de règle de la génération, de la transmission, du calcul et du stockage des données dans l'environnement centralisé, qui crée les conditions d'un flux de valeur sûr avec les données, les informations et les connaissances comme support.

---

17. Sémantiquement, la confirmation des droits aux données consiste à déterminer le bénéficiaire des données, ce qui inclut la propriété, le droit d'utilisation, le droit au revenu, etc. ; d'un point de vue commercial, la confirmation des droits aux données est le processus qui consiste à clarifier les droits, les responsabilités et les relations des négociants en données dans le processus commercial, de manière à protéger les droits et les intérêts légitimes de toutes les parties. (Liu Quan, *Chaîne de blocs et intelligence artificielle : construire un monde économique numérique intelligent*, Presse populaire des postes et télécommunications, 2019, p. 42.)

18. Cao Hongli et Hhuang Zhongyi, « Chaîne de blocs : l'infrastructure de l'économie numérique », *Cyber Security*, n° 5, 2019, p. 78.

En outre, grâce à l'algorithme de cryptographie, le cryptage et la protection des données sur la chaîne arrivent progressivement à maturité, de manière à réaliser la protection de la vie privée « de bout en bout » dans les nœuds du réseau. De ce point de vue, la chaîne de blocs réalise le protocole de base de l'Internet de la valeur, devient la technologie de soutien stratégique pour le développement de l'économie numérique, et contribue à établir des règles et un ordre sûrs et fiables de l'économie numérique. La chaîne de blocs utilise le cryptage et l'algorithme de consensus pour établir un mécanisme de confiance, ce qui rend élevé le coût du déni, de l'altération et de la fraude de données, garantit que les données ne seront pas altérées ni falsifiées, et réalise l'intégrité, l'authenticité et la cohérence des données. Un système d'économie numérique crédible et sûr basé sur la chaîne de blocs crée un environnement de marché plus crédible et plus sûr pour que les économies souveraines participent à l'économie numérique mondiale, de manière à promouvoir une coopération économique numérique plus étroite entre différents pays, différentes régions, différentes entités commerciales et différents individus. Grâce à « l'information à la chaîne », le gouvernement, les entreprises et les individus peuvent rendre le fonctionnement économique et social plus transparent, et la circulation de l'information entre les différentes entités est fluide et fiable.

La chaîne de blocs est la clé pour réaliser la numérisation des biens. La numérisation des actifs est un moyen nécessaire pour mettre en correspondance les actifs physiques (actifs corporels et incorporels) avec les actifs de données et pour enrichir la connotation de ceux-ci. C'est le seul moyen d'élargir l'espace et la dimension de l'économie numérique et de promouvoir le développement de l'économie numérique vers les finances et la société numériques. Les actifs de données sont une nouvelle forme d'actif dans l'économie numérique, qui comprennent principalement trois aspects : premièrement, la monnaie numérique légale et d'autres monnaies numériques, tels que Bitcoin, Leyte, etc. Deuxièmement, les actifs financiers numériques comprennent tous les types de produits financiers dérivés tels que les actions, le financement des fonds propres, les fonds de capital-investissement, les obligations, les fonds spéculatifs, etc., et les actifs financiers divers, tels que les marchandises à terme, l'option, etc. Troisièmement, biens numérisés. En pratique, les contrats intelligents peuvent assigner des actifs de données à exécuter sur la chaîne de blocs sous forme de code, puis déclencher l'exécution automatique des contrats par le biais de données externes, de manière à déterminer la redistribution ou le transfert des actifs de données dans le réseau. L'objet du contrat peut être des droits de propriété matériels, tels que des voitures, des maisons, etc., ou des droits de propriété non matériels, tels que des capitaux propres, des factures, de la monnaie numérique, etc. On peut constater que la technologie des chaînes de blocs permet de résoudre plus facilement les problèmes de confirmation, de segmentation et de partage des droits sur les données. La topologie de réseau distribué de la chaîne de blocs peut élargir le champ d'application des biens numériques et prendre l'initiative de l'appliquer aux domaines économiques tels que la monnaie numérique et les transactions de données pour éviter la duplication des biens de données.

La chaîne de blocs est un élément important de la construction d'un système numérique de confiance sociale. L'économie numérique est la prémisse, le fondement et la force motrice essentielle pour promouvoir le développement de la société numérique[19]. La société numérique est le but ultime du développement de l'économie numérique. Elle fournit la puissance spirituelle, le soutien intellectuel et les conditions nécessaires au développement de l'économie numérique. Par rapport aux industries traditionnelles, l'économie numérique a une réaction plus rapide au marché, un seuil d'investissement plus bas, des liens de production plus simples et un coût plus faible. Par conséquent, l'économie numérique peut non seulement atteindre un faible niveau d'intrants, des revenus élevés, réduire les coûts, améliorer l'efficacité, mais aussi favoriser le développement durable de l'économie et de la société. On peut dire que l'économie numérique deviendra le principal moteur de l'amélioration de la productivité sociale et le nouveau moteur de la croissance économique. L'émission décentralisée de monnaie numérique des contrats intelligents basés sur la technologie de la chaîne de blocs, les conditions contractuelles inaltérables et les transactions de biens numériques rendent les restrictions de tout contrat plus simples, les coûts de transaction plus bas et l'efficacité des transactions plus élevée. Toutes les informations de la chaîne de blocs sont enregistrées sous forme numérique, ce qui signifie que la main-d'œuvre sera considérablement réduite et que chaque élément d'information peut être enregistré, confirmé et certifié sur la chaîne de blocs. L'économie numérique en mode « chaîne de blocs » reconstruira la relation entre les moyens de production

---

19. Le développement rapide et la large application des technologies modernes de l'information, telles que la numérisation, la mise en réseau, les mégadonnées, l'intelligence artificielle, donnent naissance à la technologie spécifique, à la construction sociale et à la forme socioculturelle de la « société numérique ». La référence spécifique à la « société numérique » est une expression plus visualisée de la « société en réseau » ou de la « société virtuelle ». (Li Yi, « Quatre caractéristiques de l'état de fonctionnement de la 'société numérique' », *Study Times*, le 2 août 2019, p. 8.)

et les travailleurs : tout d'abord, la chaîne de blocs peut établir un mécanisme de confirmation des droits grâce à la technologie de la cryptographie, au registre distribué inviolable et au réseau pair à pair, et définir le droit de propriété et d'utilisation entre les moyens de production et les travailleurs. Deuxièmement, la chaîne de blocs peut copier complètement les relations économiques hors ligne dans la société numérique grâce à un mécanisme de consensus et à une technologie de contrôle d'accès. Troisièmement, le mécanisme intégral et le mécanisme d'incitation de la chaîne de blocs redéfiniront les règles de distribution des moyens de production, enrichiront et stimuleront le mode d'innovation et le concept d'innovation de l'économie numérique.[20] La chaîne de blocs peut réaliser la connexion point à point entre les personnes, les machines et les réseaux, faire en sorte que la connexion à grande échelle brise les barrières entre les personnes et les choses, communiquer avec précision entre elles, réaliser véritablement l'interconnexion de toutes les choses, libérer pleinement l'énorme énergie contenue dans l'économie numérique et nous mener à une société à coût marginal zéro. En bref, la combinaison de la technologie de la chaîne de blocs et du contrat intelligent favorisera grandement la transformation de la productivité sociale et des relations de production, modifiera profondément le mode de production et de vie des êtres humains, et construira conjointement une composante importante d'une société numérique de confiance (Figure 4.1).

Section II
Société programmable

Dans sa *Théorie des sentiments moraux*, Adam Smith, sous l'angle de l'altruisme et du principe de base de la sympathie, révèle les fondements du maintien et du développement harmonieux de la société humaine, ainsi que les principes moraux généraux que le comportement humain devrait suivre. Cependant, comme il l'a évoqué dans *La richesse des nations*, chacun poursuit ses propres intérêts, ce qui est non seulement un aspect humain, mais aussi un phénomène naturel. En tant que machine de confiance, la valeur fondamentale de la chaîne de blocs est de fournir un « contrat technique » de confiance pour la société humaine, afin de fournir

---

20. Cao Hongli et Huang Zhongyi, « Chaîne de blocs : l'infrastructure de l'économie numérique », *Cyber Security*, n° 5, 2019, p. 80.

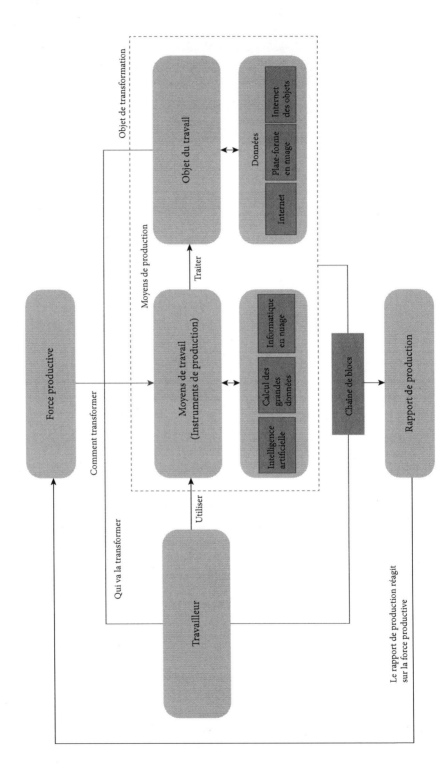

Figure 4.1 Structure relationnelle de la société numérique sous la forme d'une chaîne de blocs

une nouvelle solution pour la réconciliation et l'harmonie entre les hommes, ainsi qu'entre l'homme et la nature. La civilisation humaine a évolué de la « société de l'identité » à la « société du contrat ». Le contrat intelligent peut remplacer tous les contrats papier, relier parfaitement le monde physique et le monde virtuel et assurer une interaction fiable avec les biens du monde réel. À l'avenir, la plupart des activités humaines se dérouleront également sur la chaîne des blocs, réalisant ainsi la programmabilité de la confiance, des actifs et de la valeur, ce qui changera complètement la manière de transmettre la valeur de l'ensemble de la société humaine et formera un monde programmable. En plus, les terminaux numériques tels que les citoyens numériques et les dispositifs intelligents seront interconnectés dans le système de la chaîne de connexion. Sous l'impulsion de multiples facteurs tels que les données, l'algorithme et le scénario, une relation contractuelle sociale toute nouvelle et absolument crédible sans l'aval d'un tiers sera construite, et la gouvernance sociale sera constamment innovée pour conduire les êtres humains vers une société intelligente plus efficace, plus juste et plus ordonnée.

I. Du programmable au terminal croisé

Dans le monde réel, chacun se trouve dans une variété de contrats relationnels et participe à la production et à la vie de toute la société dans le cadre du contrat. « La société numérique est un nouveau mode de vie qui transfère dans le monde virtuel le mode de vie, le crédit, le droit et même la culture des gens de la société réelle ».[21] Le contrat intelligent de la chaîne de blocs virtualise les relations sociales de production, permet à la valeur du monde réel de circuler dans le monde virtuel, et réalise la modélisation consensuelle de différents contrats et processus commerciaux dans le monde virtuel. Afin de promouvoir la virtualisation des relations de production et le développement de la productivité, le noyau de l'ensemble de l'écosystème de la chaîne de blocs devrait pouvoir soutenir divers contrats, notamment des contrats commerciaux, et partager les livres de transactions entre les participants concernés. Dans la société réelle, la monnaie est le fondement de la finance, et la monnaie et la finance sont au cœur du fonctionnement social. Parallèlement, la monnaie programmable est le fondement de la finance et de la société programmables, celle-la étant le centre de cell-ci. À l'heure actuelle, le degré de liberté programmable de la chaîne de blocs est limité, mais on peut s'attendre à ce qu'avec les progrès

---

21. Hu Kai, « Les fondements de la société numérique : un contrat intelligent », www.cri.cn, 2018, http://it.cri.cn/20180531/ece4e6cc-c029-7e bd-7fda-c93d52e96f93.html.

de la technologie, le champ d'applications programmables basées sur la chaîne de blocs de bitcoins soit de plus en plus large. On peut dire que le contrat intelligent et la société programmable incarnent la capacité à réaliser à l'avenir des relations de production sociale virtuelle hautement automatisées, intelligentes, équitables et durables basées sur la chaîne de blocs. Avec la maturité et la mise en œuvre du contrat intelligent de la chaîne de blocs, de profonds changements se produiront dans l'économie, la société, la production et la vie humaines. Nous entrerons progressivement dans l'ère de l'Internet intelligent des objets et du système économique et social programmable.

De la monnaie programmable à l'économie programmable. Nous entrons actuellement dans une nouvelle étape de l'informatisation, c'est-à-dire l'étape intelligente avec les principales caractéristiques de l'application de l'exploration et de la fusion profondes des données. Dans le contexte de l'intégration de l'homme, de la machine et du matériel, avec pour objectif « tout doit être connecté et tout peut être programmé », la numérisation, la mise en réseau et l'intellectualisation présentent une nouvelle tendance d'intégration et de développement.[22] La programmabilité signifie la réalisation des actions complexes par des instructions préétablies, et le jugement des conditions externes afin d'y répondre. La monnaie programmable consiste à spécifier l'utilisation de certaines devises à un moment précis, ce qui est d'une grande importance pour le gouvernement pour gérer des fonds spéciaux. Le nouveau système de paiement numérique basé sur la technologie de la chaîne de blocs, avec son mode de transaction décentralisé et sans barrière basé sur la clé, assure non seulement la sécurité, mais aussi réduit considérablement le coût de la transaction, ce qui peut avoir un impact subversif sur le système financier traditionnel. Il dépeint également une vision idéale de la transaction : grâce à l'unification monétaire mondiale, l'émission et la circulation de la monnaie ne dépendront plus des banques centrales. La monnaie programmable apporte la finance programmable, et le financement programmable apporte l'économie programmable. La finance est une activité dans laquelle les gens échangent des valeurs à travers le temps et l'espace, et l'échange de valeurs est basé sur l'« information » et la « confiance ». Si on dit que la monnaie programmable est pour but de réaliser la décentralisation des transactions monétaires, alors la finance programmable peut réaliser la décentralisation de l'ensemble du marché financier, qui est le prochain

---

22. Mei Hong, « Consolider la pierre angulaire de la société intelligente », *People's Daily*, le 2 décembre 2018, p. 7.

maillon important pour le développement de la technologie des chaînes de blocs. La nouvelle technologie s'infiltre dans le processus dynamique complexe de l'économie, de la société et de la vie, apportant des changements subversifs au mode de fonctionnement de la société humaine et de ses organisations économiques. Tout cela va changer avec l'avènement de l'économie programmable. En tant que nouveau modèle économique basé sur l'automatisation et l'algorithme numérique, l'économie programmable écrit le processus d'exécution des transactions dans un langage programmable automatique, et exécute obligatoirement les instructions préimplantées à travers un code pour assurer l'automatisation et l'intégrité de l'exécution des transactions. Elle nous apporte une innovation technologique sans précédent, réduit considérablement le coût de la supervision des transactions au niveau de l'exécution et offre d'excellentes perspectives d'application pour réduire la fraude, lutter contre la corruption et simplifier les transactions de la chaîne de blocs et d'autres « comportements opportunistes ». C'est l'orientation du développement de la nouvelle économie dans le futur. Le langage de script de la chaîne de blocs fait de l'économie programmable une réalité. Le charme du script réside dans sa programmabilité. Le script peut modifier avec souplesse les conditions de maintien de la valeur pour mieux répondre aux besoins des personnes engagées dans des activités sociales et économiques, ce qui est également l'avantage de l'économie programmable. De cette façon, nous pouvons réaliser les fonctions de gestion de l'économie, de la société et de la gouvernance par le biais d'un contrat intelligent qui jouera un rôle important dans la promotion du fonctionnement du système économique et de la société.

La chaîne de blocs et la société programmable. Selon les caractéristiques et les applications programmables des contrats intelligents en chaîne de blocs, nous pouvons construire une société et une économie en réseau programmable qui n'ont pas besoin d'un mécanisme de confiance avec un tiers et où l'on se fait mutuellement confiance. En résolvant le problème de sans confiance, la technologie des chaînes de blocs apporte une technologie générale et une solution globale, c'est-à-dire qu'elle n'établit plus de crédit et partage les ressources d'information par l'intermédiaire d'un tiers, de manière à améliorer l'efficacité des opérations et le niveau global de l'ensemble du domaine. La chaîne de blocs 1.0 est la plateforme de support de la monnaie virtuelle. L'idée centrale d'une chaîne de blocs 2.0 est d'utiliser la chaîne de blocs comme une infrastructure de crédit distribuée programmable pour soutenir l'application de contrats intelligents. Le champ d'application de la chaîne de blocs s'est étendu du domaine de la monnaie à d'autres domaines ayant une fonction de contrat. Les transactions comprennent les contrats immobiliers, la propriété intellectuelle, les droits et intérêts, les titres de créance, etc. La chaîne de blocs 3.0 n'étendra pas seulement son application aux domaines de la gouvernance sociale tels que l'authentification de l'identité, l'audit, l'arbitrage et les appels d'offres, mais aussi inclura l'industrie, la culture, la science et l'art.[23] Dans cette phase d'application, la technologie de la chaîne de blocs sera utilisée pour connecter toutes les personnes et tous les appareils à un réseau mondial, configurer scientifiquement les ressources mondiales, réaliser le flux mondial de valeur et promouvoir la société entière dans l'ère de l'interconnexion intelligente. La modélisation consensuelle des différents domaines et des différents processus commerciaux dans le monde virtuel permettra même de créer un nouveau type de relation de production, de contrat de service ou de processus contractuel qui unifie le monde réel et le monde virtuel. Nous pouvons l'appeler une société programmable. Dans ce contexte social, tout comme les êtres humains, les machines ont de l'intelligence, peuvent communiquer de manière autonome et forment automatiquement les lois et les règles d'une société programmable. Elles peuvent itérer et évoluer par elles-mêmes sans l'aide de forces externes humaines. Il s'agit d'une plate-forme de construction d'organisations intelligentes et de coopération profonde, populaire, ouverte, habilitante et mutuellement bénéfique pour les unités organisationnelles (individus, groupes et institutions), qui construit une écologie sociale sans limites, aide à la transformation organisationnelle et à l'exploitation du potentiel individuel, et mène à la connexion des valeurs et à l'innovation coopérative avec les relations humaines comme noyau. D'un point de vue historique, le changement de la limite de l'organisation autonome modifiera non seulement sa structure de connexion interne, mais aussi l'état de connexion externe. L'interaction ciblée favorisera l'évolution spontanée de l'organisation vers une forme supérieure, modifiant ainsi la structure de connexion et le mode de supervision de l'ensemble de l'organisation sociale. [24] La société programmable permet de reconstruire la confiance et de réduire les coûts de transaction, ce qui améliore non seulement l'efficacité de la gestion sociale, mais aussi le mode

---

23. Zheng Zhiming, « Il est urgent d'établir une plate-forme de base de la chaîne de blocs de souveraineté nationale », *Chinese Science News*, le 18 octobre 2018, p. 6.

24. Nanhu Internet Finance Institute, « La programmabilité de la technologie des chaînes de blocs va changer le mode d'organisation de la société économique et de la vie », Eastmoney.com, 2016, http://finance.eastmoney.com/news/1670,2016081765607929 8.html.

de gouvernance sociale, et peut finalement conduire l'humanité à une société autonome plus juste, plus ordonnée et plus sûre.

La chaîne de blocs et l'alliance intelligente de toutes choses. La nature programmable de la chaîne de blocs encouragera la société à entrer dans l'ère de l'alliance intelligente de toutes choses basée sur la confiance en la machine. L'IDC prévoit que, d'ici à 2025, le nombre de dispositifs Internet des objets dans le monde atteindra 41,6 milliards, générant 79,4 Zetas (ZB) de données.[25] « Avant l'Internet, le monde physique était hors ligne ; après l'Internet, le monde évolue en ligne »[26]. La connexion est le résultat d'être en ligne. Ce n'est qu'être en ligne que la connexion peut pénétrer dans la société. Par conséquent, la caractéristique essentielle de l'Internet est la connexion, qui permet à chacun de se connecter (Internet intelligent), aux choses de se connecter (Internet des objets) et aux industries de se connecter (Internet industriel).[27] La technologie de la chaîne de blocs subvertit le protocole inférieur de l'Internet et intègre les technologies, telles que les mégadonnées, l'intelligence artificielle, la chaîne de blocs, 5G, etc., dans l'Internet des objets. Cette intégration créera un monde intelligent connecté, aura un impact positif sur tous les individus, les industries, les sociétés et les économies, et promouvra la société humaine vers un monde de perception, d'interconnexion et d'intelligence de toutes choses. La connexion intelligente basée sur un réseau omniprésent[28] a besoin de l'aide des technologies de connexion, telles que l'Internet, l'Internet des objets, etc., ainsi que de toutes sortes de terminaux intelligents, pour construire le monde en réseau omniprésent de la connexion intelligente de toutes choses. Ce type de connexion sera capable d'obtenir des données de comportement à tout moment et en tout lieu, de transférer et de stocker ces données dans le temps par le biais du réseau, afin de jeter les bases du calcul et de l'application. La connexion universelle comprend non seulement la connexion numérique entre les personnes, mais aussi la connexion entre les personnes, les choses et les terminaux intelligents basés sur la numérisation. En même temps, sur la base de la connexion universelle, la connexion interdomaines, s'appuyant en

---

25. IDC, « Rapport mondial sur les données des appareils de l'Internet des objets », www.asmag. com.cn, 2019, http://security.asmag.com.cn/news/201906/99489.html.

26. Wang Jian, *En ligne : les données changent l'essence des affaires, l'informatique remodèle l'avenir économique*, Presse de Citic, 2016, p. 34.

27. Fang Jiacai, *Connexion : le code de l'intelligence économique à l'ère de l'Internet mobile*, Presse de l'industrie des machines, 2015, p. 25.

28. Le concept de réseau omniprésent vient du mot latin *ubiquitous* qui fait référence au réseau omniprésent.

outre sur la commodité unique de la virtualisation apportée par la numérisation, brise la limitation de l'espace régional, réalise la connexion inter-domaines efficace, et atteint véritablement l'objectif d'interconnexion de l'intégration du réseau mondial. Dans le monde des réseaux formé par la connexion inter-domaines, toute personne, tout objet ou ordinateur, tout dispositif intelligent, tout serveur, etc. peut exister en tant que « point de connexion » sur le réseau numérique.[29] « Chaque terminal intelligent est un micro-ordinateur, qui est un client. Il est connecté au serveur par le réseau sans fil, et les données entre le client et le serveur peuvent être transmises entre eux. De toute évidence, la caractéristique la plus importante des terminaux intelligents est la connectivité. »[30] Cela permettra à un nombre croissant de terminaux intelligents sous diverses formes de se connecter à des ordinateurs personnels et des téléphones mobiles, et permettra aux êtres humains de mieux percevoir et reconnaître le monde à l'aide de capteurs. On peut imaginer qu'à l'avenir, tous les terminaux intelligents du monde pourront être dotés d'une puce connectée au réseau de la chaîne de blocs. Une fois que l'Internet des objets en chaîne de blocs sera mis en place, l'interaction de l'intelligence entre l'homme et la machine, ainsi qu'entre la machine et la machine, aura un langage commun ; les règles sociales pourront être programmées et les ressources sociales pourront être connectées librement.

II. Données, Algorithme et Scénario

« Dans une certaine mesure, le contrat intelligent est l'intellectualisation des relations de production, le but de l'intelligence artificielle est l'intellectualisation des choses, et le but du contrat intelligent est l'intellectualisation de la relation entre les personnes, entre les personnes et les choses, et entre les choses »[31]. Par conséquent, l'intelligence artificielle et le contrat intelligent désignent tous deux une sorte de société intelligente.[32] La promotion et l'intégration mutuelles de l'intelligence artificielle et de la technologie du contrat intelligent peuvent non

---

29. Li Yi, « Quatre caractéristiques de l'état de fonctionnement de la 'société numérique' », *Study Times*, le 28 août 2019, p. 7.

30. Wang Jiwei, « Le quatrième des dix symboles de l'ère des grandes connexions : la tendance générale du terminal intelligent », www.sohu.com, 2017, https:// www. Sohu.com/a/127131184_115856.

31. Fang Biao, « Le contrat intelligent stimule la construction d'une société intelligente », *Social Sciences in China*, le 28 août 2019, p. 7.

32. La société intelligente est une société très connectée, très numérique, à l'informatique très précise, très transparente et très intelligente (Wang Yukai, « Une société intelligente entraîne une gouvernance intelligente », *Information China*, n° 1, 2018, p. 34-36.)

seulement apporter des scénarios d'application plus larges, des ressources de données et des ressources algorithmiques au contrat intelligent, mais aussi rendre l'intelligence artificielle plus sûre et plus efficace, de manière à accroître l'étendue et la profondeur du champ de la chaîne de blocs. La combinaison de ces deux éléments peut jouer un rôle important dans la suppression des intermédiaires de confiance, la réduction des coûts de transaction et la prévention des risques, et a un impact clé sur la construction d'une société intelligente. Les données, les algorithmes et les scénarios sont les trois éléments clés d'une société intelligente (Figure 4.2). Les données sont la base, l'algorithme le moyen et le scénario le but. À l'avenir, le contrat intelligent aura également les fonctions de prédiction et de déduction, d'expériences de calcul et de prise de décision autonome dans une certaine mesure selon des scénarios inconnus, de manière à réaliser le saut du contrat social humain au véritable « contrat intelligent ».

Données : un facteur de production important dans une société intelligente. D'une part, en tant que ressource, les données, comme les facteurs de production tels que la terre, la main-d'œuvre, le capital, peuvent promouvoir la croissance économique mondiale et le développement social de tous les pays du monde ; d'autre part, les données, en tant que force de construction des relations sociales, sont au cœur de l'époque. Avec la matière et l'énergie, elles constituent les trois éléments essentiels des activités humaines dans le monde naturel, et, initialement

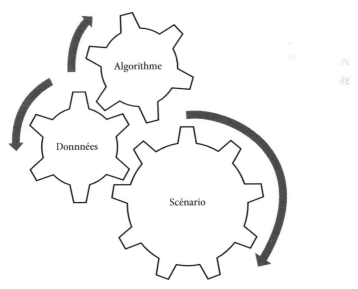

Figure 4.2 Trois éléments clés d'une société intelligente

symboles pour décrire des choses, elles deviennent l'un des attributs essentiels de toutes les choses du monde. Cependant, dans un système social centralisé, les données massives étant généralement détenues par « certaines personnes » comme le gouvernement ou les grandes entreprises, l'équité, l'autorité et même la sécurité des donénes peuvent ne pas être garanties. Les données en chaîne de blocs sont stockées dans des nœuds distribués hautement redondants, qui appartiennent à la « propriétaire », et peuvent atteindre une véritable « démocratie des données ». Dans le même temps, grâce à sa fiabilité, sa sécurité et son inviolabilité, la chaîne de blocs peut pleinement réaliser le partage et le calcul des données en garantissant la fiabilité, la qualité et la sécurité de la confidentialité des données, en apportant un soutien solide aux applications de la société intelligente en matière de qualité et de partage des données. Tout d'abord, l'inviolabilité et la traçabilité de la chaîne de blocs font que chaque étape de la collecte des données, des transactions, de la circulation et des calculs et analyses peut être conservée sur la chaîne de blocs. Dans le réseau de la chaîne de blocs, personne ne peut altérer les données, les modifier ou en faire de fausses à volonté. Cela fait que la crédibilité et la qualité des données bénéficient d'un certain degré d'approbation, ce qui est propice à la modélisation en grand volume de l'intelligence artificielle, de sorte que les utilisateurs peuvent obtenir une meilleure expérience.[33] Deuxièmement, grâce aux technologies comme le cryptage homomorphe, la preuve de l'absence de connaissance, la protection différentielle de la vie privée, la chaîne de blocs peut assurer la protection de la vie privée dans le cadre d'un partage de données entre plusieurs parties, ce qui permet aux propriétaires de données de procéder à un calcul coopératif sans divulguer les détails des données. Enfin, le mécanisme d'incitation et le mécanisme de consensus basés sur la chaîne de blocs élargissent considérablement les canaux d'acquisition des données. Dans le but de garantir la confidentialité et la sécurité de la technologie de cryptographie en chaîne de blocs, les données requises peuvent être collectées auprès de tous les participants au réseau mondial en chaîne de blocs sur la base de règles convenues au préalable. Le mécanisme de consensus est utilisé pour éliminer les données non valides et non conformes au pré règle, assurer des données fiables et de haute qualité, fournir une garantie pour l'algorithme et la modélisation, améliorer considérablement la valeur des données en chaîne de blocs et étendre leur champ d'utilisation. En un

---

33. Liu Xizi, « Recherche sur l'intégration de la technologie des chaînes de blocs et de l'intelligence artificielle », *Cyber Security*, n° 11, 2018, p. 54.

mot, la chaîne de blocs peut normaliser davantage l'utilisation des données, affiner la portée de l'autorisation, aider à briser l'îlot de données, former l'agrégation et la circulation des données en bloc, et réaliser un partage et une ouverture des données sûrs et fiables sous le principe de la protection de la confidentialité des données.

Algorithme : moteur central de la société intelligente pour améliorer la productivité sociale. Le contrat intelligent est exécuté sur plusieurs nœuds et utilise l'algorithme pour établir la confiance sans tenir compte de la volonté humaine. Cela permet d'éviter le risque de contrôle de la volonté subjective dans les contrats et les lois traditionnels, et rend le résultat de l'exécution plus équitable. « Maîtriser les données, c'est de maîtriser le capital et la richesse ; maîtriser l'algorithme, c'est de maîtriser le pouvoir du discours et le pouvoir de régulation »[34]. En substance, le contrat intelligent dans la chaîne de blocs est aussi un code pour mettre en œuvre un algorithme. Puisqu'il s'agit d'un algorithme, l'intelligence artificielle peut y être intégrée pour rendre le contrat intelligent de la chaîne de blocs plus intelligent. Comme l'a dit Lawrence Lessig, « à l'avenir, le code est non seulement le plus grand espoir mais aussi la plus grande menace pour réaliser les idéaux de liberté et de libéralisme. Nous pouvons concevoir, programmer et construire un cyberespace pour protéger les valeurs fondamentales auxquelles nous croyons fermement, ou laisser ces valeurs disparaître dans ce cyberespace. Nous n'avons ni voie médiane ni panacée. Le code n'est pas découvert, il est inventé par des êtres humains. »[35] En outre, le contrat intelligent est un autre domaine dans lequel le système de chaîne de blocs est difficile à se couper de la connexion juridique. « Le contrat intelligent de la chaîne de blocs non seulement est une technologie, mais aussi reflète le changement et l'ajustement des droits et intérêts des parties. Il fait partie de l'objet de la réglementation juridique et a la double signification de la technologie et du droit ».[36] En fait, le code du contrat intelligent est le reflet des éléments constitutifs et de la structure logique du contrat juridique intelligent en chaîne de blocs. Même s'il n'y a pas de texte direct du contrat intelligent juridique en chaîne de blocs, celui-ci peut être confirmé par les règles ou protocoles sous-jacents du contrat intelligent en chaîne de blocs, le mode de fonctionnement, le processus

---

34. Ma Changshan, « Problèmes de gouvernance de la société intelligente et leur résolution », *Seeking Truth*, n° 5, 2019, p. 52.

35. Lawrence Lessig [États-Unis], *Code 2.0 : droit dans le cyberespace*, traduit par Li Xu et Shen Weiwei, Presse universitaire de Tsinghua, 2009, p. 83-90.

36. Guo Shaofei, « Analyse du droit des contrats des contrats intelligents en chaîne de blocs », *Oriental Law*, n° 3, 2019, p. 7.

et les résultats du contrat intelligent.[37] Mais « nous devons déterminer et définir quel type de contrat social aura le plus besoin d'un 'droit codé' »[38], et la question de savoir si ce type de contrat algorithmique peut devenir un contrat au sens juridique doit être discutée. Par conséquent, « en insistant sur la théorie de l'interprétation, la loi actuelle doit s'inspirer de l'expérience bénéfique de l'ajustement juridique des contrats électroniques, et utiliser le droit traditionnel des contrats pour déterminer la nature de la diffusion et de l'exécution du code des contrats intelligents, de manière à fournir un cadre institutionnel pour traiter les contrats intelligents ».[39] En outre, l'itération et l'exploitation de l'algorithme nécessitent une forte puissance de calcul. Dans l'ère future de la « connexion intelligente de toutes choses », l'Internet des objets, les mégadonnées et l'intelligence artificielle sont tous les technologies ayant des exigences élevées en matière de stockage des données et de calcul, comme la combinaison de la chaîne de blocs et de l'informatique en nuage. D'une part, les services de base de l'informatique en nuage contribuent à promouvoir le développement et le déploiement des chaînes de blocs. D'autre part, certaines caractéristiques techniques, telles que la décentralisation de la chaîne de blocs et l'inaltération des données, contribuent à améliorer la capacité de contrôle de l'informatique en nuage en termes de crédibilité et de sécurité.[40] Dans ce processus de développement, la puissance d'algorithme est la productivité, et les données sont les moyens de production. Cette forme d'organisation en chaîne de blocs de la puissance d'algorithme constitue un nouveau type de relations sociales de production.

La valeur réelle de la chaîne de blocs : l'application de scénarios. L'application de la technologie de la chaîne de blocs s'est étendue à la finance numérique, à l'Internet des objets, à la fabrication intelligente, à la gestion de la chaîne d'approvisionnement, au commerce des actifs numériques et à d'autres domaines. Le contrat intelligent n'est plus seulement un élément technique du système de la chaîne de blocs, mais aussi une nouvelle technologie de plus en plus indépendante,

---

37. Guo Shaofei, « Analyse du droit des contrats des contrats intelligents en chaîne de blocs », *Oriental Law*, n° 3, 2019, p. 8.

38. Melanie Swann [États-Unis], *Chaîne de blocs : nouveau plan économique et guide de lecture*, traduit par Han Feng, Gong Ming *et al.*, Presse de Xinxing, 2016, p. 69.

39. Chen Jidong, « Structure juridique du contrat intelligent », *Oriental Law*, n° 3, 2019, p. 18-29.

40. Li Xiangyu, *Une alliance intelligente de toutes choses : la voie du succès numérique*, Presse de l'industrie électronique, 2018, p. 55.

étudiée et appliquée. À l'heure actuelle, peu importe que le bitcoin ou l'Ethereum ou d'autres monnaies numériques similaires puissent remplacer la monnaie fiduciaire, parce qu'ils n'ont pas les caractéristiques d'un « équivalent général », ne peuvent pas devenir une monnaie naturelle, ni décrire avec précision la valeur des biens sur le marché, ni éliminer les dommages de l'inflation et de la déflation. En substance, la monnaie numérique basée sur la technologie de la chaîne de blocs est une sorte de « points de récompense » dans l'espace virtuel, qui n'a une certaine valeur d'investissement que dans un cadre spécifique.[41] Par conséquent, la technologie de la chaîne de blocs devrait être appliquée à la scène réelle de « la mise en œuvre » dès que possible, plutôt que de rester au stade de la spéculation folle' de la monnaie numérique. L'application pratique de la technologie de la chaîne de blocs peut grandement promouvoir le progrès commun de l'économie sociale sur une base plus pragmatique. Les caractéristiques de la chaîne de blocs, telles que la décentralisation, l'ouverture et l'inviolabilité de l'information, donnent naissance à une relation sociale toute nouvelle et absolument crédible sans l'aval d'un tiers, et la « chaîne de blocs + » donnera également naissance à de nouveaux scénarios d'application et à des changements dans les relations de production. Le champ d'application de la chaîne de blocs repose sur ses deux attributs de base : l'attribut financier et l'attribut réglementaire. Son attribut financier est que la chaîne de blocs est une « machine de confiance », un mécanisme permettant d'établir la confiance par le biais d'un algorithme. En termes de finance, en principe, toutes les entreprises financières peuvent adopter la technologie de la chaîne de blocs en partie ou en totalité. Bien entendu, dans la pratique, nous devons également tenir compte du coût des stocks et de l'augmentation, de la résistance à la promotion, etc. Par exemple, dans certains domaines d'activité, tels que le crédit, le financement de la chaîne d'approvisionnement, les prêts, les billets, les titres et les assurances, la chaîne de blocs a de larges perspectives d'application. Dans le domaine des affaires gouvernementales, l'application de la chaîne de blocs implique la supervision, l'approbation, le partage des données, l'arbitrage, la licence, etc. En ce qui concerne l'industrie, il existe des cas d'application de la chaîne de blocs dans des domaines tels que la tenue des certificats de la chaîne d'approvisionnement, les contrats électroniques, la gestion de la qualité, la logistique, la traçabilité, etc. En ce qui

---

41. Nan Yunlou, « La valeur de la chaîne de blocs réside dans l'application de scènes réelles », *Shenzhen Daily*, le 30 janvier 2018, C3.

concerne les moyens d'existence des personnes, il existe également le scénario de la mise en œuvre de la chaîne de blocs dans l'intégration de la culture et du tourisme, l'identité numérique des nouveaux détaillants, la traçabilité des produits, etc.

III. Citoyen numérique et gouvernance sociale

La chaîne de blocs est en train de changer notre monde de manière plus rapide et plus véhémente, en encourageant les gens à passer au monde numérique. La naissance du monde numérique a donné naissance au « citoyen numérique » qui, partie importante du pays numérique, est d'une grande importance pour l'innovation de la gouvernance sociale et des services publics. En tant que technologie de gouvernance, la chaîne de blocs est différente de l'agenda politique traditionnel. Ses règles de gouvernance s'infiltrent dans l'algorithme et la structure technique. Il est urgent pour nous de rompre avec l'habitude de penser en termes d'espace physique unique traditionnel, d'établir le nouveau concept et la nouvelle pensée de l'espace double et de la gouvernance intelligente, et de concevoir des schémas de régulation selon la logique de production, de vie et de comportement de l'espace double, en intégrant la modélisation, l'algorithme et le code, de manière à traiter les problèmes et les défis de la gouvernance de base dans la société intelligente, afin de construire un ordre efficace de gouvernance intelligente.[42] La structure de gouvernance basée sur la technologie de la chaîne de blocs « ne résout pas seulement le problème de la confiance mutuelle des gens, mais permet également au public de participer activement à la gouvernance sociale, en formant un modèle de gouvernance sociale coopérative, en optimisant la protection des intérêts publics et en stimulant la bonne gouvernance sociale ».[43]

Le citoyen numérique. Le « citoyen numérique » désigne un citoyen numérisé ou la numérisation d'un citoyen. C'est la cartographie des citoyens dans le monde numérique, la copie des citoyens du monde physique, la présentation numérique de la responsabilité, du pouvoir et des droits des citoyens, et une partie importante des citoyens individuels.[44] Dans le monde des réseaux, il est difficile de réaliser

---

42. Ma Changshan, « Problèmes de gouvernance de la société intelligente et leur résolution », *Study Times*, n° 5, 2019, p. 97.

43. Wang Yanchuan, « Chaîne de blocs : construire les bases de la confiance dans la société numérique », *Guangming Daily*, le 17 novembre 2019, p. 7.

44. Wang Jing, « 'Citoyen numérique' et innovation en matière de gouvernance sociale », *Study Times*, le 30 août 2019, p. 3.

l'identification en nom personnel réel, ce qui entraîne de grandes difficultés pour la gouvernance du cyberespace et la construction du système de crédit. La raison principale est l'absence d'identité numérique des citoyens, tout comme les citoyens du monde physique sans carte d'identité ne peuvent pas prouver que « je suis qui je suis », ni jouir de leurs droits et remplir leurs obligations. Grâce à la construction d'une plate-forme unifiée et d'un système d'authentification de l'identité des citoyens, nous pouvons connecter l'« île isolée d'information » et permettre aux citoyens d'avoir une identité numérique sans entrave dans le monde numérique. Seule l'identité numérique de confiance délivrée et gérée par les services gouvernementaux et les lois et règlements pertinents modifiés et perfectionnés peuvent fournir aux citoyens une entrée unifiée pour participer à la gouvernance sociale basée sur l'environnement d'authentification du nom réel. La chaîne de blocs a des données du grand livre distribué et de la base de données inviolable. Outre l'accès facile à l'identité (identification), une fois que l'identité d'une personne se trouve sur la chaîne, elle ne peut être falsifiée. Elle permettrait à tout demandeur qui a besoin d'informations pour prouver son identité et au fournisseur qui fournit ces informations d'obtenir ce dont il a besoin, de manière à construire une citoyenneté numérique de confiance. S'appuyant sur l'identité numérique de confiance, dans le nouvel espace d'intégration du monde physique et du monde numérique, un système complet est établi autour de l'identification de toutes sortes de sujets, qui peuvent réaliser la vérification sécurisée et de confiance de l'identité dans la scène réelle et la scène Internet.[45] Le « citoyen numérique » donne naissance à des sujets « multiples » de gouvernance sociale, construit un système d'innovation de service public de bas en haut, piloté par la technologie, rend les citoyens désireux de participer à la gouvernance sociale, coopère avec le système de gouvernance du gouvernement de haut en bas, forme une force conjointe et réalise la transformation du mode de gestion à sujet unique du gouvernement au mode de gouvernance coopérative à sujets multiples. Le « citoyen numérique » rend l'identité des personnes reconnaissable et vérifiable dans le monde numérique, permet de suivre leur comportement, rend la supervision plus pratique et systématique, et le « citoyen numérique » dans le monde numérique régulera inévitablement son propre comportement de manière plus autonome.

---

45. Wang Jing, « 'Citoyen numérique' et innovation en matière de gouvernance sociale », *Study Times*, le 30 août 2019, p. 3.

La chaîne de blocs innove en matière de services de bien-être du peuple.
Xi Jinping, secrétaire général du Comité central du PCC, a souligné que nous
devrions explorer l'application de la « chaîne de blocs + » dans le domaine des
moyens d'existence, et promouvoir activement l'application de la technologie de
la chaîne de blocs dans l'éducation, l'emploi, les pensions, la réduction ciblée de
la pauvreté, la médecine et la santé, la lutte contre la contrefaçon des produits de
base, la sécurité alimentaire, le bien-être public, l'assistance sociale, etc., afin de
fournir aux gens des services publics plus intelligents, plus pratiques et de meilleure
qualité. L'application de l'« Internet + » a apporté une grande commodité aux
gens. Il n'est pas difficile d'imaginer que le mode « chaîne de blocs + bien-être
du peuple » a de larges perspectives d'application. La technologie de la « chaîne
de blocs » peut être appliquée à l'enregistrement, à la notarisation et au service
de données importantes de l'état civil afin de garantir l'authenticité et la fiabilité
des données et de reconstruire la crédibilité sociale. Par exemple, la chaîne de
blocs promeut l'équité et la transparence de la lutte contre la pauvreté, de l'emploi
et de la sécurité sociale, enregistre et préserve les données privées sur la santé
des personnes, suit le processus d'approvisionnement alimentaire et enregistre les
notes et les certificats universitaires des étudiants.[46] Les scénarios d'application
de la « chaîne de blocs + » dans le domaine du bien-être du peuple sont bien plus
que cela. En théorie, tous les services de bien-être qui ont besoin de confiance,
de valeur et de coopération, comme la demande de certificat, le traitement des
affaires, le remboursement des frais médicaux, l'émission de fonds de prévoyance,
l'enquête de microfinance, la chaîne de preuves judiciaires, la notarisation, etc.,
peuvent être fournis avec des solutions parfaites par la technologie de la chaîne
de blocs. Davantage d'applications ont également besoin de la pratique innovante
avec plein d'imagination. Par exemple, dans le domaine de la sécurité des aliments
et des médicaments dont les gens se soucient, la technologie de la chaîne de blocs
peut nous aider à construire une base de données complète, traçable et inviolable,
afin d'assurer un suivi précis de la sécurité des aliments et des médicaments. Par
ailleurs, dans le domaine de l'assurance médicale, l'un des plus grands points
douloureux dans le passé était l'incapacité de saisir de manière complète et précise
l'état de santé réel de l'assuré, car celui-ci peut se rendre dans différents hôpitaux

---

46. Bureau d'information du gouvernement populaire municipal de Guiyang, *Développement et
application de la chaîne de blocs de Guiyang*, Presse populaire de Guiyang, 2016.

pour se faire examiner et traiter, ou s'adresser à différentes compagnies d'assurance pour se faire assurer. Grâce à la technologie de la chaîne de blocs qui garantit la confidentialité, la sécurité et la fiabilité des données, la relation entre la compagnie d'assurance et l'hôpital peut être réalisée afin de promouvoir le développement du secteur de l'assurance médicale.

La chaîne de blocs permet une gouvernance sociale. « Dans le domaine de la gouvernance sociale et des services publics, la chaîne de blocs dispose d'un large éventail d'applications, qui amélioreront efficacement le niveau numérique, intelligent, raffiné et légalisé de la gouvernance sociale »[47]. « D'une manière générale, la gouvernance sociale traditionnelle appartient au mode de gouvernance unitaire, et le coût de la participation publique à la gouvernance sociale est plus élevé ».[48] Le mécanisme de consensus et le contrat intelligent dans le domaine de la chaîne de blocs peuvent créer des scénarios d'application transparents, fiables, efficaces et peu coûteux, et mettre en place un mécanisme intelligent d'interconnexion en temps réel, de partage des données et de coopération en matière de liaison, de manière à optimiser le processus des services gouvernementaux, de la gestion urbaine et du soutien d'urgence, et à améliorer l'efficacité de la gouvernance. La technologie de la chaîne de blocs, en tant que support technologique sous-jacent, peut changer l'état de la participation publique à la gouvernance sociale et promouvoir la coopération sociale et la consultation démocratique. La technologie distribuée et point à point de la chaîne de blocs peut permettre une participation multi-acteurs à la gouvernance sociale, et aider chaque acteur social à établir un mécanisme de confiance sous la direction du gouvernement. La chaîne de blocs peut ajuster la relation entre les personnes, puis changer l'ancien modèle de gouvernance sociale où le gouvernement était en charge de tout, afin que les personnes puissent participer au processus de gouvernance sociale et plus profondément dans le processus de développement et de changement economique et social.[49] La chaîne de blocs de souveraineté rend possible la théorie du contrat social basée sur le principe du

47. Gong Fuwen, « Permettre une gouvernance sociale avec la chaîne de blocs », *Quotidien du peuple*, le 21 novembre 2019, p. 5.

48. Wang Yanchuan, « Chaîne de blocs : construire les bases de la confiance dans la société numérique », *Guangming Daily*, le 17 novembre 2019, p. 7.

49. Yang Dong et Yu Chenhui, « Application de la technologie de la chaîne de blocs dans la gouvernance gouvernementale, la gouvernance sociale et l'édification du Parti », *People's Tribune*, 2019, http://www. rmlt.com.cn/2019/1230/565266.shtml

consensus. La démocratie délibérative défend les concepts d'inclusion, d'égalité, de rationalité et de consensus. En pratique, il faut s'appuyer sur la science et la technologie modernes pour transformer ces concepts en pratique quotidienne. Les caractéristiques techniques de la chaîne de blocs de souveraineté, comme la distribution et la confiance, permettent de mieux expliquer le système politique existant, et même d'activer certaines de ses fonctions « dormantes », afin de trouver une voie plus stable. En tant que grand livre, la chaîne de blocs de souveraineté n'est pas seulement un simple système de comptabilité des transactions monétaires, mais aussi une plate-forme permettant de parvenir à un accord et à un consensus sur n'importe quoi sans avoir besoin d'un intermédiaire tiers. L'utilisation de la technologie de la chaîne de blocs de souveraineté permet d'éliminer les défauts inhérents au modèle basé sur la confiance et de faire jouer pleinement le rôle de la démocratie délibérative. Dans le cadre de la chaîne de blocs de souveraineté, les éléments de la démocratie délibérative, tels que la consultation rationnelle, l'égalité et le respect, ainsi que l'orientation vers le consensus, qui sont implicites dans le système de consultation politique, seront davantage activés et renforcés, et il se peut même que la consultation élitiste traditionnelle évolue vers une pratique démocratique plus inclusive de la participation publique.[50] Le consensus distribué est le fondement de l'autonomie contractuelle intelligente : chaque nœud participe à la gouvernance, obtenant ainsi une « autonomie ».[51] On peut dire que le contrat intelligent basé sur la technologie sous-jacente de la chaîne de blocs reconstruira le modèle de co-gouvernance de l'État, du gouvernement, du marché et des citoyens, et encouragera la société humaine à entrer dans la société du contrat dans le cadre d'un système de gouvernance sociale multi-acteurs en réseau.

---

50. Laboratoire clé de la stratégie des mégadonnées, *Redéfinition des mégadonnées : dix forces motrices pour changer l'avenir*, Presse de l'industrie des machines, 2017, p. 59.

51. Xu Ke, « Un contrat intelligent dans une matrice de décision croisée », *Oriental Law*, n° 3, 2019, p. 53.

Section III
Gouvernement traçable

Rousseau souligne dans *Du Contract Social* qu'une société idéale est basée sur la relation contractuelle entre les gens plutôt qu'entre les gens et le gouvernement[52], c'est-à-dire que le gouvernement est l'exécuteur du souverain, non le souverain lui-même. Cependant, la « démocratie directe » de Rousseau est également le résultat du manque de confiance fondamentale entre les gens, car une fois que la volonté du peuple est représentée, elle finit par être déformée. Dans la société numérique, avec l'intervention des contrats intelligents en chaîne de blocs, la technologie crée une confiance mécanique, qui fait que la relation contractuelle entre les gens passe de l'approbation de la confiance gouvernementale initiale à l'approbation de la confiance technologique, élimine l'intervention des facteurs humains et rend l'ensemble du processus d'information des données inaltérable, irréversible, vérifiable, traçable et responsable, afin de résoudre le problème de l'« obstruction » à la confiance du gouvernement numérique dans le cyberespace, et d'établir une base de confiance réelle et indéniable pour la « preuve numérique », le « contrat numérique » et le « système numérique ». On peut dire que le paradigme de gouvernance basé sur la chaîne de blocs et le contrat intelligent sera une nouvelle forme de contrat social à l'ère de la civilisation numérique, qui peut effectivement promouvoir la transformation des rôles et des fonctions du gouvernement, et favoriser l'aplatissement de la structure organisationnelle du gouvernement et la transparence du processus de gouvernance et de service, afin de parvenir à l'équité et à la justice sociales, d'accélérer la transformation numérique, de construire un gouvernement numérique crédible et de permettre en permanence la modernisation du système de gouvernance national et des capacités de gouvernance.

---

52. Rousseau, dans *Du Contrat social*, aborde le principe de l'organisation gouvernementale. Il pense que le gouvernement est « un corps intermédiaire établi entre les sujets et le souverain pour leur mutuelle correspondance, chargé de l'exécution des lois et du maintien de la liberté tant civile que politique ». Selon Rousseau, le gouvernement est composé de personnes qui sont considérées comme souveraines par le peuple et qui sont les fonctionnaires du peuple. Naturellement, le peuple peut restreindre, corriger et remplacer le gouvernement. Le peuple a le droit révolutionnaire permanent au gouvernement. Le pouvoir de l'État vient du transfert des droits individuels, et le pouvoir du gouvernement vient du fait de confier le pouvoir au souverain, donc le pouvoir du gouvernement doit toujours servir le peuple. La théorie de la démocratie bourgeoise radicale de Rousseau est la base théorique de la Révolution française, en particulier de la dictature jacobine.

I. Supervision du pouvoir gouvernemental

Rousseau pense que la constitution du système de gouvernement n'est pas un acte contractuel, mais un acte juridique. Le maître du pouvoir administratif n'est pas le maître du peuple, mais les employés du peuple. En apparence, les dirigeants n'exercent que leur propre pouvoir, mais celui-ci est facile à étendre.[53] Dans l'entité de la société humaine, le gouvernement ou les dirigeants assument les droits et obligations de formuler et de mettre en œuvre des contrats sociaux, ce qui constitue un système centralisé. Cependant, l'exécuteur de la société numérique n'est plus un « gouvernement » centralisé. La prise de décision collective distribuée peut faire profiter chaque individu du résultat de l'expérience de groupe, de manière à réaliser en permanence l'itération bénigne de l'individu et du groupe. En même temps, l'histoire de la chaîne de blocs peut être retracée, de sorte que les dossiers de chaque personne participant à la prise de décision puissent être préservés et ne puissent être altérés, et accepter la supervision et la gestion de chacun. Cela rend également le contrat de toute la société numérique plus transparent, plus démocratique et plus ouvert. En particulier, les mégadonnées ont changé la trajectoire du fonctionnement traditionnel du pouvoir public, reconstruit le sujet et l'objet du pouvoir, et ouvert une fenêtre pour que nous puissions à nouveau comprendre le pouvoir. « Les données sont le pouvoir, et le pouvoir est les données ». Le pouvoir est doté d'une sorte d'attribut de données. La décentralisation, le contrôle et l'équilibre des données sont devenus la nouvelle norme, et la décentralisation, l'ouverture et le partage du pouvoir sont devenus ses principales caractéristiques.[54] Lorsque le système traditionnel de structure du pouvoir est brisé par la dimension des données, que la limite du pouvoir est ajustée par la dimension des données et que la logique du pouvoir est réécrite par la dimension des données, le pouvoir peut être mis dans la cage du système. Ces changements se transformeront finalement en une sorte de visibilité et d'énergie positive de la gouvernance nationale, et jetteront une base solide pour la réalisation d'une véritable « gouvernance des données ».

La chaîne de blocs réalise véritablement la numérisation du pouvoir. La numérisation du pouvoir est le principe selon lequel le pouvoir peut être divisé, mesuré, calculé, réorganisé et normalisé, et c'est également la garantie

---

53. Rousseau [France], *Du Contract Social* (Édition bilingue), traduit par Dai Guangnian, Presse de Wuhan, 2012, p. 93-94.

54. Laboratoire clé de la stratégie des mégadonnées, *Données en blocs 2.0 : révolution normative à l'ère des mégadonnées*, Presse de Citic, 2016, p. 253.

que le processus d'exploitation de chaque pouvoir est normalisé, transparent, quantifiable, analysable et évitable.[55] Cependant, les données risquent d'être effacées et altérées, ce qui rend difficile la garantie d'un suivi dynamique, d'une supervision et d'une analyse intelligente de l'ensemble du processus de pouvoir. La chaîne de blocs peut garantir la traçabilité des données, la collecte des données, l'analyse des associations de données et le renseignement des données, et réaliser la numérisation du pouvoir dans un sens réel, de manière à réaliser la divulgation des données du pouvoir, la traçabilité des sources, la traçabilité de la localisation et la responsabilité, ce qui fournit un nouveau plan pour la supervision du pouvoir gouvernemental. Tout d'abord, la traçabilité des données. La chaîne de blocs peut techniquement rendre les données relatives au pouvoir traçables partout, et garantir que les données traçables peuvent être enregistrées à tout moment, recherchées de manière dynamique et retracées dans l'ensemble du processus. Le mécanisme de participation et de surveillance conjointes de plusieurs nœuds sur la chaîne de blocs détermine que les données ne seront pas « cachées » (aucun enregistrement ne sera téléchargé). Deuxièmement, la collecte des données. La collecte des données est le principe de l'analyse des associations de données et la base de la réalisation de la valeur des données. La chaîne de blocs garantit que tous les noeuds du réseau participent et vérifient conjointement l'authenticité des données dans le même réseau. Les données générées sur la base du consensus de l'ensemble du réseau sont des données structurées fiables et altérables. Troisièmement, l'analyse des associations de données. La chaîne de blocs est une structure de filet de cordes, qui réalise l'association de données entre les chaînes en liant les cordes dans les filets. Le mécanisme de consensus, la transparence et l'état où la confiance n'est plus nécessaire à l'égard de la chaîne de blocs déterminent que les données enregistrées sur la chaîne de blocs ont une bonne base pour l'analyse des données. Enfin, l'intelligence des données. Le contrat intelligent de la chaîne de blocs fournit un support pour l'intelligence des données de puissance. Une fois que les données relatives à l'énergie sont enregistrées sur la chaîne de blocs, il est possible de mettre en place un système intelligent d'alerte aux risques basé sur l'appariement intelligent des données relatives à l'énergie.

La chaîne de blocs résout le problème de la supervision du pouvoir gouvernemental. En raison de la faible transparence de l'information des affaires

---

55. Laboratoire clé de la stratégie des mégadonnées, *Données en blocs 3.0 : Internet régulé et souveraineté de la chaîne de blocs*, Presse de Citic, 2017, p. 193.

gouvernementales, de la faible participation politique des citoyens[56], de la faible capacité du gouvernement en matière de service public, du monopole et de l'abus de pouvoir du gouvernement, le manque de confiance dans le gouvernement devient de plus en plus important. Pour établir la confiance dans le gouvernement sur la base d'une chaîne de blocs, nous devrions la construire couche par couche, du début à la fin des fonctions gouvernementales. Nous devrions appliquer la chaîne de blocs aux nœuds , tels que les services publics gouvernementaux, la participation multipartite, le partage de l'information, la supervision et le retour d'information, transférer la construction de la confiance gouvernementale aux outils techniques, simplifier les questions complexes de confiance gouvernementale, améliorer le niveau et l'efficacité des fonctions gouvernementales et promouvoir une interaction bénigne entre plusieurs centres, afin de réaliser véritablement l'ouverture des affaires gouvernementales et le partage d'informations, ainsi que la supervision et le retour d'information à tous les niveaux pour construire un « réseau de confiance en bloc » gouvernemental avec une logique claire, et former une écologie de confiance gouvernementale basée sur la chaîne de blocs.[57] En outre, dans le réseau de service public basé sur la chaîne de blocs, le statut de toutes les parties prenantes tend progressivement à être égal, et les services gouvernementaux ne sont qu'un des membres du réseau, ce qui réduira le contrôle du gouvernement sur le pouvoir public dans le domaine du service public, réduira la dépendance du public vis-à-vis des services gouvernementaux et affaiblira dans une certaine mesure l'autorité de gestion des services gouvernementaux. À l'avenir, l'intégration en profondeur des mégadonnées, de l'intelligence artificielle, des chaînes de blocs et d'autres technologies de l'information permettra de construire une plate-forme de services de réglementation en chaîne de blocs à l'échelle régionale, sectorielle, administrative et de gestion du cycle de vie, de promouvoir la transformation des fonctions gouvernementales et l'innovation des méthodes de réglementation, et d'optimiser les processus commerciaux du gouvernement, y compris les agences de réglementation et les organismes publics, de rendre les affaires gouvernementales ouvertes à la transparence et à la crédibilité.

La « Data Cage » est le pionnier de la technologie anti-corruption. En 2015, la « Data Cage », en tant qu'« initiative innovante pour résoudre la question

---

56. Liu Jianping et Zhou Yun, « Le concept, les facteurs d'influence, le mécanisme de changement et la fonction de la confiance du gouvernement », *Social Sciences in Guangdong*, n° 6, 2017, p. 83-89.

57. Chen Feifei et Wang Xuedong, « Recherche sur la construction d'une confiance gouvernementale basée sur la chaîne de blocs », *E-government*, n° 12, 2019, p. 56.

majeure sur la supervision et la restriction du pouvoir », a rencontré le public et a pris l'initiative de mener une application pilote dans les départements gouvernementaux ayant un pouvoir administratif relativement concentré et étroitement liés à la vie du peuple, tels que les bureaux municipaux du logement et du développement urbain-rural, les bureaux municipaux de la sécurité publique et de l'administration des transports, ouvrant ainsi un mode d'exploration innovant de la lutte contre la corruption avec la construction du projet « Data Cage ». En substance, « Data Cage » consiste à mettre du pouvoir dans la cage de données et à laisser le pouvoir exécuter au soleil. Il s'agit d'une ingénierie de système auto-organisée avec au centre l'informatisation, la numérisation, l'auto-flux et l'intégration de l'exploitation et de la restriction du pouvoir (Figure 4.3). À l'aide de mégadonnées, elle réalise la gestion transparente de la liste négative du gouvernement, de la liste des pouvoirs et de la liste des responsabilités, favorise l'optimisation et la réingénierie du processus administratif, promeut l'amélioration de la gestion du gouvernement et de la gouvernance publique, et encourage le gouvernement à réaliser la rationalisation du gouvernement et la délégation des pouvoirs, à déléguer le pouvoir et à administrer conformément à la loi, afin de résoudre fondamentalement les problèmes « d'inaction, de lenteur et d'action aléatoire » des cadres dirigeants et des fonctionnaires.[58] Utiliser la cage du système pour enfermer le pouvoir, c'est numériser tout le processus d'opération du pouvoir, rendre la trace de l'opération du pouvoir bien documentée, et superviser, réguler, restreindre et équilibrer le pouvoir par la fonction de cage, de manière à assurer l'exercice correct du pouvoir sansabus.[59] Plus précisément, en construisant une plate-forme unifiée liée aux services administratifs d'examen et d'approbation, la « Data Cage » réalise les fonctions de gestion unifiée de tous les services administratifs d'examen et d'approbation et des éléments d'enregistrement, de partage des données et d'examen et d'approbation en coopération, et améliore encore la confiance du public dans les services gouvernementaux de pouvoir. Dans le même temps, avec l'aide de la plate-forme en nuage, il est possible d'effectuer un suivi rigoureux du comportement du marché, de sorte que la malhonnêteté sur le

---

58. Laboratoire clé de la stratégie des mégadonnées, *Données en blocs 3.0 : Internet régulé et souveraineté de la chaîne de blocs,* Presse de Citic, 2017, p. 191.

59. Jia Luochuan, « Pensée sur la construction de la cage du système anti-corruption de la police pénitentiaire » dans *Prévention et contrôle de la criminalité et construction de la Chine en sécurité – Actes de la réunion annuelle de la société chinoise de criminologie,* Presse du parquet chinois, 2013, p. 91.

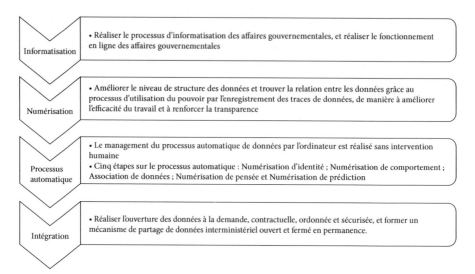

Figure 4.3   « Quatre parties » de la gouvernance des pouvoirs publics

marché soit sanctionnée, afin d'atteindre l'objectif de régulation du comportement du marché.[60]

La chaîne de blocs est devenue une partie importante de la technologie réglementaire. La « Data Cage » est propice à la mise en œuvre du projet d'application des mégadonnées du gouvernement en matière de supervision, d'évaluation des performances et de prévention des risques, mais elle est également confrontée à certains problèmes : premièrement, l'application passive de la « Data Cage ». Il est urgent d'encourager les fonctionnaires à tous les niveaux à prendre l'habitude d'agir consciemment et de construire de nouvelles règles et un nouvel ordre grâce à la valeur que représente l'application de la « Data Cage ». Deuxièmement, l'application de la « Data Cage » est relativement indépendante. Il existe toujours un risque que les données des entreprises soient altérées artificiellement. Sur cette base, la chaîne de blocs utilise le code pour construire un moyen de confiance à moindre coût – la confiance de la machine. Il n'est pas nécessaire de ménager ses efforts pour éventer des mensonges, ni d'obtenir l'endossement du gouvernement, ni de s'inquiéter de l'injustice et de la corruption institutionnelles, ce qui apporte une solution au problème d'application de la « Data Cage ». Tout d'abord, il

---

60. Laboratoire clé de la stratégie des mégadonnées, « 'Data Cage' : nouvelle exploration de la technologie anti-corruption », *China Terminology*, n° 4, 2018, p. 77.

faut construire une plate-forme réglementaire de la « Data Cage » basée sur une chaîne de blocs de souveraineté, ainsi qu'une chaîne de blocs de la « Data Cage » couvrant tous les nœuds des services gouvernementaux, promouvoir les données d'exploitation importantes de tous les services de la chaîne de blocs pour former des enregistrements chiffrés inviolables, ainsi que la surveillance mutuelle du fonctionnement des pouvoirs, mettre en place un système d'évaluation complet pour l'application de la « Data Cage » dans les différents services, afin de rendre la « Data Cage » plus forte, plus transparente et plus contraignante. Deuxièmement, il faut construire un système d'intégrité des fonctionnaires basé sur la chaîne de blocs de souveraineté, enregistrer les informations importantes telles que la conformité et la discipline des fonctionnaires sur cette chaîne, l'efficacité des performances, etc. et vérifier et auditer conjointement les informations par tous les nœuds des services, mettre en place une « chaîne d'intégrité » inaltérable pour les fonctionnaires, consulter les dossiers d'intégrité des fonctionnaires dans la limite de pouvoir de chaque service. Sur la base du système de conformité, de discipline et d'intégrité des fonctionnaires, nous devrions établir un mécanisme d'incitation à la valeur pour l'application de la « Data Cage », comme le mécanisme d'incitation à la charge de travail et de « like », le système de conformité et d'intégrité de la fonction publique comme base importante d'évaluation, de nomination, de récompense et de sanction. Pour l'application de la « Data Cage » des cadres et des membres du comité d'inspection disciplinaire, des points de contrôle sont donnés et enregistrés dans le système de conformité et d'intégrité des fonctionnaires.[61] La combinaison de la technologie de la chaîne de blocs et de la cage de données peut réguler et restreindre le fonctionnement efficace du pouvoir, et garantir en outre que la supervision du pouvoir laisse des traces partout.

II. Rétrospective des responsabilités du gouvernement

Les gens ont toujours aimé et détesté l'existence du gouvernement. À l'origine, le gouvernement représente et protège les intérêts du peuple, et les fonctionnaires du gouvernement sont les serviteurs du peuple. Sans le gouvernement, le pays serait confronté à une série de risques, tels que l'effondrement de l'ordre politique, l'échec des mécanismes du marché et le déclin des services publics. Avec la taille croissante du gouvernement, surtout une fois qu'il fait la paix avec le pouvoir, il exposerait certains

---

61. Bureau d'information du gouvernement populaire municipal de Guiyang, *Développement et application de la chaîne de blocs de Guiyang*, Presse populaire de Guiyang, 2016.

faits haineux et terribles, dont notamment la corruption des fonctionnaires et la capture du gouvernement, comme la surcroissance de pouvoir et la dictature. C'est pourquoi John Locke, chercheur britannique, considère le gouvernement comme un « mal nécessaire » dans *The Second Treatise of Government*, et met clairement en avant le concept de « gouvernement limité » où le « constitutionnalisme » consiste à « limiter le gouvernement ». Marx et Engels ont qualifié l'État de « fardeau » et de « tumeur » de la société, et « tout au plus, c'est un désastre hérité par le prolétariat après avoir gagné la lutte pour la domination des classes ». Pour dire les choses crûment, le comportement irresponsable, malhonnête et immoral du gouvernement porte atteint au crédit social dans une certaine mesure, et son essence est l'anomie du pouvoir. La responsabilité n'est pas seulement la principale qualité du gouvernement moderne, mais aussi une caractéristique très évidente du gouvernement contemporain. Seul le gouvernement qui est responsable devant les citoyens et dont le pouvoir est limité est un gouvernement responsable. Le « gouvernement responsable signifie qu'il peut répondre activement aux demandes légitimes des citoyens, les satisfaire et les réaliser. Le gouvernement responsable exige qu'il assume des responsabilités morales, politiques, administratives et juridiques. Le gouvernement responsable donne lieu également à un ensemble de mécanismes de contrôle pour le gouvernement. »[62] Le gouvernement traçable basé sur la chaîne de blocs peut réellement construire un gouvernement responsable avec une source, une destination et une responsabilité traçables, résoudre de nombreux problèmes tels que l'opacité, la faible efficacité et la supervision difficile, reconstruire de manière fondamentale l'interaction bénigne entre le gouvernement, les entreprises et les citoyens, et redresser la confiance du gouvernement.

Responsabilité du gouvernement et gouvernement responsable. Le gouvernement démocratique représentatif moderne est par nature un gouvernement responsable. « Dans la pratique politique moderne, le gouvernement dit responsable n'est pas l'expression d'une volonté, mais un principe politique et un système de responsabilité politique original ».[63] Selon le principe de la souveraineté du peuple, l'origine du pouvoir de l'État se trouve dans le peuple, mais celui-ci ne peut pas gérer directement l'État et les affaires publiques sociales. Il doit produire le sujet du pouvoir d'État pour gérer l'État et les affaires publiques sociales par le biais de

62. Zhang Chengfu, « Théorie de gouvernement responsable », *Journal of the Renmin University of China*, n° 2, 2000, p. 75.

63. Wang Bangzuo et Sang Yucheng, « Gouvernement responsable », *Reference for Party and Administrative Cadres*, n° 6, 2003, p. 10-11.

certaines règles et procédures et selon la volonté du peuple. Le gouvernement est une partie très importante de ce type de sujet de pouvoir. Selon la théorie du principal-agent, le pouvoir du gouvernement vient du peuple. Lorsque le gouvernement obtient le pouvoir, il en assume la responsabilité correspondante. Par conséquent, le gouvernement n'est légitime que lorsqu'il assume réellement la responsabilité donnée directement ou indirectement par les électeurs. Un gouvernement responsable signifie que le gouvernement doit être activement responsable de la législature et des lois faites par la législature, répondre aux demandes légitimes des citoyens, les satisfaire et les réaliser, et utiliser le pouvoir de manière responsable. Il y a une responsabilité commune derrière chaque pouvoir exercé par le gouvernement responsable. Il ne fait aucun doute que le gouvernement responsable est responsable de tous les citoyens et de leurs organes représentatifs issus du gouvernement selon certaines règles et procédures. Selon les principes de la politique démocratique et de l'administration par la loi, tout d'abord, le gouvernement doit assumer la responsabilité stipulée par la Constitution et la loi qui incarnent la volonté du peuple, et la responsabilité de l'exercice du pouvoir en violation de la Constitution et de la loi. Deuxièmement, les principes de la politique démocratique et du système représentatif exigent des fonctionnaires de l'administration qu'ils formulent des politiques publiques en accord avec l'opinion publique et qu'ils favorisent leur mise en œuvre. Si, au cours du processus d'élaboration et de mise en œuvre des politiques, les fonctionnaires de l'administration commettent des erreurs dans la prise de décision ou vont à l'encontre de l'opinion publique, manquent à leurs devoirs ou ont manqué à leur devoir, ils doivent en assumer la responsabilité politique correspondante. Troisièmement, les fonctionnaires nationaux travaillant dans les organes gouvernementaux devraient prendre l'initiative de respecter la loi et la discipline. Ils doivent s'acquitter scrupuleusement de leurs fonctions, être diligents face au peuple, dévoués à l'intérêt public, honnêtes, justes et intègres, et ne pas abuser de leur pouvoir à des fins personnelles. C'est à la fois le devoir et la responsabilité des fonctionnaires. Si ceux-ci ne remplissent pas leurs fonctions, ils doivent non seulement porter la responsabilité d'enfreindre la loi et la discipline, mais aussi être condamnés par la morale sociale et porter la responsabilité morale d'avoir violé l'éthique administrative.[64]

---

64. Cai Fangbo, « La construction d'un système de responsabilité gouvernementale », *Chinese Public Administration*, n° 4, 2004, p. 48.

Le mécanisme de traçabilité de la chaîne de blocs. Le mécanisme de traçabilité peut suivre l'information de manière globale. En prenant le réseau de supervision point à point comme support de base, il peut suivre les changements de données, les transactions et d'autres aspects des informations de chaque nœud dans le temps. En cas de problèmes de qualité et de sécurité, il peut suivre dans le temps la personne responsable principale et lui faire assumer les responsabilités correspondantes.[65] La logique du mécanisme de traçabilité repose sur trois éléments que sont l'information, le risque et la confiance, et le mécanisme de responsabilité du risque d'information correspondant est établi en fonction de ces trois éléments. Les régulateurs connaissent clairement le rôle clé de l'information, du risque et de la confiance dans la supervision et la gestion, et établissent un mécanisme efficace d'information, de risque et de confiance. Ce mécanisme est un moyen efficace de modifier le mode de supervision en ligne brute précédent. Ces trois éléments sont utilisés pour faire entrer la supervision et la gestion dans un cadre de performance standardisé, ordonné, fondamentalement contrôlable et prévisible. L'en-tête de chaque bloc de la chaîne de blocs contient la valeur de hachage des informations de transaction du bloc précédent, de sorte que le bloc de départ (le premier bloc) est relié au bloc actuel pour former une longue chaîne, et chaque bloc doit suivre le bloc précédent dans l'ordre chronologique. La structure « Bloc + Chaîne » fournit un enregistrement complet de la base de données. Du premier bloc au dernier bloc, la chaîne de blocs stocke toutes les données historiques, ce qui nous permet de rechercher toutes les données dans la base de données. La structure de la chaîne de blocs permet de retracer toutes les données de transaction de la chaîne de blocs. Dans la chaîne de blocs, les données seront surveillées par l'ensemble du réseau en temps réel, et toute tentative de falsification ou de suppression d'informations sera détectée, enregistrée et rejetée par la chaîne de blocs. Ce n'est qu'en garantissant l'actualité, l'exactitude et l'efficacité des données de chaque lien (bloc) que la responsabilité de l'ensemble des données de traçabilité peut être clairement établie, et que « la production a des enregistrements, le processus une supervision et la responsabilité peut être retracée ».

Un gouvernement traçable basé sur la chaîne de blocs. La chaîne de blocs convient à des états et des liens multiples, ce qui nécessite une participation et une coopération multipartites. Si les parties multiples ne se font pas confiance

---

65. Laboratoire clé de la stratégie des mégadonnées, *Données en blocs 3.0 : Internet régulé et souveraineté de la chaîne de blocs*, Presse de Citic, 2017, p. 208÷209.

l'une à l'autre, un tiers de confiance ne peut pas être utilisé. L'établissement et le maintien de la confiance du gouvernement doivent permettre la divulgation d'informations, la transparence et la crédibilité, l'inviolabilité, la traçabilité, la limitation du pouvoir et la participation multipartite en coopération. Les critères d'application de la chaîne de blocs correspondent parfaitement à la recherche de la valeur « publicité + confiance » du gouvernement.[66] Basant sur le mécanisme de responsabilité gouvernementale de coopération multicouche et d'interconnexion à plusieurs têtes formé par la technologie de la chaîne de blocs, chaque nœud de la chaîne de blocs a le droit et l'obligation de superviser et de maintenir conjointement les données sur la chaîne, de collecter des données traçables et inaltérables, et de mettre en œuvre le principe « Qui produit et modifie les données en est responsable ». Cela permet d'éviter toutes sortes de risques causés par des données massives, d'améliorer ainsi la transparence et la démocratie des décisions gouvernementales et de promouvoir la construction d'un gouvernement crédible et traçable. En outre, les caractéristiques d'inviolabilité et de traçabilité de la chaîne de blocs permettent de rechercher et de suivre toutes les activités d'information sur la chaîne, de constituer automatiquement les dossiers de crédit de tous les membres et de maximiser la surveillance des membres sociaux sur les objets de communication comme le gouvernement.[67] Par conséquent, grâce à la mise en place d'un lien de retour d'information de supervision multi-agents dans la chaîne de blocs, chaque sujet devrait non seulement être responsable des informations de données saisies par lui- même, mais aussi assumer conjointement la responsabilité de supervision de la chaîne de blocs. Grâce aux caractéristiques de décentralisation et d'inaltérabilité et de traçabilité facile de la technologie de la chaîne de blocs, nous pouvons mettre en place un mécanisme de responsabilité décisionnelle publique de « fonctionnement auto-organisé de la plate-forme de services gouvernementaux avec l'aide du gouvernement ».[68] On peut dire que, sous la contrainte contractuelle du contrôle public, la chaîne de blocs fournit les bases techniques de la participation publique et de l'autonomie distribuée pour garantir

---

66. Chen Feifei et Wang Xuedong, « Recherche sur la construction d'une confiance gouvernementale basée sur la chaîne de blocs », *E-government*, n° 12, 2019, p. 58.

67. Zhang Yi et Zhu Yi, « La confiance du système basée sur la technologie de la chaîne de blocs : un cadre d'analyse de la décision de confiance », *E-government*, n° 8, 2019, p. 117-124.

68. Jiang Yuhao et JIA Kai, « Recherche sur la réforme du mécanisme de responsabilité des décisions publiques par la voie de la technologie de la chaîne de blocs basée sur les mégadonnées », *E-government*, n° 2, 2018, p. 32.

la confiance, et oblige constamment le gouvernement à former un mécanisme de responsabilité de traçabilité parfaite, ce qui jette une base solide pour la construction du futur gouvernement numérique.

Traçabilité de la chaîne de blocs pour le bien-être public. Durant l'épidémie de Covid-19, la Société de la Croix-Rouge du Hubei et celle de Wuhan ont été mises en cause, parce que les informations concernant les matériels et les dons n'ont pas été diffusées en temps opportun, et que la diffusion était opaques. C'est la douleur et la difficulté auxquelles se heurte le développement de la charité. La technologie de la chaîne de blocs est distribuée, difficile à manipuler, traçable et peut résoudre efficacement les problèmes de processus complexes et de manipulation secrète dans le cadre de la charité traditionnelle. Plus précisément, une plate-forme de dons caritatifs ouverte, transparente et traçable peut être mise en place par le biais de la chaîne de blocs. Le grand livre distribué et le mécanisme de consensus de la chaîne de blocs sont utilisés pour enregistrer les informations pertinentes du processus de don et de collecte, y compris les informations sur les donateurs, les bénéficiaires, les institutions intermédiaires, les matériaux donnés, ainsi que les informations sur le processus de don, de distribution, d'acceptation et de confirmation des bénéficiaires des matériaux. Chaque participant reçoit une identité unique sur la chaîne de blocs, avec une authentification du nom réel effectuée, et chaque lien est signé par le participant pour éviter les contrefaçons, les fausses déclarations et autres problèmes. Dans le même temps, l'identité des institutions sur la chaîne est transparente, toutes les transactions diffusées sur l'ensemble du réseau et chaque nœud enregistré dans le registre, ce qui permet de retracer la chaîne. Les personnes concernées peuvent consulter et retracer chaque transaction, remonter jusqu'à la personne responsable concernée, vérifier l'authenticité des enregistrements de données, remonter jusqu'à la source, de manière à rendre la responsabilité principale claire, à assurer l'ouverture et la transparence des projets d'intérêt public, età remodeler ainsi le système caritatif d'intérêt public digne de confiance.

III. Paradigme du gouvernement numérique

La quatrième session plénière du 19e Comité central du PCC a clairement souligné qu'il fallait « établir les règles du système pour améliorer la gestion administrative en utilisant les moyens techniques, tels que l'Internet, les mégadonnées, l'intelligence artificielle ; promouvoir la construction d'un gouvernement numérique, renforcer le partage ordonné des données et protéger les informations personnelles conformément à la loi ». La construction d'un gouvernement numérique est devenue un moyen important et un choix clé pour « innover les méthodes administratives, améliorer l'efficacité administrative et construire un gouvernement orienté vers les services avec la satisfaction de la population ».[69] La gouvernance numérique contribue à renforcer la capacité de gouvernance nationale, sociale et du gouvernement. Jusqu'à présent, la gouvernance numérique est encore un concept relativement vague et difficile à définir qui relève de la théorie de la gestion publique. Selon l'interprétation théorique des chercheurs chinois sur la gouvernance numérique à partir de différents points de vue et domaines, nous pouvons essayer de comprendre la logique de la gouvernance numérique à partir de deux aspects de l'horizon théorique et de l'orientation des objectifs. Dans la perspective théorique, la forme sociale humaine a progressivement évolué d'une société agricole et d'une société industrielle vers une société numérique, et son degré d'informatisation est de plus en plus élevé, ce qui favorise la transformation du mode de gouvernance du gouvernement, c'est-à-dire de l'interaction représentative traditionnelle et du contrôle à sens unique à la consultation commune, la co-construction, le partage et la consultation numériques. En ce qui concerne l'orientation des objectifs, en tant que nouveau mode de gouvernance nationale, la gouvernance numérique se concentre sur le changement de lien et le développement partagé entre le gouvernement numérique et d'autres sujets de gouvernance, et son orientation des objectifs commence à se transformer pour passer d'un changement de gouvernance gouvernementale à la création d'une valeur commune.[70] La clé de la construction du gouvernement numérique ne réside pas dans la numérisation, mais dans la gouvernance. L'architecture de gouvernance basée sur la chaîne de blocs peut fournir une architecture de confiance des données de base pour la gouvernance du gouvernement numérique.

La chaîne de blocs de souveraineté est devenue une infrastructure numérique pour la gouvernance des gouvernements. « Dans le système de gouvernement numérique, en tant qu'infrastructure numérique de la gouvernance gouvernementale, la chaîne de blocs de souveraineté complétera le travail de supervision de la science et de la technologie et la gouvernance de l'application de la loi, en combinant les deux niveaux que sont les règles techniques et les lois et règlements. Sur cette base, le gouvernement numérique jouera ses fonctions économiques, politiques et

---

69. Chen Jiayou et Wu Dahua, « Construire un gouvernement numérique et améliorer le niveau de modernisation des capacités de gouvernance », *Guang Ming Daily*, le 9 décembre 2019, p. 6.
70. Zhu Ling, « Le dilemme et la percée de la gouvernance numérique en Chine », *People's Tribune*, n° 32, 2019, p. 72.

sociales selon la nouvelle définition, et achèvera la construction et la mise en œuvre du système de gouvernance sociale. »[71] Avec l'avènement de l'ère de l'Internet de la valeur, l'innovation théorique et technologique donne naissance à un nouveau système de gouvernement numérique et à un nouveau paradigme de gouvernance. Si l'Internet de l'information résout les problèmes d'asymétrie de l'information et de manque d'expression, et réalise l'expansion du scénario démocratique, alors la chaîne de blocs peut fournir un ensemble de mécanismes de fonctionnement démocratique sur cette base, de sorte que la structure interne hiérarchique du gouvernement et le système de gouvernance sociale avec le gouvernement comme noyau peuvent être ajustés de manière adaptative, et promouvoir le « consensus » de la chaîne de blocs pour se développer en « co-gouvernance » de la chaîne de blocs de souveraineté. Au stade initial du développement de la chaîne de blocs de souveraineté, l'objectif du gouvernement numérique est d'utiliser la technologie de la chaîne de blocs pour améliorer la gestion administrative ou le système d'information du service public. Ses principaux domaines d'application sont l'enregistrement de l'identité numérique, l'authentification du crédit, les services de données, etc., principalement sous la forme de chaînes d'alliance dirigées par les institutions nationales compétentes. Après la maturité de la chaîne de blocs de souveraineté, grâce à la combinaison naturelle de la chaîne de blocs, du crédit et de la valeur, la fonction économique du gouvernement numérique devrait être réalisée en premier. La monnaie numérique souveraine est une manifestation importante de la fonction économique du gouvernement numérique. La monnaie numérique souveraine aura les avantages de l'ouverture, de la transparence, de la traçabilité, de la sécurité, de la stabilité et de l'autorité de la monnaie numérique. Elle devrait devenir l'une des principales formes de monnaie à l'avenir. Cependant, limités par l'efficacité et la sécurité de la technologie actuelle de la chaîne de blocs et par l'impact énorme et le risque élevé de l'émission de monnaie numérique souveraine, les gouvernements de divers pays maintiennent généralement une recherche positive et une attitude prudente. L'administration gouvernementale implique la gestion du système interne du gouvernement, qui met en avant des exigences plus élevées pour la sécurité et la stabilité de la chaîne de blocs de souveraineté. Par conséquent, la fonction politique du gouvernement numérique sera réalisée après la fonction économique. La construction d'infrastructures publiques est

---

71. Capital Wings, « De quoi devrions-nous discuter sur gouvernement numérique dans le cadre d'une chaîne de blocs », *Odaily*, 2018, https://www.odaily.com/post/5133065.

principalement concentrée dans l'industrie et la fabrication où sont rares les points pouvant être reliés à la chaîne de blocs. Par conséquent, la fonction sociale du gouvernement numérique devrait être réalisée.

Le jumeau numérique innove le paradigme de gouvernance du gouvernement numérique. « Après être entré dans l'ère de l'Internet intelligent, le double espace physique (réel) / électronique (virtuel) s'est formé, ce qui a profondément changé le mode de production et le mode de vie antérieurs ».[72] Le système de gouvernance urbaine subit également des changements majeurs dans le cadre de la tendance à la construction d'un gouvernement numérique orienté vers les services. Il est urgent d'établir de nouveaux concepts et une nouvelle réflexion sur la gouvernance du gouvernement numérique, et de façonner un nouvel ordre de gouvernance du gouvernement en fonction de la production et du mode de vie des deux espaces et de la logique de vie de la société intelligente. « Sous l'impulsion de la nouvelle génération de TIC et de la réforme du système et du mécanisme de gouvernance urbaine, le mode actuel de gestion fine basé sur le réseau va progressivement évoluer vers un mode autonome hautement intelligent basé sur le jumeau numérique ».[73] Le jumeau numérique est un nouveau mode de fabrication piloté par les données et le modèle, et est soutenu par le jumeau numérique et le fil numérique. Il permet d'optimiser au maximum, en boucle fermée, l'ensemble des facteurs industriels, de la chaîne industrielle et de la chaîne de valeur grâce à la connexion en temps réel, à la cartographie, à l'analyse et au retour d'informations sur les actifs et les comportements dans le monde physique.[74] « Le domaine public et le domaine privé ont tous deux rompu avec la signification et la portée traditionnelles de l'espace physique, et s'étendent et se développent constamment dans l'espace virtuel. En outre, le comportement et les relations sociales des gens ont subi de profonds changements dans l'isomorphisme du virtuel et du réel ».[75] Les êtres humains, les objets et les événements du monde physique sont entièrement mappés dans le monde virtuel et peuvent être entièrement surveillés grâce à un traitement intelligent qui peut non seulement saisir le monde physique, mais aussi

---

72. Ma Changshan, « Problèmes de gouvernance de la société intelligente et leur résolution », *Study Times*, n° 5, 2019, p. 92.

73. Zhang Yuxiong, « La transformation du modèle de gouvernance urbaine sous le jumeau numérique », www.sohu.com, 2018, http://www.sohu.com/a/ 224351264_735021.

74. Liu Yang, « Tendance technologique clé et perspective d'application du jumeau numériques », CAICT, 2019, http://www.caict.ac.cn/kxyj /caictgd/tnull_271054.htm.

75. Ma Changshan, « Confirmer et protéger les 'droits de l'homme numérique' », *Beijing Daily*, le 6 janvier 2020, p. 14.

influencer le monde physique en ajustant les éléments numérisés et en établissant la connexion entre le monde virtuel et le monde physique. Le monde réel et le monde virtuel coexistent et se mélangent. La ville jumelle numérique est un système technologique complexe et complet qui soutient la construction d'une nouvelle ville intelligente, un mode de pointe et avancé d'innovation continue du fonctionnement urbain intelligent, et une forme de développement futur de la coexistence de la ville physique dans sa dimension physique et de la ville numérique dans la dimension de l'information.[76] À l'avenir, le monde entier va générer un monde virtuel numérique basé sur le monde physique. Les informations et les renseignements seront transférés entre les individus, entre les individus et les objets, ainsi qu'entre les objets par le biais du monde numérique.

La chaîne de blocs construit un nouvel ordre de la civilisation numérique. Les technologies clés représentées par la chaîne de blocs, l'intelligence artificielle, l'information quantique, 5G et l'Internet des objets peuvent construire un monde numérique, promouvoir la construction d'un gouvernement numérique et engendrer un nouvel ordre de civilisation numérique. Kevin Kelly pense que le monde futur est un monde à la fois virtuel et réel : nous espérons cartographier l'ensemble du monde réel dans une société numérique. Dans le monde miroir du « jumeau numérique », nous pouvons interagir avec des outils. Afin d'assurer la crédibilité et l'authenticité des données téléchargées, nous espérons que ces données sont décentralisées, nécessitant ainsi la technologie de la chaîne de blocs. L'avantage de la technologie de la chaîne de blocs permet d'assurer l'invariance des données du programme de jumeau numérique. Sur la base de la programmabilité du contrat intelligent de la chaîne de blocs, les décisions optimales du système obtenues à partir de diverses expériences virtuelles, la déduction de scénarios et l'évaluation des résultats permettent au modèle numérique de la ville de remonter complètement à la surface. En tant qu'organisme jumeau, il fonctionne parallèlement à la ville physique et intègre le virtuel au réel, qui contient un espace d'innovation illimité. Par conséquent, le contrat intelligent fait la combinaison parfaite du monde physique et du monde virtuel, prend le code du programme comme exécuteur du contrat et transforme la rupture de contrat et la malhonnêteté en « possibilité à zéro », ce qui peut fournir une série de services de confiance pour

---

76. Le 26 août 2019, Xu Hao a prononcé un discours sur l'application intelligente et la haute qualité de vie lors de la deuxième China International Intelligent Industry Expo : Jumeau numérique, changement de paradigme de la ville intelligente.

la gouvernance du gouvernement numérique. La combinaison organique de la chaîne de blocs et du contrat intelligent réalise l'intellectualisation des relations sociales, et organise la relation entre les individus et les agents, de manière à générer de la valeur, ce qui est une orientation importante pour l'avenir. La relation sociale construite par le contrat intelligent sera un nouveau type de relation sociale intelligente, qui encouragera les êtres humains à entrer dans une véritable société contractuelle. À l'avenir, les technologies clés représentées par la chaîne de blocs, l'intelligence artificielle, l'information quantique, 5G et l'Internet des objets affecteront profondément la construction de la civilisation urbaine et contribueront à la naissance d'un monde jumeau numérique. Il ne fait aucun doute qu'en tant qu'architecture sous-jacente, la chaîne de blocs fournit également la pensée, le mécanisme et le schéma de mise en œuvre technique de la civilisation urbaine, qui encouragera la société humaine à s'accélérer pour entrer dans une nouvelle ère de civilisation numérique. La civilisation numérique définira les principes et les orientations du développement de la chaîne de blocs, et le gouvernement de la chaîne de blocs se verra confier une nouvelle mission.

Chapitre V

COMMUNAUTÉ DE DESTIN POUR L'HUMANITÉ BASÉE SUR UNE CHAÎNE DE BLOCS DE SOUVERAINETÉ

Dans la société du risque, les conséquences inconnues et inattendues deviennent la force dominante de l'histoire et de la société.

—ULRICH BECK, sociologue allemand

Nous espérons que la « technologie au service du bien social » deviendra la valeur universelle de la société numérique, afin que ce cycle de nouvelle révolution technologique puisse réellement apporter une meilleure civilisation humaine et un meilleur avenir.

—SI XIAO, directeur de l'Institut de recherche Tencent

Tant que les hommes de bien du monde voudront poursuivre et transmettre leur conscience, ils pourront distinguer le vrai et le faux, unifier les goûts et les aversions, traiter les autres comme eux-mêmes, traiter le pays comme leur propre famille, et penser que toutes les choses du monde forment un tout. De cette manière, le monde sera stable et pacifique.

—WANG MINGYANG, penseur de la dynastie Ming

Section I
Destin de l'homme dans les défis mondiaux

La tendance mondiale est comme des flots déferlant à l'infini. Le monde d'aujourd'hui se trouve dans une période de grand développement, de grand changement et de grand ajustement. Avec le développement croissant de la multipolarisation mondiale, de la mondialisation économique, de l'informatisation sociale et de la diversité culturelle[1], les caractéristiques de l'évolution accélérée des grands changements du monde sont devenues plus évidentes, et les sources et les points de risque des turbulences mondiales ont augmenté de manière significative[2]. « La croissance économique mondiale a besoin d'un nouvel élan, et le développement d'un équilibre plus inclusif. Le fossé entre les riches et les pauvres doit être comblé. Les « points chauds » continuent à être turbulents et le terrorisme est endémique. Les déficits de gouvernance, de confiance, de paix et de développement sont des défis sérieux auxquels l'humanité entière est confrontée. »[3] Les armes atomiques, biologiques, chimiques et numériques menacent les droits naturels, la sécurité de la vie et le développement futur de l'humanité tout entière. Dans le contexte de la mondialisation, la communauté de destin pour l'humanité dite « le moi en toi et le toi en moi » s'est formé. Tout le monde parte joies et épreuves.

I. Les défis mondiaux de l'avenir arrivé

Dans le monde d'aujourd'hui, le degré de couplage entre le système environnemental, le système social et le système économique diminue progressivement et leur contradiction est de plus en plus évidente. La guerre nucléaire, la cyberguerre, la guerre financière, la guerre biologique et les forces non souveraines constituent la crise mondiale dans laquelle tombent les êtres humains. Sous l'impact de multiples

---

1. Xi Jinping, « Construire une société de moyenne aisance de manière globale et remporter la grande victoire du socialisme à caractéristiques chinoises dans la nouvelle ère – Rapport au 19ᵉ Congrès national du PCC », www.people.com.cn, 2017, http://cpc.people.com.cn/n1/2017/1028/c64094-29613660-14.html

2. Bao Yuanyuan, « Les changements dans le système de gouvernance mondiale offrent de nouvelles opportunités à la Chine », www.people.com.cn, 2020, https://baijiahao.baidu.com/s?id=1655573043212048646&wfr=spider&for=pc.

3. Wu Yuzhen, « Le cercle d'amis plus grand avec les idées plus cohérentes », *Xinmin Evening News*, le 15 mai 2017, p. A3.

défis, la stabilité et la sécurité de l'écosystème humain changent fondamentalement, l'ordre mondial se reconstruit et la civilisation humaine est en crise.

La menace d'une guerre nucléaire. Depuis la première guerre mondiale, les principaux pays du monde s'efforcent d'élaborer des stratégies nucléaires et de mettre en place une dissuasion nucléaire dotée de capacités offensives et défensives. Environ 13 pays dans le monde ont successivement développé des armes nucléaires, et la menace d'une guerre nucléaire est imminente. Le 6 août 1945, les États-Unis ont largué une bombe atomique sur Hiroshima, au Japon. C'était la première fois dans l'histoire de l'humanité que des armes nucléaires étaient utilisées en temps de guerre. Ce jour-là, plus de 88 000 personnes ont été tuées, plus de 51 000 blessées ou portées disparues. Parmi les 76 000 bâtiments de la ville, 48 000 ont été complètement détruits et 22 000 gravement endommagés.[4] En 1962, la crise des missiles cubains a officiellement ouvert le prélude à la menace d'une guerre nucléaire. Les experts et le public craignent que la sagesse humaine ne suffise pas pour éviter cette catastrophe, et le déclenchement d'une guerre nucléaire n'est qu'une question de temps.[5] Face au problème de la survie de l'humanité, la Chine, les États-Unis, l'Union soviétique et l'Europe se sont unis pour établir une alliance internationale qui a changé la géopolitique du dernier millénaire, et la catastrophe qui pourrait détruire l'humanité a enfin été évitée. Vers les années 1970, l'Union soviétique, les États-Unis et le Royaume-Uni ont lancé une nouvelle compétition et un nouveau jeu nucléaire. De nouveaux types d'armes nucléaires destructrices se développaient vers la miniaturisation, la diversification et la portabilité, et les règles nucléaires internationales qui avaient été maintenues pendant des décennies ont été enfreintes. En 1986, a eu lieu « l'accident nucléaire de Tchernobyl ». « 30 personnes sont décédées sur place, et plus de 8 tonnes de fortes radiations se sont échappées. Plus de 60 000 kilomètres carrés de terrain autour de la centrale nucléaire ont été directement pollués par l'accident de fuite nucléaire, et plus de 3,2 millions de personnes ont été touchées par les radiations nucléaires, ce qui a entraîné la plus grande catastrophe de l'histoire de l'utilisation pacifique de l'énergie nucléaire. »[6] La question de la sécurité nucléaire mondiale

---

4. Zhang Shuyan et Wang Jiawei, « Le 6 août 1945, les États-Unis ont largué une bombe atomique sur Hiroshima au Japon », www.people.com.cn, 2013, http://history.people.com.cn/n/2013/0806/c364284-22457437.htm.

5. Yuval Harari [Israël], *21 leçons pour le 21e siècle*, traduit par Lin Junhong, Presse de Citic, 2018, p. 106-108.

6. Ni Weibo, « Utiliser le 'nucléaire' en toute sécurité avec vous », *Science News*, n° 6, 2017, p. 29.

est devenue de plus en plus importante, et la question nucléaire iranienne et celle de la République populaire démocratique de Corée sont devenues deux problèmes majeurs qui laissent la communauté internationale perplexe. Certains pays ont développé illégalement des armes nucléaires et ont à plusieurs reprises omis de respecter, voire violé, les dispositions du Traité sur la non-prolifération des armes nucléaires et d'autres documents pertinents[7]. Le conflit intense entre l'Iran et les États-Unis a considérablement augmenté la probabilité de relancer des activités d'enrichissement de l'uranium à 20 % impliquant une technologie nucléaire de qualité militaire et utilisant des armes nucléaires. La prévention de la guerre nucléaire est devenue une condition préalable inévitable pour la survie de l'humanité. Une fois que la concurrence nucléaire vicieuse aura pénétré dans le monde, elle déclenchera la troisième guerre mondiale marquée par les armes nucléaires et ouvrira la porte du désastre pour l'humanité.

La menace de cyberguerre. Dans la seconde moitié du 21e siècle, avec l'essor des technologies de l'information en réseau, l'Internet a créé un pont pour les échanges internationaux. En même temps, la cyberguerre avec le danger caché du « fusil de Tchekhov » apparaît discrètement, et le cyberespace est devenu un important champ de bataille pour l'avenir. Les États-Unis sont le premier pays à mettre en place des cyberforces, à formuler des programmes de cyberguerre et à introduire le concept de dissuasion dans le cyberespace.[8] En juin 2013, Snowden a révélé que le gouvernement américain avait secrètement mis en œuvre un programme de surveillance électronique nommé « US-984XN » et a attaqué le réseau mondial jusqu'à 61 000 fois. C'est le fameux « PRISM Event », que l'on peut qualifier de grand événement de la sécurité du cyberespace qui a choqué le monde et ouvert une nouvelle ère de guerre dans le cyberespace.[9] En mai 2017, le virus du chantage WannaCry s'est répandu dans le monde entier, et près de 300 000 appareils dans plus de 150 pays (régions), dont les États-Unis, le Royaume-Uni et la Chine, ont été attaqués par le virus[10], causant des pertes économiques de près de 8 milliards de dollars américains. Afin de sauvegarder la souveraineté,

---

7. Chen Yiming, « Chronique de la question nucléaire iranienne », *People's Daily*, le 11 jan. 2006, p. 3.

8. Liu Yuqing et Gong Yanli, « Menaces pour la sécurité et contre-mesures à l'ère de la cyberguerre », *Information Research*, n° 11, 2014, p. 63.

9. Fang Xingdong, « Recherche sur le PRISM Event et la stratégie globale de sécurité du cyberespace », *Modern Communication* (Journal de l'Université de communications de Chine), n° 1, 2014, p. 115.

10. Li Xiao, Liu Junqi et Fan Mingxiang, « Recherche sur les stratégies de prévention et d'adaptation au virus du chantage WannaCry », *Computer Knowledge and Technology*, n° 19, 2017, p. 19.

la sécurité et les intérêts nationaux, les pays du monde entier ont déployé les uns après les autres des stratégies de sécurité dans le cyberespace. La Russie a achevé le test de l'« Internet souverain » et a réalisé l'opération indépendante de l'« Internet régional » sur son territoire après l'opération de « déconnexion ». L'attribut du cyberespace fait que la cyberguerre a les caractéristiques comme le seuil bas, la frontière floue, la dualité, ainsi que le commandement et la gestion difficiles. Lorsque les cyberforces effectuent des missions dans le cyberespace, le « programme du cheval de Troie » peut se propager au cyberespace mondial, le reste du cyberespace non ciblé peut lancer des attaques en raison dè l'autodéfense, les cyberforces peuvent perdre le contrôle, et ainsi de suite. Lorsque des pirates informatiques ou des organisations de pirates effectuent des attaques de réseau, le mode d'attaque sans cible permet à n'importe quel ordinateur dans le monde de devenir sa cible. Toutes sortes de facteurs qui peuvent déclencher une cyberguerre menacent le destin numérique de l'humanité tout entière. La cyberguerre s'est véritablement manifestée devant toute l'humanité. Elle apporte une nouvelle façon de détruire l'humanité. Sa menace est plus grande que les bombes nucléaires. Elle peut placer l'humanité dans un nouveau monde en plein désarroi.

La menace d'une guerre financière. La sécurité financière est liée au développement économique et à la paix mondiale. C'est une question importante de gouvernance mondiale. C'est la tâche fondamentale du travail financier de prévenir et de résoudre les risques financiers, en particulier les risques financiers systémiques.[11] Ces dernières années, avec l'approfondissement de la mondialisation et le développement important des technologies financières, le système financier international a étroitement lié les lignes de vie économiques de tous les pays du monde, formant une « communauté de destin économique » partageant les biens et les malheurs. Dans le même temps, en termes d'échelle, de coût et d'efficacité, la concurrence, les luttes et l'éviction dans le domaine financier par tous les pays ne sont rien de moins qu'une guerre de tout genre. La guerre financière est devenue une nouvelle forme de guerre invisible non militaire. Par exemple, la crise de la tulipe au Pays-Bas en 1637, la bulle des mers du Sud en Grande-Bretagne en 1720, la panique de 1837 aux États-Unis, la panique bancaire américaine en 1907, le krach de 1929, le krach d'octobre 1987, la crise économique du Mexique de

---

11. Agence de presse Xinhua, « XI Jinping : Approfondir la réforme structurelle de l'offre financière et renforcer la capacité des services financiers à contribuer à l'économie réelle », www.xinhuanet.com, 2019, http://www.xinhuanet.com/politics/leaders/2019-02/23/c_1124153936.html.

1994-1995, la crise économique asiatique en 1997, la crise financière mondiale de 2008, la guerre commerciale entre la Chine et les États-Unis en 2019, etc. Chaque crise a provoqué un grand chaos dans le fonctionnement social et économique, et peut provoquer l'effondrement du système économique mondial. Le jeu financier international est un « champ de bataille sans fumées », dont l'essence est la lutte pour la domination du système de gouvernance mondiale. Dans la société moderne, le moyen le plus efficace de vaincre rapidement une grande puissance n'est pas la guerre, mais la finance. On peut dire que le moyen le plus rapide de détruire une superpuissance est une guerre financière.

La menace d'une guerre biologique. Les êtres humains sont confrontés à de multiples défis sanitaires tels que le cancer, le virus Ebola, le sida, les coronavirus[12] et à des risques sociaux multidimensionnels comme l'aliénation par l'édition de gènes. Les bactéries, les virus et les toxines peuvent rendre les personnes, les animaux et les plantes malades ou morts. Une fois que les « armes biochimiques » de destruction massive seront utilisées dans la guerre moderne, elles deviendraient la plus grande menace biochimique pour la santé et la sécurité de la vie humaine. Selon les recherches, le Japon a déjà commencé l'expérience sur les bactéries maléfiques pendant la Première Guerre mondiale, qui a duré environ 30 ans jusqu'en 1945, date à laquelle le Japon a été vaincu lors de la Seconde Guerre mondiale.[13] Avec le développement de l'histoire de l'humanité, les technologies avancées de la vie et la technologie médicale éliminent progressivement les maladies, mais en même temps, elles posent également de nouveaux défis de survie aux êtres humains. « L'édition génétique est une technologie qui permet de modifier précisément le génome, ce qui peut compléter l'invalidation génique ciblée, le knockin, la mutation multi-site et la délétion de petits fragments de

---

12. Les coronavirus sont un type de pathogènes qui provoquent principalement des maladies des voies respiratoires et des intestins. La surface de ce type de virus présente de nombreuses protubérances régulièrement disposées. Le virus entier est comme la couronne d'un empereur, d'où vient son nom. Outre les êtres humains, les coronavirus peuvent également infecter les porcs, les bovins, les chats, les chiens, les visons, les chameaux, les chauves-souris, les souris, les hérissons et d'autres mammifères ainsi qu'une variété d'oiseaux. Jusqu'à présent, il existe six coronavirus humains connus. Parmi eux, quatre types de coronavirus sont relativement courants dans la population, avec une faible pathogénicité, et ne provoquent généralement que des symptômes respiratoires légers, semblables à ceux du rhume. Les deux autres coronavirus, dont le coronavirus du SRAS et le coronavirus de MERS, peuvent provoquer des maladies respiratoires graves.

13. Gao Xiaoyan, « Le rudiment de l'armée japonaise de 731 – Laboratoire des bactéries Beiyinhe », *Japanese Invasion of China History Research*, n° 1, 2014, p. 86.

gènes d'intérêt, etc. »[14] En 2017, l'équipe de M. He Jiankui a injecté des réactifs d'édition génétique dans les ovules fécondés de six couples dans des circonstances non autorisées par la loi, non soutenues par l'éthique et présentant des risques incontrôlables, ce qui a entraîné la naissance de plusieurs bébés dont les gènes ont été édités, perturbant gravement l'ordre de gestion médicale.[15] Il s'agit non seulement d'un défi flagrant pour l'humanité tout entière, mais aussi d'un mépris de la loi, et son comportement est finalement sanctionné par la loi.[16] L'objectif initial de la technologie de l'édition génétique est d'éliminer les maladies, plutôt que d'améliorer certaines fonctions spécifiques du système du corps humain. Son abus détruira la voie de l'évolution naturelle du système, subvertira la morale et les valeurs traditionnelles des êtres humains, portera un coup fatal aux personnes physiques, et fera des ravages aux êtres humains.

La menace des forces non souveraines. Le développement connexe de tous les pays du monde conduira inévitablement au développement d'une communauté de destin pour l'humanité. La centralisation se produit dans le processus d'interaction humaine. Le dilemme de la centralisation des paradigmes[17] de la richesse, des croyances et de la sécurité a donné naissance à de nombreuses forces non souveraines. En 2019, Hong Kong a connu des troubles intérieurs et étrangers, un ralentissement économique, des troubles sociaux et une paralysie de la circulation. Selon les statistiques, une journée de paralysie de l'aéroport international de Hong Kong entraînera une perte de près de 210 000 passagers, 13 863 tonnes de fret, près de 10,2 milliards de dollars HK de fret aérien et une perte de moyens de

---

14. Wang Yunling, « 'Personne physique' et 'personne technique' : un examen éthique de l'événement de l'édition génétique des nouveau-nés », *Journal of Kunming University of Science and Technology* (Éditions sciences sociales), n° 2, 2019, p. 36.

15. Wang Pan, Xiao Sisi et Zhou Ying, « Focus sur l'affaire des 'nouveau-nés génétiquement édités' », *Quotidien du peuple*, le 31 décembre 2019, p. 11.

16. Le 30 décembre 2019, l'affaire des « nouveau-nés génétiquement édités » a été prononcée publiquement en première instance par le tribunal populaire du district de Nanshan à Shenzhen. Les trois accusés, à savoir He Jiankui, Zhang Renli et Qin Jinzhou, ont été mis en examen pour leur responsabilité pénale pour avoir conjointement mené illégalement des activités d'édition génétique d'embryons humains et de traitement médical à des fins de reproduction, ce qui constituait le crime de pratique médicale illégale. Selon les faits, la nature, les circonstances et le degré de préjudice à la société par les accusés, He Jiankui a été condamné à une peine de prison à durée déterminée de trois ans et à une amende de trois millions de yuans, Zhang Renli à une peine de prison à durée déterminée de deux ans et à une amende d'un million de yuans, et Qin Jinzhou à une peine de prison à durée déterminée d'un an et six mois, avec deux ans de sursis et une amende de 500 000 yuans.

17. Ian Goldin [Afrique du Sud] et Chris Kutarma [Canada], *Age of Discovery: Navigating the Risks and Rewards of Our New Renaissance*, traduit par Li Guo, Presse de Citic, 2017, p. 194-195.

subsistance de plus de 800 000 personnes.[18] De juin à septembre 2019, la perte économique causée par la seule diminution du nombre de touristes a atteint 18,5 milliards de dollars HK, et les industries des services, du tourisme et de la finance ont subi de lourdes pertes. On peut voir par là que même si les forces non souveraines ne peuvent pas diriger le processus d'intégration internationale, ni contrôler le développement global de la mondialisation, elles peuvent affecter la sécurité des pays souverains en restreignant et en contrôlant la stabilité régionale, puis détruire l'ordre international qui maintient la stabilité à long terme de la société humaine.

II. Risques derrière le « Rhinocéros gris » et le « Cygne noir »

Le monde prospère relié par des relations humaines complexes, des systèmes financiers divers et des systèmes scientifiques riches est non seulement la pierre angulaire de l'évolution de la civilisation humaine, mais aussi le « foyer » de toutes sortes de risques. Le « Rhinocéros gris » et le « Cygne noir », au lieu de sauter, marchent lentement et sont les deux grands types de risques qui préoccupent le monde aujourd'hui. L'être humain doit avoir le sens de prévention et un plan d'intervention pour les contre-attaquer.

(I) « Rhinocéros gris » et « Cygne noir »

« Rhinocéros gris ». Michele Wucker a mis en avant le concept de « rhinocéros gris » dans *The Gray Rhino: How to Recognize and Act on the Obvious Dangers We Ignore*. Il est utilisé pour décrire le risque potentiel de probabilité élevée, de grande influence, auquel les gens sont habitués, dans les domaines tels que l'immobilier, la crise financière, la concurrence des ressources, etc. Le rhinocéros gris est d'une grande taille, d'une action stupide et d'une réaction lente. Lorsqu'il attaque, le risque s'élève et les options qui s'offrent à l'humanité ne sont plus bonnes ou mauvaises, mais mauvaises, pires ou même irréversibles.[19] Les Nations unies a souligné dans un rapport qu'« au cours des 50 dernières années, sur les 1831 cas de conflits liés aux ressources en eau, 507 cas sont de nature conflictuelle, 37 cas sont de nature violente parmi lesquels 21 cas ont évolué en conflits militaires. Selon les

---

18. Zhu Yanjing, « L'aéroport de Hong Kong paralysé, les passagers souffrent, ce qui affecte les moyens de subsistance de plus de 800 000 personnes à Hong Kong », www.chinanews.com, 2019, http://www.chinanews.com/ga/2019/08-13/8924885.shtml.

19. Michele Wucker [États-Unis], *The Gray Rhino: How to Recognize and Act on the Obvious Dangers We Ignore*, traduit par Wang Liyun, Presse de Citic, 2017, p. 11.

statistiques des institutions compétentes, d'ici 2050, le nombre de pays menacés par une pénurie d'eau passera à 54, et la population touchée représentera 40 % de la population mondiale, soit 4 milliards de personnes »[20]. En fait, après chaque crise, si les êtres humains l'examinent attentivement, ils constateront que les indices avant les crises majeures sont en fait d'excellentes opportunités de « fuite ».[21]

« **Cygne noir** ». M. Taleb donne au « cygne noir » une nouvelle connotation dans *The Black Swan: The Impact of the Highly Improbable*. Il s'agit des événements extrêmement difficiles à prévoir, inhabituels ou inattendus.[22] Par exemple, les attentats du 11 septembre 2001, le Brexit, la victoire de Trump aux élections présidentielles, l'échec du référendum constitutionnel italien, l'épidémie de virus à grande échelle, etc. Les épidémies de virus à grande échelle sont nombreuses dans l'histoire de l'humanité : le VIH découvert pour la première fois aux États-Unis en 1983, le SRAS qui a éclaté en Chine en 2003, la « grippe aviaire » (H5N1) en Asie du Sud-est en 2005, la grippe A (H1N1) apparue au Mexique en 2009, le « syndrome respiratoire du Moyen-Orient » (MERS) découvert pour la première fois en Arabie Saoudite en 2012, le « virus Ebola » en Guinée en Afrique en 2014, le « virus Zika » découvert au Chili la même année en Amérique du Sud, etc. Chaque épidémie de virus à grande échelle cause la mort aux êtres humains. L'épidémie de COVID-19 a balayé tout le pays en moins de deux mois. La ville chinoise Wuhan a été fermé et la réponse d'urgence de niveau 1 a été lancée en Chine. L'Organisation mondiale de la santé a annoncé que l'épidémie constituait une « urgence de santé publique de portée internationale » (PHEIC). Ainsi, une fois que le « cygne noir » aura frappé, il poussera le monde à l'extrême limite du désastre global.

Alerte tant au « cygne noir » qu'au « rhinocéros gris ». Le 17 juillet 2017, le premier jour ouvrable après la conférence nationale sur les travaux financiers, la une du commentateur du *Quotidien du Peuple* intitulé « Prévention efficace des risques financiers » mentionnait que, pour prévenir et résoudre les risques financiers, nous devons rester plus que jamais vigilant à toute défaillance, prévenir le « cygne noir » et le « rhinocéros gris », et ne pas prendre tout risque à la légère, sans parler de faire

---

20. Li Zhifei, « La diplomatie des ressources en eau : un nouvel enjeu sur la construction de la sécurité périphérique de la Chine », *Academic Research*, n° 4, 2013, p. 29.

21. Ma Wei, « En plus du cygne noir, vous devez connaître le rhinocéros gris », *China Entrepreneur*, n° 7, 2017, p. 100.

22. Wu Song et Li Yaqian, « Nouvelles significations des termes 'cygne noir' et 'rhinocéros gris' », *Chinese Learning*, n° 11, 2017, p. 75.

la sourde oreille.[23] Le « rhinocéros gris » et le «cygne noir » entrent constamment dans la vision humaine par des canaux autoritaires pour alerter les gens afin qu'ils prennent des précautions. La crise provoquée par le « rhinocéros gris » est souvent très destructrice. Elle est prévisible, perceptible et évitable, mais les êtres humains adoptent souvent des « tactiques d'autruche » de manière passive.[24] Michele Wucker a dit que de nombreuses crises dans le passé avaient en fait des signes évidents avant d'éclater, mais on a toujours regardé ces signes avec un peu de chance ou même une attitude arrogante jusqu'à ce que la crise éclate. « Le 'cygne noir' est une métaphore pour les événements imprévisibles, majeurs et rares, qui ont souvent un impact majeur et inattendu. Cependant, on ferme toujours les yeux sur ces événements et est habitué à les expliquer avec son expérience de vie limitée et sa croyance vulnérable, et sont finalement vaincus par la réalité. »[25] Tous les risques peuvent avoir un impact sur la survie humaine et détruire les fruits du développement humain. La meilleure solution est de transcender les idées traditionnelles et de réaliser le changement et le renouvellement de la pensée.

(II) Risques mondiaux à venir

Le monde est de plus en plus diversifié et interconnecté. Le changement progressif a été remplacé par l'instabilité de la boucle de rétroaction, l'effet de seuil et la destruction en chaîne. Le risque mondial, avec une probabilité élevée et un fort pouvoir destructeur, pousse les êtres humains vers la « mer de la mort ». Le « rhinocéros gris » court à toute vitesse vers les êtres humains, comme le changement climatique et l'échec des mesures d'ajustement correspondantes, la crise de la ressource d'eau, les cyberattaques, les catastrophes naturelles et les défaillances des infrastructures d'information clés. Les êtres humains sont confrontés aux risques liés à la détérioration du climat, à l'abus des sciences et des technologies et à l'épuisement des ressources. Arrivent ainsi en secret les « cygnes noirs » que sont les armes de destruction massive, les catastrophes environnementales causées par l'homme, les phénomènes météorologiques extrêmes, la perte de biodiversité et l'effondrement des écosystèmes, ainsi que les bulles d'actifs des grandes économies, et les êtres humains sont confrontés à la crise de la prolifération des armes, à

23. Chen Xuebin, « 'Rhinocéros gris' », *Heilongjiang Finance*, n° 2, 2018, p. 80.

24. Chen Jie et Fang Yiyun, « 'Rhinocéros gris et 'cygne noir' », *Financial Times*, le 8 septembre 2017, p. 10.

25. Nassim Nicholas Taleb [États-Unis], *The Black Swan: The Impact of the Highly Improbable*, traduit par Wan Dan, Presse de Citic, 2011, préface.

l'effondrement économique et au déséquilibre écologique.[26] Toute la société humaine est en danger, et de plus en plus de personnes commencent à réaliser qu'elles doivent faire de plus grands efforts, apporter de plus grands changements et trouver des moyens de relever tous les défis.

Face à la société de demain et face au destin de l'humanité, deux crises majeures vont inévitablement susciter une forte inquiétude chez les contemporains : tout d'abord, le réchauffement climatique. Actuellement, la teneur de l'air en dioxyde de carbone augmente à un rythme sans précédent. La fonte des glaces dans l'Arctique pourrait entraîner une augmentation du niveau de la mer de plus d'un mètre à la fin du 21e siècle. Les ondes de tempête et les inondations provoqueront une crise pour un milliard de personnes dans le monde et près de 300 millions de personnes perdront leur maison. L'augmentation continue de la température moyenne mondiale et la poursuite de la fonte des glaciers polaires entraîneront la modification des courants océaniques ou l'inondation des zones côtières de faible altitude, ou aggraveront encore la désertification des zones qui peuvent encore être exploitées.[27] Deuxièmement, les catastrophes naturelles. Avec le rétrécissement continu de l'écart entre le niveau de développement économique des pays du monde, l'humanité est confrontée au risque d'un changement climatique extrême et catastrophique. Le 12 février 2020, l'incendie de la jungle australienne, qui a duré 210 jours, a enfin été éteint et la « cicatrice de la terre » ne s'étendrait plus. L'incendie a tué au moins 33 personnes et environ un milliard d'animaux sauvages, et a brûlé plus de 2 500 maisons et 11,7 millions d'hectares de terres.[28] Il ne fait aucun doute que l'environnement dans lequel vivent les êtres humains a été surchargé, et le risque environnemental global augmente.

Des risques futurs se profilent, poussant l'humanité dans l'abîme de l'extinction. Tout d'abord, les outils de manipulation du climat et l'utilisation unilatérale de technologies de géo-ingénierie radicales provoqueront le chaos climatique et aggraveront les tensions géopolitiques. Deuxièmement, le fossé entre les zones urbaines et rurales grandissant a exacerbé la polarisation entre les pays et les régions. Tant que ce fossé n'aura pas atteint la valeur critique, le nativisme local et les conflits violents risquent de se produire. Troisièmement, les ressources

---

26. Forum économique mondial, « The global risks report 2019 (14th edition) », 2019, http://www3.weforum.org/docs/WEF_Global_Risks_Report_2019.pdf.

27. Niall Ferguson [UK], *Civilization*, traduit par Zeng Xianming *et al.*, Presse de Citic, 2012, p. 273.

28. Guo Qiwei, « 210 jours ! L'incendie de la Nouvelle-Galles du Sud en Australie a enfin été éteint », www. chinanews.com, 2020, http://www.chinanews.com/gj/2020/02-12/9088580.shtml.

naturelles sont épuisées. Lorsque les ressources produites par la nature ne peuvent plus répondre aux besoins des êtres humains, des batailles pour les ressources sera sûrement mise en scène et la société sera dans la tourmente. Quatrièmement, la course à l'espace. Les pays du monde entier se bousculant pour mettre en place des systèmes de satellites dans l'espace et s'emparer de la position dominante dans l'espace, les débris spatiaux produits se précipitent vers la terre à la vitesse des balles. Cinquièmement, la perte des droits de l'homme. Dans cette nouvelle étape de pouvoir étatique fort et de différenciation intérieure croissante, le gouvernement a tendance à sacrifier les intérêts personnels pour atteindre la stabilité collective, au détriment des droits de l'homme.[29]

(III) Réflexion sur les risques mondiaux

Les questions mondiales se répartissent en trois grands domaines de relations : le déséquilibre entre l'homme et la nature, celui entre l'homme et la société et celui entre les êtres humains.[30] Le déséquilibre entre l'homme et la nature conduit souvent au déséquilibre entre l'homme et la société et entre les hommes, ce qui est également la caractéristique principale du risque mondial actuel. Depuis le 21e siècle, la population mondiale a fortement augmenté. On estime que la population mondiale atteindra 8,5 milliards en 2030, 9,7 milliards en 2050 et 10,9 milliards en 2100.[31] Lorsque la population mondiale deviendra de plus en plus importante, elle aggravera inévitablement les contradictions et les conflits dans l'ensemble de l'économie sociale, des ressources environnementales, des relations humaines, de la civilisation et de la politique. À cette occasion, les déséquilibres dans ces trois domaines seront plus complexes et plus importants. À l'heure actuelle, la crise mondiale à laquelle sont confrontés les êtres humains est le produit d'une accumulation historique, et les risques futurs auxquels les êtres humains sont confrontés dépendent des activités, des comportements et des choix de valeurs de l'homme contemporain. Ce n'est qu'en examinant de manière exhaustive les modèles idéologiques et culturels inhérents à la civilisation, à la science et à la

---

29. Forum économique Mondial, « The global risks report 2019 (14th edition) », 2019, http://www3.weforum.org/docs/WEF_Global_Risks_Report_2019.pdf.

30. Diao Zhiping, « Réflexion sur l'essence de la crise mondiale à partir des avantages et des inconvénients du modèle culturel traditionnel », *China Soft Science*, n° 2, 2003, p. 158.

31. Département des affaires économiques et sociales du Secrétariat de l'ONU, « World population prospects 2019: Highlights », Nation Unies, 2019, https://www.un.org/development/desa/publications/world—population-prospects-2019-highlights.html.

technologie, à la politique, etc. contenus dans l'ensemble du processus de civilisation humaine, que nous pourrons réellement prévenir et éliminer la crise mondiale et rendre au monde un avenir sûr, stable et brillant.

« La société humaine est complexe, pleine de non-linéarité, d'incertitude, de vulnérabilité et de risque. Avec l'accélération de la mondialisation et de la modernisation de la société humaine, la promotion continue de l'innovation scientifique et technologique, et les changements profonds de la politique internationale, la société humaine subit une profonde transformation structurelle systématique et s'est transformée en une société mondiale à risque hautement incertaine et complexe ».[32] Au cours des derniers siècles, le « rhinocéros gris » et le « cygne noir » sont nés dans les choix de l'homme, et pourraient être le dernier coup porté à l'extinction des êtres humains. C'est pourquoi, quelle que soit la manière dont nous choisissons de rechercher les avantages et d'éviter les inconvénients, nous devrions voir les inconvénients qui se cachent derrière nos choix. La réalité est que les êtres humains sont constamment avertis, nerveux, face aux risques incontrôlables et que la crise arrive rapidement. La société humaine est en train de tomber dans une impasse cyclique d'anxiété et d'impuissance. Face à de nombreux risques, on doit admettre ses propres défauts et éviter de s'effondrer.

Nous sommes à une époque d'évolution rapide des technologies et des ressources. En même temps, c'est aussi une ère d'extrême insécurité. Le contrat qui lie les êtres humains, la nature et la science est en train de se désintégrer. Aujourd'hui, l'humanité jouit des niveaux de vie les plus élevés de l'histoire, d'une science et d'une technologie avancées et de ressources financières abondantes. Elle aurait dû faire un usage rationnel de ces ressources, adhérer au principe du développement durable et avancer sans relâche vers un avenir plus juste et plus solidaire. Toutefois, en raison du manque de motivation suffisante et de coopération profonde nécessaire dans le processus de changement, les êtres humains peuvent pousser le monde au bord de l'effondrement du système.[33] Dans l'évolution complexe de la situation internationale actuelle, à une époque combinée de fermeture et d'ouverture, d'unilatéralisme et de multilatéralisme, l'objectif de l'humanité est la direction future d'un destin commun. L'avenir de la destinée humaine est rempli de nombreuses inconnues. Peut-être l'avenir tombera-t-il dans

---

32. Fan Ruguo, « Gouvernance de la 'société mondiale du risque' : le paradigme de la complexité et la participation de la Chine », *Social Sciences in China*, n° 2, 2017, p. 65.

33. Forum écnomique mondial, « The global risks report 2018 (13th edition) », 2018, http://www3. weforum.org/docs/WEF_GRR18_Report.pdf

l'hiver de la déception, ou bien il sera brillant, avec toutes les menaces et tous les défis dormant à jamais et les catastrophes cessant de reproduire.

III. L'évangile ou le désastre de l'intelligence artificielle

Grâce à leur propre sagesse, les êtres humains deviennent le seul facteur important de l'écosystème mondial à l'origine du changement mondial. L'intelligence artificielle est le produit d'êtres humains en cours d'adaptation à la nature, comme l'amélioration du cadre de vie, l'optimisation de la qualité de vie et l'amélioration de l'efficacité de la production. Il s'agit d'une forme technique importante pour répondre aux besoins des êtres humains. L'émergence de l'*Homo sapiens* réécrit le système de sélection naturelle et de règles traditionnelles, brise la frontière entre les différents écosystèmes de la terre et étend la forme de vie du champ organique au champ inorganique.[34]

(I) Quatre vagues de l'intelligence artificielle

Première vague : l'intelligence informatique. De 1950 à 1980, la capacité de traitement du langage naturel de l'ordinateur a été rapidement améliorée, et l'intelligence informatique et le stockage rapide ont été réalisés. De nombreux puzzles auxquels les êtres humains ont fait face ont été résolus par l'ordinateur, tels que les labyrinthes, les jeux d'intelligence, les échecs, etc.[35] Le test de Turing est la réalisation la plus célèbre de la recherche à ce stade. Il sépare l'homme de la machine et devient un moyen important de tester l'intelligence artificielle. Bien qu'à l'heure actuelle, l'intelligence artificielle ne puisse résoudre que certains problèmes fondamentaux, elle ne peut empêcher l'émergence de produits technologiques. ARPANET est connu comme le premier rudiment important de réseau informatique au monde, qui a réalisé pour la première fois dans l'histoire de l'informatique la transmission de données numériques. Pourtant, les valeurs économiques créées par l'intelligence informatique sont limitées dans l'industrie de haute technologie et le monde numérique.[36] Par conséquent, les êtres humains réalisent qu'il est encore extrêmement difficile d'utiliser l'intelligence artificielle pour résoudre des problèmes pratiques.

---

34. Yuval Harari [Israël], *Homo Deus : une brève histoire de l'avenir*, traduit par Lin Junhong, Presse de Citic, 2017, p. 67.

35. Matsuo Yutaka [Japon], « Engouement pour l'intelligence artificielle : les robots vont-ils surpasser les êtres humains ? », traduit par Zhao Hanhong *et al.*, Presse de l'industrie des machines, 2016, p. 40-57.

36. Li Kaifu, *L'IA et le futur*, Presse populaire du Zhejiang, 2018, p. 135.

Deuxième vague : l'intelligence perceptive. Au milieu et à la fin des années 1990, la combinaison de l'industrie traditionnelle et de l'intelligence artificielle est la réalisation la plus remarquable de l'époque. L'intelligence artificielle prend la connaissance comme support, les besoins comme âme, les règles comme structure, et se met constamment à jour pour réaliser l'intelligence perceptive de la vision, de l'audition, du toucher, etc. La conduite automatique utilise la technologie de l'intelligence artificielle pour juger la distance, l'orientation et la vitesse des personnes, des véhicules et des objets extérieurs grâce à des capteurs, et transmet les informations au module de perception intelligente pour le calcul et le traitement. La technologie de l'intelligence perceptive de Baidu et de Google est à la tête de la deuxième vague de l'intelligence artificielle. La valeur évaluée par Morgan Stanley de la Waymo®[37] de Google s'élève à 175 milliards de dollars. En se basant sur cette valeur, celle de Baidu Apollo sera de 30 à 50 milliards de dollars. Dans une certaine mesure, l'intelligence perceptive affecte les applications intelligentes, la mise à niveau des terminaux, l'économie financière et d'autres aspects pratiques, mais il existe toujours un « goulot d'étranglement dans l'acquisition des connaissances ».

Troisième vague : l'intelligence cognitive. Le 21e siècle est une ère de changements rapides. S'appuyant sur ses ressources abondantes et sur la capacité de combat de grands régiments, les géants de la technologie prennent la tête du mouvement. Grâce au lancement de produits intelligents tels que le système Watson et le système AlphaGo, ils ont amené la troisième vague de l'intelligence artificielle.[38] À l'heure actuelle, le plus grand fossé entre les machines et les hommes se trouve au niveau de l'intelligence cognitive, qui est également un domaine dans lequel les grands géants technologiques recherchent de toute urgence des percées.[39] Le symbolisme de la cartographie des connaissances et le connectivisme de l'apprentissage profond fonctionnent ensemble pour offrir la possibilité de réaliser l'intelligence cognitive. Ils transforment le monde réel en un monde numérique quantifiable, analysable et calculable, comme « Xiaoai » de Xiaomi, « Cerveau urbain » d'Alibaba et la reconnaissance faciale de Face ++. Tous ces exemples montrent que l'intelligence cognitive peut être réalisée, appliquée et

---

37. Waymo était à l'origine un plan de voiture à pilotage automatique lancé par Google en 2009. Il s'est séparé de Google en décembre 2016 et est devenu une filiale d'Alphabet (société mère de Google).

38. Xu Lei, « La troisième vague de l'intelligence artificielle et certains problèmes cognitifs », *Science (Shanghai)*, n° 3, 2017, p. 6.

39. Li Hui, « Intelligence artificielle : une vague technologique qui change le monde », *China information security*, n° 12, 2016, p. 27.

développée. Une fois l'intelligence cognitive réalisée, la vie familière et les modèles sociaux des êtres humains changeront et le monde physique réel sera numérisé.

Quatrième vague : la super intelligence. « Les êtres humains sont confrontés à une transition quantique, ainsi que le changement social et la réorganisation créative les plus intenses de l'histoire. »[40] En octobre 2019, Google a fait une démonstration réussie d'un processeur composé de 53 qubits, permettant au système quantique de passer environ 200 secondes pour accomplir des tâches que les superordinateurs traditionnels mettront 10 000 ans à réaliser.[41] On peut prédire qu'une forte intelligence artificielle équivalente à l'intelligence et aux capacités humaines et une super intelligence artificielle qui dépasse l'homme des centaines de millions de fois dans tous les aspects émergeront l'une après l'autre. L'avenir est l'ère de la super intelligence, AI + Qi = Si (Intelligence artificielle + Intelligence quantique = Super intelligence). Le développement simultané de l'intelligence quantique et de l'intelligence artificielle est la garantie technique pour que les êtres humains évoluent vers la civilisation numérique. À l'ère de la super intelligence, la structure de l'ensemble de l'écosystème humain va changer. Les hommes n'ont pas encore clairement compris ce fait, mais ils sont déjà dans la vague du changement.

(II) Evangile à venir : l'intelligence artificielle en marche

Du point de vue de la pensée traditionnelle, il existe des différences dans l'allocation des ressources, le niveau moral et le revenu économique, mais avec l'avènement de l'intelligence artificielle, tout revient à l'état de remélange. Après les révolutions industrielles, les guerres mondiales et de nombreux changements et turbulences, la société humaine s'est rendu compte que la liberté individuelle, la stabilité et le développement étaient inséparables de l'efficacité et de la justice du gouvernement et de la société[42]. Dans le domaine de l'intelligence artificielle, l'écart entre la Chine et les pays occidentaux développés en matière de science et de technologie se réduit. Nous pouvons observer une tendance technologique qui est sur le point d'avoir un impact sur l'économie mondiale et de faire pencher la balance géopolitique

---

40. Alvin Toffler [États-Unis], *La troisième vague*, traduit par Huang Mingjian, Presse de Citic, 2018, p. 4.

41. Cheng Lan, « Une démonstration réussie de 'l'hégémonie quantique' annoncée par les chercheurs de Google », www.xinhuanet.com, 2019, http://www.xinhuanet.com/2019-10/23/c_1125143815.htm.

42. Li Yanhong, *Révolution intelligente : répondre aux changements sociaux, économiques et culturels de l'ère de l'intelligence artificielle*, Presse de Citic, 2017, p. 149.

vers la Chine.[43] En ce qui concerne la recherche et l'application de l'intelligence artificielle, les entreprises traditionnelles aux États-Unis réussissent bien dans les affaires, tandis que la Chine réussit bien dans le bien-être des citoyens. Bien que leurs modèles et stratégies soient différents, l'un des deux pays finira par prévaloir dans le futur. L'ère de la civilisation numérique est juste, équitable et ouverte. Tous les pays du monde ont le droit de rivaliser à armes égales dans le domaine de l'intelligence artificielle.

Les besoins fondamentaux des hommes, les relations sociales complexes et les riches ressources naturelles sont tous numérisées, et la quantité de données générées dépassera progressivement la quantité de données pouvant être stockées sur l'Internet. L'intelligence des données est la clé pour résoudre ce problème. Grâce à un gros moteur de données, à l'apprentissage profond et à l'apprentissage machine, l'intelligence des données traite des données massives (le nettoyage, la classification, le calcul, etc.), configure intelligemment leur transmission, leur application et leur stockage, et extrait la valeur maximale contenue dans les données. L'intelligence artificielle ne sera pas limitée par une énorme quantité de données, ni par des équipements physiques. Elle travaillera avec les êtres humains pour résoudre des problèmes mondiaux tels que le cancer, le changement climatique, l'énergie, l'économie, la chimie, la physique, etc. Le développement continu de la technologie de l'intelligence artificielle améliorera considérablement le niveau de productivité et l'efficacité de la production, et accélérera l'arrivée d'un nouveau cycle de révolution scientifique et technologique.

L'intelligence artificielle a été appliquée à tous les domaines de la société, ce qui apporte une autre opportunité d'ajustement des structures sociales.[44] Elle apporte un soutien important à la société humaine à l'ère de la civilisation numérique, rendant possible l'impossible. Les voyages intelligents, les maisons intelligentes, les vêtements intelligents, les soins médicaux intelligents et les tribunaux intelligents ont été appliqués à la société humaine, et la voie de l'intelligence sociale est construite. Dans le domaine de la recherche, l'intelligence artificielle ne dépend pas d'une base de connaissances fixe ou se contente d'une recherche générale. Elle relie les informations disponibles à partir de nombreuses

---

43. LI Kaifu, *L'IA et le futur*, Presse populaire du Zhejiang, 2018, p. 162.

44. Li Zhiyong, *Reproduction ultime : comment l'intelligence artificielle favorisera les changements sociaux*, Presse de l'industrie des machines, 2016, p. 120.

sources de données[45] et les trie en fonction des besoins de l'homme, afin que celui-ci puisse obtenir les informations les plus utiles dans les plus brefs délais. Dans le domaine des transports, une expérience menée par Google montre que, si 90 % des voitures se retrouvent sans conducteur, le nombre d'accidents de la circulation passera de 6 millions à 1,3 million, et le nombre de morts sera considérablement réduit. Dans le même temps, le pilotage automatique peut également permettre d'éviter les embouteillages causés par l'homme.[46] L'intelligence artificielle envoie un flux constant de « force » à la société humaine.

(III) La singularité est proche : risques invisibles du développement de l'intelligence artificielle

Le développement de la technologie de l'intelligence artificielle a permis à celle-ci de remplacer une grande partie du travail manuel traditionnel et de s'adapter rapidement.[47] Selon un rapport publié par PricewaterhouseCoopers, au début des années 2030, 38 % des emplois aux États-Unis seront menacés par l'automatisation, tandis que cette proportion sera de 30 % au Royaume-Uni, de 35 % en Allemagne et de 21 % au Japon.[48] De plus en plus d'emplois sont remplacés par des machines, et ceux qui n'ont pas été remplacés seront pris par des êtres humains plus intelligents et plus forts physiquement. Cette société moderne construite par l'homme et la nature devient progressivement une société future basée sur le cadre du « triangle d'or » des intelligences humaine, naturelle et artificielle. Cela n'est pas compatible avec la structure sociale existante et son ordre de répartition interne, ce qui implique que le système social existant doit être mis à niveau, sinon il entraînera de violents conflits au sein des êtres humains.

Face à l'intelligence artificielle, aucun domaine ne peut échapper à l'impact. L'intelligence artificielle ne fait pas partie de l'ordre naturel, mais est le produit

---

45. James Hendler [États-Unis] et Alice M.Mulvehill [États-Unis], *Social Machines: The Coming Collision of Artificial Intelligence, Social Networking, and Humanity*, traduit par Wang Xiao *et al.*, Presse de l'industrie des machines, 2018, p. 25.

46. Wang Ruihong, « L'intelligence artificielle ouvre la voie au développement de la 'tuyère' », *Times Finance*, n° 16, 2017, p. 42.

47. Ray Kurzweil [États-Unis], *The Singularity is Near: When Humans Transcend Biology*, traduit par Li Qingcheng *et al.*, Presse de l'industrie des machines, 2011, p. 282.

48. Wang Ruihong, « L'intelligence artificielle ouvre la voie au développement de la 'tuyère' », *Times Finance*, n° 16, 2017, p. 42.

de la créativité humaine, ce qui peut aggraver la condition humaine.[49] Le système juridique est un critère important pour maintenir la stabilité et la sécurité sociales, mais celui existant est impuissant face à l'intelligence artificielle, les règles traditionnelles échouent progressivement, et les risques institutionnels s'ensuivent. L'intelligence artificielle ne remet pas seulement en cause les règles juridiques, les règles éthiques et l'ordre social actuels, mais met également en évidence les défauts du système juridique existant, en particulier le manque législatif dans le domaine de l'intelligence artificielle qui est encore vierge. Par conséquent, les êtres humains doivent non seulement accorder une attention juridique à l'intelligence artificielle, mais aussi fixer des restrictions et des responsabilités pour le développement de l'intelligence artificielle, de manière à garantir qu'elle profite à l'humanité plutôt que de la détruire.[50]

Ray Kurzweil, futuriste et directeur technique de Google, a soulevé la célèbre théorie de la singularité technologique : « La technologie connaîtra une croissance explosive à un certain moment dans le futur et franchira un point critique, qui est la 'singularité'. À ce moment-là, la civilisation humaine sera complètement remplacée par l'intelligence artificielle. »[51] La crise des singularités, telles que celle des normes, celle de la théorie classique, celle de l'économie, celle des formes sociales et celle de la technologie, peut survenir[52], et le sort de l'humanité sera grandement menacé. Les êtres humains peuvent devenir l'espèce dominante sur la terre, en grande partie grâce à la sagesse humaine bien supérieure à d'autres espèces. L'intelligence artificielle a été créée à l'origine par les êtres humains. Si la sagesse de l'intelligence artificielle surpasse celle des êtres humains, cela indique que l'intelligence artificielle rivalisera avec les êtres humains pour la domination. À ce moment-là, face à l'intelligence artificielle, ceux-ci seront incapables de faire ce qu'ils veulent, parfois même confus, désorientés et impuissants.[53]

---

49. Toby Walsh [Australie], *L'IA remplacera-t-elle les humains ?*, traduit par Lü Jia, Beijing United Publishing Co., Ltd, 2018, p. 169.

50. Yang Yanchao, *Loi sur les robots : construire un nouvel ordre de l'avenir humain*, Presse juridique, 2019, p. 492.

51. Liu Jinchang, *L'IA change le monde : les robots se dirigent vers la société*, Presse de l'énergie hydraulique de Chine, 2017, p. 59.

52. Guo Zhangcheng, « Cinq singularités possibles de l'intelligence artificielle », *Theoretical Horizon*, n° 6, 2018, p. 58-62.

53. Chen Caihong, « Intelligence artificielle et avenir de l'humanité », *Housebook*, n° 12, 2018, p. 8.

Section II
Science et technologie de gouvernance et
communauté de destin du cyberespace

Actuellement, l'évolution d'un nouveau cycle de révolution scientifique et technologique et de changement industriel accélère. Les nouvelles technologies, les nouvelles applications et les nouveaux formats, tels que l'intelligence artificielle, les mégadonnées et l'Internet des objets, sont en plein essor. L'Internet a acquis une dynamique de développement plus puissante et un espace de développement plus large. Bien développer, utiliser et gérer l'Internet devient la responsabilité commune de la communauté internationale, afin qu'il puisse mieux profiter à l'humanité. Dans le cadre de l'initiative internationale des « Quatre principes » et des « Cinq propositions »[54], nous devrions promouvoir la réforme du système de gouvernance mondiale de l'Internet, réaliser la transformation bénigne du cyberespace de la « gouvernance technologique » à la « gouvernance souveraine » et construire une communauté de destin du cyberespace avec le respect de la souveraineté du cyberespace comme la caractéristique essentielle.

I. Technologie de gouvernance et modernisation de la gouvernance

Lors de la quatrième session plénière du 19e Comité central du PCC, il a été souligné que l'adhésion au régime socialiste à la chinoise et son amélioration, ainsi que la promotion de la modernisation du système national de gouvernance et de la capacité de gouvernance, constituaient une tâche stratégique majeure pour l'ensemble du Parti. Les technologies de gouvernance, dont la numérisation, la mise en réseau et l'intelligence sont au cœur, sont en train d'émerger et continuent à libérer l'efficacité de la gouvernance. La science et la technologie de la gouvernance

---

54. Le président Xi Jinping a soulevé pour la première fois les « Quatre principes » et « Cinq propositions » dans son discours lors de la cérémonie d'ouverture du 10e congrès mondial de l'Internet, le 16 décembre 2015. Les « Quatre principes » font référence aux principes qui doivent être respectés pour promouvoir la réforme du système mondial de gouvernance de l'Internet : respecter la souveraineté des réseaux, maintenir la paix et la sécurité, promouvoir l'ouverture et la coopération, construire un bon ordre. Les « Cinq propositions » concernent la construction de la communauté de destin du cyberespace : accélérer la construction d'une infrastructure de réseau mondiale et promouvoir l'interconnexion, construire une plate-forme d'échange et de partage culturel en ligne pour promouvoir l'échange et l'apprentissage mutuel, promouvoir l'innovation et le développement de l'économie de réseau et favoriser la prospérité commune, assurer la sécurité des réseaux et promouvoir un développement ordonné, mettre en place un système de gouvernance de l'Internet afin de promouvoir l'équité et la justice.

constituent un soutien important pour la modernisation d'un pays. Il s'agit d'une méthode organisationnelle de numérisation du pouvoir et de la puissance des données, et la question centrale est la gouvernance « numérisée ». Nous pouvons innover le système de gouvernance, améliorer le mode de gouvernance et rehausser le niveau de gouvernance grâce à la gouvernance de la science et de la technologie. C'est une voie importante pour réaliser la modernisation du système de gouvernance nationale et de la capacité de gouvernance, et également la clé pour promouvoir la « gouvernance chinoise » au « rêve chinois ».

(I) La révolution de la gouvernance dans le cadre de la théorie de la complexité
L'histoire politique de l'humanité est un processus qui va de « dominer » et « gérer » à « gouverner ». Le mot « gouvernance », qui vient du latin et du grec signifiait au début le contrôle, le guide et la manipulation. Il était principalement utilisé dans la gestion et les activités politiques liées aux affaires publiques nationales.[55] Parmi les différentes définitions de la gouvernance, celle de la Commission sur la gouvernance mondiale des Nations unies est la plus représentative. Selon la définition de la Commission, « la gouvernance est la somme des différentes manières dont les personnes et institutions publiques ou privées gèrent leurs affaires communes. Il s'agit d'un processus continu dans lequel des acteurs en conflit ou différents peuvent se réconcilier et agir conjointement. Elle comprend non seulement les systèmes et règles formels qui ont le droit de contraindre les gens à obéir, mais aussi toutes sortes d'arrangements institutionnels informels que les gens acceptent ou pensent être dans leur intérêt. » Cette définition montre que la gouvernance présente quatre caractéristiques de base : premièrement, la gouvernance n'est pas un ensemble de règles ou une activité, mais un processus. Deuxièmement, la base du processus de gouvernance n'est pas le contrôle, mais la coordination. Troisièmement, la gouvernance implique à la fois le secteur public et le secteur privé. Quatrièmement, la gouvernance n'est pas un système formel, mais une interaction continue. De toute évidence, la gouvernance dépasse le domaine de la bureaucratie et de la démocratie traditionnelles, et considère la gestion des affaires publiques comme un processus de participation multi-agents et de partage

---

55. Ma Lijuan, « Un examen de la théorie de la gouvernance et ses commentaires de valeur », *Journal of Liaoning Administration College*, n° 10, 2012, p. 77.

de responsabilités multiples, ainsi qu'un processus de résonance de mécanismes multiples et d'intégration de ressources multiples.[56]

La recherche et la pratique de la théorie de la gouvernance sont nées dans les pays occidentaux à la fin des années 1990, et se sont développées en réponse à la défaillance du marché et aux défauts des gouvernements. Les pays occidentaux avaient longtemps confiance dans le rôle du marché et du gouvernement, mais ni le marché ni le gouvernement ne sont omnipotents. Il est impossible de trouver une solution au problème de la « défaillance du marché » dans le système de marché, de sorte que le gouvernement est poussé au premier plan en tant que correcteur. Cependant, l'implication excessive du gouvernement dans le domaine économique affecte la vitalité du développement économique, pénètre indéfiniment dans le domaine social, rétrécit l'espace de libre développement des personnes, et conduit à un net déclin de la fonction de restriction sociale. C'est dans ce contexte que la gouvernance, en tant que nouvelle façon d'allouer les ressources sociales, est devenue un moyen efficace pour le gouvernement, le troisième secteur, les organisations à but non lucratif et les autres forces sociales d'obtenir une interaction positive, et fournit un nouveau moyen de résoudre le double échec du gouvernement et du marché.

Le développement de la théorie de la gouvernance est indissociable de l'essor de la théorie de la complexité. Dans les années 1970 et 1980, la crise de certains paradigmes dans le domaine des sciences sociales a favorisé l'essor des paradigmes scientifiques complexes et a jeté les bases pour l'émergence de la théorie de la gouvernance. À cette époque, le paradigme scientifique classique ne pouvait pas bien décrire et expliquer le monde réel. Avec le développement de la révolution des technologies de l'information et la formation de l'économie de la connaissance et de l'économie circulaire, la « science de la complexité » postmoderne, qui étudie la complexité et la non-linéarité des systèmes, s'est formée sur la base de la théorie de la structure atomique, de la mécanique quantique et de la relativité formée dans la « révolution scientifique moderne ».[57] Qian Xuesen est défenseur de la théorie de la complexité en Chine. Sa définition de la complexité dans la science des systèmes est la suivante : « la prétendue 'complexité' est en fait la dynamique d'un système géant complexe ouvert, ou la science des systèmes géants complexes

---

56. Lian Yuming, *Système de gouvernance sociale de Guiyang et rapport sur le développement des capacités de gouvernance*, Maison d'édition contemporaine de Chine, 2014, p. 3.

57. Ma Baobin *et al.*, *Théorie et pratique de la gouvernance publique*, Presse de la littérature des sciences sociales, 2013, p. 4.

ouverts ».[58] La naissance de la théorie de la complexité est un changement radical dans la façon de penser pour le développement de la théorie de la gouvernance. Aujourd'hui, la théorie de la gouvernance est un paradigme scientifique complexe. Ce qu'elle recherche, c'est un mécanisme d'interaction bénin entre la société civile, le gouvernement et le marché. C'est un mécanisme complexe lié à la politique, à l'économie, à la sociologie et à la science urbaine. Sans l'émergence de la pensée de la complexité, la théorie de la gouvernance est difficile à améliorer. La théorie de la complexité et la théorie de la gouvernance sont toutes deux basées sur le système social complexe de la société postindustrielle.

(II) La modernisation de la gouvernance pilotée par la gouvernance technologie
La modernisation de la gouvernance est la « cinquième modernisation » après la modernisation industrielle, la modernisation agricole, la modernisation de la défense nationale et la modernisation scientifique et technologique. Elle est de nautre une modernisation institutionnelle. En novembre 2013, la Décision du Comité Central du PCC sur d'importantes questions relatives à l'approfondissement global des réformes adoptée lors de la troisième session plénière du 18ᵉ Comité central du PCC a proposé de « promouvoir la modernisation du système national de gouvernance et de la capacité de gouvernance ». C'est la première fois que le système de gouvernance nationale et la capacité de gouvernance sont liés à la modernisation, en se concentrant sur la modernisation et en prenant la modernisation comme point de départ, ce qui révèle qu'il existe une relation interne étroite entre la modernisation et la gouvernance nationale : la gouvernance nationale ne peut se passer de modernisation, et la modernisation constitue le sens propre de la gouvernance nationale.[59] Sixans plus tard, en octobre 2019, la quatrième session plénière du 19ᵉ Comité central du PCC a adopté la Décision du Comité Central du PCC sur d'importantes questions relatives au maintien et à l'amélioration du régime socialiste à la chinoise, ainsi qu'à la promotion de la modernisation du système et de la capacité de gouvernance de l'État. Certaines nouvelles idées, nouvelles technologies et nouveaux modèles de science et de technologie de gouvernance, tels qu'« Internet », « mégadonnées », « intelligence artificielle », « gouvernement numérique », « soutien scientifique et technologique »

---

58. Qian Xuesen, *Correspondance de Qian Xuesen* (Volume 7), Presse de l'industrie de la défense nationale, 2007, p. 200.

59. Xu Yaotong, « Modernisation de la gouvernance nationale », *Beijing Daily*, le 30 juin 2014, p. 18.

et « éthique scientifique et technologique », y ont été inscrits et sont devenus des moyens importants pour promouvoir la modernisation du système et de la capacité de gouvernance de l'État. Cela signifie que la Chine est entrée dans une nouvelle ère de technologie de gouvernance favorisant la modernisation de la gouvernance.

La science et la technologie de la gouvernance deviendront la force clé pour promouvoir la modernisation du système et de la capacité de gouvernance de l'État, joueront un rôle de plus en plus important, et apporteront un nouveau soutien aux nouvelles exigences de la modernisation de la gouvernance nationale avec de nouveaux moyens techniques et un nouveau mécanisme de fonctionnement. En particulier, lorsque le pays se trouve à un moment critique, la technologie de la gouvernance, avec son « double moteur » que sont son arrangement institutionnel unique et ses avantages technologiques, montre la forte vitalité et la supériorité de la modernisation de la gouvernance. L'innovation collaborative « ABCDEFGHI » est en train de devenir une force motrice pour promouvoir la modernisation du système et de la capacité de gouvernance de l'État dans le cadre de la science et de la technologie de la gouvernance. Le « ABCDEFGHI » comprend plusieurs technologies clés, à savoir l'IA (AI), la chaîne de blocs (blockchain), l'informatique en nuage (cloud computing), les mégadonnées (big data), l'informatique en périphérie (edge compution), l'apprentissage fédéré (federated learning), les 5G (5th generation), la maison intelligente (smart home) et l'Internet des objets (Internet of things). Ces technologies émergentes sont constamment intégrées, et les innovations de groupe, de chaîne et de domaines croisés sont courantes. Les innovations perturbatrices et révolutionnaires sont parallèles aux innovations itératives et incrémentielles, et l'infrastructure sous-jacente et la logique opérationnelle de la gouvernance nationale sont en cours de reconstruction.

L'« âme » de la science et de la technologie de la gouvernance est la gouvernance, et la science et la technologie n'en sont que les « principes ». Le cœur de la notion est de réaliser les « Quatre transformations » par le biais d'un lien bidirectionnel et d'une autonomisation multidirectionnelle de la « gouvernance » et des « science et technologie ». Premièrement, il s'agit de la transformation depuis la « gestion des personnes » et la « gestion des choses » à la « gestion numérique ». Nous devons promouvoir la modernisation de la gouvernance nationale avec un système de gouvernance numérique « 5 en 1 » : gouvernance nationale numérique, gouvernance sociale numérique, gouvernance de la ville numérique, gouvernance économique numérique et gouvernance culturelle numérique.[60] Deuxièmement, Il s'agit de la transformation depuis le concept de « gestion nationale » à celui de « gouvernance nationale », où l'accent est davantage mis sur la flexibilité, la coordination et la communication de la gouvernance, ce qui met en évidence l'équité et la justice du pays et l'harmonie et l'ordre de la société. Comme M. Xi Jinping, secrétaire général du PCC, l'a profondément souligné, « la différence entre gouvernance et gestion s'incarne dans la gouvernance du système, la gouvernance par la loi, la gouvernance à la source et les mesures globales ». Troisièmement, il s'agit de la transformation structurelle du « sujet unitaire » en « sujet pluraliste ». La gouvernance signifie que les sujets multiples, tels que le gouvernement, le marché, l'organisation sociale, le comité du Parti, l'Assemblée populaire, le gouvernement, le CCPPC, etc., travaillent ensemble pour gouverner le pays, plutôt que de s'appuyer sur une seule force, et l'accent est mis davantage sur la discussion, la co-gouvernance et le partage entre les sujets de la gouvernance. Quatrièmement, il s'agit de la transformation complète d'« administration » en « gouvernance politique, gouvernance juridique, gouvernance morale, gouvernance autonome et gouvernance intelligente ». Nous devrions renforcer l'orientation politique, la garantie juridique, l'éducation morale, l'autonomie et le soutien intellectuel pour qu'ils jouent pleinement leur rôle important dans la promotion de la modernisation de la gouvernance nationale. On peut dire que la science et la technologie de la gouvernance favorisent la modernisation de la gouvernance. En surface, il ne s'agit que du changement des facteurs de soutien. En fait, il y a de grands changements qui vont de la verticale à la plate, de l'unidirectionnel au système, du commandement à l'état de droit, du temporaire au permanent, de l'unitaire à la coopération diversifiée. Et ce grand changement est la force clé qui permet à la Chine de se présenter dans le monde avec une attitude pacifique.

(III) Ordre international et Plan de la Chine
« L'ordre international n'est pas l'équivalent la relation internationale. Il n'est pas simplement composé des relations sino-américaines, des relations européennes et d'autres relations spécifiques. Il s'agit d'un concept holistique, d'une compréhension globale des relations internationales, et il définit les caractéristiques de base d'une

---

60. Chen Duan, « La gouvernance numérique favorise la modernisation de la gouvernance nationale », *QianXian*, n° 9, 2019, p. 76-79.

étape des relations internationales. »[61] Dans son *World Order*, Henry Kissinger présente trois points de vue sur l'ordre international qui méritent d'être soulignés. Premièrement, il n'y a jamais eu un seul ordre dans le monde, mais plusieurs ordres qui coexistent, qu'il s'agisse d'un ordre fondé sur la religion, d'un empire ou d'un ordre construit plus tard sur un État souverain. Deuxièmement, chaque civilisation a sa propre vision de l'ordre international, qui est différente de celle des autres civilisations. Par conséquent, lorsqu'une civilisation s'élève et occupe une position dominante, sa vision de l'ordre international affectera inévitablement l'ordre international qu'elle établit. Troisièmement, depuis les temps modernes, l'ordre international établi par l'Occident est dominant, s'étendant de l'Occident à d'autres parties du monde. Cependant, bien qu'il soit un fait que l'Occident domine le monde, cela ne signifie pas que l'ordre occidental est le seul. Différentes formes d'ordre régional émergent dans diverses régions, qui ont un impact sur l'ordre international.[62]

Au cours des deux siècles passés, les pays occidentaux, à commencer par les États-Unis, ont joué un rôle de premier plan dans le processus de construction de l'ordre international moderne, de sorte qu'ils ont toujours eu le droit de définir et de parler de l'ordre international. « Les États-Unis ont le droit de définir (l'ordre international), c'est-à-dire que, quel que soit le comportement international qu'ils adoptent, ils peuvent toujours prouver leur légitimité et leur rationalité à leur population ou à la communauté internationale. Sans aucun doute, le droit de définir contient une signification morale profonde, qui prouve la nature de 'justice' du comportement américain et même de la guerre. »[63] L'ordre international dirigé par les États-Unis repose sur trois piliers. « Premièrement, les valeurs américaines qui sont également considérées comme des 'valeurs occidentales'. Deuxièmement, le système d'alliance militaire américain qui constitue la pierre angulaire de la sécurité pour que les États-Unis puissent jouer un rôle de premier plan dans le monde. Troisièmement, les institutions internationales, y compris les Nations

---

61. Chen Yugang, « Ordre international et vision de l'ordre international (préface) », *Fudan International Studies Review*, nº 1, 2014, p. 1-11.

62. Zheng Yongnian, « Le stade de la réponse passive est passé. L'expérience montre que, quelle que soit la qualité de la réponse passive, elle est loin d'être suffisante – Réponse efficace au droit de définition de 'l'ordre international' des États-Unis », *Beijing Daily*, le 2 septembre 2019, p. 16 ; Henry Kissinger [États-Unis], *World Order*, traduit par Hu Liping, Lin Hua et Cao Aiju, Presse de Citic, 2015, Préface.

63. Zheng Yongnian, « Le stade de la réponse passive est passé. L'expérience montre que, quelle que soit la qualité de la réponse passive, elle est loin d'être suffisante – Réponse efficace au droit de définition de 'l'ordre international' des États-Unis », *Beijing Daily*, le 2 septembre 2019, p. 16.

Unies. »[64] L'ordre international « à l'américaine » trouve son origine historique dans la politique internationale et joue également un rôle dans le monde moderne. Mais aujourd'hui, avec l'approfondissement de la mondialisation économique et la fragmentation croissante de la politique internationale, le monde traverse des changements majeurs inédits depuis un siècle. L'ordre international est confronté à l'ajustement et à la réorganisation sans précédent. Le monde a changé et est condamné à ne pas revenir à l'origine. L'ordre international dominé par les États-Unis a de plus en plus de difficultés à apporter des solutions globales et efficaces aux problèmes internationaux.

Le plus grand changement politique international en ce début du 21e siècle est le développement durable de la Chine. Après plus de 40 ans de réformes et d'ouverture continues, la Chine est passée d'un rôle marginal dans la communauté internationale à un rôle de premier plan dans le domaine de l'économie, de la politique et de la sécurité mondiales[65], et son influence mondiale et sa puissance discursive internationale ont augmenté de façon sans précédent. Dans ce contexte, la vision chinoise de l'ordre international est devenue le centre d'attention de la communauté internationale, et la « gouvernance de la Chine » est devenue la « sagesse orientale » du monde. Les mots clés de la vision de l'ordre international de la Chine sont la paix, le développement, la coopération et le gagnant-gagnant. Les dirigeants chinois ont déclaré à plusieurs reprises que la Chine soutiendrait sans relâche l'ordre et le système internationaux, avec les objectifs et les principes de la Charte des Nations Unies au cœur, et qu'elle serait toujours un constructeur de la paix mondiale, un contributeur au développement mondial et un défenseur de l'ordre international. La Chine a un sentiment d'appartenance à l'ordre international existant. Elle n'est pas seulement l'un de ses fondateurs, mais aussi l'un de ses bénéficiaires et contributeurs, ainsi qu'un participant à sa réforme. La Chine a déjà proposé l'initiative « la Ceinture et la Route », la Banque asiatique d'investissement dans les infrastructures et la notion de la communauté de destin pour l'humanité, qui sont de nouveaux produits publics importants que la Chine ait fournis au monde. Depuis sa naissance, la « gouvernance de la Chine » n'a jamais été exclusive, mais inclusive. Elle n'a jamais cherché à gagner tout le monde, mais à obtenir une coopération gagnant-gagnant. Elle n'a jamais recherché

---

64. Fu Ying, « Ordre international et action de la Chine », *Quotidien du peuple*, le 25 février 2016, p. 5.

65. Zhao Kejin, « Changement de l'ordre international et rôle de la Chine dans le monde », *People's Tribune*, n° 14, 2017, p. 36-37.

l'hégémonie, mais a préconisé la consultation. On peut dire que la « gouvernance de la Chine » n'est pas seulement une interprétation vivante de la vision chinoise de l'ordre international, mais aussi un « plan de Chine » contribué au monde par le développement pacifique de la Chine au 21ᵉ siècle.

II. Trois piliers de la technologie de la gouvernance

La technologie de la gouvernance est une innovation majeure de la « gouvernance + technologie » dans la nouvelle ère et une pratique majeure de facilitation de la gouvernance par la science et la technologie. C'est un moyen important de réaliser la modernisation de la gouvernance pour innover le système de gouvernance, améliorer le mode de gouvernance et le niveau de gouvernance. Les données en bloc, la loi de droits des données et la chaîne de blocs de souveraineté constituent les « trois piliers » de la technologie de la gouvernance. Parmi ceux-ci, les données en bloc sont une philosophie des données basée sur l'origine humaine ; la loi de droits des données est un nouvel ordre pour les êtres humains qui se dirigent vers la civilisation numérique, et la chaîne de blocs de souveraineté est la gouvernance de la technologie en vertu de la réglementation légale. Ces trois éléments interagissent pour former un organisme unifié, qui ensemble constituent la solution du système de gouvernance mondiale de l'Internet et un tournant important dans l'ère de l'intelligence artificielle.

(I) Données en bloc

À l'heure actuelle, un nouveau cycle de révolution scientifique et technologique et de changement industriel se trouve dans une période d'intersection importante. Avec la convergence des technologies de l'information et de la production et la vie humaines, la popularisation rapide de l'Internet, la croissance explosive des données mondiales et l'agglomération massive ont eu un impact significatif sur le développement économique, la gouvernance nationale et la vie des gens. Nous sommes entrés dans une nouvelle phase de développement de l'information marquée par les mégadonnées. Les êtres humains vont véritablement entrer dans l'ère des mégadonnées marquée par les données en bloc. Celles-ci sont la forme avancée du développement des mégadonnées, la valeur fondamentale de la fusion des mégadonnées et la solution à l'ère des mégadonnées. Elles sont l'agrégation de données ponctuelles dispersées et de données en barres segmentées sur une plate-forme spécifique, et permet de produire un effet d'agrégation continu qui peut rendre le jugement et la prédiction des choses plus rapides, plus complets, plus précis et plus efficaces grâce à la fusion de données multidimensionnelles et à l'analyse de corrélation, afin de révéler la nature et les lois des choses, et de promouvoir l'évolution de l'ordre et le développement de la civilisation.

Les données en bloc nous apporteront non seulement de nouvelles connaissances, de nouvelles technologies et une nouvelle vision, mais aussi une innovation dans notre vision du monde, nos valeurs et notre méthodologie. Les données en bloc sont une nouvelle réflexion philosophique, qui reconstruit la société, la fonction économique, la forme organisationnelle et le monde des valeurs, redéfinit la future société humaine avec comme corps principal la personne physique, le robot et l'homme génétiquement modifié, et sa philosophie de base est de prôner l'esprit d'altruisme des personnes. Les données en bloc sont une innovation théorique formée sur la base du progrès technologique. Elle reconstruit le système économique et le système social actuels, et apporte une nouvelle révolution scientifique et une révolution sociale. Cette révolution est un paradigme sociologique des données basé sur l'homme. Elle utilise la technologie des données plutôt que la pensée humaine pour analyser le comportement humain, saisir les lois humaines et prédire l'avenir de l'humanité. Elle modifie profondément le mode de pensée éthique actuel, le mode d'allocation des ressources, le mode de création de la valeur, le mode de distribution des droits et le mode d'ajustement juridique. Les données en bloc sont tout comme la base de l'homme dans le monde des données, le point de départ de la cognition humaine de ce nouveau monde. De plus en plus de « bases » seront créées dans le monde des données, et finalement connectées pour former un nouveau monde, ce qui signifie la naissance d'une nouvelle civilisation : l'ère de la civilisation numérique.

Les trois éléments fondamentaux de la technologie de gouvernance sont les données, l'algorithme et le scénario. La chaîne de valeur des données en bloc consiste à réaliser l'intégration de la valeur au-delà de la dotation en ressources. Grâce à la découverte de la valeur et à la reconstruction du centre de valeur des données en bloc, le flux de données produit une force motrice, entraîne et influence les flux de technologie, de matériaux, de capitaux, de talents et de services, optimise l'allocation des ressources et finalement engendre un système à valeurs multiples comprenant une chaîne industrielle complète basée sur le commerce, une chaîne de services basée sur la société et une chaîne de gouvernance basée sur le gouvernement. La théorie des données d'activation est une vue des données et une méthodologie de stockage et d'utilisation des données dans le cadre du système d'ordonnancement des neurones des données en bloc. Il s'agit de trouver une solution pour notre ère des mégadonnées afin de construire un système intégrant les données, l'algorithme et le scénario. La recherche de données, la fusion d'associations, l'auto-activation, la réduction des points chauds et la collision intelligente interagissent dans le système de données en bloc et continuent à fonctionner. Avec l'amplification et la reconstruction de la valeur des données, ce processus continue à promouvoir l'évolution en spirale de l'ensemble du système. En tant qu'hypothèse théorique, la théorie des données d'activation est comme « l'œil du ciel » vers l'univers profond des mégadonnées. C'est la prédiction du futur humain entrant dans l'ère du cerveau en nuage, la révolution du paradigme de la pensée des mégadonnées selon lequel le monde chaotique des données se débarrasse de la complexité dite « tout l'un ou tout l'autre » ou « tout l'un et tout l'autre » du déterminisme et de la probabilité, et une prédiction plus précise de l'incertitude et de l'imprévisibilité sera réalisée. L'avènement de l'ère du « cerveau en nuage », qui repose sur les données, les algorithmes et les scénarios, nous aidera à mieux saisir la loi du développement social humain.

(II) Loi sur les droits des données
Dès le premier jour où l'on a fait connaissance des mégadonnées, nous les considérons souvent comme une nouvelle énergie, une nouvelle technologie, une nouvelle organisation, ou une nouvelle force qui change l'avenir. Nous espérons créer plus de valeur grâce à l'intégration, l'ouverture et le partage transfrontaliers des données. Cependant, l'ouverture et la circulation des données comportent souvent plus de risques. La collecte excessive et l'abus d'informations personnelles posent de grands défis à la vie privée des personnes concernées, à la sécurité de l'information des entreprises et à la stabilité de la société et même du pays, ce qui entraîne une inquiétude généralisée et une profonde préoccupation concernant le partage des données, la protection de la vie privée et la justice sociale, et devient un problème majeur de la gouvernance mondiale des données. Ce problème nous amène à réfléchir plus profondément et à essayer de proposer une hypothèse théorique d'« *homo numericus* » pour résoudre ce problème. Les droits dérivés de l'« *homo numericus* » sont appelés les « droits des données », l'ordre construit sur la base des droit des données le « système de droits des données », et les normes juridiques formées sur la base du système de données la « loi de droits des

données », afin de construire un cadre théorique de « droit des données – système de droits des données – loi de droits des données ».[66]

Actuellement, il n'existe pas de texte juridique sur la protection des droits des données en Chine, et les dispositions pertinentes sont principalement réparties dans la Constitution, le droit pénal, le droit civil et d'autres lois (Tableau 5.1). Les Dispositions générales du code civil mis en vigueur en mars 2017 ont répondu pour la première fois au statut juridique des « données ». Son article 127 stipule clairement que lorsqu'il existe des dispositions sur la protection des données et de la propriété virtuelle du réseau, ce sont ces dispositions qui prévalent. « Théoriquement, cette clause est une clause de causalité ou une clause de renvoi. Cependant, en général, il existe des dispositions spécifiques pour traiter la clause de causalité. »[67] Cependant, l'Interprétation des dispositions générales du code civil de la République populaire de Chine organisée par la Commission du travail de légalité de l'Assemblée populaire nationale l'indique clairement : « compte tenu de la complexité de la propriété virtuelle des données et des réseaux, et de la structure des Dispositions générales du code civil, la manière de définir la propriété virtuelle des données et des réseaux et de préciser l'attribut de droit et le contenu de droit de la propriété virtuelle des données et des réseaux devrait être réglementée par des lois spéciales ». On voit ainsi que les Dispositions générales du code civil ne font que mettre en avant la question des droits des données, mais ne prévoient pas de dispositions spécifiques. Le Code civil de la République populaire de Chine (Avant-projet)[68] en cours d'élaboration implique également la question des droits des données. Il a mis un chapitre spécial sur le droit à la vie privée et à la protection des informations personnelles dans son titre « droits de la personnalité ». Mais du point de vue de l'objet d'ajustement juridique, son objet de protection reste les « informations personnelles » plutôt que le « droit aux informations personnelles ». À cet égard, Wang Limin, célèbre spécialiste chinois du droit civil, a suggéré d'ajouter le mot « droit » avant « informations personnelles » afin de stipuler clairement « droit aux informations personnelles ».

---

66. Laboratoire clé de la stratégie des mégadonnées, *Loi sur les droits des données 1.0 : fondements théoriques*, Presse de la littérature des sciences sociales, 2018, mots du rédacteur en chef.

67. Shen Weixing, « La mise en œuvre de la stratégie relative aux mégadonnées devrait prêter attention à la construction du système juridique de l'économie numérique », *Guangming Daily*, le 23 juillet 2018, p. 11.

68. Voir le Code civil de la République populaire de Chine (Avant-projet) (au 16 décembre 2019).

Ce changement de libellé peut d'une part fournir une base juridique supérieure pour la loi spéciale, et, d'autre part, répondre aux besoins de protection judiciaire des informations personnelles.[69]

Tableau 5.1   Dispositions juridiques pertinentes sur la protection des droits des données en Chine

Catégorie juridique	Dénomination sociale	Date de mise en vigueur	Dispositions pertinentes
Constitution	Constitution	Le 11 mars 2018	Articles 33, 37, 38, 39 et 41
Droit pénal	Code pénal	Le 4 novembre 2017	Articles 253 (1), 286 (1), 287(1) et 287 (2)
Droit civil	Loi relative à la responsabilité pour actes délictueux	Le 1er juillet 2010	Article 2 ; Article 36
	Loi sur la protection du consommateur	Le 15 mars 2014	Article 14 ; Article 29 ; Article 50
	Dispositions générales du code civil	Le 1er octobre 2017	Articles 110, 111 et 127
Autres droits	Loi sur les passeports	Le 1er janvier 2007	Articles 12 et 20
	Loi sur les médecins en activité	Le 27 août 2009	Articles 22 et 37
	Loi sur les statistiques	Le 1er janvier 2010	Articles 9, 25, 37 et 39

---

69. Jin Hao, « Wang Liming : l'avant-projet du titre 'droits de la personnalité' dans le Code civil devrait préciser le droit aux informations personnelles », www.gmw.com, 2019, http://news.gmw.cn/2019-12/20/ content_33418967.html.

Catégorie juridique	Dénomination sociale	Date de mise en vigueur	Dispositions pertinentes
Autres droits	Loi sur la préservation de la confidentialité des secrets d'État	Le 1er octobre 2010	Articles 23 à 26
	Loi sur la carte d'identité de résident	Le 1er janvier 2012	Articles 6, 13, 19 et 20
	Loi sur la prévention et le contrôle des maladies infectieuses	Le 29 juin 2013	Articles 12, 68 et 69
	Loi sur le service postal	Le 24 avril 2015	Articles 7, 35, 36 et 76
	Loi sur la sécurité nationale	Le 1er juillet 2015	Articles 51 à 54
	Loi sur les banques commerciales	Le 1er octobre 2015	Articles 6 et 29
	Loi sur la cybersécurité	Le 1er juin 2017	Articles 10, 18, 21, 22, 27, 37, 40 à 45, 66 et 76
	Loi sur les avocats	Le 1er janvier 2018	Articles 38 et 48
	Loi sur la signature électronique	Le 23 avril 2019	Articles 15, 27 et 34
	Loi sur les mots de passe	Le 1er janvier 2020	Articles 1, 2, 7, 8, 12, 14, 17, 30 à 32

« Tous les systèmes juridiques ou juristes peuvent être divisés en deux parties : le principe et la technique. La partie principe appartient à l'orientation des valeurs fondamentales ou à la base des valeurs du système. La partie technique n'est qu'un moyen de réaliser le principe. »[70] Sur la base du principe juridique et de la théorie des droits des données, nous pensons que les droits de l'homme, les droits réels et les droits des données sont les trois catégories de droits fondamentales de la vie future de l'homme. Les droits des données sont une combinaison des droits inhérents à la personnalité et du droit de propriété. Le sujet des droits des données est un créancier spécifique, et l'objet des droits des données est un ensemble de données spécifiques. Les droits des données dépassent la limite « un droit pour un objet » et « tout ayant un corps », qui se manifeste souvent par « une donnée avec droits multiples ». Les droits des données ont les attributs du droit privé, du droit public et de la souveraineté. Le système des droits des données comprend cinq dimensions de base : le système juridique des droits des données, le système de propriété des données, le système des droits des données de bien-être public, le système des droits des données d'usufruit et le système de partage. Le droit au partage est l'essence même des droits des données. La loi sur les droits des données est la norme juridique permettant d'ajuster la propriété des données, les droits des données, l'utilisation des données et la protection des données. La loi sur les droit des données reconstruit le nouvel ordre de la civilisation numérique. Elle est une pierre angulaire importante de la civilisation industrielle qui se dirige vers la civilisation numérique. Elle n'est pas seulement l'exploration et l'innovation du futur état de droit, mais aussi l'enrichissement et l'approfondissement du droit civil traditionnel. La loi sur les droits des données a comme cœur la confirmation des droits aux données. Elle doit non seulement permet de « faire le meilleur usage des données », mais aussi protéger les droits des données. En prenant la loi sur les droits des données comme loi de superposition, elle joue un rôle d'exemple, scientifique et instructif dans le perfectionnement et la pratique du système juridique des droits des données composé de la Loi sur la cybersécurité, de la Loi sur la sécurité des données et de la Loi sur la protection des informations personnelles. En tant que dimension juridique de la science et de la technologie, la loi sur les droits des données est la nécessité d'une circulation ordonnée des données dans le cyberespace, le principe de la réutilisation des données et l'équilibre entre la vie privée et l'utilisation des données. C'est le matériau de base de la construction de l'empire juridique du cyberespace. La loi sur les droits des données et la loi du droit réel constituent ensemble les deux bases juridiques à l'ère de la civilisation numérique.

---

70. Zhang Bencai, « Esquisse de la future loi », *Law Science Magazine*, nᵒ 7, 2019, p. 5.

(III) Chaîne de blocs de souveraineté

« Il n'y aura pas de sécurité nationale sans sécurité des réseaux ». Ce constat obtient un large consensus. À l'ère des mégadonnées, la sécurité des réseaux a été étroitement liée à la sécurité nationale et à la sécurité publique. Pour la grande majorité des pays souverains, un autre jugement qui peut être porté est qu'« il n'y aura pas de cyber-sécurité sans cyber-souveraineté. » La souveraineté et la sécurité des réseaux s'imprègnent et se croisent. L'établissement de règles de gouvernance de l'Internet par le biais de la législation sur les réseaux doit être guidé par le concept de souveraineté nationale et de sécurité des réseaux. La construction, l'exploitation et la gestion de l'Internet et la lutte contre les crimes dans le cyberespace par un pays doivent également être réalisées dans le cadre de la souveraineté et de l'État de droit. En tant que technologie sous-jacente du bitcoin, la chaîne de blocs, d'une part, fait face au « triangle impossible » composé de « haute efficacité et de faible consommation d'énergie », de « décentralisation » et « de sécurité » en même temps ; d'autre part, elle présente également certains problèmes de gouvernance, tels que le « changement de centre » plutôt que la « décentralisation » par nature, une dépendance excessive de la technologie de sécurité des données et une gouvernance difficile par une technologie unique.[71] La technologie n'a pas de position, mais les personnes qui la contrôlent ont une nationalité. Une fois que l'établissement de l'ordre du jour, l'élaboration des règles et les droits d'allocation des ressources de base de la gouvernance de la chaîne de blocs seront contrôlés par les puissances technologiques, celles-ci deviendront dominateurs dans le monde de la chaîne de blocs, et les relations entre les pays s'effondreront également en raison de la force de la technologie, revenant à l'ère de la « loi de la jungle », ce qui est inacceptable et insupportable pour la société civilisée moderne.

La technologie n'est pas une loi, et ne peut pas remplacer la loi. L'imagination exprimée dans la gouvernance est une imagination restreinte, et non une « imagination irréaliste » de super souveraineté et de non souveraineté. Le respect de la souveraineté nationale derrière la souveraineté du réseau est nécessaire pour le développement de la chaîne de blocs. Contrairement à la gouvernance à technologie unique de la chaîne de blocs, la chaîne de blocs de souveraineté réalise la gouvernance technologique dans le cadre de la réglementation légale.

---

71. Laboratoire clé de la stratégie des mégadonnées, *Redéfinition des mégadonnées : dix forces motrices pour changer l'avenir*, Presse de l'industrie des machines, 2017, p. 43.

Les règles de gouvernance de la chaîne de blocs de souveraineté sont composées de règles juridiques et de règles techniques. Les règles juridiques sont composées d'un cadre réglementaire, d'articles et de politiques sectoriels, portant l'autorité de l'État de droit. Une fois qu'elles sont violées, il faut assumer la responsabilité juridique correspondante. Les règles techniques sont composées des éléments techniques, tels que logiciels, protocoles, programmes, algorithmes et installations de soutien. Il s'agit essentiellement d'une série de codes informatiques lisibles par machine qui présentent les caractéristiques d'une exécution rigide et d'une irréversibilité. Ce n'est que dans le cas de la combinaison de règles juridiques et de règles techniques, et compte tenu de l'autorité des règles juridiques et de la faisabilité des règles techniques, que la supervision et la gouvernance de la chaîne de blocs de souveraineté seront plus propices à la protection des intérêts généraux des participants et même de la société dans son ensemble, et à la promotion de la mise en œuvre de scénarios d'application commerciale basés sur la technologie de la chaîne de blocs de souveraineté, et afin de mettre en place un système commercial complet avec la participation des régulateurs, des institutions commerciales et des consommateurs.[72]

De la chaîne de blocs à la chaîne de blocs de souveraineté, d'une part, cette transformation fournit de nouvelles idées, de nouvelles technologies et de nouveaux modèles pour la gouvernance de la société réelle, et d'autre part, elle étend le domaine de la gouvernance au cyberespace, promeut la gouvernance conjointe de la société réelle et de la société en réseau, favorise le développement de la gouvernance sociale dans une direction interactive plus plate et encourage la reconstruction fonctionnelle, celle de l'ordre et celle institutionnelle de la gouvernance sociale. Avec l'invention de la chaîne de blocs de souveraineté, la chaîne de blocs est passée de la gouvernance technique à la gouvernance des systèmes, et de la technologie financière à la technologie de la gouvernance. On peut prédire que dans le cadre de la technologie de la gouvernance, l'application innovante des données en bloc, de la loi sur les droit des données et de la chaîne de blocs de souveraineté jouera un rôle et un impact sans précédent. En particulier, l'application de la technologie de la gouvernance basée sur la chaîne de blocs de souveraineté dans la démocratie délibérative fournit un nouveau soutien technique et un nouveau choix de voie

---

72. Forum sur le développement technologique et industriel de la chaîne de blocs en Chine, « Livre blanc sur le développement des technologies et des applications de la chaîne de blocs en Chine (2016) », www.cbdforum.com, 2016, http://www.cbdforum.cn/bcweb/index/article/rsr-6.html.

pour prendre inlassablement la voie du développement politique socialiste à la chinoise, et déclenchera un profond changement social. Ce changement signifie la grande vitalité du socialisme scientifique en Chine au 21ᵉ siècle, le grand saut du système politique démocratique socialiste chinois et la contribution de la « sagesse chinoise » à la civilisation politique humaine.[73]

III. Gouvernance du cyberespace basée sur la chaîne de blocs de souveraineté

La gouvernance du cyberespace est une question d'actualité. Actuellement, le cyberespace connaît de nombreux problèmes, tels que des règles imparfaites, un ordre déraisonnable et un développement déséquilibré. En même temps, il est également confronté à certaines difficultés pratiques, telles que la déformation structurelle, la domination hégémonique et l'absence d'État de droit, etc. Formellement, la communauté technologique établit spontanément des règles, mais en fait, elle est contrôlée à la source par l'hégémonie des puissances technologiques, formant le monopole du pouvoir sous la « pseudo-décentralisation » de l'Internet. L'Internet n'est pas en dehors de la loi. La communauté internationale a besoin d'un système équitable de primauté du droit sur Internet. La technologie de gouvernance basée sur la chaîne de blocs de souveraineté innovera complètement le mode de gouvernance du cyberespace grâce à ses caractéristiques de haute qualité de gouvernabilité, de supervision, de décentralisation et de polycentricité. Tout en maintenant la souveraineté du cyberespace, nous devrions promouvoir l'Internet de la valeur pour qu'il devienne un Internet de l'ordre, afin de construire une communauté de destin du cyberespace.

(I) Le dilemme du système de gouvernance mondiale de l'Internet

La gouvernance de l'Internet n'est pas seulement une partie importante de la gouvernance mondiale, mais aussi un aspect important du jeu entre les grands pays. Actuellement, l'offre de système de gouvernance mondiale de l'Internet est insuffisante et le dilemme juridique des « trois inchangés » subsiste : premièrement, les menaces de réseau telles que l'atteinte à la vie privée, la violation des droits de propriété intellectuelle et l'empiètement sur les ressources d'information existent toujours. Deuxièmement, les incidents fréquents liés à la sécurité des réseaux, tels que la surveillance des réseaux, les attaques de réseaux et les crimes de

---

73. Lian Yuming, « Hommage à la nouvelle ère : l'application de la technologie de gouvernance basée sur la chaîne de blocs de souveraineté dans la démocratie délibérative », CCPPC, n° 6, 2018, p. 81-82.

réseaux, existent toujours. Troisièmement, les dangers publics mondiaux tels que le cyberterrorisme, le cyberhégémonisme et le cybermilitarisme qui doivent être éliminés existent toujours.[74] Le système de gouvernance mondiale de l'Internet est profondément enchevêtré et manque de règles, ce qui nécessite une mise à jour et une modernisation urgentes.

Déséquilibre du fonctionnement et de la gestion de l'Internet au niveau mondial. Comme l'espace réel, le fonctionnement du cyberespace doit allouer et consommer des ressources. L'adresse IP, le nom de domaine, le port et le protocole sont les ressources de base nécessaires au fonctionnement de l'Internet. Ces ressources ne peuvent pas être générées par l'imagination, ni utilisées à volonté, mais nécessitent des agences spéciales pour les allouer et les gérer. Selon les statistiques disponibles, parmi les principales organisations d'exploitation et de gestion de l'Internet mondial, il y a ICANN, RIRs, ISOC, IAB, IETF, IRTF, ISO, W3C, INOG, etc.[75] Ces organisations fournissent un soutien technique important pour le fonctionnement de l'Internet mondial. Elles ont un pouvoir de gestion et de contrôle absolu, contrôlent l'infrastructure clé nécessaire au fonctionnement de l'Internet mondial, ainsi que les normes de base et les accords importants au niveau de la gestion et de la technique, et deviennent le « seul dominant » dans la « société de jungle » dans le cadre du système de gouvernance mondiale de l'Internet. Ces organisations sont presque toutes aux mains des puissances technologiques occidentales dirigées par les États-Unis, et leurs membres sont principalement des citoyens des pays développés occidentaux, ce qui crée un grave déséquilibre à la base. Ce déséquilibre entraînera en outre un manque de pouvoir discursif de certaines parties prenantes : les organisations de gestion et le personnel sont principalement composés de pays européens et américains et de leurs citoyens, et les droits et intérêts légitimes des pays faibles en technologie Internet et de leurs citoyens ne sont pas garantis ; la monopolisation du système de gouvernance mondiale de l'Internet, et l'autonomie et le pouvoir discursif de la

---

74. Zhi Zhenfeng, « Vision globale de la communauté de destin du cyberespace et responsabilité de la Chine », *Guangming Daily*, le 27 novembre 2016, p. 6.

75. Dans une certaine mesure, les institutions et organisations impliquées dans le fonctionnement de l'Internet mondial comprennent également l'APEC, l'ASEAN, le Conseil européen, l'Union européenne, le FIRST, le G8, l'Institut des ingénieurs électriciens et électroniciens, l'Union internationale des télécommunications, le Forum sur la gouvernance de l'Internet, l'Interpol, le processus Meridian, l'OTAN, l'Organisation des États américains, l'OCDE etc.

voie de développement de l'Internet des pays technologiquement faibles ne sont pas non plus garantis.

Hégémonie et domination du réseau. En tant que berceau de l'Internet, les États-Unis possèdent et gèrent la technologie et l'infrastructure Internet clé les plus développées du monde. Ils contrôlent la production des principaux produits d'information mondiaux et la gestion des ressources d'adresses Internet et des serveurs racine, et disposent d'un contrôle absolu que les autres pays ne peuvent pas comparer. En même temps, le contrôle du cyberespace est presque entièrement contrôlé par eux. D'autres pays, dont la Chine, se trouvent essentiellement dans la zone grise de la souveraineté du cyberespace, c'est-à-dire dans l'état chaotique de « semi-souveraineté » ou même « pas de souveraineté ». En outre, les États-Unis appliquent une politique de « double critère »[76], prônent le libéralisme technologique et poursuivent une dictature technologique, ce qui laisse des possibilités aux terroristes et au militarisme. Bien que l'affaiblissement et la restriction de la souveraineté nationale par la nouvelle révolution scientifique et technologique soient les mêmes pour tous les pays, ils sont déséquilibrés et inégaux pour les pays développés et en développement ayant des niveaux technologiques différents.[77] Ce type de déséquilibre et d'inégalité reflètent en fait les relations internationales sous l'hégémonie des réseaux, ce qui est extrêmement défavorable à la justice internationale, en particulier aux pays du tiers monde.

Sécurité des réseaux et criminalité en réseau. La sécurité des réseaux et la criminalité en réseau constituent un autre grand problème de la gouvernance mondiale de l'Internet. L'Internet présente les caractéristiques suivantes : virtualité et anonymat, transfrontalier et sans limites, ouverture et décentralisation, ainsi qu'interaction en temps réel. Ces caractéristiques naturelles servent aux criminels de « foyer » possible pour mettre en œuvre de manière anonyme des attaques de réseau, des fraudes de réseau, des systèmes pyramidaux de réseau et d'autres activités illégales voire criminelles. Il existe deux formes de cybercriminalité. La première consiste à surveiller le réseau, à attaquer les sites web, à propager des virus et à procéder à d'autres intrusions et destructions illégales, comme l'« incident Snowden », l'« incident de FVEY » et l'« incident du réseau sismique », etc. La

---

76. Le « Double critère » désigne celui en termes de liberté et de sécurité des réseaux, c'est-à-dire un ensemble de normes pour les États-Unis et ses alliés, et un autre ensemble de normes pour les pays en développement.

77. Zhao Xudong, « L'influence de la nouvelle révolution technologique sur la souveraineté nationale », *Europe*, n° 6, 1997, p. 28.

deuxième est la criminalité traditionnelle réalisée par l'utilisation d'Internet, comme la fraude financière sur Internet, la collecte illégale de fonds, le vol de réseau, etc. La fausse publicité, la recherche de chair humaine, l'insulte et la diffamation et l'espionnage en ligne sont l'incarnation des formes traditionnelles de criminalité sur Internet et ont un impact sérieux sur le système de sécurité mondial existant. Par rapport à la criminalité traditionnelle, la cybercriminalité présente trois caractéristiques évidentes. Premièrement, son pouvoir destructif fort est les criminels toujours plus jeunes ; deuxièmement, le coût faible de la criminalité et le nombre important de victimes, ce qui entraîne de graves pertes économiques ; troisièmement, étendue vaste de sa nuisance, impliquant tous les milieux et tous les domaines, et certaines activités criminelles pouvant mettre en danger la sécurité politique, économique et sociale nationale.

(II) Différences internationales de souveraineté dans le cyberespace

Le cyberespace est sans aucun doute un domaine important pour l'exercice de la souveraineté des réseaux. Toutefois, « en raison de la compréhension et de la pratique limitées du cyberespace dans les divers pays, et des différences, voire de l'opposition, en matière d'idéologie, de valeurs et d'intérêts nationaux dans la réalité »[78], il existe encore des différences dans de nombreux domaines du cyberespace au sein de la communauté internationale. Dans l'ensemble, il existe la divergence cognitive, la divergence stratégique et la divergence de gouvernance dans le cyberespace.

Divergence cognitive : bien commun universel et territoire souverain. La théorie du bien commun universel préconisée par les pays et organisations développés en réseau, tels que les États-Unis, le Japon, l'Union européenne, etc., soutient que le cyberespace est différent de l'espace physique et n'est pas sous la juridiction et le contrôle d'un seul pays. Il doit être considéré comme un bien commun international comme la haute mer et l'espace. Prenons les États-Unis comme exemple. Ceux-ci comparent le cyberespace avec la haute mer, l'espace aérien international et l'espace cosmique, et le classent dans le « bien commun universel »[79] hors de portée d'un seul État souverain. Ils estiment que la gestion du cyberespace doit dépasser les frontières entre États souverains au sens

---

78. Huang Zhixiong et Ying Yaohui, « Influence des États-Unis sur le droit international du cyberespace et son éclaircissement à la Chine », *Fudan International Studies Review*, n° 2, 2017, p. 70.

79. Bien commun universel (global commons) est un domaine ou une ressource qui n'est pas dominé par un pays en particulier, mais sur lequel repose la sécurité et la prospérité de tous les pays.

traditionnel du terme, et que les États ne doivent pas exercer leur souveraineté dans le cyberespace. Différente de la théorie du bien commun universel, la théorie du territoire souverain représentée par les pays et organisations émergents, tels que la Russie, le Brésil, l'Organisation de coopération de Shanghai, le Conseil de coopération pour la sécurité en Asie et dans le Pacifique, soutient que le cyberespace a l'attribut de la souveraineté, et que les États devraient établir et exercer la souveraineté du cyberespace. Par exemple, en 2011, la Russie, avec la Chine et d'autres États membres de l'Organisation de coopération de Shanghai, a soumis le Code de conduite international pour la sécurité de l'information à l'occasion de la soixante-sixième session de l'Assemblée générale des Nations unies, en affirmant que le pouvoir de décision sur les questions de politique publique liées à l'Internet relève de la souveraineté de tous les pays et que le discours international et les droits de gouvernance des réseaux de tous les pays dans le cyberespace doivent être respectés. Actuellement, la confrontation entre les deux points de vue au sein de la communauté internationale devient de plus en plus intense, et de plus en plus de pays sont enclins à la théorie du territoire souverain, prônant la nécessité d'exercer la souveraineté nationale dans le cyberespace. Cependant, dans la pratique, en raison des différences importantes de développement, d'histoire, de culture et de système social[80], il existe des différences cognitives évidentes dans les attributs du cyberespace entre les pays. En conséquence, il existe encore de grandes différences de souveraineté dans le cyberespace entre les pays dans la formulation des règles internationales du cyberespace.

Divergence de gouvernance : Gouvernance multipartite et gouvernance multilatérale. À l'heure actuelle, la gouvernance du cyberespace présente deux camps : les pays développés dirigés par les États-Unis et les pays en développement représentés par la Chine, la Russie et le Brésil. Le premier soutient la gouvernance multipartite, tandis que le second soutient la gouvernance multilatérale. La « gouvernance multipartite » est un modèle « reconnu » de gouvernance mondiale dans le cyberespace. Ses partisans préconisent que « la gouvernance du cyberespace soit dominée par des experts techniques, des institutions commerciales et la société civile. Le gouvernement ne devrait pas trop intervenir, et même les organisations intergouvernementales telles que les Nations unies devraient être exclues »[81]. Ils

---

80. Liu Ying et Wu Ling, « Gouvernance mondiale du cyberespace : chaos, opportunité et proposition de la Chine », *Knowledge and Action*, n° 1, 2019, p. 63.

81. Wang Mingjin, « Avenir de la gouvernance du cyberespace mondial : souveraineté, concurrence et consensus », *People's Tribune – Frontiers*, n° 4, 2016, p. 18.

soutiennent également que « les caractéristiques mondiales et décentralisées de la communication dans le cyberespace ont fait perdre au gouvernement la position dominante centrale dans la théorie traditionnelle de la gouvernance »[82], et préconisent que la gouvernance de l'Internet soit « ascendante ». De façon superficielle, le modèle de gouvernance multipartite joue un certain rôle dans l'équilibre des intérêts de toutes les parties. Cependant, manque de coopération et de soutien des États souverains, ce modèle est difficile à réaliser pour une gouvernance efficace du cyberespace. À la différence du modèle de gouvernance multipartite préconisé par les pays développés en réseau, les pays en développement en réseau ont tendance à être dirigés par le gouvernement et à préconiser le renforcement de la gouvernance du cyberespace par l'intermédiaire des Nations unies ou d'autres organisations internationales. Cette idée est appelée « modèle de gouvernance multilatérale ». Ce modèle préconise une gouvernance « descendante » de l'État dans le cyberespace et souligne que « le principe de la souveraineté nationale dans le cyberespace et la solution au désordre du cyberespace devraient prendre l'État-nation comme centre. L'État a le droit de garantir la souveraineté numérique et la sécurité nationale dans le cyberespace. Il faut établir une sorte d'organisation d'entités avec l'État comme principal organe de gouvernance dans le cadre des Nations unies pour coordonner et traiter les questions de gouvernance des réseaux ».[83] En substance, « les différences entre les deux camps du modèle de gouvernance multipartite et du modèle de gouvernance multilatérale sont les différends entre les conservateurs et les réformateurs du mécanisme de gouvernance du cyberespace sur la base de leurs intérêts respectifs. On peut prédire que la divergence et le jeu autour de cette question existeront encore longtemps. »[84].

Divergence stratégique : le cyberlibéralisme et la communauté de destin dans le cyberespace. Au nom des valeurs, les pays occidentaux défendent constamment l'idée que « les droits de l'homme sont supérieurs à la souveraineté » et que les droits fondamentaux des citoyens sont sacro-saints. Dans le cyberespace, les pays occidentaux insistent sur le cyberlibéralisme et s'opposent à l'extension du contrôle de l'espace réel au cyberespace. Ils pensent que les cyber-frontières posent des défis à la démocratie et disent qu'ils n'acceptent pas toute action pouvant entraver la

---

82. Zheng Wenming, « Le choix du modèle de gouvernance de l'Internet par la Chine », *Journal of Guizhou University of Finance and Economics*, le 17 août 2017, p. 3.

83. *Ibid.*

84. Long Kun et Zhu Qichao, « Élaboration de règles internationales dans le cyberespace : consensus et divergences », *Global Review*, n° 3, 2019, p. 49.

libre circulation de l'information. Par exemple, les États-Unis estiment que l'État ne doit pas entraver la liberté de connexion et la libre circulation des données pour quelque raison que ce soit, et qu'il doit garantir la liberté fondamentale du cyberespace. À cette fin, les États-Unis ont publié en 2011 une Stratégie internationale du cyberespace et une Stratégie d'action du cyberespace pour promouvoir la liberté du cyberespace. Ces deux documents constituent le cadre général du système stratégique international des États-Unis en matière d'Internet, qui est fondé sur la théorie du libéralisme de l'Internet.[85] Contrairement aux vues des libéraux de l'Internet, les pays en développement en réseau estiment que « le libéralisme de l'Internet ne répond pas aux besoins du cyberespace ».[86] Dans le domaine du cyberespace, nous devrions prendre comme base les normes des relations internationales et la Charte des Nations unies, respecter l'intégrité territoriale, l'indépendance politique et la liberté des droits de l'homme de tous les pays, et adhérer au principe de l'unité de la sécurité nationale et de l'indépendance souveraine. Aucun pays ne peut poursuivre une cyberhégémonie sous prétexte de la « cyberliberté ». Prenons la Chine comme l'exemple. Celle-ci attache une grande importance à la question de la souveraineté du cyberespace. Ces dernières années, elle a activement plaidé en faveur du respect et de la sauvegarde de la souveraineté de tous les pays dans le cyberespace. Elle considère ce respect et cette sauvegarde comme l'une de ses principales propositions en matière de droit et d'ordre international dans le cyberespace. En décembre 2015, le président Xi Jinping a pour la première fois avancé l'idée de « construire une communauté de destin du cyberespace » lors de la deuxième conférence mondiale sur l'Internet, et a expliqué en détail les « quatre principes » et « cinq points » pour la construction de la communauté de destin du cyberespace. Celle-ci est conforme aux intérêts de

---

85. Parmi celles-ci, la Stratégie internationale du cyberespace considère la liberté du cyberespace comme le concept de base et une composante importante, et préconise que « la politique internationale du cyberespace des États-Unis reflète les principes fondamentaux des États-Unis, c'est-à-dire l'engagement fondamental en faveur de la liberté fondamentale, de la vie privée et de la libre circulation des données.» « Après la formation de la théorie du libéralisme dans le cyberespace, celle-ci est devenue l'idéologie officielle du gouvernement des États-Unis et est considérée comme une 'valeur universelle' incontestable. Avec l'aide de la grande puissance de communication du système discursif occidental représenté par les États-Unis, elle a fondamentalement dominé la recherche et la discussion sur les questions liées à l'Internet pendant de nombreuses années.» (Li Chuanjun, « Changement d'ordre et construction d'un modèle de gouvernance mondiale dans le cyberespace », *Journal of Wuhan University of Science and Technology* (Édition des sciences sociales), n° 1, 2019, p. 20-25.)

86. Wang Mingjin, « Avenir de la gouvernance du cyberespace mondial : souveraineté, concurrence et consensus », *People's Tribune – Frontiers*, n° 4, 2016, p. 18.

la plupart des pays. Une fois proposée, elle est acceptée par de plus en plus de pays dans le monde. Cependant, certains pays occidentaux ont encore des doutes sur cette idée pour des raisons idéologiques.

(III) Communauté de destin du cyberespace

La voix la plus forte de la nouvelle ère se répercute en Chine et dans la communauté internationale. « La communauté de destin du cyberespace est un plan chinois pour la coopération et la gouvernance mondiales dans le cyberespace, et a émis une voix chinoise pour maintenir la prospérité et la sécurité de la culture mondiale du cyberespace ».[87] Si l'on se penche sur les trois dernières révolutions industrielles, deux caractéristiques remarquables méritent d'être soulignées : premièrement, les nouveaux moyens technologiques ont favorisé l'émergence d'une série de nouvelles inventions, ont considérablement amélioré la productivité humaine et ont élargi le champ des activités humaines. Deuxièmement, grâce aux nouveaux moyens technologiques, les êtres humains ont davantage exploré leur propre potentiel et ont favorisé l'innovation de la société tout entière. La troisième révolution industrielle, marquée par la technologie Internet, a transformé le monde en un village global et non plus « une situation où des cultures variées vivent les unes à côté des autres sans qu'il y ait interpénétration. » La technologie de l'information, représentée par le jumeau numérique, a entraîné de nouveaux changements dans la production sociale, créé un nouvel espace pour la vie humaine, étendu de nouveaux domaines de gouvernance nationale et amélioré considérablement le niveau de compréhension humaine et la capacité à comprendre et à transformer le monde. La vision chinoise de la gouvernance mondiale préconise la démocratisation des relations internationales et insiste sur le fait que tous les pays, grands et petits, forts et faibles, riches et pauvres, sont égaux. Tous ces éléments doivent être fondés sur la construction d'une communauté de destin du cyberespace. Ce n'est qu'en construisant une communauté de destin du cyberespace que nous pourrons résoudre les problèmes de développement déséquilibré, de règles imparfaites et d'ordre déraisonnable de l'Internet, et promouvoir le rôle actif des Nations unies, afin que les pays en développement puissent obtenir une plus grande représentation, se faire mieux entendre dans les affaires internationales, et participer sur un pied d'égalité à la réforme et à la construction du système de gouvernance mondiale.

---

87. Fan Feng, « Bases théoriques et cheminement pratique de la construction de la communauté de destin du cyberespace », *Journal of Hebei University* (Philosophie et science sociale), nᵒ 6, 2018, p. 142.

La proposition de la communauté de destin du cyberespace remonte à 2015. La communauté de destin du cyberespace est un contenu important de la nouvelle idée, du nouveau concept et de la nouvelle stratégie de gouvernance du cyberespace de Xi Jinping (Tableau 5.2). Il s'agit d'un moyen scientifique de protéger la sécurité des données nationales et de mettre en place une gouvernance globale du cyberespace dans la nouvelle ère. Sa connotation est riche et de grande portée. Du point de vue théorique, la communauté de destin du cyberespace est une stratégie de gouvernance des réseaux de coopération et de partage des responsabilités lorsque les êtres humains sont confrontés aux risques du réseau au-delà des frontières géographiques à l'ère de l'Internet.[88] La communauté de destin du cyberespace est aussi l'héritage, l'approfondissement et le développement de la théorie marxiste de l'ouverture et de la communication mondiale. Du point de vue de la valeur, le concept de communauté de destin du cyberespace s'inscrit dans la lignée de la formule générale du « 5 en 1 », qui est d'une grande valeur pour la Chine et le monde en termes d'économie, de politique, de culture, de société et d'écologie. Le concept est propice à la promotion du développement économique et de la prospérité commune de tous les pays, à la promotion du droit à la parole internationale de la Chine, aux échanges culturels et à l'apprentissage mutuel entre les pays, au maintien de la stabilité mondiale, ainsi qu'à la purification du cyberespace. Du point de vue de la pratique, il est conforme aux intérêts communs des peuples du monde de construire un système de gouvernance mondiale de l'Internet juste et raisonnable, d'adhérer à la combinaison de l'État de droit et de l'État de vertu, de sauvegarder fermement les intérêts communs des peuples du monde et de travailler ensemble pour construire une communauté de destin du cyberespace.[89]

---

88. Dong Hui et Li Jiali, « Le choix de la voie de la gouvernance des réseaux à l'ère nouvelle : communauté de destin du cyberespace », *Learning and Practice*, n° 12, 2017, p. 37-44.

89. Wang Jianmei, « Quatre dimensions de la communauté de destin du cyberespace », *China Collective Economy*, n° 25, 2019, p. 66-67.

Tableau 5.2 Comprendre la nouvelle idée, le nouveau concept, la nouvelle stratégie de Xi Jinping sur la gouvernance du cyberespace à travers la Conférence mondiale sur l'Internet

Année	Conférence	Discussion importante
2014	Première Conférence mondiale sur l'Internet	« La Chine est disposée à travailler main dans la main avec d'autres pays du monde pour approfondir la coopération internationale, respecter la souveraineté des réseaux, sauvegarder la sécurité des réseaux, construire conjointement un cyberespace pacifique, sûr, ouvert et coopératif, et établir un système multilatéral, démocratique et transparent de gouvernance de l'Internet, tout en se basant sur le principe du respect et de la confiance mutuels ».
2015	Deuxième Conférence mondiale sur l'Internet	« Le cyberespace est l'espace d'activité commun de l'humanité, et l'avenir et le destin du cyberespace devraient être contrôlés conjointement par tous les pays du monde qui devraient renforcer la communication, élargir le consensus, approfondir la coopération et construire ensemble une communauté de destin du cyberespace. »
2016	Troisième Conférence mondiale sur l'Internet	« L'Internet est le domaine le plus dynamique de notre époque. Le développement rapide de l'Internet a entraîné de profonds changements dans la production et la vie humaines, et a également apporté une série de nouvelles possibilités et de nouveaux défis à la société humaine. Le développement de l'Internet est sans frontières et illimité. Pour bien utiliser, développer et gouverner l'Internet, nous devons approfondir la coopération internationale dans le cyberespace et travailler ensemble à la construction d'une communauté de destin du cyberespace. La Chine est disposée à coopérer avec la communauté internationale pour se conformer aux intérêts communs de l'humanité comme base, adhérer au concept de souveraineté des réseaux, promouvoir la gouvernance mondiale de l'Internet dans une direction plus juste et raisonnable, ainsi que le cyberespace pour atteindre les objectifs de respect égal, de développement innovant, de partage ouvert, de sécurité et d'ordre. »

Année	Conférence	Discussion importante
2017	Quatrième Conférence mondiale sur l'Internet	« Actuellement, un nouveau cycle de révolution scientifique et technologique et industrielle représenté par les technologies de l'information est en train de germer, ce qui a donné une forte impulsion au développement économique et social. Dans le même temps, le développement de l'Internet a également apporté de nombreux nouveaux défis à la souveraineté, à la sécurité et aux intérêts de développement de tous les pays du monde. Le système mondial de gouvernance de l'Internet est entré dans une période critique, et la construction d'une communauté de destin du cyberespace fait de plus en plus l'objet d'un large consensus au sein de la communauté internationale. » « Les quatre principes et les cinq propositions consistent à travailler avec la communauté internationale pour respecter la souveraineté du réseau, faire progresser l'esprit de partenariat, discuter et traiter toutes les questions, promouvoir conjointement le développement, sauvegarder la sécurité, participer à la gouvernance et partager les réalisations. »
2018	Cinquième Conférence mondiale sur l'Internet	« Dans le monde actuel, nous vivons une révolution scientifique et technologique et une transformation industrielle plus vastes et plus profondes. Les technologies modernes de l'information, telles que l'Internet, les mégadonnées, l'intelligence artificielle, ont fait des percées continues. L'économie numérique est en plein essor et les intérêts de tous les pays sont plus étroitement liés. Pour donner un nouvel élan au développement de l'économie mondiale, il est urgent d'accélérer le développement de l'économie numérique et de promouvoir le système mondial de gouvernance de l'Internet dans une direction plus juste et plus raisonnable. Bien que les pays aient des conditions nationales différentes, se trouvent aux stades de développement de l'Internet différents et fassent face aux défis pratiques différents, ils ont la même volonté de promouvoir le développement de l'économie numérique, les mêmes intérêts pour relever les défis de la sécurité des réseaux et les mêmes besoins pour renforcer la gouvernance du cyberespace. Tous les pays devraient approfondir la coopération pratique, prendre le progrès comme moteur, se fixer comme objectif le principe du « gagnant-gagnant » et s'engager sur une voie de confiance mutuelle et de cogestion, afin de rendre plus vigoureuse la communauté de destin du cyberespace. »
2019	Sixième Conférence mondiale sur l'Internet	« A l'heure actuelle, l'évolution d'un nouveau cycle de révolution scientifique et technologique et de changement industriel s'accélère. De nouvelles technologies, de nouvelles applications et de nouveaux formats tels que l'intelligence artificielle, les mégadonnées et l'Internet des objets, sont en plein essor, et l'Internet a inauguré une dynamique de développement plus forte et un espace de développement plus large. La responsabilité commune de la communauté internationale est de bien développer, utiliser et gérer l'Internet, afin qu'il profite davantage à l'humanité. Tous les pays doivent se conformer à la tendance actuelle, assumer la responsabilité du développement, faire face ensemble aux risques et aux défis, promouvoir conjointement la gouvernance mondiale du cyberespace et s'efforcer de construire une communauté de destin du cyberespace. »

« La base de fonctionnement de la communauté de destin du cyberespace est la symbiose, avec la sécurité commune comme l'environnement de fonctionnement, l'autonomie égale comme le mode de fonctionnement, la coopération diversifiée comme le mécanisme de fonctionnement et le partage des bénéfices comme le but de fonctionnement. »[90] Le système de gouvernance du cyberespace basé sur la chaîne de blocs de souveraineté contribuera à établir un système de gouvernance de l'Internet égal, consensuel et de co-gouvernance, et fournira un environnement opérationnel et une référence technique pour la construction d'une communauté de destin du cyberespace. Tout d'abord, la chaîne de blocs de souveraineté favorisera une coopération égale de la communauté de destin du cyberespace. Dans le cyberespace point à point, la chaîne de blocs de souveraineté encourage les pays à respecter la souveraineté du réseau[91], à respecter le droit des pays à choisir leur propre voie de développement du réseau, leur modèle de gestion du réseau, la politique publique de l'Internet et la participation égale à la gouvernance internationale du cyberespace, afin d'éliminer la distinction entre grands et petits pays, entre pays forts et pays faibles, et de créer une communauté de destin du cyberespace ouverte et transparente avec un haut degré de sécurité de l'information. Deuxièmement, la chaîne de blocs de souveraineté établira un nouveau système de consensus de la communauté de destin du cyberespace. L'utilisation de la chaîne de blocs de souveraineté permettra l'échange de données et le partage d'informations entre les pays, renforcera le droit de savoir, la participation, l'expression et l'initiative des pays en matière de consultation et de discussion, aidera à établir une confiance impersonnelle et un consensus établi par des codes, des protocoles et des règles, et brisera les barrières de confiance de l'Internet entre les pays. Enfin, la chaîne de blocs de souveraineté favorisera la gouvernance conjointe de la communauté de destin du cyberespace. Elle permettra de construire un nouveau modèle de gouvernance de l'Internet, d'encourager les pays à se donner la main pour renforcer la gouvernance de l'Internet, d'améliorer la capacité de gouvernance de

---

90. Ye Suibing, « Droit de fonctionnement de la communauté de destin du cyberespace », *Economic and Social Development*, n° 3, 2018, p. 65-69.

91. L'importance de la transformation depuis la chaîne de blocs à la chaîne de blocs de souveraineté ne réside pas seulement dans le développement de la chaîne de blocs, mais aussi dans la nouvelle signification de la « gouvernance souveraine » pour la gouvernance du cyberespace. Parmi les « quatre principes » visant à promouvoir la réforme du système mondial de gouvernance de l'Internet, le premier principe est le « respect de la souveraineté du réseau ». La théorie de la souveraineté du réseau est le fondement théorique de l'établissement de la communauté de destin du cyberespace, et aussi le point de départ logique des trois autres principes.

la communauté de destin du cyberespace et de parvenir à un bon ordre dans le cyberespace.

Section III
Technologie au service du bien social et règle de conscience

Pour parvenir à un développement durable, nous devons trouver un équilibre entre « le bien, le mal, la justice et le bénéfice ». La science et la technologie elles-mêmes ont un grand pouvoir, et leur développement est de plus en plus rapide. La manière de faire bon usage de la science et de la technologie aura une incidence considérable sur le bien-être de la société humaine. La science et la technologie sont l'expression de la nature humaine, le moyen de l'harmonie entre l'homme et la nature, et la combinaison de la bonté et de la conscience dans la nature humaine et de la vérité objective du monde extérieur. La technologie au service du bien social est un choix de conscience « axée sur le peuple ». La technologie au service du bien social choisie implique non seulement l'amélioration inlassable des capacités de la science et de la technologie pour fournir de meilleurs produits et services « bons » pour les êtres humains, ainsi que l'amélioration inlassable de l'efficacité de la production et la qualité de vie, mais aussi le respect du principe dit « agir dans certains cas, se garder d'agir dans d'autres ».

I. Orientation de la valeur de l'« *homo numericus* »

Qu'est-ce que l'humain ? Cela a toujours été le problème fondamental de l'être humain pour réfléchir sur lui-même et s'étudier. « L'humain est une existence unique qui essaie de reconnaître sa propre unicité. Ce qu'il essaie de comprendre, ce n'est pas sa nature animale, mais sa nature humaine. Il n'a pas cherché son origine, mais sa destinée. Le fossé entre l'humain et le nonhumain ne peut être compris que du point de vue des êtres humains. »[92] La proposition de « *l'homo numericus* » non seulement transcende l'hypothèse traditionnelle de la nature humaine, mais aussi redéfinit l'éthique de la science et de la technologie ainsi que la technologie au service du bien social. La recherche sur l'orientation des valeurs de l'« *homo numericus* » est d'une grande importance pour la sélection des valeurs

---

92. A.J.Heschel [États-Unis], *Who is Man*, traduit par Wei Renlian, Presse populaire du Guizhou, 2014, p. 21.

de l'homme physique, l'orientation des valeurs de l'homme génétiquement modifié et la conception des valeurs du robot dans le sixième cycle de Kondratiev.

Hypothèse de « *l'homo numericus* ». L'hypothèse de la nature humaine est un processus d'abstraction sélective de l'expression de la nature humaine, qui est basée sur une certaine orientation des valeurs. En règle générale, l'hypothèse de la nature humaine est utilisée comme présupposé pour déduire un certain système théorique. Elle doit servir le système théorique qui a une certaine orientation de valeur. Lorsque les constructeurs choisissent l'hypothèse de la nature humaine, ils doivent avoir la même orientation des valeurs, de manière à rendre un système théorique cohérent. Cette orientation des valeurs est contenue dans l'ensemble du processus du système théorique, et se reflète finalement dans la pratique. À l'ère des mégadonnées, tout est « en ligne » et tout peut être quantifié. Les personnes, les machines et les matériaux existeront, se connecteront et créeront ensemble de la valeur en tant qu'« *homo numericus* ». Les individus laisseront des « traces de données » dans divers systèmes de données. Grâce à l'analyse des associations, nous pouvons restaurer les caractéristiques d'une personne et former un « *homme numérique* ». De l'*homo economicus*, l'*homo socialis* à l'*homo numericus*, l'hypothèse de la nature humaine a différents types à différentes époques, qui peuvent se refléter dans différents stades et modèles d'hypothèse de la nature humaine. Lorsque les constructeurs formulent l'hypothèse de la nature humaine, le contexte de l'époque est le facteur décisif. C'est pourquoi il est très important pour l'hypothèse de la nature humaine d'avoir certaines caractéristiques de l'époque. L'« *homo numericus* » est non seulement la numérisation de l'homme, mais aussi tous les objets et composants qui existeront et interagiront comme une sorte d'individu numérisé. « Nous sommes dans une ère de changement humain provoqué par le développement technologique ».[93] Les technologies émergentes, telles que l'intelligence artificielle, l'impression 3D et l'édition de gènes, entraînent des changements dans les relations sociales. D'une part, elles feront en sorte que les êtres humains dépassent les limites de l'évolution. D'autre part, elles forceront les êtres humains à faire face à la situation suivante : « au milieu de ce siècle, l'intelligence abiotique sera un milliard de fois plus intelligente que tout le monde aujourd'hui ».[94] À ce moment-là, les robots et les hommes génétiquement modifiés

---

93. Xie Fang, « Science-fiction, futurologie et ère future », *Journal of Guizhou University of Finance and Economics*, le 25 janvier 2013, p. A5.

94. Wu Handong, « Arrangement institutionnel et réglementation juridique à l'ère de l'intelligence artificielle », *Science of Law*, n° 5, 2017, p. 128-136.

existeront en tant qu'« *homo numericus* », coexisteront avec les personnes physiques, se compléteront les uns les autres et deviendront les « trois corps principaux » de la société humaine de demain. En tant que nouvelle hypothèse de la nature humaine, l'« *homo numericus* » existe dans le contexte de la civilisation des données. L'utilisation du concept de civilisation des données et d'« *homo numericus* » pour sélectionner, guider et concevoir l'orientation des valeurs de l'homme physique, du robot et de l'homme génétiquement modifié, dépasse la frontière traditionnelle du bien et du mal, et brise les chaînes traditionnelles qui limitent l'efficacité de l'organisation. On peut dire que, par rapport à l'hypothèse de la nature humaine telle que l'*homo economicus*, l'*homo socialis* et l'homme complexe, l'hypothèse de l'« *homo numericus* » est plus à même de s'adapter aux exigences théoriques et pratiques de la civilisation des données et de réaliser la libération de toute l'humanité et le développement libre et complet des êtres humains.

L'orientation de la valeur de l'« *homo numericus* » : l'altruisme. L'« égoïsme » d'Adam Smith dans *The Wealth of Nations* et son « altruisme »[95] dans *The Theory of Moral Sentiments* constituent un « problème de Smith » classique. Il ne fait aucun doute que la nature humaine contient un égoïsme et un altruisme inhérents. L'altruisme est une incarnation de la vertu humaine et une théorie de l'éthique qui se réfère généralement au principe d'attitude et de comportement de vie consistant à faire passer les intérêts sociaux en premier et à sacrifier les intérêts personnels au profit de ceux-là. Dès le 19ᵉ siècle, Comte, philosophe positiviste français, a mis en avant le concept d'« altruisme » qui sert à expliquer le comportement désintéressé de la société. Selon Comte, « l'altruisme est un désir ou une tendance à vivre pour les autres et une tendance opposée à l'intérêt personnel. »[96] « Tout comme les gens ont des exigences rationnelles en matière de pensée, ils ont aussi des exigences rationnelles en matière de comportement. L'altruisme est l'une des exigences rationnelles de comportement. »[97] Par conséquent, l'altruisme met d'abord l'accent sur les intérêts d'autrui et préconise de promouvoir le bien-être d'autrui au détriment de l'intérêt personnel. À l'heure actuelle, on pense

---

95. Dans *The Theory of Moral Sentiments*, Adam Smith souligne la nature altruiste des êtres humains : « Même si les gens pensent que quelqu'un est égoïste, il y a toujours dans son talent de telles natures qui l'amènent à se soucier du sort des autres et à considérer le bonheur des autres comme son affaire, bien qu'il n'obtienne rien d'autre que du plaisir en voyant le bonheur des autres ». (Adam Smith [UK], *The Theory of Moral Sentiments*, traduit par Jiang Ziqiang *et al.*, Presse commerciale, 2015, p. 5)

96. Comte I Auguste, *System of Positive Polity (2 vols.)*, London, Longmans, Green & Co., 1875, p. 566-567.

97. Nagel T., *The Possibility of Altruism*, Princeton University Press, 1978, p. 3.

généralement que l'altruisme a pour caractéristique d'aider volontairement les autres sans compter sur leur récompense à l'avenir. L'étude croisée de la théorie des jeux et de la théorie de l'évolution biologique montre que les groupes altruistes ont plus d'avantages évolutifs dans la compétition écologique que les groupes égoïstes. L'« *homo numericus* » met l'accent sur l'altruisme du comportement et de l'existence humaine. Il sert à aider les êtres humains à créer un grand champ de données partagé et public, et sa valeur instrumentale détermine l'altruisme naturel de l'« *homo numericus* ». Si l'altruisme de l'« *homo numericus* » peut apporter plus de bénéfices et de commodité aux êtres humains, alors les gens auront un comportement plus altruiste basé sur la poursuite d'intérêts. Comme Darwin l'a écrit dans *The Descent of Man*, « s'il y a beaucoup de membres d'une tribu qui sont toujours prêts à s'entraider et à se sacrifier pour l'intérêt collectif, la tribu vaincra les autres tribus »[98]. L'attribut altruiste de l'« *homo numericus* » contribue également à promouvoir la coopération commune entre les êtres humains. En effet, selon les caractéristiques de l'altruisme de l'« *homo numericus* », au début, seul un petit nombre de personnes tirent profit de la coopération, mais avec la participation d'un plus grand nombre de personnes, le comportement altruiste passe d'une relation de coopération accidentelle à une relation juridique spécifique qui peut garantir que les êtres humains tirent des avantages durables du comportement altruiste. Par conséquent, pour améliorer le bien-être social et de promouvoir le progrès humain, l'État doit créer un mécanisme de protection du « comportement altruiste », à savoir les valeurs altruistes. Sous l'influence de ce type de valeurs, les gens formeront une sorte d'idéologie qui espère produire des effets bénéfiques sur d'autres personnes, matériellement ou spirituellement, par des activités comportementales, et finalement construire une société plus harmonieuse.

Partage : culture altruiste des données. De la civilisation agricole à la civilisation numérique, en passant par la civilisation industrielle, la société humaine progresse avec le développement de la science et de la technologie, et les activités de production et le mode de vie montrent progressivement les caractéristiques du partage. En particulier avec l'essor du mouvement de l'accès

---

98. Darwin [UK], *The Descent of Man*, traduit par Pan Guangdan et Hu Shouwen, Presse commerciale, 1997, p. 201.

ouvert[99] et de l'économie du partage depuis ces dernières années, le partage, en tant que nouveau concept de développement, s'est étendu du domaine de la science et de la technologie aux domaines de l'économie, de la société, de l'idéologie et de la culture. Les gens voient plus clairement l'importance du partage pour la vie commune et le développement de l'humanité.[100] L'altruisme a la tendance de comportement et de proposition de valeur à profiter aux autres. Il s'agit d'un processus de pratique externalisé et conscient de soi, qui peut renforcer la volonté de partage de l'individu, favorisant ainsi son comportement de partage. Le comportement de partage comprend le niveau et le degré de participation, qui peuvent refléter directement les différences de comportement individuel de partage. Chaque individu est un bénéficiaire et un contributeur au sein de la communauté et du public. Grâce au partage et aux avantages mutuels, les groupes deviendront plus harmonieux et plus durables. Lors d'une réunion, Ma Yun a déclaré que l'altruisme est au cœur de la bonne utilisation de la DT (technologie des données) dans le monde actuel : « croyez que les autres sont plus importants que vous, croyez que les autres sont plus intelligents que vous, croyez que les autres sont plus capables que vous, et croyez que ce n'est que si les autres réussissent que vous pouvez réussir ». Alibaba n'est pas une société de commerce électronique, mais une société qui aide les autres à faire du commerce électronique. Si vous voulez réussir, vous devez d'abord être altruiste avant de bénéficier à vous-même. L'exemple le plus typique de partage de la culture est l'Internet. « Dès le début de sa naissance, l'Internet adhère à l'esprit de partage : partage de l'information,

---

99. L'accès ouvert est un mode de partage des connaissances. Le mouvement de l'accès ouvert est un mouvement scientifique lancé de la fin des années 1990 au début du 21ᵉ siècle, qui vise à promouvoir le partage des résultats de la recherche scientifique. Parmi eux, *Budapest Open Access Initiative* lancée en 2001, *Bethesda Statement on Open Access Publishing* et *Berlin Declaration on Open Access to Knowledge in the Sciences and Humanities* signés en 2003 sont l'incarnation du concept de développement partagé. Selon *Budapest Open Access Initiative*, l'accès ouvert signifie que les scientifiques téléchargent la littérature de recherche sur Internet, permettant à quiconque de lire, télécharger, copier, imprimer, publier, récupérer ou établir des liens et des index gratuitement, de sorte que les gens puissent obtenir et utiliser librement la recherche sur Internet sous forme de données logicielles ou sous toute autre forme juridique. D'une part, le mouvement d'accès ouvert rend les données scientifiques accessibles au public gratuitement, brisant ainsi la barrière du prix de la connaissance ; d'autre part, il élargit la disponibilité des réalisations de la recherche scientifique, brisant ainsi la barrière des droits d'accès à la littérature scientifique. (Hu Bo, « Mode de partage et développement futur de la propriété intellectuelle : commentaires sur la théorie du mode alternatif de propriété intellectuelle », *Law and social development*, n° 4, 2013, p. 99-111).

100. Laboratoire clé de la stratégie des mégadonnées, *Loi sur les droits des données 1.0 : fondements théoriques*, Presse de la littérature des sciences sociales, 2018, p. 220-221.

partage des technologies et distribution à la demande »[101]. « L'égalité et le partage sont l'âme de l'Internet. Le cadre technologique, les protocoles de communication et les terminaux constituent le corps de l'Internet qui est constamment mis à jour. L'âme de l'Internet est cohérente et demeure jusqu'aujourd'hui' »[102]. La culture de partage est devenue une culture dominante qui touche l'ensemble de la société à l'ère des mégadonnées, qui fournissent un flux inépuisable de pouvoir et d'énergie pour le développement de la société. Adam Smith a souligné dans *The Theory of Moral Sentiments* que, « si les fruits du développement économique d'une société ne peuvent pas être vraiment distribués au public, alors ce sera moralement impopulaire et risqué, car il est destiné à menacer la stabilité sociale ».[103] Si la culture n'arrête pas les pertes, alors l'effet de l'arrêt des pertes économiques est limité. La culture altruiste des données a finalement supprimé l'impulsion originale de l'accumulation de capital sanglante, de sorte que les résultats du développement économique peuvent être distribués au public par l'organisation et le partage des données. Cela se reflète non seulement dans son plaidoyer pour l'innovation et l'esprit d'entreprise de masse en utilisant la sagesse de groupe, mais aussi dans le plaisir et le confort dont jouissent de nombreuses « entreprises licornes » dans un environnement de données transparent.[104]

II. Âme de la science

Le niveau de développement de la science et de la technologie est un symbole important de la force nationale globale d'un pays et de son statut international. La force de la science et de la technologie est devenue la ressource stratégique la plus importante d'un pays et un puissant moteur de développement social. Face au développement de la science et de la technologie dans les 80 prochaines années, trois jugements fondamentaux doivent éveiller notre réflexion et notre attention : premièrement, l'intégration des sciences naturelles, de la philosophie et des sciences sociales est une tendance inévitable de la seconde moitié du 21ᵉ siècle. Deuxièmement, guider le développement des sciences naturelles avec la

---

101. Lu Di, « Vidéo sur Internet et 'Communisme' de l'information », *News and Writing*, nᵒ 1, 2014, p. 68.

102. Wu Ning et Zhang Shujun, « Internet et le communisme », *Journal of Changsha University of Science and Technology* (Édition des sciences sociales), nᵒ 2, 2018, p. 38.

103. Adam Smith [UK], *The Theory of Moral Sentiments*, traduit par Xie Zonglin, Presse centrale de compilation et de traduction, 2008, p. 97.

104. Laboratoire clé de la stratégie des mégadonnées, *Données en blocs 2.0 : révolution normative à l'ère des mégadonnées*, Presse de Citic, 2016, p. 179-182.

philosophie et les sciences sociales est un choix inévitable pour le progrès de la société humaine. Troisièmement, c'est l'exigence inévitable de l'ère de la civilisation numérique de prendre les humanités comme véritable escorte de la science.

(I) Intégration et développement de la philosophie et de la science

« La philosophie et les sciences sociales sont des outils importants pour permettre aux gens de comprendre et de transformer le monde. C'est une force importante pour promouvoir le développement historique et le progrès social. Son niveau de développement reflète la capacité de réflexion, le caractère spirituel et la qualité civilisée d'une nation, ainsi que la force nationale globale et la compétitivité internationale d'un pays. Le niveau de développement d'un pays dépend non seulement de son niveau de développement des sciences naturelles, mais aussi de son niveau de développement de la philosophie et des sciences sociales. Il est impossible pour un pays sans sciences naturelles développées d'être à l'avant-garde du monde, tout comme il est impossible pour un pays sans philosophie et sciences sociales prospères d'être à l'avant-garde du monde. »[105] La relation entre la philosophie, les sciences sociales et les sciences naturelles, en dernière analyse, est celle entre les personnes et les choses, ainsi qu'entre l'esprit et la matière. La philosophie et les sciences sociales consistent à construire un foyer spirituel, et les sciences naturelles à construire un foyer matériel. Elles sont interdépendantes, interconnectées et complémentaires.

M. Cai Yuanpei, célèbre éducateur et entrepreneur scientifique chinois, a un jour évoqué la relation entre la science et la philosophie : « si nous ne considérons pas la science et ne parlons que de philosophie, nous sommes enclins à la spéculation subjective. Si nous ne considérons pas la philosophie et ne parlons que de science, nous aurons un esprit étriqué. Les deux peuvent être distingués mais ne peuvent être séparés. Actuellement, il existe un dicton commun selon lequel la philosophie est considérée comme une science universelle qui combine les besoins des différentes sciences pour obtenir une loi générale, élimine les contradictions et en fait un système juridique universel par le biais de l'organisation. De plus, pour le savoir commun appliqué dans diverses disciplines, et comme méthode ou prémisse, nous devons en explorer la source et l'examiner. »[106] La recherche d'un

---

105. Xi Jinping, « Discours au symposium sur la philosophie et les sciences sociales », www.xinhuanet. com, 2016, http://www.xinhuanet.com//politics/2016-05/18/c_1118891128.html.

106. Institut de recherche Cai Yuanpei de Chine, *Œuvres complètes de Cai Yuanpei* (Volume 2), Maison d'édition sur l'éducation du Zhejiang, 1997, p. 305.

droit universel en philosophie doit s'appuyer sur les sciences naturelles. En tant que connaissance générale, la philosophie doit être utile à la science naturelle du point de vue des aspects fondamentaux, tels que la méthode et les prémisses.[107] Par conséquent, nous ne pouvons ni étudier la philosophie en nous écartant de la science ni étudier la science en nous écartant de la philosophie.

Depuis le début du 21e siècle, l'innovation scientifique et technologique mondiale est entrée dans une période d'activité et d'intensité sans précédent. Un nouveau cycle de révolution scientifique et technologique et de changement industriel est en train de reconstruire le territoire de l'innovation mondiale et de remodeler la structure économique mondiale. Une nouvelle génération de technologies de l'information, représentée par l'intelligence artificielle, l'information quantique, la communication mobile, l'Internet des objets et la chaîne de blocs, a accéléré sa percée. Les sciences de la vie, représentées par la biologie synthétique, l'édition génétique, la science du cerveau et la médecine régénérative, ont apporté de nouveaux changements. La technologie de fabrication avancée intégrant les robots, la numérisation et les nouveaux matériaux accélère la transformation de l'industrie manufacturière vers une industrie orientée par l'intelligence, les services et l'écologie.[108] L'intégration entre les disciplines, entre la science et la technologie, entre les technologies, ainsi qu'entre les sciences naturelles et les sciences sociale et philosophie, devient une nouvelle tendance.

La coopération transfrontalière est devenue la base du développement de l'ère des mégadonnées, qui exige que les gens comprennent la société entière comme un système. Les sciences naturelles et la philosophie et les sciences sociales, toutes hautement développées, sont intégrées à un niveau élevé. « La science et la philosophie ont la même origine »[109]. « La relation entre la philosophie et la science sont celle entre l'universalité et la particularité, la philosophie étant l'universalité et la science la particularité » (Stalin). Si nous disons qu'à l'ère des mégadonnées, l'intégration et le développement des sciences naturelles, de la philosophie et des sciences sociales n'est qu'un « coup d'essai », alors cela « fera un grand spectacle » dans la seconde moitié du 21e siècle. « Dans le vaste monde, l'homme est la 'plus

---

107. Sun Xiaoli, « La science et la philosophie au 21e siècle », *New-vision*, n° 6, 2003, p. 60-62.

108. Xi Jinping, « Discours à la 19e conférence académique de l'Académie chinoise des sciences et à la 14e conférence académique de l'Académie chinoise d'ingénierie », www.xinhuanet.com, 2018, http://www.xinhuanet.com/politics/2018-05/28/c_1122901308.htm.

109. Yu Hua, « L'université est la maison de la science et de la philosophie », *Rule by Law and the Society*, n° 32, 2019, p. 175-177.

grande variable' et la matière la 'plus grande constante' ».[110] La philosophie façonne l'esprit et la science comprend la matière. En tant qu'outil important permettant aux êtres humains de « comprendre le monde » et de « transformer le monde », la philosophie continuera à guider nos actions et à améliorer nos capacités dans le cadre de la tendance générale et du contexte de l'intégration de la philosophie et de la science.

(II) La philosophie guide la prospérité et le développement de la science
La philosophie et les sciences sociales sont un système théorique permettant d'explorer et de résumer la loi du développement de la société humaine. Le niveau de développement de la philosophie et des sciences sociales est une incarnation complète du statut spirituel et de la qualité de civilisation d'un pays et d'une nation.[111] Une grande époque apporte inévitablement la prospérité et le développement de la philosophie et des sciences sociales. La prospérité d'une grande nation est inévitablement indissociable de la prospérité et du développement de la philosophie et des sciences sociales. On peut dire que tout essor de la société humaine et tout grand développement de la civilisation humaine est inséparable de la transformation des connaissances et de l'orientation idéologique de la philosophie et des sciences sociales. En particulier pour le développement des sciences naturelles, la philosophie et les sciences sociales jouent un rôle irremplaçable du début à la fin.[112]

Premièrement, la vision philosophique du monde joue un rôle important dans les activités scientifiques. La philosophie joue un rôle de guide dans les sciences naturelles, ce qui est un principe important du marxisme. Engels a qualifié de « dominant » le rôle de « guide » de la philosophie dans les sciences naturelles.[113] « Quelle que soit l'attitude des scientifiques, ils doivent être gouvernés par la

---

110. Feng Qingqing, « Première pensée au summum de la marée des temps : assumer la responsabilité et la mission de prospérer et de développer la philosophie et les sciences sociales », *Hunan Daily*, le 7 juillet 2016, p. 8.

111. Wang Guanyi, « Philosophie et sciences sociales : bien jouer le rôle de guide », *Quotidien du peuple*, le 4 août 2013, p. 5.

112. Fu Zhenghua, « La philosophie : le levain du développement de la science et de la technologie – de l'influence de la philosophie sur le développement de la science et de la technologie », *Journal of Jingmen Technical College*, n° 5, 1999, p. 61-66.

113. Xiong Keshan et Zhao Shuangdong, « Insister sur le rôle de guide de la philosophie marxiste pour les sciences naturelles », *Journal of Laiyang Agricultural College* (Édition sciences sociales), n° 1, 1987, p. 1.

philosophie », a-t-il déclaré, « la question est la suivante : sont-ils prêts à être dominés par une philosophie mauvaise et à la mode, ou par une pensée théorique basée sur l'histoire et les réalisations d'une pensée bien informée ? »[114] Tout travail de recherche scientifique implique la relation entre l'homme et la nature, c'est-à-dire la relation entre les travailleurs scientifiques et les objets à comprendre et à transformer, ainsi que la relation entre les travailleurs scientifiques et l'environnement social et les conditions sociales. Comment traiter la relation entre le sujet et l'objet, il existe une idéologie philosophique directrice.[115] En outre, la science est une activité cognitive, dont le but est de découvrir, d'étudier et de comprendre la nature et les lois des objets. Cependant, aucun objet existe de manière isolée. Il est toujours étroitement lié à d'autres phénomènes, facteurs secondaires et accidentels, et son essence est toujours profondément cachée derrière. Cela exige que le sujet cognitif utilise la méthode de la pensée dialectique pour séparer l'essence du phénomène complexe.

Deuxièmement, la méthodologie philosophique joue un rôle important pour guider le développement scientifique. La méthodologie et la vision du monde sont unifiées : chaque type de méthodologie correspond à une vision du monde, et chaque vision du monde reflète un type de méthodologie. Le rôle directeur de la méthodologie philosophique dans le développement scientifique est le rôle dominant de la vision philosophique du monde dans les activités scientifiques. Cependant, la méthodologie joue un rôle plus spécifique dans l'orientation du développement scientifique. Sans exception, les trois lois du matérialisme dialectique[116] sont applicables à la recherche en sciences naturelles. Elles constituent les principes méthodologiques les plus fondamentaux de la méthodologie des

---

114. Marx [Allemagne] et Engels [Allemagne], *Œuvres complètes de Karl Marx et Frederick Engels* (Volume III), traduit par le Bureau pour la compilation et la traduction des œuvres de Marx, Engels, Lénine et Staline sous le Comité central du PCC, Presse populaire, 1972, p. 533.

115. C'est pourquoi Lénine a appelé à ce que « les spécialistes des sciences naturelles soient des matérialistes modernes, des partisans conscients du matérialisme représenté par Marx, c'est-à-dire des matérialistes dialectiques ». (Lénine [Russie], *Lénine* (Volume IV), traduit par le Bureau pour la compilation et la traduction des œuvres de Marx, Engels, Lénine et Staline sous le Comité central du PCC, Presse populaire, 1972, p. 609-670.)

116. Trois lois du matérialisme dialectique : La loi de l'unité des opposés, la loi des changements quantitatifs et qualitatifs, et la loi de la négation de la négation. L'universalité de ces trois lois en philosophie a atteint ses limites. Hegel l'a d'abord exposée dans *Logic*, tandis qu'Engels l'a résumée et affinée à partir de *Logic*, rendant ainsi plus claire la loi de la dialectique.

sciences naturelles.[117] En outre, le rôle directeur de la méthodologie philosophique dans le développement de la science se reflète également dans certaines formes de pensée spécifiques de la logique dialectique, telles que l'induction et la déduction, l'analyse et la synthèse, l'hypothèse et la preuve, l'unité de l'histoire et de la logique, etc. Il ne fait aucun doute que ces formes jouent un rôle de guide dans la recherche scientifique. Qu'il s'agisse de collecter des matériaux empiriques, de trier des matériaux empiriques, de proposer des hypothèses théoriques ou de construire un système théorique, la philosophie peut y jouer un rôle important.

Troisièmement, l'esprit critique et sceptique de la philosophie est le fondement idéologique solide de l'innovation scientifique. La philosophie est de nature critique et a une âme agitée qui n'est jamais satisfaite de la réalité. Il ne s'agit pas seulement de décrire le phénomène, mais aussi de porter un regard critique sur la relation entre les gens et le monde réel, et de faire une évaluation de cette relation, puis d'utiliser cette évaluation pour guider les gens afin de transformer cette relation réelle.[118] De même, la philosophie est de nature sceptique, et l'esprit sceptique est la nature de la philosophie. « Doutez de tout », voilà un dicton célèbre de Marx. En substance, l'esprit de doute est conforme à l'esprit critique de la philosophie. Ce n'est que lorsque nous demandons pourquoi que nous pouvons trouver la racine et comprendre l'essence des choses. La philosophie insiste sur l'exploration du monde, la transcendance de la réalité et la poursuite de l'infini, ce qui est inséparable de l'esprit sceptique. [119] Par essence, l'esprit critique et

---

117. En d'autres termes, la méthodologie philosophique s'incarne dans les trois lois du matérialisme dialectique. Car « la loi de la dialectique est abstraite de l'histoire de la nature et de la société humaine. Elle n'est rien d'autre que la loi la plus générale de ces deux aspects du développement historique et de la pensée elle-même. » Comme la loi de la dialectique est abstraite de l'histoire du développement du monde objectif, y compris la nature, elle est également « applicable aux sciences naturelles théoriques ».

118. Selon Marx, « la dialectique se trouve dans la compréhension positive des choses existantes, et contient aussi la compréhension négative des choses existantes, c'est-à-dire la compréhension de l'extinction inévitable des choses existantes. Pour chaque forme établie, la dialectique l'appréhende à partir du mouvement continu, et donc de son aspect temporaire. La dialectique ne vénère rien. Selon sa nature, elle est critique et révolutionnaire. » Le fondateur du marxisme a déclaré au début de sa théorie qu'il fallait critiquer sans pitié toutes les choses existantes et trouver un nouveau monde en critiquant le vieux monde. Ce n'est qu'en critiquant que nous pouvons briser les chaînes des forces et des schémas de pensée habituels, contester l'autorité de la théorie, émanciper nos esprits, découvrir, inventer et créer, et faire avancer la science.

119. Einstein a dit un jour que c'est le scepticisme indestructible de Mach qui l'a incité à explorer les problèmes du temps et de l'espace. « Qu'est-ce que l'espace et le temps ? Les autres l'ont compris clairement lorsqu'ils étaient très jeunes. J'ai développé mon intelligence tardivement, mais je ne l'ai pas fait comprendre en grandissant, alors j'ai essayé de le chercher à saisir. C'est pourquoi je l'ai étudiée plus profondément que les autres ».

l'esprit sceptique de la philosophie sont une sorte d'esprit et de conscience créatifs. Autrement dit, l'esprit critique et l'esprit sceptique sont les exigences internes de la pensée créative. L'esprit de critique et sceptique de la philosophie est une grande force motrice pour le développement de la science. Il ouvre non seulement la voie au développement de la science, mais fournit également une base idéologique solide pour le développement de la science.

(III) Protéger la vérité scientifique avec la bonté de l'humanité

La science et la technologie sont la première force productive et la force révolutionnaire pour promouvoir le développement et le progrès de la société humaine. Chaque percée majeure dans le domaine de la science et de la technologie entraînera de profonds changements économiques et un grand progrès de la société humaine. Aujourd'hui, la science et la technologie ont pénétré dans tous les aspects de la production et de la vie des gens, modifiant de manière subversive leur mode de production et de vie, et même leur façon de penser et de se comporter. La société humaine n'a jamais été aussi profondément influencée par la science et la technologie, et aussi profondément dépendante de la science et de la technologie. Celles-ci tentent d'influencer l'avenir et le destin de l'humanité, et la société technologique arrive dans le monde avec une tendance irrésistible.[120] La science et la technologie peuvent faire à la fois le bien et le mal. Tout en favorisant le développement et le progrès social, elles apportent également une série de problèmes mondiaux sans précédent à la survie et au développement de l'humanité, tels que la guerre nucléaire, la cyberguerre, la guerre financière, la guerre biologique et la menace de forces non souveraines.

« La science et les sciences humaines sont tissées sur la même machine »[121]. « La science naturelle moderne est la fille de l'humanisme. »[122] Les effets négatifs de la science causeront inévitablement la critique des humanistes qui appellent à

---

120. Liu Qi, « Se prémunir contre les maux technologiques à l'ère de la technologie », *China Development Observation*, n° 15, 2019, p. 48-49.

121. Certains disent que les êtres humains ont besoin de deux ailes pour poursuivre leur créativité : la science et l'humanité. La science peut expliquer tout ce qui est possible dans l'univers et nous en apprendre davantage sur le matériel de l'univers ; l'humanité peut expliquer tout ce qui peut être pensé à partir de la pensée humaine. L'humanité construit nos logiciels. La science peut nous dire quelles sont les conditions nécessaires pour atteindre le but choisi par l'être humain. L'humanité peut nous dire où nous pouvons aller à l'avenir en utilisant les réalisations scientifiques.

122. Windelband [Allemagne], *A History of Philosophy*, traduit par Luo Daren, Presse commerciale, 1993, p. 472-473.

guider le développement de la science avec l'humanisme, et à protéger la vérité scientifique avec la norme morale de l'humanité.[123] L'esprit scientifique est à la recherche de la vérité, et l'esprit humaniste à la recherche de la bonté. La recherche de la vérité en soi ne peut pas garantir la bonne direction : « ils pensent qu'ils font de bonnes choses selon les règles, mais ils ne comprennent pas le vrai sens après l'avoir fait ».[124] Le développement de la science et de la technologie, en particulier le développement de la technologie de l'intelligence artificielle et de la technologie de l'édition génétique, a apporté quelques problèmes majeurs, tels que la fuite d'informations personnelles, le bébé objet de l'édition génétique, le « mal de l'intelligence artificielle », etc., qui plus est, l'utilisation des acquis scientifiques et technologiques pour se livrer à des activités criminelles. Par exemple, « l'incident de la mélamine », « l'incident du vaccin Changsheng » et « l'incident Xu Yuyu » sont tous dus à la déviation de l'orientation du développement scientifique et technologique et à l'utilisation inappropriée des réalisations scientifiques.

« Il n'y a pas de roses sur l'iceberg. De même, dans un environnement social et culturel qui n'est pas propice au développement de la science, il n'est pas facile pour la science de porter les fruits qui peuvent être régénérés. Pour que la science se développe sans heurts, il faut que l'environnement social et culturel y soit intégré. La science est une recherche de la vérité. Si l'environnement culturel dans lequel elle se trouve n'est qu'une question de mensonge, c'est comme une masse de charbon rouge jetée sur la neige. Comment peut-il brûler ? Si nous prônons la science tout en créant des mystères sociaux (*social myth*), c'est de marcher avec un pied vers l'avant et l'autre vers l'arrière. Comment pouvons-nous bouger ? L'environnement social et culturel dans lequel la science peut vraiment bien se développer est celui dans lequel la recherche de la vérité est considérée comme la valeur fondamentale. Ce n'est que lorsque la vérité devient l'attitude de la majorité des intellectuels dans une société et une culture que le développement de la science peut recevoir un soutien réel et large. »[125] On peut voir que l'humanité revêt une importance

---

123. Jiang Wenfu, « Culture de la vie : l'harmonie entre la science et l'humanité », *Guangming Daily*, le 17 février 2016, p. 14.

124. Passage tiré de la préface de *Taishigong* de Sima Qian. Voici le paragraphe entier : « en tant que ministres et fils, s'ils ne comprennent pas les principes des *Annales de printemps et d'automne*, ils seront tués pour conspiration en vue d'usurper le pouvoir suprême et de tuer leur monarque et leur père, et d'obtenir une réputation de crime capital. En fait, ils pensent tous qu'ils font du bon travail, mais ils ne savent pas pourquoi ils le font. Ils sont critiqués sans fondement et n'osent pas le réfuter. »

125. Yin Haiguang, *La perspective de la culture chinoise*, Maison d'édition de la paix de Chine, 1988, p. 469.

particulière pour la science. Elle est la « lumière pilote » du développement scientifique, le « correcteur » de l'éthique scientifique et la « nouvelle philosophie » de la technologie au service du bien social.

La science et la technologie sont des clés qui peuvent ouvrir la porte du ciel comme celle de l'enfer. La porte à ouvrir dépend de la direction de l'esprit humaniste. C'est seulement sous la direction de l'esprit humaniste que la science et la technologie peuvent avancer dans la direction la plus propice au bon développement de l'humanité et réaliser le bon développement de la science et de la technologie.[126] Wang Yangming, grand philosophe de la dynastie Ming, a dit : tout le monde a une conscience. Il a également dit que connaître le bien et le mal était une conscience. La conscience naît avec la capacité de distinguer le bien du mal. Le bien est la capacité et l'effort pour apporter plus de beauté, d'amour et de lumière au monde. La science et la technologie au service du bien se fondent sur la libre existence des gens et sur le besoin de développement et de libération. La poursuit d'une science pleine de soins humanistes et d'une humanité pleine de sagesse scientifique signifie que les êtres humains ont une meilleure compréhension de la relation entre l'homme et la science et la technologie. « La science et la technologie sont une capacité, et le bien est un choix ».[127] « Il faut centrer sur la population et promouvoir l'altruisme et le bien ». Sous la direction de la culture de l'altruisme et du partage, avec l'aide d'une chaîne de blocs de souveraineté, la science et la technologie et les sciences humaines se fonderont les unes dans les autres et seront indépendantes les unes des autres. Elles seront harmonieuses mais différentes, tout en maintenant une tension modérée. L'homme, la nature

---

126. En mai 2019, M. McKinsey a publié le rapport *Tech for good : Smoothing disruption, improving well-being*, qui met en avant le concept de « technologie au service du bien social » et souligne que la technologie elle-même en tant qu'outil peut avoir des effets négatifs en peu de temps, mais que le gouvernement, les chefs d'entreprise et les particuliers travailleront ensemble pour s'assurer que les nouvelles technologies auront des effets positifs sur la société. En novembre 2019, à l'occasion de son 21ᵉ anniversaire, Tencent a officiellement annoncé sa nouvelle culture Tencent 3.0. La mission et la vision de Tencent sont mises à jour pour devenir « Orientation vers l'utilisateur, technologie au service du bien social », c'est-à-dire mettre au cœur la valeur de l'utilisateur, intégrer la responsabilité sociale dans les produits et les services, promouvoir l'innovation scientifique et technologique et le patrimoine culturel, aider tous les milieux à se mettre à niveau et promouvoir le développement durable de la société. Tencent, en tant que défenseur et praticien de la « technologie au service du bien social », pense qu'« éviter le mal technologique et réaliser la technologie pour le bien » équivaut à la technologie au service du bien social.

127. Ma Huateng, « Orientation vers l'utilisateur, technologie au service du bien social – essai à l'occasion du lancement de culture Tencent 3.0 », www.qq.com, 2019, https://tech.qq.com/a/20191111/007014. htm.

et la société coexisteront harmonieusement, et les corps vivants et non vivants coexisteront correctement.

III. L'importance culturelle de la théorie de Wang Yangming sur le subjectivisme pour la construction de la communauté de destin pour l'humanité

La paix et le développement sont toujours les thèmes de l'heure. En même temps, l'instabilité et l'incertitude deviennent plus importantes. L'humanité est confrontée à de nombreux défis communs. Le modèle et le schéma de gouvernance mondiale formés depuis la Seconde Guerre mondiale sont difficiles à maintenir en raison de l'impact du « nouvel isolationnisme » poursuivi par les États-Unis et du Brexit de la Grande-Bretagne.[128] La civilisation orientale, représentée par la Chine, s'est déplacée vers le centre de la scène mondiale. La communauté de destin pour l'humanité proposée par la Chine est progressivement devenue une norme de valeurs communes pour promouvoir la réforme du système de gouvernance mondiale et construire une nouvelle relation internationale et un nouvel ordre international. Le plan de la Chine et la sagesse chinoise sont à la tête du nouvel ordre de gouvernance mondiale.[129]

(I) Difficultés du monde et Gouvernance de la Chine

Le changement d'orientation de la civilisation : du déclin de la civilisation occidentale à la renaissance de la civilisation orientale. Au cours des deux derniers millénaires, la civilisation humaine a subi deux ajustements majeurs. Le premier s'est produit dans les années 1860. Après avoir occupé la première place dans le PIB mondial pendant plus de 1800 ans d'affilée, la Chine a été dépassée par les pays européens parce qu'elle a toujours adhéré au modèle de la petite économie paysanne, adopté la politique de « repli sur soi et de fermeture du pays » et manqué l'occasion de développement de la première révolution industrielle. Le centre politique, économique et culturel du monde (le centre de la civilisation mondiale) a commencé à se déplacer de l'Est avec la Chine comme noyau vers l'Europe.[130]

---

128. Xu Zhengzhong, « Innovation en matière de gouvernance mondiale et sagesse chinoise », *Study Times*, le 15 novembre 2019, p. 2.

129. Feng Yanli et Tang Qing, « Connotation profonde et valeur temporelle de la communauté de destin pour l'humanité », www.people.com.cn, 2017, http://theory/people.com/cn/n1/2017/1212/c40531-29702035.html.

130. Selon les statistiques, en 1900, un cinquième des terres du monde et un dixième de la population mondiale avaient été démembrés par les puissances européennes, et la civilisation européenne couvrait le monde entier.

Au 20ᵉ siècle, le centre de la civilisation mondiale est passé pour la deuxième fois de l'Europe aux États-Unis. Après les deux guerres mondiales, l'économie européenne a subi de lourdes pertes. Les puissances européennes qui dominaient le monde dans le passé étaient en récession. Cependant, les États-Unis, qui n'étaient jusqu'alors qu'une colonie britannique en Amérique, ont profité de leur « avantage d'île isolée », étant loin du principal champ de bataille de l'Europe en vendant des matériaux et des armes aux pays en guerre et en leur accordant des prêts de guerre. À la fin de la Seconde Guerre mondiale, les États-Unis sont passés directement d'une puissance mondiale à une superpuissance. Leur produit national brut représentait même plus de 60 % du total mondial. C'est sans aucun doute une affaire logique que les États-Unis soient devenus le nouveau centre économique et culturel dans le monde. Depuis lors, la civilisation occidentale, avec les États-Unis comme noyau, a balayé le monde. Les États-Unis se sont engagés à promouvoir « la liberté, la démocratie et les droits de l'homme » en tant que « valeurs universelles », à intervenir sans vergogne dans les affaires intérieures des autres pays et à s'engager dans l'hégémonie sous la bannière de la « démocratie sans frontières » et des « droits de l'homme au-dessus de la souveraineté ». Selon leur hypothèse subjective, seules l'élection démocratique standard, le système multipartite et la séparation des pouvoirs dans les pays occidentaux sont les modèles idéaux de la civilisation politique moderne, et les pays socialistes qui s'écartent de leurs valeurs seront sévèrement réprimés.[131] On peut dire que les « valeurs universelles » sont devenues une autre manifestation de « l'arrogance de la civilisation » occidentale. À la fin du 20ᵉ siècle, avec la montée progressive de la Chine, de l'Inde, du Brésil et d'autres pays émergents en développement, la différenciation et la combinaison des diverses forces internationales se sont également accélérées, et les relations entre les grandes puissances sont à nouveau entrées dans une nouvelle phase de lutte globale. Le monde est confronté à « des changements majeurs inédits depuis un siècle », et un nouveau cycle d'ajustement majeur de l'orientation de la civilisation mondiale est également en cours. L'influence culturelle des pays émergents et des

---

131. En fait, le système dit démocratique est un mécanisme de compromis pacifique basé sur des « valeurs universelles », c'est-à-dire qui consiste à faire en sorte que des personnes ayant des positions différentes parviennent temporairement à un compromis en exprimant leurs demandes par le biais d'une personne ou d'une voix. Une fois qu'un tel système démocratique est lié à des intérêts, il deviendra le facteur de la dispersion des forces nationales de développement et de l'affaiblissement de l'identité nationale, transformera le chaos interne en tyrannie de la majorité, et conduira même à des émeutes à grande échelle, voire à des guerres.

grands pays en développement représentés par la Chine s'accroît progressivement, et ces pays se rapprochent de plus en plus du centre de la scène mondiale.

Chaos en Occident : source importante de fluctuation économique mondiale et de troubles sociaux. Vers les années 1990, l'effondrement de l'Union soviétique et les changements radicaux en Europe de l'Est ont fait la joie de certains Occidentaux, et le concept de « la fin de l'histoire » devenait populaire. Mais peu de temps après l'entrée dans le 21ᵉ siècle, de nombreux problèmes sont apparus dans les pays occidentaux. La crise des prêts hypothécaires à risque aux États-Unis, la crise financière internationale, la crise de la dette européenne, le Brexit, l'échec du référendum italien visant à modifier la Constitution et la crise des réfugiés européens se sont succédé. En plus, la confrontation des classes sociales, la propagation de l'isolationnisme, la croissance du populisme, la montée de l'extrémisme de droite, la fréquence de la violence et du terrorisme, l'événement du « cygne noir » lors des élections, les protestations sociales et les émeutes causées par la discrimination raciale, etc. sont autant de « déficits de gouvernance » qui ont « blessé » la société occidentale.[132] En outre, l'Occident est également confronté à une crise institutionnelle, une crise démocratique et une crise culturelle. Ces « chaos » occidentaux n'existent pas indépendamment les uns des autres, mais ont des relations internes. Ils s'influencent et interagissent les uns avec les autres pour former une « chaîne de chaos » ou un « groupe de chaos », ce qui fait que le modèle démocratique occidental tombe finalement dans une grave crise et est confronté à de sérieux défis. Le chaos en Occident n'est ni un phénomène unique ni un phénomène accidentel, mais un phénomène normal dans de nombreuses dimensions, domaines et niveaux, avec les caractéristiques d'une longue extension dans le temps, d'une large distribution spatiale et d'une influence de grande envergure.[133] Le chaos en Occident montre que la « gouvernance de l'Occident » est confronté à une crise systémique, qui est devenue une source majeure d'insécurité et d'instabilité mondiales, affectant gravement la paix et le développement du monde.

Gouvernance de la Chine : ouvrir la voie du grand renouveau et conduire le nouveau cours de la gouvernance mondiale. La voie du développement pacifique de la Chine est en forte contraste avec le chaos qui règne en Occident. Au cours

---

132. Xin Ming, « Raison d'ignorer le chaos occidental », *Quotidien du peuple*, le 16 juillet 2017, p. 5.
133. Wang Gang et Zhou Lianfang, « Une analyse des manifestations et des causes du chaos en Occident », *Leading Journal of Ideological Theoretical Education*, n° 3, 2019, p. 74.

des 70 dernières années, depuis la fondation de la République populaire de Chine, celle-ci s'est développée rapidement d'une manière non reconnue par l'Occident. Une vieille Chine pauvre et faible s'est transformée en une nouvelle Chine socialiste, qui est entrée au premier plan mondial en termes de puissance économique, de force scientifique et technologique, de force de défense nationale et de force nationale globale. La Chine devient de plus en plus prospère et forte. Elle a créé deux miracles, à savoir le développement économique incroyablement rapide[134] et la stabilité sociale à long terme[135], qui ont frappé l'Occident et le monde entier. Ces deux « miracles » se complètent et sont la manifestation réelle de la puissance du régime socialiste à la chinoise.[136] Cela montre bien que le régime socialiste à la chinoise et le système national de gouvernance de l'État sont un ensemble de règles et de systèmes de gouvernance qui est guidé par le marxisme et enraciné en Chine, a de profondes bases culturelles chinoises avec le soutien du peuple, a une forte vitalité et une grande supériorité, peut continuellement promouvoir le progrès et le développement d'un pays avec une population de près de 1,4 milliard

---

134. Le « miracle du développement économique rapide » se reflète principalement dans le fait qu'en plus de 70 ans depuis la fondation de la République populaire de Chine, en particulier dans la nouvelle période de réforme et d'ouverture et depuis le 18ᵉ Congrès national du Parti communiste chinois, il a fallu à la Chine plusieurs décennies pour achever le processus d'industrialisation que les pays développés ont mené à bien en plusieurs centaines d'années. Les forces productives sociales de la Chine ont été largement libérées et développées, et sa puissance économique et sa force nationale globale ont été considérablement renforcées. Le volume économique total de la Chine s'est régulièrement classé au deuxième rang mondial, et le pays est devenu le plus grand fabricant du monde, le plus grand pays de commerce de marchandises, le plus grand pays de réserve de devises étrangères, le deuxième pays de destination et d'origine des investissements étrangers directs. Au cours des 40 dernières années de réforme et d'ouverture, le taux annuel moyen de contribution de la croissance économique chinoise à la croissance économique mondiale a atteint environ 18 %, et environ 30 % ces dernières années.

135. Le « miracle de la stabilité sociale à long terme » se reflète principalement dans le fait qu'en plus de 70 ans depuis la fondation de la République populaire de Chine, en particulier dans la nouvelle période de réforme et d'ouverture et depuis le 18ᵉ Congrès national du Parti communiste chinois, la Chine a non seulement connu d'énormes changements économiques et sociaux, mais a également connu de nombreuses épreuves majeures. Avant la réforme et l'ouverture, la Chine a connu quelques épreuves majeures, telles que la guerre de résistance à l'agression américaine et d'aide à la RPDC, la période difficile de trois ans, la Révolution culturelle et les forts tremblements de terre dans les régions de Tangshan et Fengnan de la province du Hebei. Après la réforme et l'ouverture, la Chine a traversé une série de tests importants, comme les troubles politiques au tournant du printemps et de l'été 1989, la crise financière asiatique en 1997, les inondations dévastatrices en 1998, le bombardement de l'OTAN contre l'ambassade de la République de Chine en République fédérale de Yougoslavie en 1999, l'épidémie de SRAS en 2003, le tremblement de terre au Sichuan et la crise financière internationale en 2008, ainsi que la pandémie de Covid-19 en 2020.

136. Jiang Hui, « Exploiter pleinement les avantages du système et réussir à réaliser la 'gouvernance de la Chine' », *Quotidien du peuple*, le 7 janvier 2020, p. 10.

d'habitants et faire en sorte que la nation chinoise avec une histoire de plus de 5000 ans de civilisation puisse atteindre les objectifs des « deux centenaires » et ensuite connaître un grand renouveau.[137] Michael Barr, universitaire américain, a souligné que « l'essor de la Chine est non seulement un événement économique, mais aussi un événement culturel ». L'histoire de la montée des grandes puissances dans le passé a pleinement prouvé que le développement économique représente non seulement la mise à niveau de la « puissance matérielle », mais aussi la mise à niveau synchrone du « pouvoir de convaincre ». Au moment où le courant sous-jacent de l'« antimondialisation » se déchaîne, c'est la domination de la Chine qui apporte une grande stabilité au monde.[138] En tant que puissance responsable, ainsi que participant, constructeur et contributeur au système de gouvernance mondiale, la Chine a depuis longtemps dépassé le cadre de l'auto-développement et de la construction, assumé activement la responsabilité internationale, offert activement la sagesse de la Chine et s'est engagée à fournir les solutions de la Chine aux difficultés du monde.

(II) La connotation culturelle de la gouvernance de conscience

La gouvernance de la Chine est issue du confucianisme, et son cœur est la gouvernance de conscience. La gouvernance de conscience consiste à combiner la théorie de l'esprit de Wang Yangming avec la gouvernance moderne, afin de parvenir à une coordination et un équilibre dans le renforcement de la rationalité morale avec la conscience comme noyau, de manière à atteindre l'objectif de construire une communauté de destin pour l'humanité. L'essence de la gouvernance de conscience est d'établir une société ordonnée, juste, dynamique, active, prospère et forte, ce qui est l'idéal social de « bienveillance de toutes choses » prôné par Wang Yangming. Sa connotation culturelle est un système de valeurs culturelles construit par « l'esprit en tant que principe », « l'unité de la connaissance et de l'action » et « la recherche de la conscience ».

L'esprit en tant que principe : base théorique de la gouvernance de conscience. La proposition « l'esprit en tant que principe » existe depuis les temps anciens.

---

137. Agence de presse Xinhua, « Décision du Comité central du PCC sur plusieurs questions majeures concernant le maintien et l'amélioration du système socialiste ayant des caractéristiques chinoises et la promotion de la modernisation du système national de gouvernance et de la capacité de gouvernance de l'État », *Quotidien du peuple*, le 6 novembre 2019, p. 1.

138. Oliver Stuenkel [Brésil], « La gouvernance de la Chine et l'avenir du monde », *Study Times*, le 15 janvier 2018, p. 2.

C'est avec Wang Yangming qu'elle implique l'éveil de la conscience individuelle du sujet. Wang Yangming pense toujours que « l'esprit » est celui de l'individu, qui existe dans la conscience subjective de chacun sous la forme de la conscience, tout comme les « Quatre esprits » de Mencius[139]. En outre, Wang Yangming pense que « mon esprit est le principe céleste », ce qui signifie que l'esprit est intégré à toutes les choses, que toutes les choses sont dans l'esprit et que l'existence de l'esprit est inséparable de toutes les choses. En d'autres termes, le monde de chacun est, dans une large mesure, le monde créé par son propre esprit. La signification de ce monde lui est également donnée par son propre « esprit ». L'« esprit » correspond au « monde ». Par conséquent, la théorie de l'esprit de Wang Yangming définit d'abord la connotation de « l'esprit en tant que principe », c'est-à-dire qu'« il n'y a pas de principe en dehors de l'esprit, et il n'y a rien en dehors de l'esprit ». L'important réside dans l'accent mis sur la subjectivité morale et la valeur humaine, qui est également le point de départ de la théorie de l'esprit de Wang Yangming.

L'unité de la connaissance et de l'action : sujet théorique de la gouvernance de conscience. Wang Yangming pense que « la connaissance est le début de l'action, et l'action est l'accomplissement de la connaissance », et que « la connaissance est l'idée de l'action, et l'action est le comportement de la connaissance ». En d'autres termes, la « connaissance » et l'« action » sont les mêmes, parce qu'elles sont enracinées dans le même « noumène ». Par conséquent, la signification de « l'unité de la connaissance et de l'action » réside dans le fait qu'elle brise complètement le mode de pensée consistant à séparer la théorie de la pratique, qui est né de la philosophie grecque ancienne. Du point de vue de la connaissance morale, « l'unité de la connaissance et de l'action » signifie l'unité de la connaissance morale et de la pratique morale. La « connaissance » est la connaissance morale interne de l'homme, tandis que l'« action » est le comportement externe de l'homme. Ce que Wang Yangming souligne, c'est l'unification de la connaissance morale interne avec le comportement moral externe. Par conséquent, la signification importante de « l'unité de la connaissance et de l'action » est de prévenir la « mauvaise idée ». Lorsque les gens sont sur le point de faire germer une « mauvaise idée » dans le code d'éthique, ils doivent l'étrangler dans l'« état embryonnaire » afin d'éviter que la « mauvaise idée » ne se cache dans les pensées et ne se développe lentement. On

---

139. Les « Quatre esprits » sont les quatre vertus que les confucianistes pensent devoir avoir, à savoir « la compassion, esprit de bienveillance ; la honte, esprit de justice ; la résignation, esprit de la bienséance ; le bien et le mal, esprit de la sagesse ». Les « Quatre esprits » sont une partie importante de la pensée de Mencius, et aussi sa contribution importante à la théorie confucianiste avant la dynastie Qin.

peut voir que la vision de Wang Yangming de « l'unité de la connaissance et de l'action » est un processus qui va de la connaissance du bien à l'action du bien. Elle exige qu'on mette en pratique ses connaissances éthiques, de manière à améliorer sa personnalité morale. Car « le motif du bien n'est que le début de réaliser le bien, et non l'achèvement du bien. Si le bien de l'esprit ne peut pas être réalisé dans la pratique, ce n'est pas le vrai bien. » À tout moment, la morale est une entrave invisible qui peut bloquer ou assurer la liberté. Alors, « l'unité de la connaissance et de l'action » devient le critère de l'image morale de Confucius, qui est le noyau de la théorie de l'esprit de Wang Yangming et le sujet théorique de la règle de conscience.

La recherche de la conscience : sublimation théorique de la gouvernance de conscience. « La recherche de la conscience » est le but fondamental de la pensée de Wang Yangming, qui marque l'établissement final de la théorie de l'esprit de Wang Yangming, et remodèle fondamentalement la structure du confucianisme. Auparavant, les néo-confucianistes pensaient que, pour parvenir à une compréhension parfaite, il fallait explorer la vérité des choses à partir des faits. Wang Yangming a trouvé une nouvelle voie en combinant « la compréhension parfaite » dans *Da Xue* avec la théorie de la « conscience » de Mencius. Selon Wang Yangming, la « conscience » est innée et peut faire en sorte que les gens « connaissent le bien et le mal », qu'ils évaluent correctement leur propre comportement ; la conscience guide les choix de comportement des gens et les incite à abandonner le mal et à suivre le bien. La « conscience » est donc une conscience morale transcendantale et universelle sous la forme du bien et du mal. « La recherche de la conscience » consiste à permettre aux gens de « réaliser » que le « désir matériel » et les « intérêts privés » sont les principales raisons pour lesquelles leur conscience est obscurcie par l'auto-compréhension de la conscience humaine, de manière à cultiver une sorte d'initiative morale consciente, afin de maintenir ou de rétablir la nature de « la conscience en tant qu'esprit » à tout moment. En d'autres termes, « la recherche de la conscience » souligne qu'il faut se modérer et se dévouer à l'intérêt public pour réaliser l'équité et la justice. En outre, l'idée centrale de la conscience inclut le concept de se mettre à la place des autres, c'est-à-dire l'extrapolation des sentiments personnels de près ou de loin. L'idée centrale de la conscience est la voie de la loyauté et du pardon, qui est la bienveillance. C'est la « loyauté » de faire de son mieux, et le « pardon » de se mettre à la place des autres. C'est de sortir progressivement de la subjectivité individuelle pour la réalisation de la voie de la loyauté et du pardon, dont il est passé progressivement d'une personne « en tant qu'individu » à une personne « avec toutes les choses comme une seule ». Wang Yangming a dit : « le vent, la pluie, le soleil, la lune, les étoiles, les animaux, les plantes, les montagnes et les rochers ne font qu'un avec les êtres humains ». Il pensait que l'esprit humain était le lien entre l'homme et toutes les choses, donc le cœur humain et « toutes les choses ne font qu'un » ; l'ouverture et la fermeture de la conscience humaine correspondent au jour et à la nuit de la nature, donc le cœur humain et le ciel et la terre ne font qu'un ; la « bienveillance » est mise sur toutes les choses, donc toutes choses et la « bienveillance » ne font qu'un. Par conséquent, la théorie de Wang Yangming sur « l'unité de toutes les choses » est basée sur le cœur moral, c'est-à-dire la conscience. Nous pouvons voir l'expansion extérieur de la pensée de Wang Yangming, c'est-à-dire celle de l'individu à la famille, à la société, au groupe ethnique, à l'être humain tout entier, et même à toutes les choses du monde. Par conséquent, la gouvernance de conscience est basée sur la « conscience », c'est-à-dire que si la conscience se perd, la gouvernance de conscience perdra son esprit, et il n'y aura pas de « gouvernance de l'unité de toutes les choses ». C'est la raison pour laquelle Wang Yangming appelait à la « bienveillance de l'unité de toutes les choses ».

(III) *La valeur contemporaine et l'importance future de la théorie de l'esprit de Wang Yangming pour la gouvernance mondiale*

Le monde d'aujourd'hui est dans une période de grand développement, de grand changement et de grand ajustement. Il est confronté à de nombreux défis communs, tels que l'instabilité et l'incertitude exceptionnelles, l'insuffisance de la force motrice de la croissance économique mondiale, l'aggravation de la fracture sociale, et la propagation du terrorisme, de la sécurité des réseaux, des maladies infectieuses et d'autres menaces. Dans cette situation et ce contexte internationaux graves, le sens des responsabilités de la civilisation chinoise depuis les temps anciens a été condensé en un plan chinois visant à transmettre le flambeau de la paix de génération en génération, à maintenir l'élan du développement et à faire briller la civilisation. Au plus fort de l'histoire de l'humanité et du développement mondial, la Chine prône la construction d'une communauté de destin pour l'humanité, ce qui est conforme aux pensées de Marx et d'Engels. Marx et Engels ont proposé que « seule la communauté permet aux individus d'obtenir les moyens de développer leurs talents de manière globale ». En d'autres termes, ce n'est que dans la communauté qu'il peut avoir une « liberté individuelle »[140]. Ils ont ensuite avancé l'idée d'une « véritable communauté » qui est opposée à la « fausse communauté », c'est-à-dire qu'elle est une « véritable communauté », autrement dit, le communisme, qui est une union de personnes libres et une société dans laquelle chacun se développe librement et globalement. En mars 2013, lorsque le président Xi Jinping a prononcé un discours à l'Institut d'État des relations internationales de Moscou, il a proposé au monde l'idée de « la communauté de destin pour l'humanité ». Il a souligné que la société humaine d'aujourd'hui devenait « de plus en plus une communauté de destin de tous »[141]. À Boao, de la conférence annuelle de 2013 à celle de 2015, le concept de communauté de destin pour l'humanité est passé de « la prise de conscience de la communauté de destin » à « l'évolution vers la communauté de destin »[142]. En 2017, « la construction d'une communauté de destin pour l'humanité » a été inscrit dans les résolutions des Nations Unies[143], du Conseil de sécurité des Nations Unies[144] et du Conseil des droits de l'homme des Nations Unies[145], soulignant l'importante contribution du concept de la Chine à la gouvernance mondiale. Dans le rapport du 19e Congrès du PCC, Xi Jinping a évoqué six fois la communauté de destin pour l'humanité et a fait une promesse solennelle au monde entier en se tenant au sommet du progrès de toute l'humanité : « la Chine continuera à jouer le rôle d'une puissance responsable, à participer activement à la réforme et à la construction du système

---

140. Marx [Allemagne] et Engels [Allemagne], *Œuvres complètes de Karl Marx et Frederick Engels* (Volume I), traduit par le Bureau pour la compilation et la traduction des œuvres de Marx, Engels, Lénine et Staline sous le Comité central du PCC, Presse populaire, 1995, p. 119.

141. Zhang Minyan, « 'L'un dans l'autre' : commentaire du Xi Jinping sur la communauté de destin pour l'humanité », www.xinhuanet.com, 2019, http://www.xinhuanet.com/2019-05/07/c_1124463051. htm.

142. Zhu Shuyuan et Xie Lei, « Qu'est-ce que la 'communauté de destin' proposée par XI Jinping en tant qu'idée diplomatique ? », www.people.com.cn, 2015, http://cpc.people.com.cn/xuexi/n/2015/0610/ c385474- 27133972.html.

143. Liu Gefei, « 'La construction de la communauté de destin pour l'humanité' a été inscrite pour la première fois dans la résolution des Nations Unies », www.xinhuanet.com, 2017, http://www.xinhuanet. com/world/2017-02/12/c_129476297.htm.

144. Liu Xiaodong, « L'idée de construire une communauté de destin pour l'humanité a été incluse dans les résolutions du Conseil de sécurité des Nations Unies, ce qui constitue une contribution majeure de la diplomatie chinoise », www.xinhuanet.com, 2017, http://www.xinhuanet.com/world/2017-03/23/ c_1120683832.htm.

145. Tang Lan, « L'idée importante de construire une communauté de destin pour l'humanité a été inscrite pour la première fois dans les résolutions du Conseil des droits de l'homme des Nations Unies », www.xinhuanet.com, 2017, http://www.xinhuanet.com/world/2017-03/24/c_129517029.htm.

de gouvernance mondiale, et à apporter la sagesse et la force de la Chine »[146]. En plus, la « communauté de destin pour l'humanité » a également été inscrite dans les statuts du PCC révisés et adoptés lors du 19e Congrès du PCC, et a atteint un niveau politique sans précédent. En mars 2018, la première session du 13e Assemblée populaire nationale a voté et adopté l'amendement de la Constitution de la République populaire de Chine, et « la promotion de la construction d'une communauté de destin pour l'humanité » a été inscrite dans le préambule de la Constitution, faisant de « la communauté de destin pour l'humanité » une partie intégrante du système juridique chinois. Cela marque que la construction d'une communauté de destin pour l'humanité est une partie importante de la pensée de Xi Jinping sur le socialisme à la chinoise de la nouvelle ère.[147]

La communauté de destin pour l'humanité est au cœur du principe de gouvernance mondiale de la co-consultation, de la co-construction et du partage. Son essence est une « vision globale » qui transcende l'idéologie de l'État-nation, et son but ultime est de construire « un monde propre et beau avec une paix durable, une sécurité universelle, une prospérité commune, une ouverture et une intégration ». Il s'agit d'une nouvelle forme d'existence humaine, qui est liée par l'économie, la politique et l'écologie et qui est interdépendante au-delà des régions, des nations et des pays. C'est la prémisse commune pour le développement de la civilisation humaine. Par conséquent, au moment critique où la croissance mondiale manque de force motrice insuffisante, où la gouvernance économique mondiale est à la traîne et où le développement mondial est déséquilibré, la proposition de la Chine de construire une communauté de destin représente une préoccupation profonde pour les peuples de tous les groupes ethniques du monde et une incarnation importante de la responsabilité d'une grande puissance qu'est la Chine. En expliquant les principes de base de la construction d'une communauté de destin pour l'humanité, Xi Jinping a suggéré que le partenariat soit « traité sur un pied d'égalité » et qu'il y ait « une interaction entre les deux ». Les échanges culturels devraient être « harmonieux, inclusifs, mais pas identiques ». Le système

---

146. Xi Jinping, « Remporter la victoire décisive de l'édification intégrale de la société de moyenne aisance et faire triompher le socialisme à la chinoise de la nouvelle ère : Rapport de Xi Jinping au 19e Congrès du Parti communiste chinois », www.xinhuanet.com, 2017, http://www.xinhuanet.com/politics/19cpcnc/2017-10/27/c_1121867529.htm.

147. Li Shenming, « Statut historique et importance mondiale la pensée de Xi Jinping sur le socialisme à la chinoise de la nouvelle ère », www.qstheory.cn, 2017, http://www.qstheory.cn/dukan/qs/2017-12/31/c_1122175320. htm.

écologique doit « respecter la nature et le développement vert ». Les idées de « coopération », de « gagnant-gagnant » et d'« accessibilité à tous » qu'elle contient coïncident avec l'essence de la culture chinoise, telle que « la paix, la bienveillance et l'union du monde », recouvre la grande sagesse et le modèle de la culture traditionnelle chinoise et incarne l'idée politique selon laquelle « le monde est public », « toutes les nations sont harmonieuses » et « le monde est en paix ». En remontant dans l'histoire de la civilisation chinoise, nous pouvons constater que dans les 5000 ans de la civilisation de la Chine, la vision cosmologique de l'harmonie entre l'homme et la nature, la vision internationale de l'harmonie entre les nations, la vision sociale de la coexistence dans la différence, et la vision morale de la bonté entre les gens se sont formées depuis longtemps. Dans l'univers idéal du confucianisme, il n'y a pas de pays différents ni de frontières entre les pays et les cultures. Le confucianisme poursuit l'unité du monde, et sa valeur fondamentale est universelle et commune. Le cosmopolitisme du confucianisme soutient que « tous les peuples de la terre sont frères », ce qui est conforme aux besoins de la civilisation dans un monde pluraliste. La théorie de l'esprit de Wang Yangming (confucianiste et penseur de la dynastie Ming), représente l'essence de la culture confucéenne et prône « l'unité de toutes les choses », « l'esprit en tant que principe », « l'unité de la connaissance et de l'action » et « la recherche de la conscience ». La théorie de l'esprit de Wang Yangming contient le souci de toutes les choses, parmi lesquelles la conscience individuelle la plus interne est la conscience.

La construction d'une communauté de destin pour l'humanité est un plan chinois, une sagesse chinoise et une contribution chinoise à la gouvernance mondiale, qui se concentre sur l'intégration et la co-gouvernance de multiples civilisations. Cependant, la civilisation mondiale est pluraliste. Comment des orientations de valeurs différentes peuvent-elles coexister sans se repousser ? Comment « toutes les choses se développent ensemble sans se nuire » ? La conscience proposée dans la théorie de l'esprit de Wang Yangming nous éclaire. La conscience est non seulement une base et une organisation importantes pour la conscience morale individuelle et le choix moral, mais aussi une forme intériorisée de l'étiquette commune et du taoïsme, qui fournit une orientation morale pour le comportement des gens. Bien que les différentes civilisations aient des formes différentes, la recherche de la conscience est commune. Selon Wang Yangming, « lorsque la théorie de l'esprit atteint l'état de pure clarté, elle atteint le mystère de la loi selon laquelle toutes les choses sont une. Par conséquent, son esprit est fluide et son ambition est minutieuse. Et il n'y a pas de différence entre soi-même et les autres, pas de séparation entre les choses extérieures et soi-même. » « Le cœur des saints ne fait qu'un avec toutes les choses du monde. Il n'y a pas de différence entre l'intérieur et l'extérieur dans leurs yeux sur les gens dans le monde. Tous sont aussi proches que leurs frères et leurs enfants. Ils espèrent que ceux-ci seront en sécurité, et les éduquent, afin de réaliser leur souhait de l'unité de toutes les choses ». « Par conséquent, j'aime mon père, j'aime aussi le père des autres, et le père de tous les peuples du monde... J'ai le même amour pour les montagnes, les fantômes, les oiseaux, les animaux, les plantes et les arbres, ce qui reflète ma bienveillance de l'unité de toutes les choses, afin que ma bonne moralité puisse être affichée, et que je puisse vraiment m'intégrer à toutes les choses du monde. » Wang Yangming a préconisé que « sa conscience devrait s'appliquer à toutes les choses du monde » et que « toutes les choses du monde sont une ». Il a souligné que nous devrions prendre la conscience comme guide, garder le monde à l'esprit, avoir le sens des responsabilités et l'amour des autres, et ainsi établir un ordre moral universellement reconnu par le monde, de manière à ce que la société entière tende vers une forme harmonieuse. L'idée est d'identifier et de tolérer les différences et la diversité des civilisations, ce qui est d'une grande importance pour la construction d'une communauté de destin pour l'humanité. En particulier, le souci du monde et l'essence de la conscience contenus dans la pensée de « l'unité de toutes choses » constituent un aspect de la reconnaissance et de la compréhension de la communauté de destin pour l'humanité dans le monde actuel, et aident efficacement toutes les nations à reconnaître, à accepter et à identifier la communauté de destin pour l'humanité. On peut dire que la pensée de Wang Yangming, en particulier sa théorie de l'esprit, est l'une des sources culturelles qui constituent la communauté de destin pour l'humanité et la connotation fondamentale de « la gouvernance de conscience ». À l'avenir, avec le changement d'orientation de la civilisation humaine, la théorie de l'esprit de Wang Yangming se répandra et se popularisera dans le monde, et fournira de nourriture et de conseils à la communauté de destin pour l'humanité. La civilisation orientale s'épanouira certainement avec une lumière plus vive de la conscience.

BIBLIOGRAPHIE

I. Œuvres chinoises

Chen Guoqiang, *Dictionnaire concis d'anthropologie culturelle*, Presse populaire du Zhejiang, 1990.

Laboratoire clé de la stratégie des mégadonnées, *Données en blocs 2.0 : révolution normative à l'ère des mégadonnées*, Presse de Citic, 2016.

Laboratoire clé de la stratégie des mégadonnées, *Données en blocs 3.0 : Internet régulé et souveraineté de la chaîne de blocs*, Presse de Citic, 2017.

Laboratoire clé de la stratégie des mégadonnées, *Données en blocs 5.0 : théories et méthodes de sociologie des données*, Presse de Citic, 2019.

Laboratoire clé de la stratégie des mégadonnées, *Loi sur les droits des données 1.0 : fondements théoriques*, Presse de la littérature des sciences sociales, 2018.

Laboratoire clé de la stratégie des mégadonnées, *Droit des données 2.0 : construction du système de droit*, Presse de la littérature des sciences sociales, 2020.

Laboratoire clé de la stratégie des mégadonnées, *Redéfinition des mégadonnées : dix forces motrices pour changer l'avenir*, Presse de l'industrie des machines, 2017.

Duan Fan, *Pouvoir et droit : co-établissement et construction*, Presse populaire, 2016.

Duan Yongchao et Jiang Qiping, *Origine des nouvelles espèces : pierre angulaire idéologique de l'Internet*, Presse commerciale, 2012.

Gao Hang, Yu Xuemai et Wang Maolu, *Chaîne de blocs et nouvelle économie : ère de la monnaie numérique 2.0*, Presse de l'industrie électronique, 2016.

Bureau d'information du gouvernement populaire de Guiyang, *Développement et application de la chaîne de blocs*, Presse populaire de Guiyang, 2016.

Guo Zhonghua et Liu Xunlian, *Citoyenneté et classes sociales*, Presse populaire du Jiansu, 2017.

Jingdiwangtian *et al.*, *Monde en chaîne de blocs*, Presse de Citic, 2016.

Li Buyun, *Exploration juridique*, Presse populaire du Hunan, 2003.

LI Kaifu et Wang Yonggang, *Intelligence artificielle*, Presse sur le développement culturel, 2017.

Li Kaifu, *L'IA et le futur*, Presse populaire du Zhejiang, 2018.

Li Xiangyu, *Une alliance intelligente de toutes choses : la voie du succès numérique*, Presse de l'industrie électronique, 2018.

Li Yanhong, *Révolution intelligente : répondre aux changements sociaux, économiques et culturels de l'ère de l'intelligence artificielle*, Presse de Citic, 2017.

Li Zhiyong, *Reproduction ultime : comment l'intelligence artificielle favorisera les changements sociaux*, Presse de l'industrie des machines, 2016.

Lian Yuming, *Système de gouvernance sociale de Guiyang et Rapport sur le développement des capacités de gouvernance*, Maison d'édition contemporaine de Chine, 2014.

Comité des nations unies sur la gouvernance mondiale, *Notre partenariat mondial*, Presse de l'Université Oxford, 1995.

Lin Dehong, *Quinze conférences sur la philosophie des sciences et des technologies*, Presse universitaire de Pékin, 2004.

Liu Feng, *Théorie de l'évolution de l'Internet*, Presse universitaire de Tsinghua, 2012.

Liu Jinchang, *L'IA change le monde : les robots se dirigent vers la société*, Presse sur l'énergie hydraulique de Chine, 2017.

Liu Pinxin, *Cyberlégislation*, Presse universitaire Renmin, 2009.

Liu Quan, *Chaîne de blocs et intelligence artificielle : construire un monde économique numérique intelligent*, Presse populaire des postes et télécommunications, 2019.

Ma Baobin *et al.*, *Théorie et pratique de la gouvernance publique*, Presse de la littérature des sciences sociales, 2013.

Qi Aimin, *Principes de la législation sur la protection des données personnelles et recherche sur les questions juridiques de la circulation transnationale des données*, Presse universitaire de Wuhan, 2004.

Qi Yanping, *Évolution du concept de droits de l'homme*, Presse universitaire du Shandong, 2015.

Qian Xuesen, *Correspondances de Qian Xuesen (Volume 7)*, Presse de l'industrie de la défense nationale, 2007.

Institut de recherche sur les actifs numériques, *Libra : une expérience d'innovation financière*, Maison d'édition Oriental, 2019.

Su Li (rédacteur en chef), *Critique d'un livre juridique (Volume I)*, Presse juridique, 2003.

Wang Guanghui, *Droit relatif aux droits de l'homme*, Presse universitaire de Tsinghua, 2015.

Wang Jian, *En ligne : les données changent l'essence des affaires, l'informatique remodèle l'avenir économique*, Presse de Citic, 2016.

Wu Xiaobo, *Biographie de Tencent (1998-2016) : évolution des entreprises Internet chinoises*, Presse universitaire du Zhejiang, 2017.

IS50, *L'avenir est arrivé : reconstruction et innovation d'Internet+*, Presse de Yuandong de Shanghai, 2016.

Xu Mingxing *et al.*, *Chaîne de blocs : remodeler l'économie et le monde*, Presse de Citic, 2016.

Xu Chongde, *Constitution*, Presse universitaire Renmin, 2009.

Yan Hui, *Recherche sur la classe sociale numérique en Chine*, Presse de la Bibliothèque nationale, 2013.

Yang Baohua et Chen Chang, *Chaîne de blocs : principe, conception et application*, Presse de l'industrie des machines, 2017.

Yang Yanchao, *Loi sur les robots : construire un nouvel ordre de l'avenir humain*, Presse juridique, 2019.

Yao Qian (rédacteur en chef), *Livre bleu en chaîne de blocs : rapport sur le développement de la Chine (2019)*, Presse de la littérature des sciences sociales, 2019.

Yin Haiguang, *La perspective de la culture chinoise*, Maison d'édition de la paix de Chine, 1988.

Yu Chen, *Voir l'avenir – des gens qui changent le monde de l'Internet*, Presse universitaire du Zhejiang, 2015.

Zhang Ling, Guo Lixin et Huang Wuzhu (rédacteurs en chef), *Prévention et contrôle de la criminalité et construction de la sécurité en Chine : actes de la réunion annuelle de la société chinoise de criminologie*, Presse du procureur de Chine, 2013.

Zhang Wenxian, *Une étude de la philosophie occidentale du droit au 20e siècle*, Presse juridique, 2006.

Zhang Wenxian, *Jurisprudence (4ème édition)*, HEP et Presses de l'Université de Pékin, 2011.

Zhang Xiaomeng et Ye Shujian, *Chaîne de blocs pour la rupture de la glace : principe, construction et cas*, Presse de l'industrie des machines, 2018.

Chang Jia *et al.*, *Chaîne de blocs : de la monnaie numérique à la société de crédit*, Presse de Citic, 2016.

Zhao Zhou, *Responsabilité souveraine*, Presse juridique, 2010.

Institut de recherche Cai Yuanpei de Chine, *Œuvres complètes de Cai Yuanpei (Volume 2)*. Maison d'édition sur l'éducation du Zhejiang, 1997.

Zhou Gengsheng, *Droit international (Volume I)*, Presse universitaire de Wuhan, 2009.

Zhuo Zeyuan, *État régi par la loi*, Presse chinoise de Fangzheng, 2001.

Viktor Mayer-Schonberger [Autriche] et Thomas Ramge [Allemagne], *Reinvention capitalism in the Age of BigData*, traduit par Li Xiaoxia et Zhou Tao, Presse de Citic, 2018.

Toby Walsh [Australie], *L'IA remplacera-t-elle les humains?* traduit par Lu Jia, Beijing United Publishing Co., Ltd, 2018.

Piotr Sztompka [Pologne], *Confiance : une théorie sociologique*, traduit par Cheng Shengli, Maison d'édition chinoise, 2005.

Habermas [Allemagne], *Faktizitat und Geltung: Beitrage zur Diskustheorie des Rechts und des demokratischen Rechtstaats*, traduit par Tong Shijun, SDX Joint Publishing Company, 2003.

Kant [Allemagne], *Fondements métaphysiques de la loi : science des droits*, traduit par Shen Shuping, Presse commerciale, 1991.

Marx [Allemagne] et Engels [Allemagne], *Karl Marx et Frederick Engels (Volume 1)*, traduit par le Bureau pour la compilation et la traduction des œuvres de Marx, Engels, Lénine et Staline sous le Comité central du PCC, Presse populaire, 2006.

Marx [Allemagne] et Engels [Allemagne], *Karl Marx et Frederick Engels (Volume 3)*, traduit par le Bureau pour la compilation et la traduction des œuvres de Marx, Engels, Lénine et Staline sous le Comité central du PCC, Presse populaire, 1972.

Marx [Allemagne] et Engels [Allemagne], *Karl Marx et Frederick Engels (Volume 46, I)*, traduit par le Bureau pour la compilation et la traduction des œuvres de Marx, Engels, Lénine et Staline sous le Comité central du PCC, Presse populaire, 1979.

Windelband [Allemagne], *A History of Philosophy*, traduit par Luo Daren, Presse commerciale, 1993.

Lénine [Russie], *Lénine (Volume IV)*, traduit par le Bureau pour la compilation et la traduction des œuvres de Marx, Engels, Lénine et Staline sous le Comité central du PCC, Presse populaire, 1972.

Rousseau [France], *Du Contract Social* (Édition bilingue), traduit par Dai Guangnian, Presse de Wuhan, 2012.

Rousseau [France], *Du Contrat Social*, traduit par He Zhaowu, Presse commerciale, 2003.

Tocqueville [France], *De la démocratie en Amérique (Volume II)*, traduit par Dong Guoliang, Presse commerciale, 1990.

Cicero [Rome antique], *De la république / des lois*, traduit par Shen Shuping et Su Li, Presse commerciale, 1999.

Plato [Grec Ancien], *La république*, traduit par Guo Bin et Zhang Zhuming, Presse commerciale, 1986.

Aristote [Grec Ancien], *Les politiques*, traduit par Wu Shoupeng, Presse commerciale, 1965

A.J.Heschel [États-Unis], *Who is Man*, traduit par Wei Renlian, Presse populaire du Guizhou, 1994.

J. Feinberg [États-Unis], *Liberté, droits de l'homme et justice sociale*, traduit par Wang Shouchang *et al.*, Presse populaire du Guizhou, 1998.

Alvin Toffler [États-Unis], *La troisième vague*, traduit par Huang Mingjian, Presse de Citic, 2018.

Andreas Weigend [États-Unis], *Data for the people – How to make our post-privacy economy work for you*, traduit par Hu Xiaorui et Li Kaiping, Presse de Citic, 2016.

Peter Diamandis [États-Unis] et Steven Kotler [États-Unis], *Abundance : The Future Is Better Than You Think*, traduit par Jia Yongmin, Presse populaire du Zhejiang, 2014.

David Weinberger [États-Unis], *Everything is miscellaneous: the power of the new digital disorder*, traduit par Li Yanming, Presse populaire du Shanxi, 2017.

Dennis Wrong [États-Unis], *On Power*, traduit par Lu Zhenlun et Zheng Mingzhe, Presse chinoise des sciences sociales, 2001.

Francis Fukuyama [États-Unis], *The Great Disruption: Human Nature and the Reconstitution of Social Order*, traduit par Tang Lei, Presse de l'Université normale du Guangxi, 2015.

Henry Kissinger [États-Unis], *World Order*, traduit par Hu Liping, Lin Hua et Cao Aiju, Presse de Citic, 2015.

Jeff Stibel [États-Unis], *Breakpoint*, traduit par Shi Rong, Presse universitaire Renmin, 2015.

Jeremy Rifkin [États-Unis], *Zero Marginal Cost Society*, traduit par le groupe d'experts de l'Institut de recherche SAIDI, Presse de Citic, 2017.

Kevin Kelly [États-Unis], *The Inevitable*, traduit par Zhou Feng *et al.*, Presse de l'industrie électronique, 2016.

Kurt W. Barker [États-Unis], *Psychologie sociale*, traduit par le département de sociologie de l'Université Nankai, Presse universitaire de Nankai, 1984.

Lawrence Lessig [États-Unis], *Code 2.0 : droit dans le cyberespace*, traduit par Li Xu et Shen Weiwei, Presse universitaire de Tsinghua, 2009.

Ray Kurzweil [États-Unis], *The Singularity is Near: When Humans Trascend Biology*, traduit par Li Qingcheng *et al.*, Presse de l'industrie des machines, 2011.

Richard A Spinello [États-Unis], *Cyberethics : Morality and Law in Cyberspace*, traduit par Liu Gang, Presse de Compilation centrale, 1999.

Melanie Swann [États-Unis], *Chaîne de blocs : nouveau plan économique et guide de lecture*, traduit par Han Feng, Gong Ming *et al.*, Presse de Xinxing, 2016.

Michele Wucker [États-Unis], *The Gray Rhino: How to Recognize and Act on the Obvious Dangers We Ignore*, traduit par Wang Liyun, Presse de Citic. 2017.

Nassim Nicholas Taleb [États-Unis], *Antifragile: Things That Gainfrom Disorder*, traduit par Yu Ke, Presse de Citic, 2013.

Nassim Nicholas Taleb [États-Unis], *The Black Swan: The Impact of the Highly Improbable*, traduit par Wan Dan et Liu Ning, Presse de Citic, 2019.

Nicholas Negroponte [États-Unis], *Being Digital*, traduit par Hu Yong et Fan Haiyan, Presse de l'industrie électronique, 2017.

Nicholas A. Christakis [États-Unis] et James H. Fowler [États-Unis], *Connected: The Surprising Power of Our Social Networks and How They Shape Our Lives*, traduit par Jian Xue, Presse universitaire Renmin, 2012.

Piero Scaruffi [États-Unis], *Humankind 2.0: The Technologies of the Future*, traduit par Niu Jinxia et Yan Jingli, Presse de Citic, 2017.

Steven Kotler [États-Unis], *Tomorrowland : our journey from science fiction to science fact*, traduit par Song Lijue, Presse de l'industrie des machines, 2016.

Thomas Friedman [États-Unis], *The World Is Flat: A Brief History of The Twenty-First Century*, traduit par He Fan, Xiao Yingying et Hao Zhengfei, Presse scientifique et technologique du Hunan, 2008.

Wu Qihong [États-Unis], *The era of everyone: solutions for the new E3economy*, Presse de Citic, 2015.

Sheila Jasanoff [États-Unis], *Handbook of Science and Technology Study*, traduit par Sheng Xiaoming *et al.*, Presse de l'Institut de technologie de Pékin, 2004.

James Hendler [États-Unis] et Alice M.Mulvehill [États-Unis], *Social Machines: The Coming Collision of Artificial Intelligence, Social Networking, and Humanity*, traduit par Wang Xiao *et al.*, Presse de l'industrie des machines, 2018.

Jennifer Winter [États-Unis] et Ryota Ono [Japon], *Internet du futur*, traduit par Zheng Changqing, Presse de l'industrie électronique, 2018.

Ian Goldin [Afrique du Sud] et Chris Kutarma [Canada], *Age of Discovery: Navigating the Risks and Rewards of Our New Renaissance*, traduit par Li Guo, Presse de Citic, 2017.

Osuka Gita [Japon], *Sur le droit à l'existence*, traduit par Lin Hao, Presse juridique, 2000.

Matsuo Yutaka [Japon], *Engouement pour l'intelligence artificielle : les robots vont-ils surpasser les êtres humains ?* traduit par Zhao Hanhong *et al.*, Presse de l'industrie des machines, 2016.

Yuval Harari [Israël], *21 leçons pour le 21e siècle*, traduit par Lin Junhong, Presse de Citic, 2018.

Yuval Harari [Israël], *Homo Deus : une brève histoire de l'avenir*, traduit par Lin Junhong, Presse de Citic, 2017.

A.J.M.Milne [UK], *Droits de l'homme et diversité humaine : philosophie des droits de l'homme*, traduit par Xia Yong et Zhang Zhiming, Presse Encyclopédie de la Chine, 1995.

Anthony Giddens [UK], *The Consequences of Modernity*, traduit par Tian He, Presse de Yilin, 2011.

Anthony Giddens [UK], *Modernity and Self-identity*, traduit par Zhao Xudong et Fang Wen, SDX Joint Publishing Company, 1998.

Peter B.Scott-Morgan [UK], *Grande prophétie de 2040 : un moteur de haute technologie et Un nouvel ordre social*, traduit par Wang Feifei, Presse de l'industrie des machines, 2017.

Darwin [UK], *The Descent of Man*, traduit par Pan Guangdan et Hu Shouwen, Presse commerciale, 1997.

Hobbes [UK], *Leviathan*, traduit par Li Sifu et Li Yanbi, Presse commerciale, 1986.

Maine [UK], *Loi Ancienne*, traduit par Gao Min et Qu Huihong, Presse chinoise des sciences sociales, 2019.

Niall Ferguson [UK], *Civilization*, traduit par Zeng Xianming *et al.*, Presse de Citic, 2012.

George Zarkadakis [UK], *In Our Own Image – Savior or Destroyer ? The History and Future of Artificial Intelligence*, traduit par Chen Chao, Presse de Citic, 2017.

Viktor Mayer-Schönberger [UK] et Kenneth Cukier [UK], *BIG DATA- A revolution that will transform how we live, work and think*, traduit par Sheng Yangyan et Zhou Tao, Presse du peuple du Zhejiang, 2013.

Adam Smith [UK], *The Theory of Moral Sentiments*, traduit par Jiang Ziqiang *et al.*, Presse commerciale, 2015.

Adam Smith [UK], *The Theory of Moral Sentiments*, traduit par Xie Zonglin, Presse centrale de compilation et de traduction, 2008.

Adam Smith [UK], *An Inquiry Into The Nature And Causes Of The Wealth On Nations*, Presse commerciale, 2011.

Révisé par Jennings [UK] et Watts [UK], *Oppenheim International Law (Volume I, Fascicule I)*, traduit par Wang Tieya *et al.*, Presse Encyclopédie de la Chine, 1995.

II. Périodiques chinois

Bai Shuying, « De l'ordre virtuel », *Apprentissage et Recherche*, n° 4, 2009.

Cai Fangbo, « La construction d'un système de responsabilité gouvernementale », *Chinese Public Administration*, n° 4, 2004.

Cao Hongli et Hhuang Zhongyi, « Chaîne de blocs : l'infrastructure de l'économie numérique », *Cyber Security*, n° 5, 2019.

Zeng Huan, « Relation dialectique entre les droits de l'homme et la souveraineté de l'État », *Legal System And Society*, n° 5, 2015.

Chen Baifeng, « Société de connaissance : recherche sur le type idéal de mécanisme d'ordre de village », *Society*, n° 1, 2011.

Chen Caihong, « Intelligence artificielle et avenir de l'humanité », *Housebook*, n° 12, 2018.

Chen Caihong, « Quatrième révolution industrielle dans l'ignorance », *Dushu*, n° 11, 2016,

Chen Duan : « La gouvernance numérique favorise la modernisation de la gouvernance nationale », *QianXian*, n° 9, 2019.

Chen Feifei et Wang Xuedong, « Recherche sur la construction d'une confiance gouvernementale basée sur la chaîne de blocs », *E-government*, n° 12, 2019.

Chen Jidong, « Structure juridique du contrat intelligent », *Oriental Law*, n° 3, 2019.

Chen Shiwei, « Gouvernance éthique de la fracture numérique à l'ère des mégadonnées », *Innovation*, n° 3, 2018.

Chen Xiuping et Chen Jixiong, « L'équilibre entre le pouvoir public et le droit privé dans la perspective de l'État de droit », *Seeker*, n° 10, 2013.

Chen Xuebin, « 'Rhinocéros Gris' », *Heilongjiang Finance*, n° 2, 2018,

Chen Yugang, « Ordre international et Vision de l'ordre international (préface) », *Fudan International Studies Review*, n° 1, 2014,

Chen Zhiying « Réflexion sur la modernité de la souveraineté et le retour de la publicité », *Modern jurisprudence*, n° 5, 2007.

Chen Zhiyuan, « Recherche de la guerre bactérienne à Changde à partir des données historiques de la Chine, de la Russie, des Etats-Unis et du Japon », *Social Sciences in Hunan*, n° 1, 2016.

Laboratoire clé de la stratégie des mégadonnées, « 'Data Cage' : nouvelle exploration de la technologie anti-corruption », *China Terminology*, n° 4, 2018.

Laboratoire clé de la stratégie des mégadonnées, « Dix voies de la chaîne de blocs permettant une gouvernance sociale », *Leadership decision-making information*, n° 47, 2019.

Diao Zhiping, « Réflexion sur l'essence de la crise mondiale à partir des avantages et des inconvénients du modèle culturel traditionnel », *China Soft Science*, n° 2, 2003.

Dong Hui et Li Jiali, « Le choix de la voie de la gouvernance des réseaux à l'ère nouvelle : communauté de destin du cyberespace », *Learning and Practice*, n° 12, 2017.

Dou Yanguo, « Pouvoirs publics et droits civils », *Recherche sur la théorie de Mao Zedong et Deng Xiaoping*, n° 5, 2006.

Fan Feng, « Bases théoriques et cheminement pratique de la construction de la communauté de destin du cyberespace », *Journal of Hebei University* (Philosophy and Social Science), n° 6, 2018.

Fang Xingdong, « Recherche sur PRISM Event et la stratégie globale de sécurité du cyberespace », *Modern Communication* (Journal de l'Université de communications de Chine), n° 1, 2014.

Feng Wei et Mei Yue, « Importance de la souveraineté numérique à l'ère des mégadonnées », *Sécurité de l'information et confidentialité des communications*, n° 6, 2017.

Fu Wei et Yu Changyue, « Examen et analyse dynamique de la propriété des données dans le pays et à l'étranger », *Journal of Modern Information*, n° 7, 2017.

Gao Xiaoyan, « Le rudiment de l'armée japonaise de 731 – Laboratoire des bactéries Beiyinhe », *Japanese Invasion of China History Research*, n° 1, 2014.

Guo Daohui, « Sur les propriétés et les limites du pouvoir », *Journal de l'Université de science et de technologie du Shandong* (Édition Sciences Sociales). n° 2, 2006.

Guo Shaofei, « Analyse du droit des contrats des contrats intelligents en chaîne de blocs », *Oriental Law*, n° 3, 2019.

Guo Zhangcheng, « Cinq singularités possibles de l'intelligence artificielle », *Theoretical Horizon*, n° 6, 2018.

Han Bo, « Société de connaissances : une approche possible de la construction de l'intégrité du réseau sur fond de mégadonnées », *Social Sciences in Xinjiang*, n° 1, 2019.

Han Xuan et Liu Yamin, « Recherche sur le mécanisme de consensus dans la technologie des chaînes de blocs », *Netinfo Security*, n° 9, 2017.

Han Xuan, Yuan Yong et Wang Feiyue, « Sécurité de la chaîne de blocs : état de la recherche et perspectives », *IEEE/CAA Journal of Automatica Sinica*, n° 1, 2019.

Hao Guoqiang, « De la confiance de la personnalité à la confiance de l'algorithme : Recherche sur la technologie des chaînes de blocs et construction de systèmes de crédit social », *Journal of Guangxi Teachers Education University* (Philosophy and Social Sciences Edition), n° 1, 2020.

He Bo, « Recherche sur la pratique juridique et les contre-mesures en matière de souveraineté numérique », *Sécurité de l'information et Confidentialité des communications*, n° 5, 2017.

He Zhe, « La forme et la perspective du système future de gouvernance mondiale de l'humanité », *Journal de l'Université d'administration du Gansu*, n° 4, 2018.

He Zhe, « Forme sociale humaine et construction de l'ordre à l'ère de la civilisation en réseau », *Sciences sociales de Nanjing*, n° 4, 2017.

He Haiwu, Yan An et Chen Zehua, « Vue d'ensemble de la technologie des contrats intelligents et de l'application basée sur la chaîne de blocs », *Journal of Computer Research and Development*, n° 11, 2018.

He Jianqing, « Fintech : développement, influence et supervision », *Journal of Financial Development Research*, n° 6, 2017.

He Tianping et Song Wenting, « Évolution historique des 'Nombre – Données – Mégadonnées' », *Recherche sur la dialectique de la nature*, n° 6, 2016.

Hu Bo, « Mode de partage et développement futur de la propriété intellectuelle : commentaires sur la Théorie du mode alternatif de propriété intellectuelle », *Law and social development*, n° 4, 2013.

Huang Zhixiong et Ying Yaohui, « Influence des États-Unis sur le droit international du cyberespace et son éclaircissement à la Chine », *Fudan International Studies Review*, n° 2, 2017.

Jiang Jiang, « Structure de propriété et confirmation des données », *New Economy Weekly*, n° 7, 2018.

Jiang Qiping, « La propriété numérique exige la séparation du droit de contrôle et du droit d'utilisation », *Internet Weekly*, n° 5, 2012.

Jiang Guangning, « Pouvoir public et droits privés dans la société de droit », *Knowledge Economy*, n° 24, 2010.

Jin Jianbin, « La construction de la confiance sociale à l'ère de l'internet : un cadre analytique », *Theory Monthly*, n° 6, 2010.

Li Aijun, « Propriété et caractéristiques juridiques des droits numériques », *Science juridique orientale*, n° 3, 2018.

Li Chuanjun, « Changement d'ordre et construction d'un modèle de gouvernance mondiale dans le cyberespace », *Journal of Wuhan University of Science and Technology* (Édition des sciences sociales), n° 1, 2019.

Li Hui, « Intelligence artificielle : une vague technologique qui change le monde », *China information security*, n° 12, 2016.

Li Sanhu, « Socialisme des données », *Journal de l'Université de science et de technologie du Shandong* (Édition des sciences sociales). n° 6, 2017.

Li Sheng : « 'Fracture numérique' : une nouvelle perspective de l'écriture contemporaine des classes sociales », *Society*, n° 6, 2006.

Li Xiao et Gao Xiaoyu, « Attention à la tendance du jeu de la gouvernance internationale des données pour sauvegarder la souveraineté numérique de la Chine », *Secrecy Science and Technology*, n° 3, 2019.

Li Xiao, Liu Junqi et Fan Mingxiang, « Recherche sur les stratégies de prévention et d'adaptation au virus du chantage WannaCry », *Computer Knowledge and Technology*, n° 19, 2017.

Li Zhifei, « La diplomatie des ressources en eau : un nouvel enjeu sur la construction de la sécurité périphérique de la Chine », *Academic Research*, n° 4, 2013.

Lian Yuming, « Hommage à la nouvelle ère : l'application de la technologie de gouvernance basée sur la chaîne de blocs souveraine dans la démocratie délibérative », *CCPPC*, n° 6, 2018.

Lin Dehong, « Évolution des relations entre l'homme et la technologie », *Science, technologie et dialectique*, n° 6, 2003.

Liu Hong et Hu Xinhe, « Révolution des données : enquête historique du nombre aux mégadonnées », *Communication sur la dialectique de la nature*, n° 12, 2013.

Liu Jianping et Zhou Yun, « Le concept, les facteurs d'influence, le mécanisme de changement et la fonction de la confiance du gouvernement », *Social Sciences in Guangdong*, n° 6, 2017.

Liu Kai, « Analyse des difficultés et des problèmes qui limitent le transfert de la souveraineté des États à l'ère de la mondialisation », *Theory and modernization*, n° 3, 2007.

Liu Qi, « Se prémunir contre les maux technologiques à l'ère de la technologie », *China Development Observation*, n° 15, 2019.

Liu Qianren *et al.*, « Application et recherche de l'identité numérique basée sur la chaîne de blocs », *Designing Techniques of Posts and Telecommunications*, n° 4, 2019.

Liu Ruofei, « Développement du marché chinois en chaîne de blocs et son aménagement régional », *China Computer Users*, n° 12, 2016.

Liu Shuchun, « Implication stratégique, cadre technique et conception de la voie à suivre pour le gouvernement numérique : pratique et recherche basées sur la réforme de la province du Zhejiang », *Chinese Public Administration*, n° 9, 2018.

Liu Xizi, « Recherche sur l'intégration de la technologie des chaînes de blocs et de l'intelligence artificielle », *Cyber Security*, n° 11, 2018.

Liu Xiaochun et Wu Qiong, « Aliénation du pouvoir public et de son contrôle ». *Réforme et ouverture*, n° 10, 2012.

Liu Yizhong *et al.*, « Vue d'ensemble du mécanisme de consensus de la chaîne de blocs », *Journal of Cryptologic Research*, n° 4, 2019.

Liu Ying et WU Ling, « Gouvernance mondiale du cyberespace : chaos, opportunité et proposition de la Chine », *Knowledge and Action*, n° 1, 2019.

Liu Yuqing et Gong Yanli, « Menaces pour la sécurité et contre-mesures à l'ère de la cyberguerre », *Information Research*, n° 11, 2014.

Long Kun et Zhu Qichao, « Élaboration de règles internationales dans le cyberespace : consensus et divergences », *Global Review*, n° 3, 2019.

Long Rongyuan et Yang Guanhua, « Recherche sur les droits des données, le système et la loi sur les droits des données », *Technology and law*, n° 5, 2018.

Lu Di, « Vidéo sur Internet et 'Communisme' de l'information », *News and Writing*, n° 1, 2014.

Lü Naiji, « Du réel au virtuel pour contrôler le réel avec le virtuel : une vue profane de la 'Chaîne de blocs' », *China Science & Technology*, n° 1, 2017.

Ma Lijuan, « Un examen de la théorie de la gouvernance et ses commentaires de valeur », *Journal of Liaoning Administration College*, n° 10, 2012.

Ma Wei, « En plus du cygne noir, vous devez connaître le rhinocéros gris », *China Entrepreneur*, n° 7, 2017.

Ma Changshan, « Déconstruction et reconstruction de l'ordre juridique de 'Internet + ère' », *Exploration et contestation*, n° 10, 2016.

Ma Changshan, « Message verbal pour la nouvelle colonne », *ECUPL Journal*, 2018, n° 1.

Ma Changshan, « La quatrième génération de droits de l'homme et sa protection dans le cadre d'une société intelligente », *China Legal Science*, n° 5, 2019.

Ma Changshan, « Problèmes de gouvernance de la société intelligente et leur résolution », *Seeking Truth*, n° 5, 2019.

Mi Xiaowen, « L'influence de la monnaie numérique sur la banque centrale et les contre-mesures », *South China Finance*, n° 3, 2016.

Rédaction de *For the public good*, « Ce que veut la technologie ? », *For the public good*, n° 26. 2019.

Ni Jianmin, « Développement de l'informatisation et sécurité de l'information en Chine », *Journal of Tsinghua University* (Philosophy and Social Sciences), n° 4, 2020.

Ni Weibo, « Utiliser le 'nucléaire' en toute sécurité avec vous », *Science News*, n° 6, 2017.

Pan Aiguo, « Limite du pouvoir public », *Jinling Law Review*, n° 1, 2011.

Pan Yunhe, « Monde ternaire et Nouvelle génération d'intelligence artificielle », *Ville moderne*, n° 1, 2018.

Peng Yun, « Recherche sur la confirmation du droit des données dans un environnement de mégadonnées », *Modern Science & Technology of Telecommunications*, n° 5, 2016.

Qi Aimin et Zhu Gaofeng, « Établissement et amélioration du système de souveraineté numérique de l'État », *Journal of Soochow University* (Philosophy & Social Science Edition), n° 1, 2016.

Qian Xiaoping, « Réflexions sur la monnaie numérique en Chine », *Commercial economy*, n° 3, 2016.

Qiu Renzong *et al.*, « Enjeux éthiques des technologies de mégadonnées », *Science & Society*, n° 1, 2014.

Qiu Xun, « Monnaie numérique émise par la banque centrale chinoise : voie, difficultés et contre-mesures », *Southwest finance*, n° 3, 2016.

Comité national d'approbation de la terminologie scientifique et technologique et Laboratoire clé de la stratégie des mégadonnées, « Dix nouveaux termes pour les mégadonnées », *China Terminology*, n° 2, 2017.

Shen Mingming, « La philosophie : le 'tour du monde' spirituel humain : recomprendre la relation entre la science et la philosophie », *Fujian Tribune* (*The Humanities & Social Sciences Monthly*), n° 6, 2000.

Shi Dan, « Protection juridique et construction du système des droits de propriété des données d'entreprise », *Electronics intellectual property*, n° 6, 2019.

Sun Chongming, « Transformer la crise en opportunité, renforcer la capacité d'innovation scientifique des entreprises », *Business China*, n° 4, 2019.

Sun Nanxiang et Zhang Xiaojun, « Sur la souveraineté numérique : une enquête basée sur le jeu et la coopération dans l'espace virtuel », *Pacific Journal*, n° 2, 2015.

Sun Xiaoli, « La science et la philosophie au 21ᵉ siècle », *New-vision*, n° 6, 2003.

Tang Bin, « Internet est la romance d'un groupe de personnes », *Business China*, n° 5, 2015.

Tao Lin, « Tension et Convenance entre la souveraineté et les droits de l'homme », *Recherche philosophique*, n° 5, 2013.

Wang Yukai, « Une société intelligente entraîne une gouvernance intelligente », *Information China*, n° 1, 2018.

Wang Bangzuo et Sang Yucheng, « Gouvernement responsable », *Reference for Party and Administrative Cadres*, n° 6, 2003.

Wang Gang et Zhou Lianfang, « Une analyse des manifestations et des causes du chaos en Occident », *Leading Journal of Ideological Theoretical Education*, n° 3, 2019.

Wang Hailong, Tian Youliang et Yin Xin, « Plan de confirmation des droits sur les mégadonnées basé sur une chaîne de blocs », *Computer Science*, n° 2, 2018.

Wang Han, « Recherche sur la tendance de développement de l'industrie de l'aide sociale basée sur la chaîne de blocs », *Technology and Economic Guide*, n° 36, 2018.

Wang Jianmei, « Quatre dimensions de la communauté de destin du cyberespace », *China Collective Economy*, n° 25, 2019.

Wang Jianmin, « Le maintien des relations de la société chinoise pendant la période de transition : de la 'confiance des connaissances' à la 'confiance institutionnelle' », *Gansu Social Sciences*, n° 6, 2005.

Wang Junsheng *et al.*, « Recherche sur l'application du système de la chaîne d'identité numérique », *Recherche et application des technologies de communication électrique*, n° 5, 2019.

Wang Lin et Zhu Kexi, « Recherche sur la législation de la souveraineté numérique », *Journal of Yunnan Agricultural University* (Sciences sociales), n° 6, 2016.

Wang Maolu et Lu Jingyi, « La technologie de la chaîne de blocs et son application dans la gouvernance gouvernementale », *Electronic Government*, n° 2, 2018.

Wang Mingjin, « Avenir de la gouvernance du cyberespace mondial : souveraineté, concurrence et consensus », *People's Tribune – Frontiers*, n° 4, 2016.

Wang Wenqing, « La théorie de la modélisation dans l'enseignement des sciences », *Science & Technology Information*, n° 3, 2011.

Wei Shuyin, « Complot hégémonique des données américaines impliqué dans le CLOUD Act », *China Information Security*, n° 4, 2018.

Wen Tingxiao et Liu Xuan, « Théorie du nouvel ordre de David Weinberger et ses éclaircissements sur l'organisation des connaissances », *Bibliothèque*, n° 3, 2013.

Wu Song et Li Yaqian, « Nouvelles significations des termes 'cygne noir' et 'rhinocéros gris' », *Chinese Learning*, n° 11, 2017.

Wu Guanjun, « 'Ruse' de la confiance : repenser la confiance à l'ère du manque de confiance », *Exploration and Free Views*, n° 12, 2019.

Wu Handong, « Arrangement institutionnel et réglementation juridique à l'ère de l'intelligence artificielle », *Science of Law*, n° 5, 2017.

Wu Ning et Zhang Shujun, « Internet et le communism », *Journal of Changsha University of Science and Technology* (Édition des sciences sociales), n° 2, 2018.

Wu Yikang et Zhang Haibing, « En transfert de souveraineté : débat sur l'article *Sur l'indivisibilité de la souveraineté* », *Chinese Journal of European Studies*, n° 6, 2003.

Xie Gang *et al.*, « Identité numérique personnelle et mesures de protection dans le domaine des services publics électroniques à l'ère des mégadonnées », *Forum on Science and Technology in China*, n° 10, 2015.

Xie Tao, « Jeu entre le pouvoir public et le droit privé », *Économie de la connaissance*, n° 21, 2011.

Xiong Jiankun, « L'essor de la technologie de la chaîne de blocs et la nouvelle révolution de la gouvernance », *Journal of Harbin Institute of Technology* (Édition des sciences sociales), n° 5. 2018.

Xu Jing, « Partager l'avenir numérique », *Internet Economy*, n° 5, 2019.

Xu Lei, « La troisième vague d'intelligence artificielle et certains problèmes cognitifs », *Science* (Shanghai), n° 3, 2017.

Xu Wei, « Réflexion et construction de type du 'principe de triple autorisation' pour l'acquisition de données d'entreprise », *Chinese Journal of Law*, n° 4, 2019.

Xu Xiaolan, « Recherche sur la technologie et le développement des chaînes de production », *Electronic Technology & Software Engineering*, n° 16, 2019.

Xu Yaqian et Wang Gang, « Recherche sur la gouvernance des données : processus et contestation », *Electronic Governance Affair*, n° 8, 2018.

Xu Zhong et Zou Chuanwei, « Que peut et ne peut pas faire la chaîne de blocs ? », *Journal of Financial Research*, n° 11, 2018.

Xu Ke, « Un contrat intelligent dans une matrice de décision croisée », *Oriental Law*, n° 3, 2019.

Yang Fei, « Une analyse sur la définition du concept de transfert de la souveraineté de l'État », *Journal of University of International Relations*, n° 2, 2009.

Yang Guangfei, « 'Saigner un client habituel' : un aspect de la transformation des relations interpersonnelles chinoises dans la période de transition », *Academic Exchange*, n° 5, 2004.

Ye Suibing, « Droit de fonctionnement de la communauté de destin du cyberespace », *Economic and Social Development*, n° 3, 2018.

Yi Shanwu, « Un nouveau point de vue sur le transfert de souveraineté », *Journal de l'Université Jiaotong de Chongqing* (Sciences naturelles), n° 3, 2006.

Yu Hua, « L'université est la maison de la science et de la philosophie », *Rule by Law and the Society*, n° 32, 2019.

Yu Zhigang, « Attribut de droit des 'Informations personnelles des citoyens' et protection du droit pénal », *Sciences sociales du Zhejiang*, n° 10, 2017.

Wang Yunling, « 'Personne physique' et 'personne technique' : un examen éthique de l'événement de l'édition génétique des nouveau-nés », *Journal of Kunming University of Science and Technology* (Édition sciences sociales), n° 2, 2019.

Zhang Bencai, « Esquisse de la future loi », *Law Science Magazine*, n° 7, 2019.

Zhang Chengfu, « Théorie de gouvernement responsable », *Journal of the Renmin University of China*, n° 2, 2000.

Zhang Hua, « Communauté de vie numérique et transcendance morale », *Morality and Civilization*, n° 6, 2008.

Zhang Jianwen et Jia Zhangfan, « Logique d'interprétation et construction systémique de la souveraineté numérique du point de vue du 'droit et économie' », *Journal de l'Université Jiaotong de Chongqing* (Sciences naturelles), n° 6, 2018.

Zhang Jingyu et Li Zhihong, « Analyse sur l'aliénation de l'identité numérique », *Étude de la dialectique de la nature*, n° 9, 2018.

Zhang Ming et Zheng Liansheng, « La crise des prêts hypothécaires à risque s'aggrave : perspective sur la crise de Fannie Mae et Freddie Mac », *Modern bankers*, n° 8, 2008.

Zhang Wenxian, « Jurisprudence en matière de droits de l'homme dans la nouvelle ère », *Droits de l'homme*, n° 3, 2019.

Zhang Yi et Zhu Yi, « La confiance du système basée sur la technologie de la chaîne de blocs : un cadre d'analyse de la décision de confiance », *E-government*, n° 8, 2019.

Zhao Gang, Wang Shuai et Wang Peng, « Recherche sur les technologies de gouvernance des mégadonnées pour la souveraineté numérique », *Sécurité du cyberespace*, n° 2, 2017.

Zhao Jinxu et Meng Tianguang, « Technologie favorable : comment remodeler la structure de gouvernance et le mode de fonctionnement de la chaîne de blocs », *Contemporary World and Socialism*, n° 3, 2019.

Zhao Kejin, « Changement de l'ordre international et rôle de la Chine dans le monde », *People's Tribune*, n° 14, 2017.

Zhao Lei, « Confiance, consensus et décentralisation : mécanisme de fonctionnement et logique de supervision de la chaîne de blocs », *The Banker*, n° 5, 2018.

Zhao Xudong, « L'influence de la nouvelle révolution technologique sur la souveraineté nationale », *Europe*, n° 6, 1997.

Zheng Gang, « Attaque financière : une nouvelle façon de mener une guerre secrète », *Competitive Intelligence*, n° 3, 2013.

Zheng Ge, « Chaîne de blocs et règle de droit à l'avenir », *Oriental Law*, n° 3, 2018.

Groupe de recherche de la sous-direction centrale de Yibin de la Banque populaire de Chine, « Discussion sur le développement et l'application de la monnaie numérique et la réforme du système monétaire sur la base de la technologie des chaînes de blocs », *Southwest finance*, n° 5, 2016.

Zhu Hong, « De 'intimité et confiance' à 'lié à un bénéfice' : Tour de la confiance interpersonnelle – une étude empirique sur la confiance interpersonnelle », *Journal of Xuehai*, n° 4, 2011.

Zhu Jiwei, « Chaîne de blocs : la pierre angulaire de la finance numérique », *Informatisation*, n° 7, 2019.

Zhu Ling, « Le dilemme et la percée de la gouvernance numérique en Chine », *People's Tribune*, n° 32, 2019.

Mita Munesuke [Japon], *Avenir de l'homme et de la société*, traduit par Zhu Weijue, *Social Sciences*, n° 12, 2007.

III. Journaux chinois

Chen Jie et Fang Yiyun, « 'Rhinocéros gris' et 'cygne noir' », *Financial Times*, le 8 septembre 2017, p. 10.

Chen Yiming, « Chronique de la question nucléaire iranienne », *Quotidien du peuple*, le 11 janvier 2006, p. 3.

Fang Biao, « Le contrat intelligent stimule la construction d'une société intelligente », *Social Sciences in China*, le 28 août 2019, p. 7.

Feng Qingqing, « Première pensée au summum de la marée des temps : assumer la responsabilité et la mission de prospérer et de développer la philosophie et les sciences sociales », *Hunan Daily*, le 7 juillet 2016, p. 8.

Fu Ying, « Ordre international et action de la Chine », *Quotidien du peuple*, le 25 février 2016, p. 5.

Gong Fuwen, « Permettre une gouvernance sociale avec la chaîne de blocs », *Quotidien du peuple*, le 21 novembre 2019, p. 5.

He Shen *et al.*, « Chaîne de blocs : l'avenir est arrivé », *PPTN*, le 15 novembre 2019, p. 7.

Jiang Wenfu, « Culture de la vie : l'harmonie entre la science et l'humanité », *Guangming Daily*, le 17 février 2016, p. 14.

Jiang Hui, « Exploiter pleinement les avantages du système et réussir à réaliser la 'gouvernance de la Chine' », *Quotidien du peuple*, le 7 janvier 2020, p. 10.

Jin Yongsheng, « Saisir l'essence et le mode de croissance de 'l'Internet +' », *Quotidien du peuple*, le 21 septembre 2015, p. 7.

Li Yi, « Quatre caractéristiques de l'état de fonctionnement de la 'société numérique' », *Study Times*, le 2 août 2019, p. 8.

Lin Zhe, « Qu'est-ce que les droits de l'homme ? », *Study Times*, le 1er mars 2004, p. T00.

Liu Jianming, « Les mégadonnées ne sont pas tout », *Beijing Daily*, le 6 mai 2013, p. 18.

Ma Changshan, « Confirmer et protéger les 'droits de l'homme numérique' », *Beijing Daily*, le 6 janvier 2020, p. 14.

Mei Hong, « Consolider la pierre angulaire de la société intelligente », *Quotidien du peuple*, le 2 décembre 2018, p. 7.

Qiu Rui, « La 'gouvernance des données' promeut la 'gouvernance de la Chine' », *Study Times*, le 27 décembre 2019, p. 7.

Que Tianshu et Fang Biao, « Consensus social remodelé par la technologie des chaînes de blocs à l'ère de l'intelligence », *Social Sciences In China*, le 23 octobre 2019, p. 5.

Shen Weixing, « La mise en œuvre de la stratégie relative aux mégadonnées devrait prêter attention à la construction du système juridique de l'économie numérique », *Guangming Daily*, le 23 juillet 2018, p. 11.

Wang Guanyi, « Philosophie et sciences sociales : bien jouer le rôle de guide », *Quotidien du peuple*, le 4 août 2013, p. 5.

Wang Jing, « 'Citoyen numérique' et innovation en matière de gouvernance sociale », *Study Times*, le 30 août 2019, p. 3.

Wang Pan, Xiao Sisi et Zhou Ying, « Focus sur l'affaire des 'nouveau-nés génétiquement édités' », *Quotidien du peuple*, le 31 décembre 2019, p. 11.

Wang Xixin, « La législation sur la gouvernance des données ne peut ignorer le principe de l'État de droit », *Quarterly Journal of Economics*, le 24 juillet 2019, p. 8.

Wang Yanchuan, « Chaîne de blocs : construire les bases de la confiance dans la société numérique », *Guangming Daily*, le 17 novembre 2019, p. 7.

Xie Fang, « Science-fiction, futurologie et ère future », *Journal of Guizhou University of Finance and Economics*, le 25 janvier 2013, p. A5.

Xin Ming, « Raison d'ignorer le chaos occidental », *Quotidien du peuple*, le 16 juillet 2017, p. 5.

Xu Yaotong, « Modernisation de la gouvernance nationale », *Beijing Daily*, le 30 juin 2014, p. 18.

Xu Zhengzhong, « Innovation en matière de gouvernance mondiale et sagesse chinoise », *Study Times*, le 15 novembre 2019, p. 2.

Yin Jianfeng, « Révolution numérique, actifs et capital de données », *First financial daily*, le 23 décembre 2014, A 9.

Zhang Yihui et Wei Kai, « Quelles sont les applications à attendre concernant la reconstruction de l'identité numérique par chaîne de blocs ? », *PPTN*, le 11 avril 2019, p. 7.

Zhao Yongxin, « Le mécanisme de confiance en chaîne de blocs favorise le développement du financement accessible à tous et aide à résoudre les problèmes de financement des petites, moyennes et micro-entreprises », *Securities daily*, le 26 décembre 2019, p. B1.

Zheng Wenming, « Le choix du modèle de gouvernance de l'internet par la Chine », *Journal of Guizhou University of Finance and Economics*, le 17 août 2017, p. 3.

Zheng Yongnian, « Le stade de la réponse passive est passé. L'expérience montre que, quelle que soit la qualité de la réponse passive, elle est loin d'être suffisante – Réponse efficace à la définition du droit de 'l'ordre international' des États-Unis », *Beijing Daily*, le 2 septembre 2019, p. 16.

Zheng Zhiming, « Il est urgent d'établir une plate-forme de base de la chaîne de blocs de souveraineté nationale », *Chinese Science News*, le 18 octobre 2018, p. 6.

Zhi Zhenfeng, « Vision globale de la communauté de destin du cyberespace et responsabilité de la Chine », *Guangming Daily*, le 27 novembre 2016, p. 6.

IV. Autres documents chinois

Bian Zhe, « Technologie de la chaîne d'approvisionnement : construire la confiance dans les données pour la gouvernance numérique », www.gmw.cn, 2019, http://theory.gmw.cn/2019-11/04/content_33291595.htm

Deloitte et Forum économique mondial, « Une idée parfaite : plan d'identité numérique », Deloitte, 2017, https://www2.de-loittecom/cn/zh/pages/financial-services/articles/disruptive-innovation-digital-identity.html

Nuage de HUAWEI, « Livre blanc sur la chaîne de blocs de Huawei », www.echinagov.com, 2018, http://www.echinagov.com/cooperativezone/210899.html

INSPUR et IDC, « Rapport de recherche sur le développement des données et du stockage en 2019 », INSPUR, 2019, http://www.inspur.com/lcjtww/2315499/2315503/2315607/2482232/index.html

Xi Jinping, « Construire une société de moyenne aisance de manière globale et remporter la grande victoire du socialisme à caractéristiques chinoises dans la nouvelle ère – Rapport au 19e Congrès national du PCC », www.people.com.cn, 2017, http://cpc.people.com.cn/n1/2017/1028/c64094-29613660-14.htm

Xi Jinping, « Discours au symposium sur la philosophie et les sciences sociales », www.xinhuanet.com, 2016, http://www.xinhuanet.com//politics/2016-05/18/c_1118891128.htm

Xi Jinping, « Discours à la 19e conférence académique de l'Académie chinoise des sciences et à la 14e conférence académique de l'Académie chinoise d'ingénierie », www.xinhuanet.com, 2018, http://www. xinhuanet.com/politics/2018-05/28/c_1122901308.htm

Yang Dong et Yu Chenhui, « Application de la technologie de la chaîne de blocs dans la gouvernance gouvernementale, la gouvernance sociale et l'édification du Parti », *People's Tribune*, 2019, http://www.rmlt.com.cn/2019/1230/565266.shtml

Forum sur le développement technologique et industriel de la chaîne de blocs en Chine, « Livre blanc sur le développement des technologies et des applications de la chaîne de blocs en Chine (2016) ». www.cbdforum.com, 2016, http://www.cbdforum.cn/bcweb/index/article/rsr-6.html

CAICT, « Livre blanc de la chaîne de blocs(2019) », Site officel du CAICT, 2019, http://www.caict.ac.cn/kxyj/qwfb/bps/201911/P020191108365460712077.pdf

Institut de recherche mobile de Chine, « Rapport sur la vision et la demande pour 2030 », Site officiel de l'Institut de recherche mobile de Chine, 2019, http://cmri.chinamobile.com/news/5985.html

Zhu Yan, « Promouvoir la construction d'une communauté de destin pour l'humanité par la chaîne de blocs », www.mbachina.com, 2018, http://www.mbachina.com/html/tsinghua/201809/168431.html.

Reinsel [États-Unis] *et al.*, « IDC : la Chine aura le plus grand cercle de données au monde en 2025 », asmag.com.cn, 2019, http://security/asmag.com/cn/news/201902/97598.html

V. Œuvres étrangères et les littératures correspondantes

Coleman S., « Foundations of digital government »//Chen H. *Digital Government*, Boston, MA, Springer. 2008.

Comte I Auguste, *System of Positive Polity (2 vols.)*, London, Longmans, Green & Co., 1875.

Nagel T., *The Possibility of Altruism*, Princeton, Princeton University Press, 1978.

VI. Périodiques en langues étrangères

Begg C, Caira T. « Exploring the SME quandary: Data governance in practise in the small to medium -sized enterprise sector », *The Electronic Journal Information Systems Evaluation*, 2012, 15(1).

Hestenes D. « Modeling games in the newtonian world », *Am.J.Phys*, 1992,(8).

VII. Autres documents étrangers

Forum économique mondial, « The global risks report 2019 (14th edition) », Forum
économique mondial, 2019, http://www3.weforum.org/docs/WEF_Global_Risks_
Report_2019.pdf

INDEX TERMINOLOGIQUE

POSTFACE

Le dernier jour de 2016, le Bureau d'information du gouvernement populaire de Guiyang a pris l'initiative de publier la déclaration locale sur le développement de la chaîne de blocs : *Livre blanc Développement et Application de la chaîne de blocs de Guiyang*, qui propose de manière créative un nouveau concept de « chaîne de blocs de souveraineté ». Par la suite, le Comité d'examen des termes scientifiques et techniques a approuvé et publié « Dix nouveaux termes pour les mégadonnées » lors de l'exposition internationale de l'industrie des mégadonnées en Chine en 2017, et la « chaîne de blocs de souveraineté » a été choisie comme terminologie scientifique et technologique de la Chine.

Le laboratoire clé de la stratégie des mégadonnées est une plateforme de recherche interdisciplinaire, professionnelle, internationale et ouverte, construite conjointement par le gouvernement populaire de Guiyang et la Commission municipale des sciences et technologies de Pékin. Il s'agit également d'un nouveau groupe de réflexion haut de gamme pour le développement des mégadonnées en Chine. Depuis 2015, la « trilogie des sciences et technologies de la gouvernance » (« données en bloc », « droit des données » et « chaîne de blocs de souveraineté ») est considérée comme les trois piliers de la reconstruction de la nouvelle ère de la civilisation numérique et exerce une grande influence en Chine et à l'étranger. La « chaîne de blocs de souveraineté » a toujours été notre principale orientation de recherche. Et les *Données en bloc 3.0*, avec le sous-titre « Internet régulé et souveraineté de la chaîne de blocs », se concentre sur la technologie de gouvernance passant de la gouvernance technique à la gouvernance du système. La *Redéfinition des mégadonnées* a consacré un chapitre à l'importance du mode d'organisation innovant, du système de gouvernance et des règles de fonctionnement de la chaîne de blocs de souveraineté. La *Terminologie des mégadonnées* a constitué un système de connaissances et un système terminologique dont la « chaîne de blocs de souveraineté » constitue une partie importante, qui a été reconnue et recommandée par le Centre international de connaissances en ingénierie de l'UNESCO.

Chaîne de blocs de souveraineté 1.0 : Internet de l'ordre et communauté de destin pour l'humanité est une autre réalisation innovante majeure lancée par le Laboratoire clé de la stratégie des mégadonnées sur la base de recherches théoriques sur les données en bloc et le droit des données. Il s'agit d'une réponse positive au discours du secrétaire général Xi Jinping constituant à « doubler les efforts pour faire de notre pays le chef de file de la théorie dans le domaine émergent de la chaîne de blocs, occuper les sommets de l'innovation et de la commande et obtenir de nouveaux avantages industriels ». Le livre propose d'abord la loi de base du développement de l'Internet, à savoir l'évolution de l'Internet de l'information à l'Internet de la valeur, puis à l'Internet de l'ordre ; deuxièmement, les trois nouvelles théories, dont la théorie de souveraineté numérique, la théorie de confiance sociale et le contrat intelligent, sont mises en avant ; troisièmement, il aborde l'importance de la technologie au service du bien social et de la théorie de l'esprit de Wang Yangming pour construire la communauté de destin pour l'humanité. Basé sur l'Internet de l'ordre et la communauté de destin pour l'humanité, ce livre étudie la chaîne des blocs en espérant fournir une nouvelle perspective, de nouvelles idées et de nouveaux concepts pour le développement et l'application de la chaîne de blocs. Dans le futur, nous lancerons une série de monographies théoriques sur la « chaîne de blocs de souveraineté », analysant le nouveau pouvoir de changer le monde futur, le gouvernement numérique qui dirige l'avenir, la démocratie délibérative qui change le monde, et la sagesse chinoise en matière de gouvernance mondiale, afin de proposer des solutions chinoises pour la gouvernance mondiale de l'Internet et la sagesse chinoise à la promotion de la construction d'une communauté de destin du cyberespace.

Ce livre est organisé par le Laboratoire clé de la stratégie des mégadonnées pour la discussion, la recherche approfondie et la rédaction concentrée. Lian Yuming propose l'idée générale et le point de vue fondamental, ainsi que la conception globale du système-cadre. Long Rongyuan et Zhang Longxiang affinent les grandes lignes et le thème. Les rédacteurs responsables sont Lian Yuming, Zhu Yinghui, Song Qing, Wu Jianzhong, Zhang Tao, Long Rongyuan, Song Xixian, Zhang Longxiang, Zou Tao, Chen Wei, Shen Xudong, Yang Lu et Yang Zhou. Long Rongyuan et Zhang Longxiang sont responsables de la mise en harmonie des chapitres. Chen Gang propose de nombreux points de vue importants, instructifs et anticipateurs pour ce livre. Zhao Deming, membre du Comité permanent du Comité du Parti de la province du Guizhou et secrétaire du Comité du Parti de la municipalité de Guiyang, Chen Yan, secrétaire adjoint du Comité du Parti et maire de la municipalité de Guiyang, Xu Hao, membre du Comité permanent du Comité du Parti et maire adjoint exécutif de la municipalité de Guiyang, ainsi que Liu Benli, membre du Comité permanent et secrétaire général du Comité du Parti de la municipalité de Guiyang, apportent de nombreuses réflexions et opinions constructives à ce livre. Un séminaire académique a été organisé à la base de recherche du Laboratoire clé de la stratégie des mégadonnées à l'Université du Zhejiang. Des experts ont échangé et discuté des sujets pertinents de ce livre et présenté de nombreuses idées sous différents angles, dont le professeur Ben Shenglin, doyen de l'Institut de recherche sur la finance sur Internet de l'Université du Zhejiang et doyen de l'École internationale de commerce de l'Université du Zhejiang, Yang Xiaohu, professeur à l'école d'informatique et de technologie de l'Université du Zhejiang, directeur du centre de recherche sur les chaînes de blocs de l'Université du Zhejiang et vice-président de l'institut de recherche sur la finance sur Internet de l'Université du Zhejiang, Li Youxing, professeur de la faculté de droit Guanghua de l'Université du Zhejiang et vice-président de l'Institut de recherche sur la finance sur Internet de l'Université du Zhejiang, professeur Zhao Jun, vice-président de la faculté de droit Guanghua de l'Université du Zhejiang, Zhang Ruidong, professeur titulaire de l'University of Wisconsin-Eau Claire, et directeur du studio de la chaîne de blocs de l'Institut de recherche sur la finance sur Internet de l'Université du Zhejiang, Professeur Zheng Xiaolin, directeur adjoint de l'Institut de l'intelligence artificielle de l'Université du Zhejiang, Chen Zongshi, professeur associé du département de sociologie de l'Université du Zhejiang, ainsi que Yang Lihong, professeur associé de l'École internationale de commerce de l'Université du Zhejiang. Ce livre est la cristallisation d'une sagesse collective. Les dirigeants et les éditeurs de la Zhejiang University Press méritent ici des remerciements particuliers. Son président, Lu Dongming, avec une réflexion prospective, une vision unique et un courage surhumain, a vivement salué le livre et a apporté son soutien à sa publication. Il a organisé de nombreux éditeurs pour planifier, éditer, corriger et concevoir le livre avec soin. Ce n'est qu'ainsi que le livre pourra rencontrer les lecteurs comme prévu.

Lorsque les termes scientifiques et technologiques deviendront ceux marquant l'époque, la chaîne de blocs de souveraineté changera le monde d'une manière que nous ne pouvons même pas imaginer. Si la chaîne de blocs est la plus grande innovation technologique de l'humanité au début du 21ᵉ siècle, alors le développement de la chaîne de blocs de souveraineté est destiné à devenir l'innovation originale la plus passionnante et la plus attendue de la seconde moitié du 21ᵉ siècle. Il s'agit d'une innovation originale tous azimuts, comprenant non seulement l'innovation technologique, mais aussi l'innovation théorique, l'innovation institutionnelle et l'innovation de mode. La chaîne de blocs nous donne une image de la vision de l'homme vis-à-vis de la civilisation numérique, et la chaîne de blocs de souveraineté est la clé que nous attendons tous avec impatience. Elle ouvrira la porte à l'avenir de la civilisation numérique.

La publication de ce livre est en phase clé de prévention et de contrôle d'une épidémie de pneumonie à coronavirus. 24 heures sur 24, la nouvelle technologie de prévention et de contrôle de la Covid-19 est abordée dans le monde entier, et l'application des réalisations scientifiques et technologiques en matière de prévention et de contrôle des épidémies a été intensifiée. Les nouvelles technologies de l'information, telles que l'Internet, les mégadonnées, l'intelligence artificielle et la chaîne de blocs, ont joué un rôle important dans la guerre scientifique et technologique contre la Covid-19. On peut prédire qu'après l'épidémie, la nouvelle génération de technologies de l'information sera non seulement considérée comme un nouveau moteur du développement économique, mais deviendra aussi un nouveau support important pour la modernisation du système et de la capacité de gouvernance. La construction de la chaîne de blocs, en particulier la chaîne de blocs de souveraineté, passera du virtuel au réel, du partiel au total, et approfondira tous les aspects de la gouvernance et du service. La science et la technologie de la gouvernance deviendront un moyen important de modernisation de la gouvernance nationale. Nous espérons que notre réflexion pourra servir de référence pour l'application de la technologie de la gouvernance, l'innovation du système de gouvernance et le fonctionnement des scénarios de gouvernance. La chaîne de blocs est une technologie et un sujet brûlants, et les points de vue et la compréhension actuels à son sujet ne sont pas cohérents. Dans le cadre de la compilation de ce livre, nous faisons de notre mieux pour rassembler la littérature la plus récente et absorber les dernières idées, afin d'enrichir les idées de ce livre. Néanmoins, en raison du niveau, des capacités académiques et des connaissances limités, ainsi que des domaines variés et complexes impliqués dans ce livre, nos opinions ne sont pas impeccables, et il y a inévitablement des omissions et des erreurs dans le livre, en particulier dans la littérature et les sources citées. N'hésitez pas à proposer vos critiques et conseils.

Laboratoire clé de la stratégie des mégadonnées
Août 2020